Beate Weber · aquarellieren

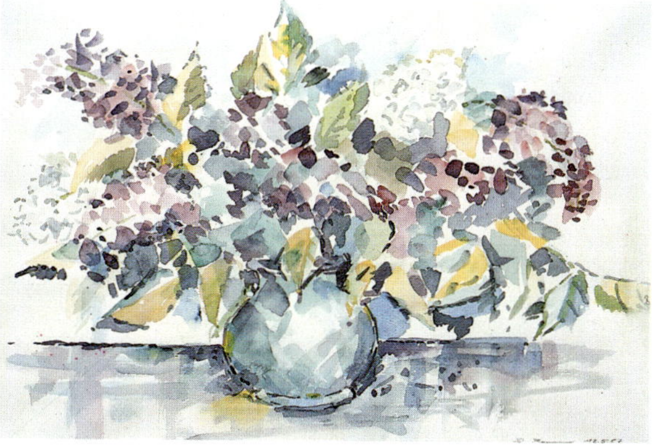

„Betrachte eine Wand, die durch Nässe fleckig geworden ist,
oder einen Stein von unregelmäßiger Farbe.
Wenn Du Hintergründe zu erfinden hast, wirst Du bald imstande sein,
in ihnen herrliche Landschaften zu sehen."

Leonardo da Vinci

BEATE WEBER

aquarellieren

TECHNIKEN · ÜBUNGEN · BEISPIELE

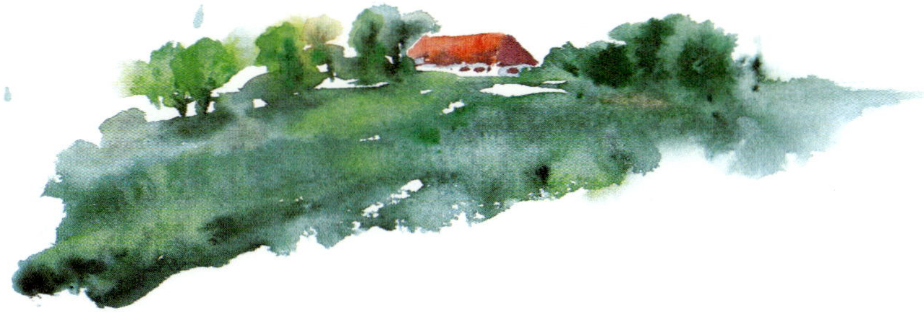

OTTO MAIER RAVENSBURG

MEINEN ELTERN

Illustration, Grafik und Layout: Beate Weber
Umschlagbild: Beate Weber
Umschlaggestaltung: Ekkehard Drechsel
Gesamtherstellung: Appl, Wemding
Printed in Germany

95 96 97 98 8 7 6 5

ISBN 3-473-48044-4

INHALT

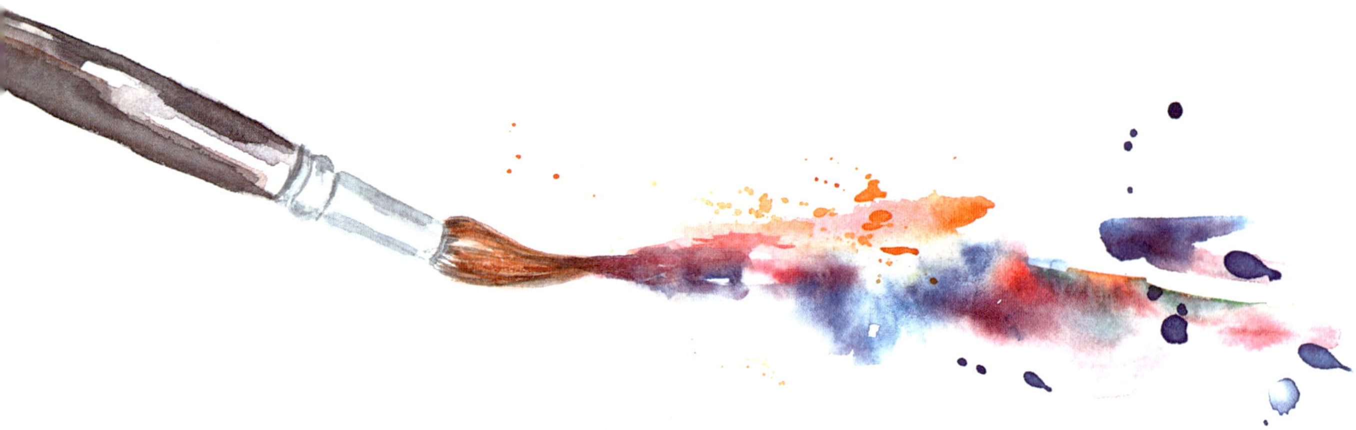

EINFÜHRUNG

KEIN BUCH OHNE VORWORT, obwohl es für ein Aquarellbuch passender wäre, diese Seite einfach weiß zu lassen.

Ein leeres Blatt vor Ihren Augen, um Ihre Vorstellung von Aquarell erscheinen zu lassen. Oder diese Seite – so erwartungsvoll weiß – wie das noch unbemalte Papier vor der ersten Pinselberührung. Eine gähnende Fläche, die das nicht beschreibbare Gefühl zwischen Unruhe und Konzentration, zwischen Bilderflut und Farbleere, zwischen Mut zum Risiko und zu langem Zögern hervorrufen könnte.

Oder eine leere Buchseite für einen Ihrer ersten eigenen Versuche mit Pinsel, Wasser und Farbe auf weißem Papier. Bleibende Spuren des Anfangs, eine unverwechselbar eigene Seite; es wäre ein passendes Zeichen am Beginn dieses Buches. Denn ein selbstgemaltes Aquarell könnte besser als viele Worte den Grundgedanken dieses Buches markieren: Malen ist Aufbruch und Suche; es gibt keinen richtigen Weg, es gibt nur den eigenen Weg.

Schon die ersten Schritte zeigen die Richtung, sie sind so bedeutsam wie die späteren. Gerade die Unbefangenheit des Beginns vermag, noch ohne technisch formale Ausrichtung, oftmals viel Eigenes zu zeigen, vielleicht mehr als die schöne Oberfläche technischen Könnens. Spannend ist ein Anfangs-Aquarell gerade dort, wo Nicht-Können erfinderisch macht, wo es Handschrift zeigt, wo es eigen-artige Farben und Formen wagt, un-mögliche Größenverhältnisse und Bildaufteilungen hervorbringt. Diese Bruchstellen zwischen sichtbarer Wirklichkeit und Bild können bedeutend sein, sie können Signale für eine eigene Thematik und Bildsprache sein; sie werden allzuoft mißachtet und durch Beherrschung der Technik nichtssagend geglättet oder ganz gelöscht. Der eigene Weg ist unbekannt und nicht leicht, viele weichen ihm aus, lassen sich ablenken, gehen in fremden Spuren.

Dieses Buch gibt Ihnen Impulse, verschiedene Richtungen einzuschlagen, das individuell Bedeutsame herauszufinden und es selbständig weiter zu vertiefen. Es gibt Ihnen technische Anleitung, es zeigt exemplarisch einige Themen und Zugriffsmöglichkeiten, einige Stationen des Anfangs und solche eines erfahrenen künstlerischen Lebens, um auf das unerschöpfliche Spektrum des Aquarellierens zu verweisen. In diesem Sinne sind alle Hilfen, Anregungen, Gedanken und Ratschläge gemeint: Nichts anderes als Hinweise für die eigene Suche können sie sein.

Oft zeigt sich erst nach Jahren, daß das Aquarellieren tatsächlich die eigene Maltechnik ist, manchmal aber stellt sich auch heraus, daß sie nicht der geeignete malerische Weg ist.

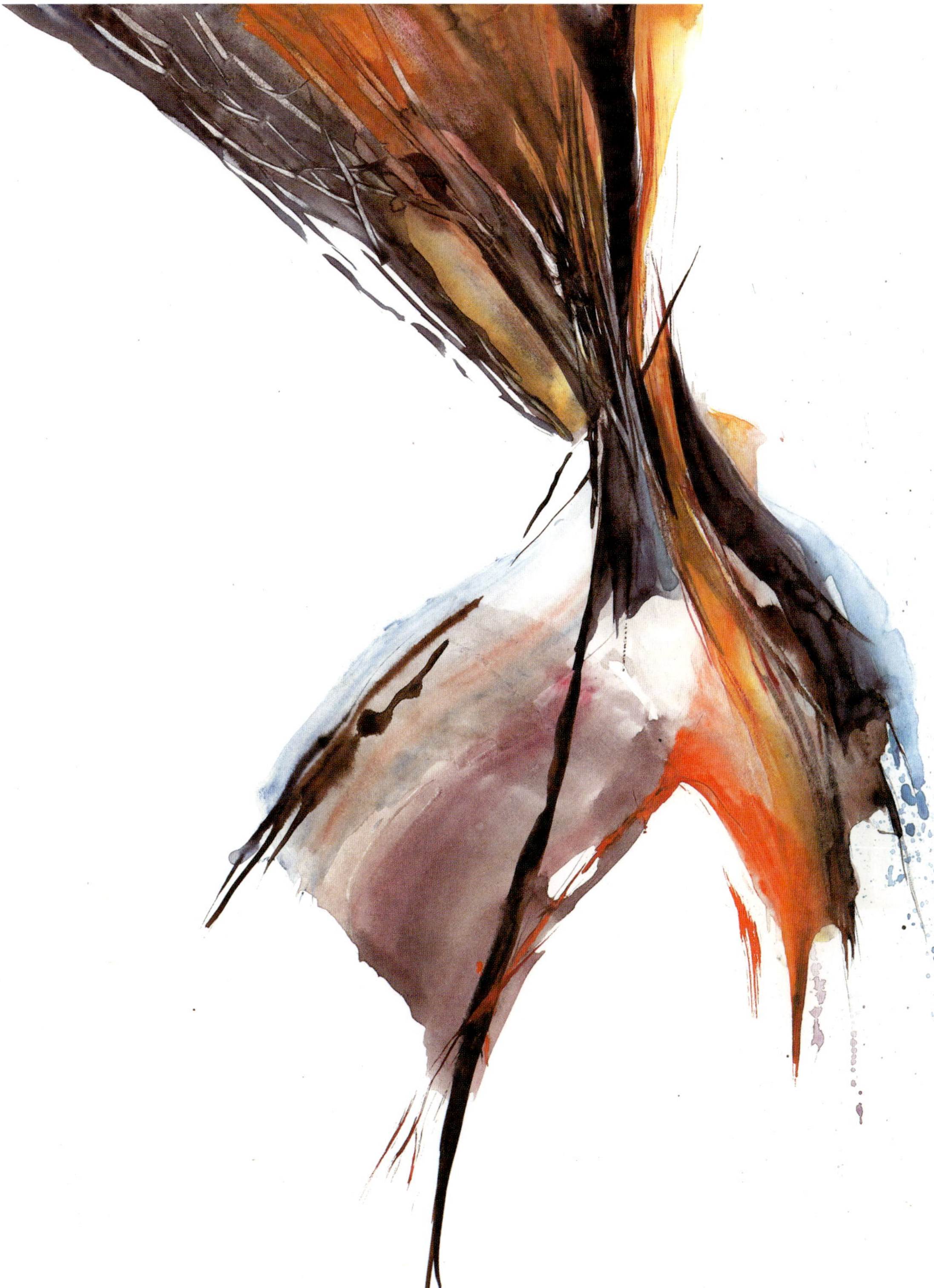

Beate Weber, Herbstfrucht II, 1985

AQUARELLIEREN, DAS IST . . .

Das Aquarellieren wurde früher sehr eng definiert als ausschließlich transparente Malerei mit feinpigmentierten Wasserfarben, die von Hell nach Dunkel lasiert, wobei die Lichter oder die hellsten Bildstellen durch das ausgesparte Papierweiß dargestellt sein mußten. Sogar die Beschränkung auf das Aquarellieren mit vorgeschriebenen Grundfarben wurde lange Zeit eingehalten – und zwar nicht nur von den Mitgliedern jenes englischen »Aquarellisten-Clubs«, der diesen Regelkanon eingeführt hatte.

Freiheit für alle Aquarelle! Selbstbewußte Aquarellmaler/innen müssen heute nicht mehr protestierend zum Pinsel greifen, denn längst gilt die Autorität jener »Water-Colour-Society« nichts mehr, die mit strengen Augen die Befolgung ihres Aquarell-Reinheitsgebotes bewacht hatte. Je mehr sich die Aquarellmalerei im Verlauf ihrer Geschichte vom Naturvorbild entfernte, desto mehr wurden die typischen Charakteristika dieser Technik als anschauliche Bildqualitäten entdeckt und eingesetzt.

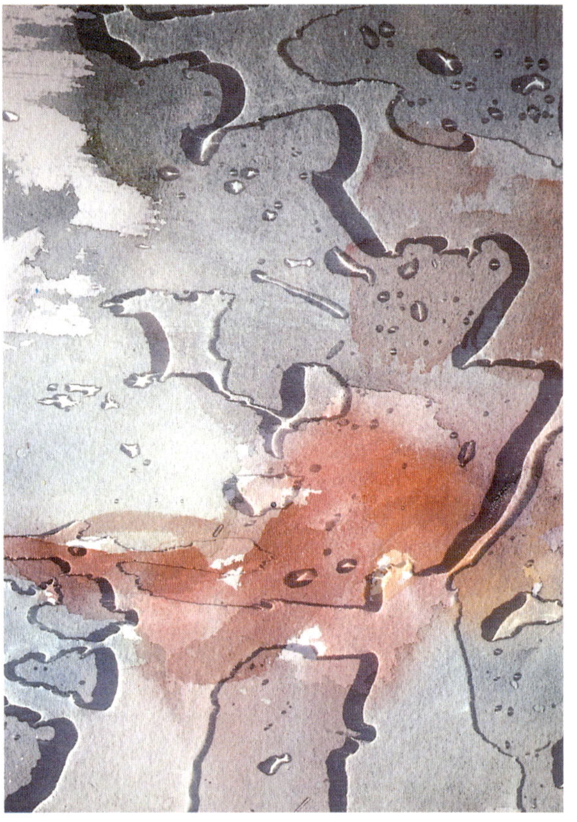

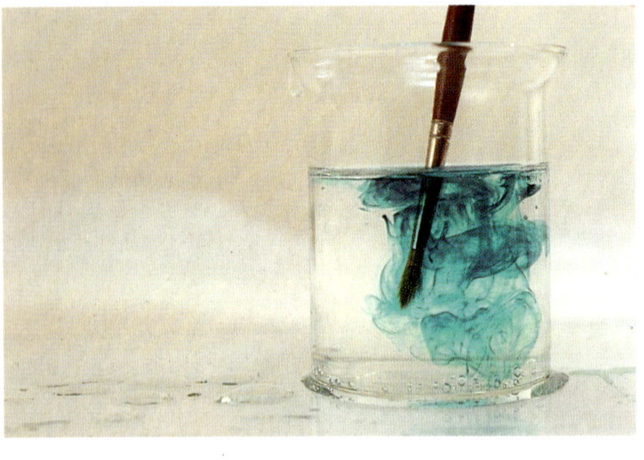

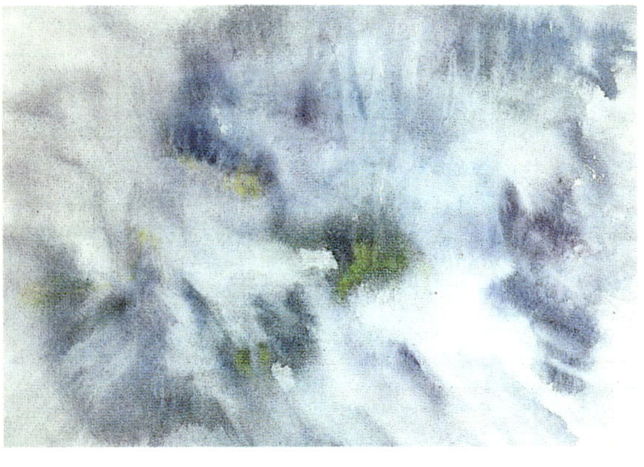

Aquarellieren heute – das ist im weitesten Sinne flüssig – transparentes Malen mit wasserverdünnbaren Farbmaterialien. Das schließt alle möglichen Kombinationen mit dichter, sogar deckender Malweise, mit zeichnerischen Elementen oder mit verschiedenartigen Spuren der Gestaltung mit ein.

Aquarellieren heißt: MALEN MIT HILFE VON WASSER. Das kann man mehr oder weniger gut mit allen wasserlöslichen Farbmaterialien.

Aquarellmaler/in wird man nicht nur durch die Verwendung spezieller Aquarellfarben. Ohne inneren Bezug zum Aquarell und ohne entsprechendes manuelles Geschick für diese spontane, fließende Technik bleibt man dem eigentlichen Aquarellmalen fremd.

Man hat bei einem Definitionsversuch wenig davon, den Begriff Aquarell vom lateinischen aqua – das Wasser – ableiten zu können, wenn man diese Silbe nicht ausdrücklich als Bedeutungsträger für die zentrale künstlerische Funktion des Mediums Wasser bei dieser Malweise versteht. Bilder, die nach ihrem Malmittel benannt werden, haben eine ganz bestimmte Beziehung dazu.

Zur Rubrik der Wasserfarben zählen verschiedene Farbsorten mit unterschiedlichen Eigenschaften. Gute Aquarellfarben müssen das Malen in lasierenden Schichten, einen dichten oder sehr verdünnten Farbauftrag ermöglichen; zum deckenden Malen eignen sie sich jedoch nicht, da sie dann an Farbleuchtkraft verlieren und speckig zu glänzen beginnen.

Matt und farbintensiv stehen dagegen die Farbflächen bei der Deckfarbenmalerei auf dem Papier, sie verändern sich durch das Trocknen; helle Farbnuancen werden mit Weiß vermischt, die hellsten Bildstellen werden zum Schluß mit Deckweiß aufgesetzt.

Deckende Wasserfarben erfordern eine andere Malweise als lasierende Aquarellfarben. Deckend malt man von Dunkel nach Hell; lasierend von Hell nach Dunkel.

Im Unterschied zur deckenden Wasserfarbenmalerei sieht man einem Aquarell an, daß es mit Wasser gemalt wurde. Wasser reguliert Farbdichte und Helligkeit der Farbtöne, es ermöglicht weiche Farbverläufe, hinterläßt interessante Fleckformen und bizarre Fließspuren.

Mit Wasser kann die lebendige Dynamik des Verfließens ins Bild gebracht werden. Durch die wäßrige Leichtigkeit bleiben, quasi widerstandslos, auch feine Pinselbewegungen sichtbar. Also eine ganz andere Malweise als bei der zäheren, festeren Deckfarbe mit ihrem entsprechend langsameren Farbauftrag.

Was es heißt, mit Wasser und Farbe zu formen und zu gestalten – also nicht auf dem Papier gegen das Wasser zu kämpfen –, das lehrt die praktische Erfahrung. Was transparentes, wasserhelles Malen bedeutet, werden bald die ersten »totgemalten« oder speckig glänzenden Bildstellen zeigen. Sie müssen es erlebt haben, wie plötzlich die schönsten Farbformen zu greulichem Grau verschwimmen, oder wie Sie mit einem der letzten Pinselschwünge Ihre Arbeit unverbesserlich papierkorbreif gemalt haben. Wenn Sie nach dieser Aquarell-Taufe immer wieder zu Wasser und Aquarellfarben greifen, weil Sie jetzt erst recht Lust haben auf flüssige Farben, dann haben Sie sich bereits mit Aquarell-Fieber angesteckt.

Mit dieser schöpferischen Unruhe können Sie sich selbstbewußt auf den Weg machen, um die Stärken und Schwächen dieser Maltechnik kennenzulernen. Sie sollten einen Weg suchen, auf dem die rein maltechnischen Fähigkeiten nur Mittel zum Zweck sind, der kein festes Ziel kennt, der für neue Richtungen offen ist. Dieser Weg wird dann weiterführen, wenn es Ihr eigener ist.

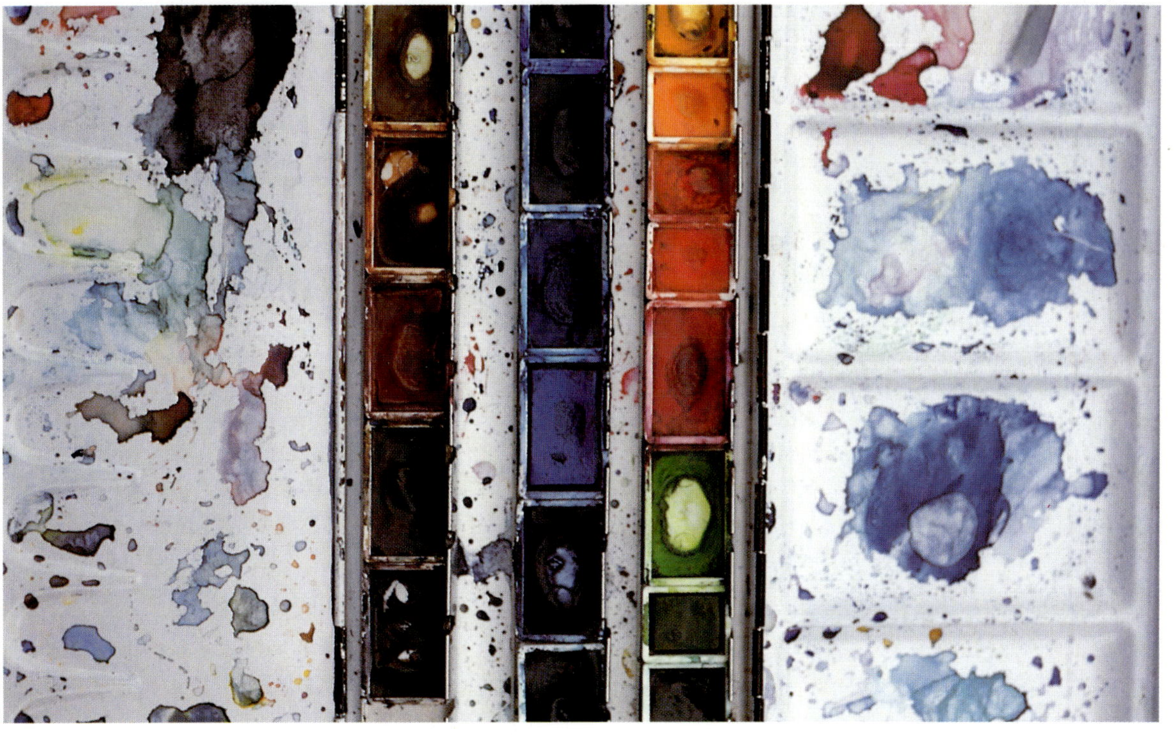

BEGEGNUNG MIT AQUARELLEN

Vom Wasser erzählen
Aquarelle
alle
nicht alle
auf den ersten Blick
auf den zweiten vor allem
scheint ein Aquarell zu warten.

Ein Aquarell braucht den Blick, der ruhen kann, der sich versenken kann, der Andeutungen aufspüren kann, sich von den Spuren wäßriger Farbe erzählen läßt. Wie schwer haben es Karmin und Ultramarin wasserhell, transparent, auf kleinem Format gegen eindrucksvolle Quadratmeter greifbarer Ölfarbe? In Farbe baden – nicht bei einem Aquarell. Hier sind es eher stille Begegnungen, Entdeckungen auf den zweiten Blick.

Aquarelle kommen uns nicht entgegen; sie hängen nicht in Eingangshallen, eignen sich nicht für den Auftritt vor großem Publikum, sie kommen nie ganz groß raus. Sie wollen mit ihrem Betrachter allein bleiben, wirken eher unauffällig im Verborgenen und warten auf den zweiten Blick. Dieser macht sie ausfindig in Skizzenbüchern und Bildbänden, in Wohnzimmern und Ausstellungen. Aquarelle in Kunstausstellungen, das sind Seltenheiten; sie hängen in abgedunkelten Räumen, aus denen sich manche Besucher rasch entfernen oder in denen Betrachter wie angewurzelt vor einem Aquarell alles zu vergessen scheinen.

Aquarelle vertragen das grelle Scheinwerferlicht der Öffentlichkeit nicht. Es sind empfindliche Kostbarkeiten. Mit Wasser gemalt, werden sie durch Feuchtigkeit zerstört. Die leichten Farben für Luft und Licht sind ohne Widerstand gegen Luft und Licht. Aquarelle in stillen Nischen, beschützte Farben hinter Glas, Zeichen der Vergänglichkeit.

Vom Wasser erzählen Aquarelle alle, nicht alle auf den ersten Blick. Ein Aquarell von weitem: weiche Flecken aneinandergelehnt, Häuser gebaut aus Wasser und Farbe. Wir staunen über den einfachen Fleck für eine Tür und fragen nach der Farbmischung der Dächer. Mit dem Pinsel hingetupft, bewegen sich die Menschen; wir gehen mit auf Farbwegen, sehen, wie das Licht einer Stunde alles verbindet, und sehen hinter Farbfassaden das Gesicht einer anderen Stadt, fremd und vertraut . . .

Dinge sind zu erkennen, aber nicht wiederzuerkennen. Wir schauen in ein Aquarell und sehen, wie Festes zerrinnt und die Farben der Ferne verdunsten, wir sehen Flecken, die einer eigenen Schwerkraft zu unterliegen scheinen, wie farbige Wasserformen sich bewegen, wiedergefundenes Gleichgewicht. Wir spüren beunruhigende Ruhe oder heitere Stille und ahnen etwas von einem anderen Wiedererkennen, das keine direkte Ähnlichkeit braucht. In wäßrigen Farbformen, übereinandergeschichteten Farbnebeln, in Lichtspielen und Malgesten können wir irgendwie, irgendwo schon Erlebtem, Vertrautem begegnen. Aquarelle können Wünsche und Vorstellungen wecken, wir können auch im ganz Anderen das verborgene Eigene wiederfinden.

Bilder haben ihre Zeit; ein Aquarell, das wir heute übersehen, kann uns morgen tief berühren. In immer wieder anderer Gestalt kann anschaulich werden, was in uns lebt. Aquarelle in unserem Leben, unser Leben in Aquarellen: Wandlungen, Verfließen, Zerrinnen, Transparenz.

Nichts ist fest, immer wieder ein zweiter Blick, offenes Ende.

Kann man einem Aquarell zu nahe treten? Ein Schritt vor, Spurensuche: Farbnuancen, die in den Poren des rauhen Papiers ihre Mischung verraten, hier leichtes Gewebe, dort festes Gefüge. Haarfeine Konturlinien aus getrockneten Farbrändern, Formgrenzen schmelzen, verwehen. Leichte Schleier, schwere Flecken, Pinselspuren, Pinselhiebe oder federleichte Berührung auf dem Papier. Im Sog der Farbströme fließt der Blick weiter, bis die Farbe rauh und spröde verlöscht, verdunstet, versickert oder nur für eine Weile angehalten erscheint. Der Blick bleibt bei einem Blau inmitten von Erdfarben, geht mit Farbstufen, verschwimmt im Farbnebel, fällt auf unbemaltes Weiß. Keine Farbe, doch es glänzt und flimmert; einfach nur das weiße Papier, aber es hält die Farbe zusammen, trennt die Formen und bildet Formen. Zwischenräume, Zwischenlicht, weiter, freier Raum, reflektiertes Licht, Weiß als Leere, Leere als Teil des Bildes.

Zeitlos verweilen, sich einstellen zwischen nah und fern auf dieses Aquarell, ins Bild schauen, im Bild sein. Bildbegegnung: Zwischen Nähe und Distanz, Nachempfinden und Nachdenken, zwischen Wiedererleben und Neuerleben kreist das Erlebnis des Anschauens wie auch das Erlebnis des Malens. Beides ist Zu-neigung, beides ein Ereignis des Nachbildens. Jemand hat mit Wasserfarben Gesehenes, Erlebtes wiedergegeben. Wir schauen in dieses Aquarell: Mag sein, daß beim Betrachten alle unsere Sinne erwachen; mag sein, daß unser Verstand zum Nachdenken angestoßen wird. Wenn beides sich verliert, beides sich berührt, begegnen wir einem Aquarell. Dann ist dieses Aquarell geglückt, erst dann ist es vollendet. Ein Aquarell braucht auch diesen zweiten Blick, den fremden Blick.

Die folgenden Bildbeispiele zeigen eine kleine Auswahl aus der zeitgenössischen Aquarellkunst.

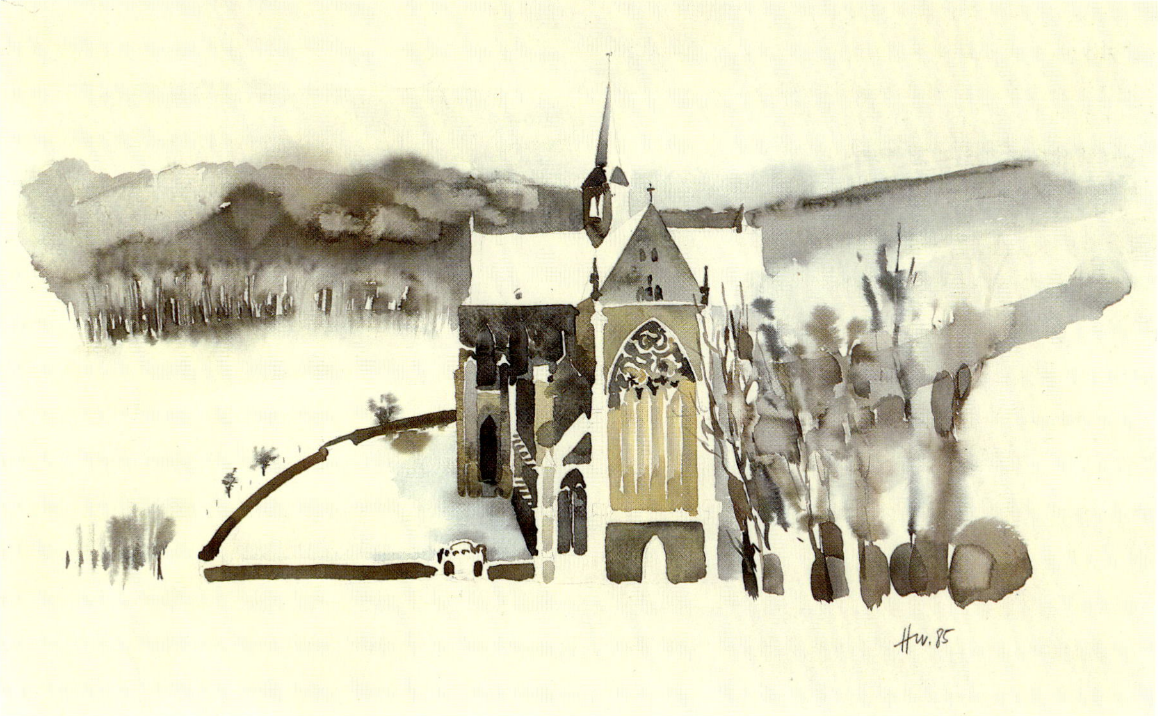

Wolfgang Heuwinkel, Altenberger Dom, 1985

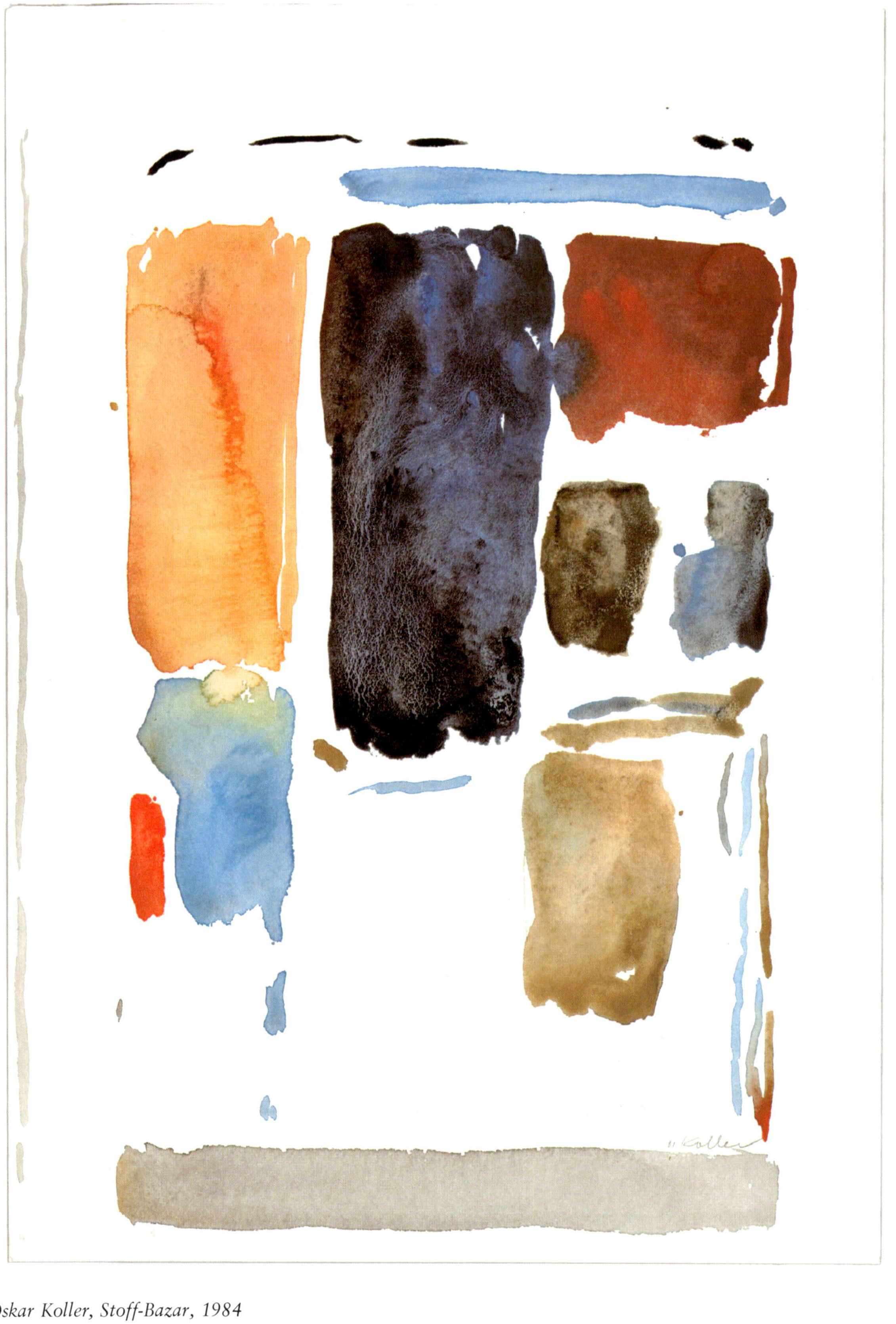

Oskar Koller, Stoff-Bazar, 1984

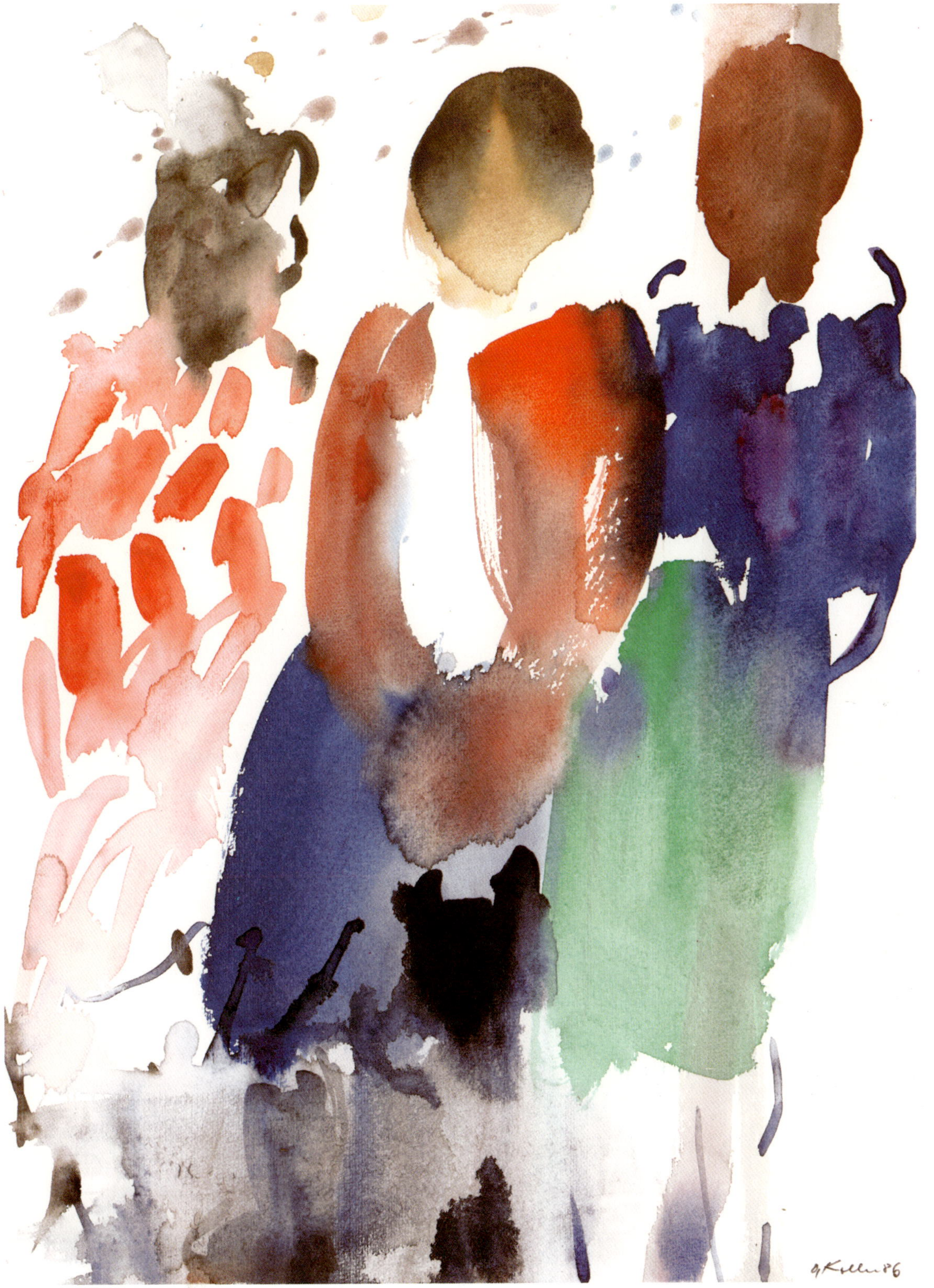

Oskar Koller, Drei Mädchen, 1986

Oskar Koller, Pyrgos Santorin, 1987

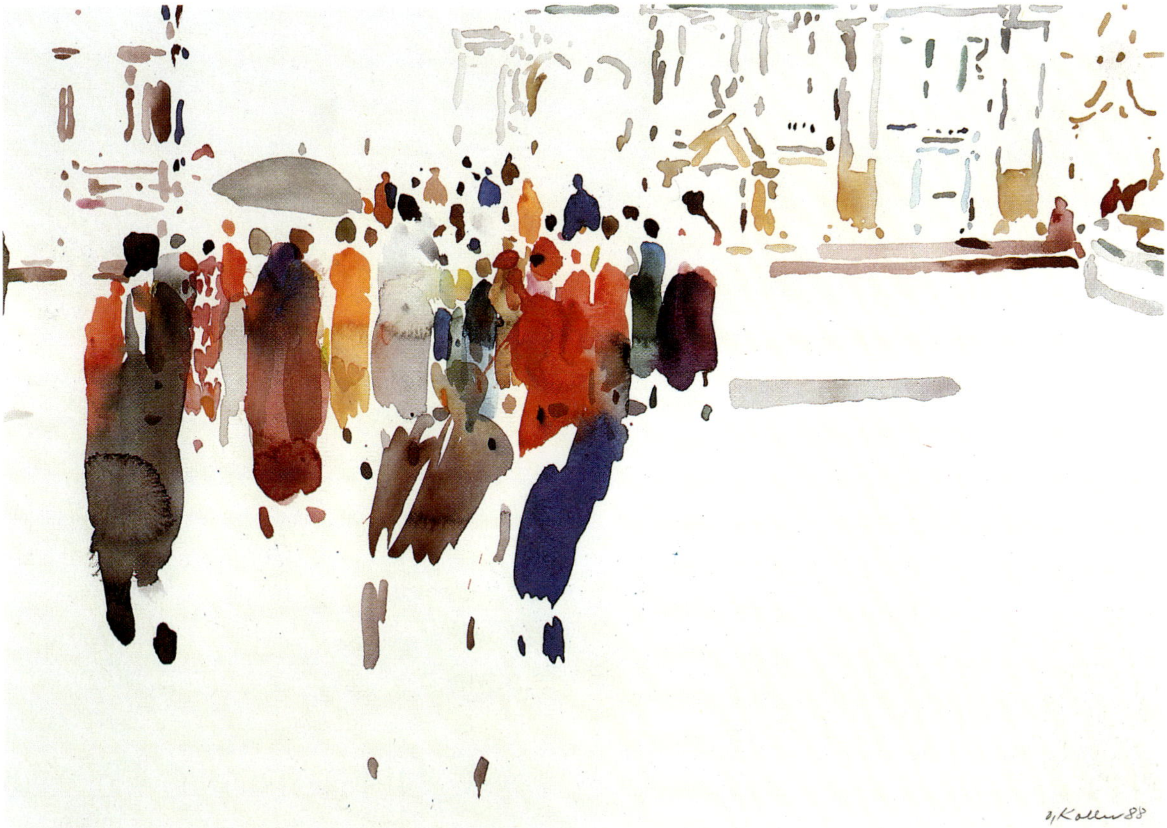

Oskar Koller, Menschen an der Pagode-Rangun, 1988

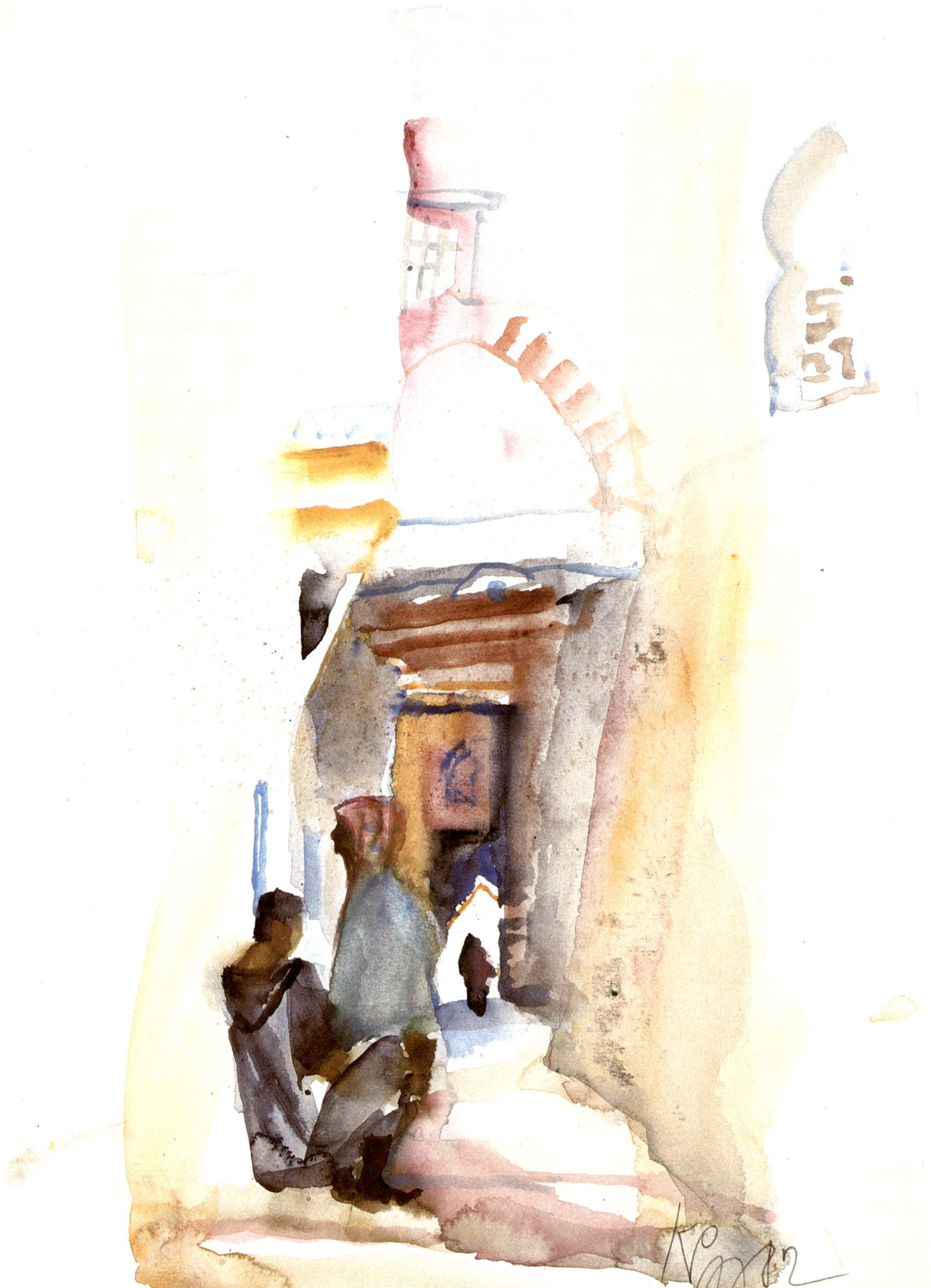

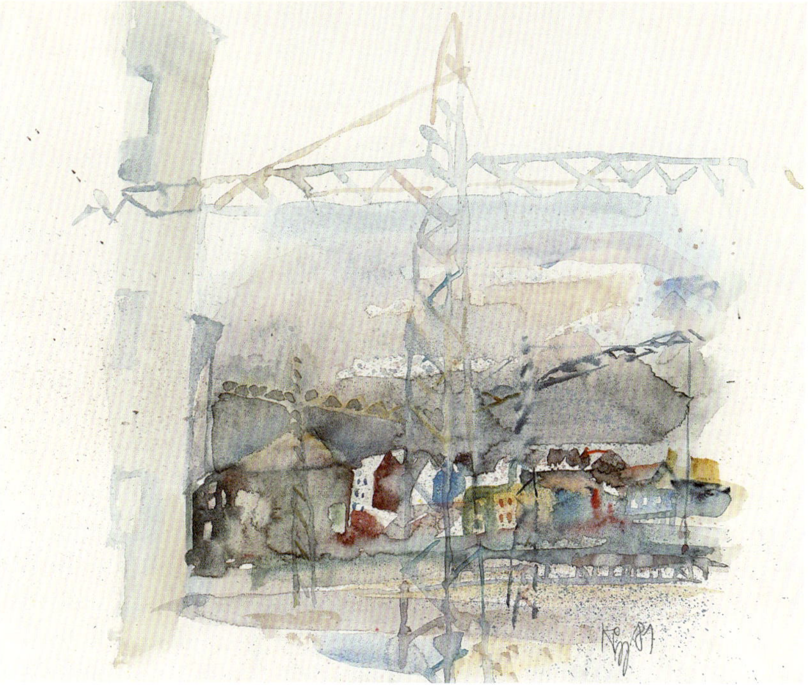

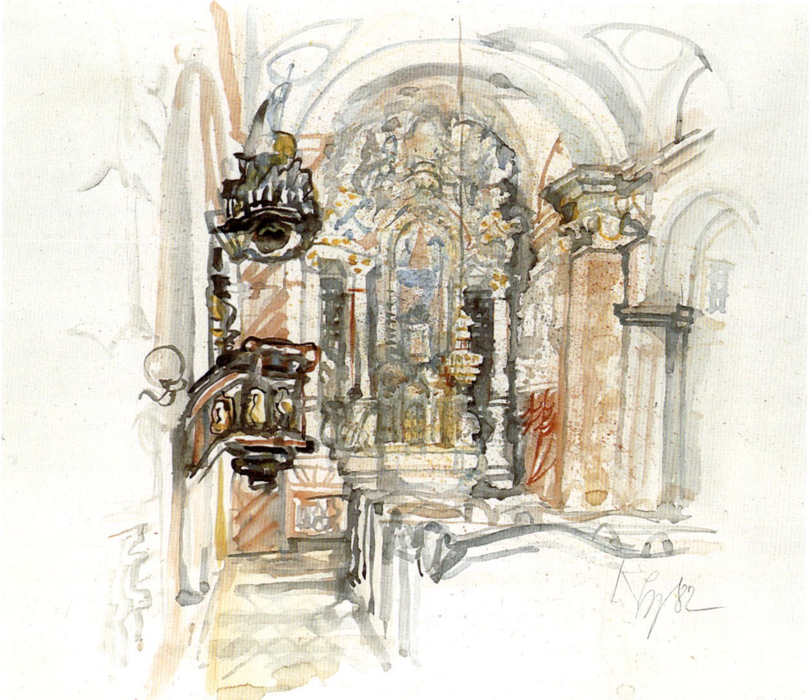

Kurt Panzenberger
links: Die Kasbah von Fes, 1982
oben: Bauvorhaben-Wien, 1981
unten: Barocker Kirchenraum, 1982

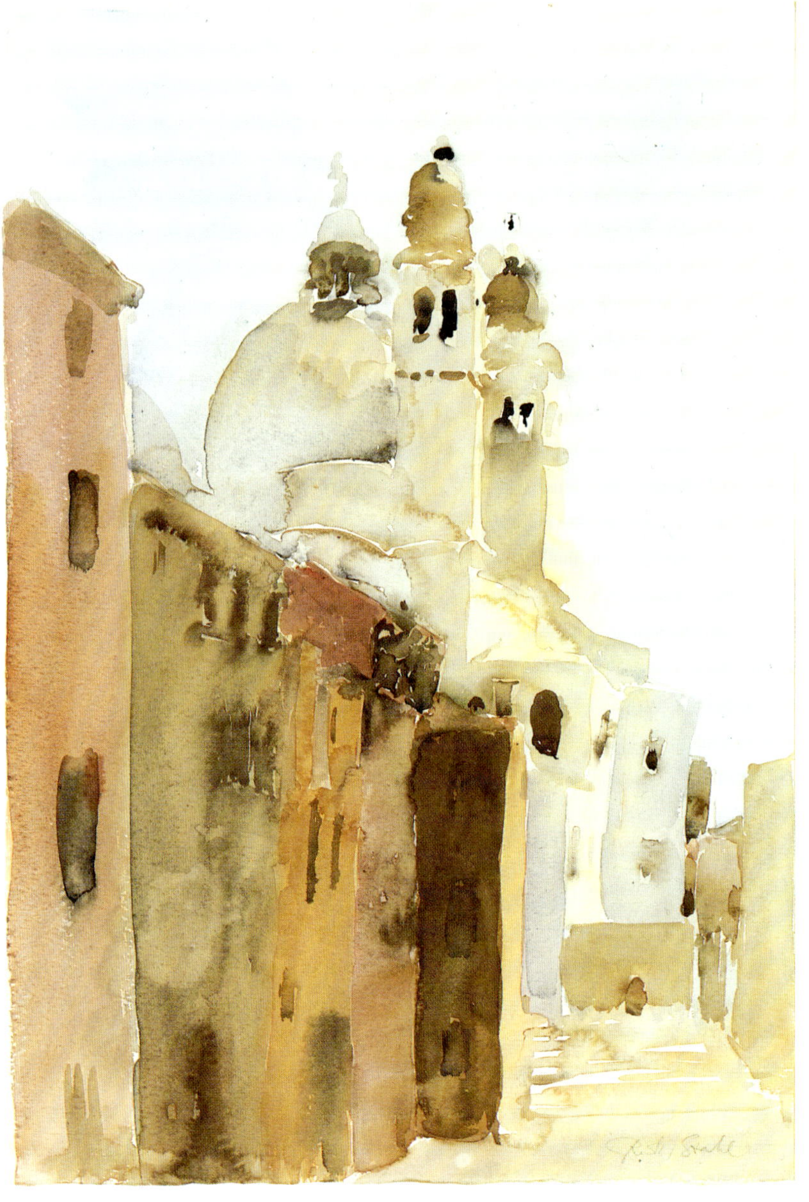

Ruth Stahl, Venedig, Santa Maria della Salute

Wolfgang Heuwinkel, Elemente neuen Lebens, 1984

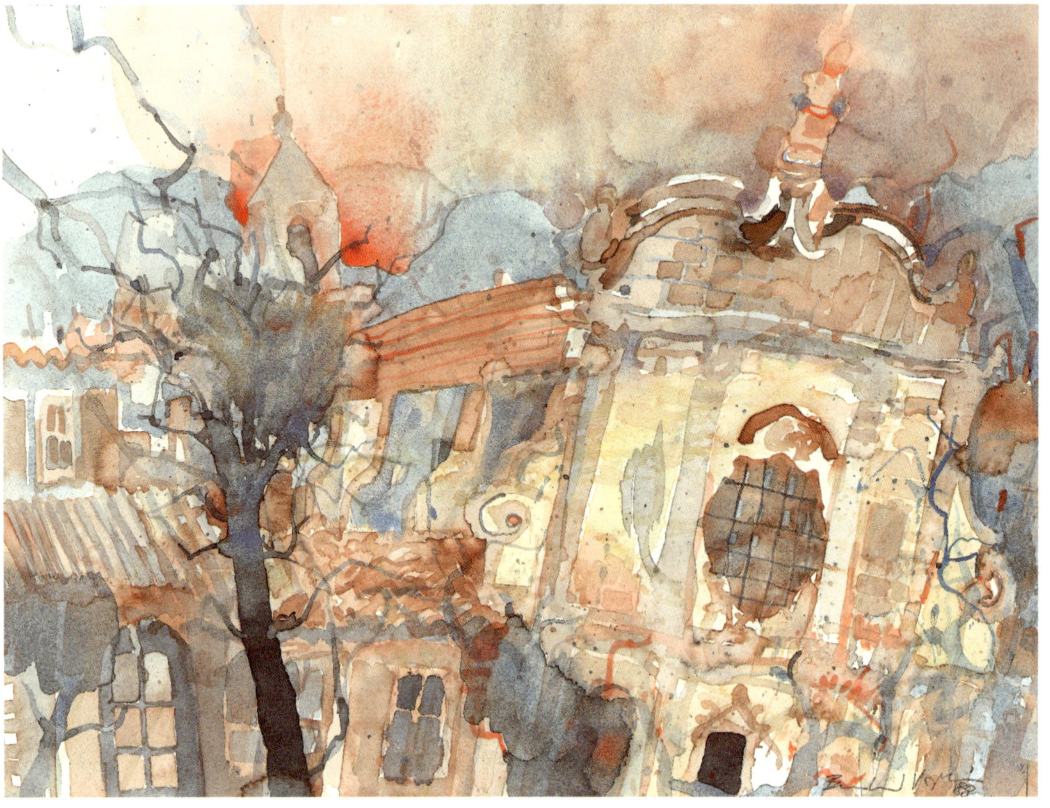

Bernhard Vogel, Sorrent, 1988

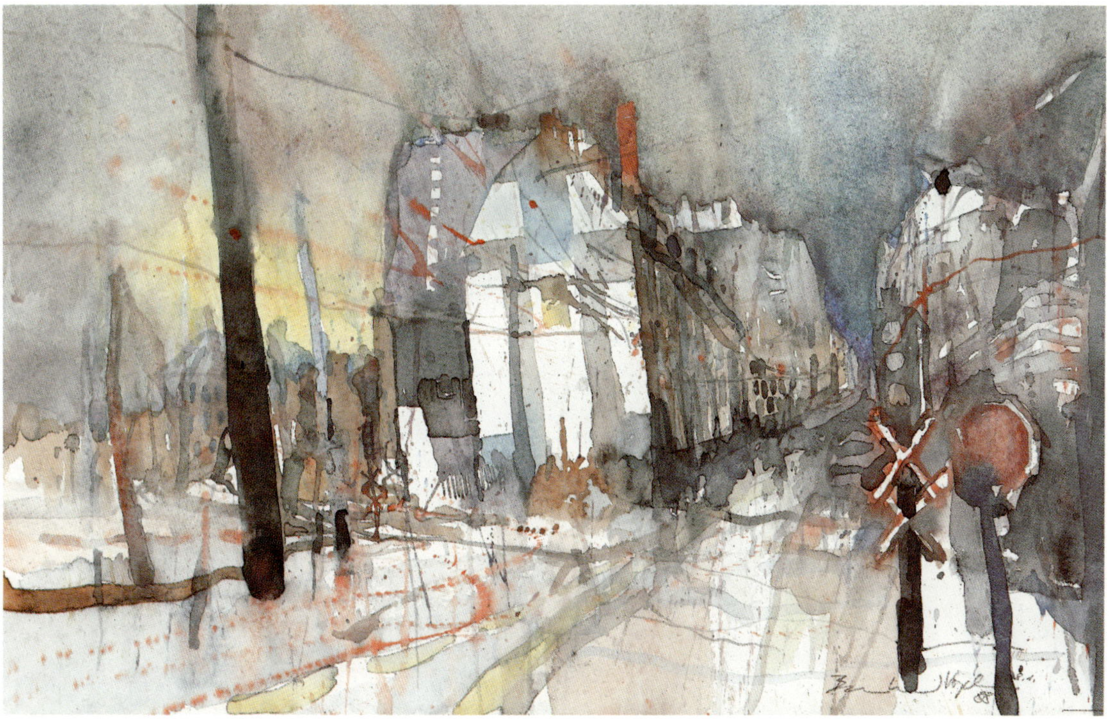

Bernhard Vogel, Elisabeth Vorstadt, 1988

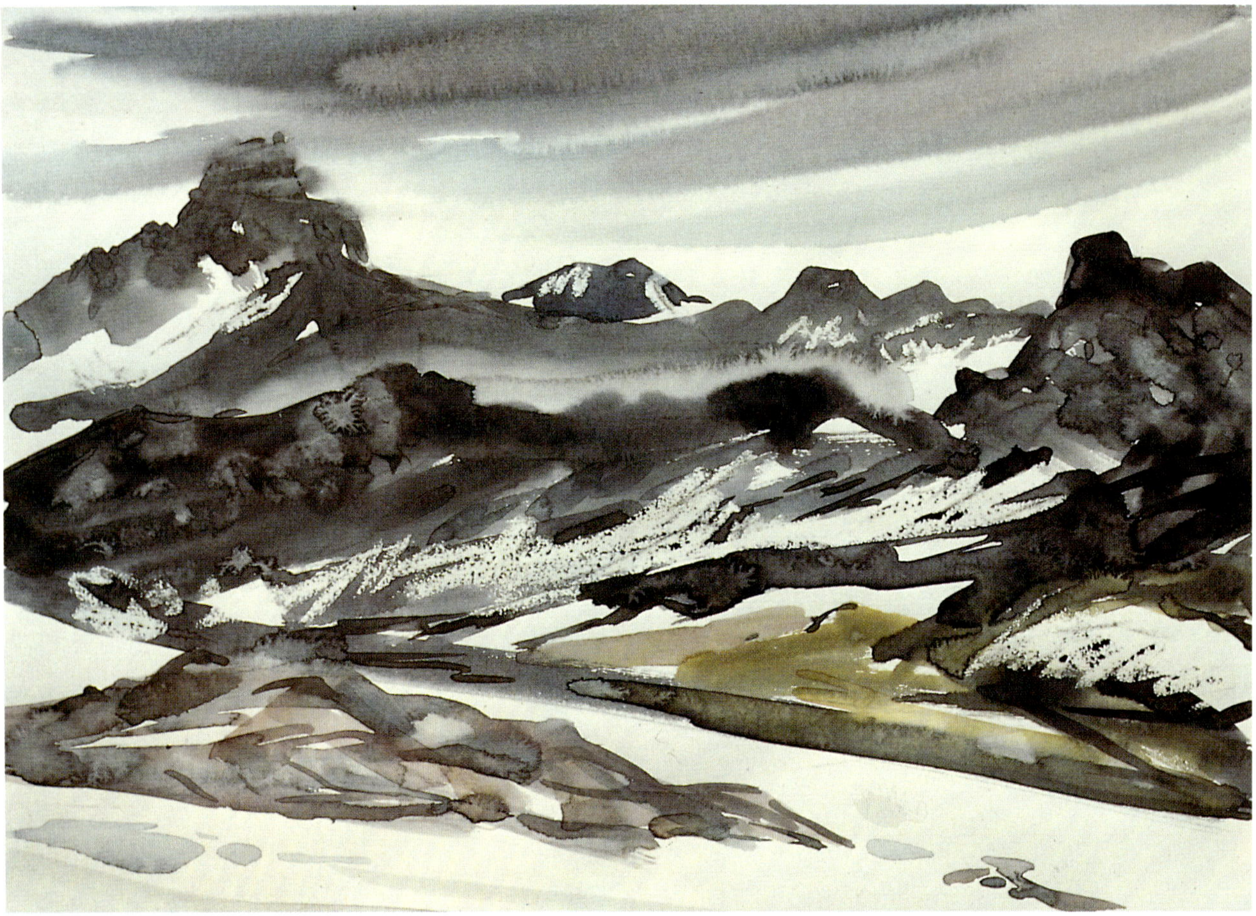

Richard Braun, Schneeschmelze, 1986

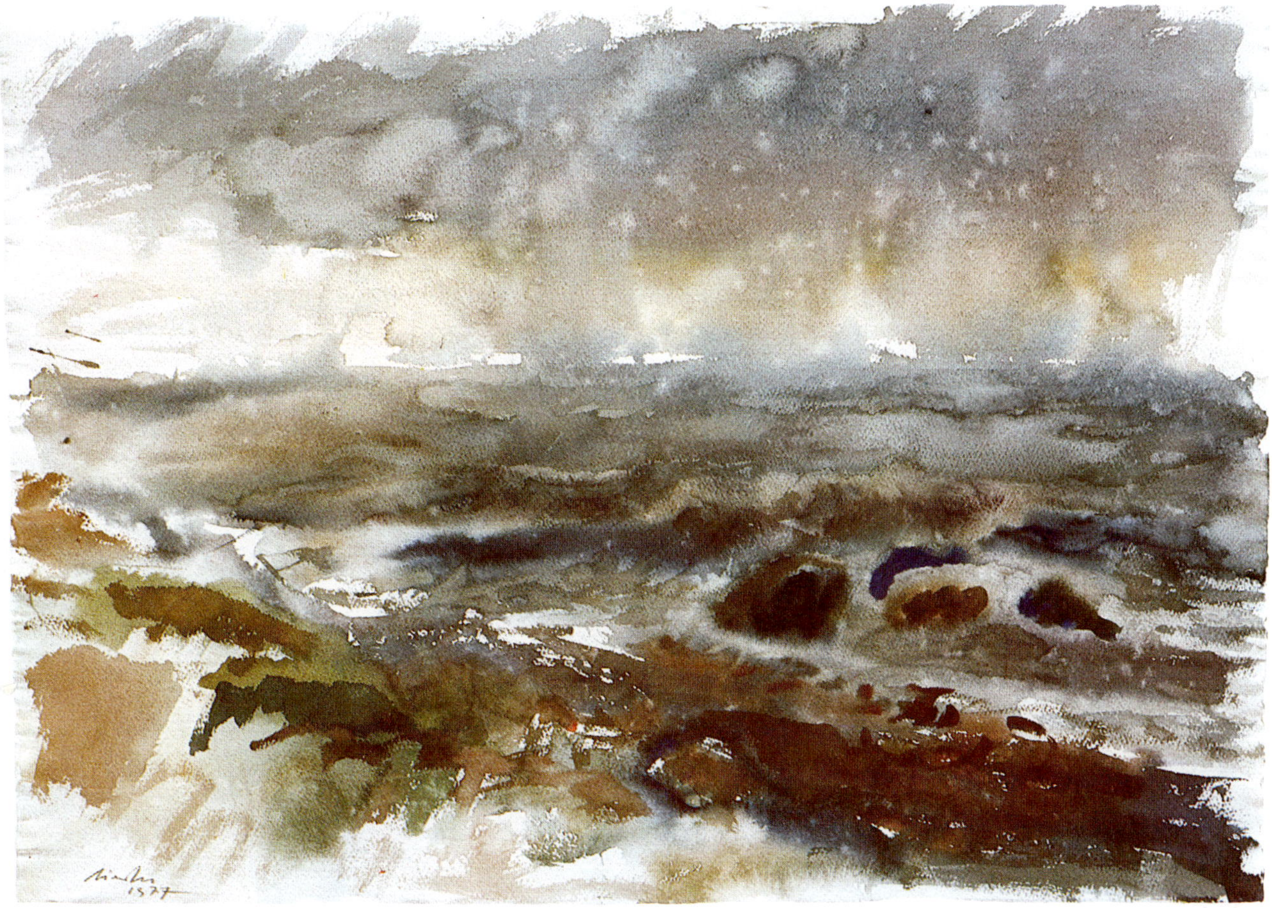

Rudolf Riester, Meeresbrandung, 1977

AQUARELLIEREN – WOMIT?

Studien- oder Künstler-Aquarellfarben, Näpfchen oder Tuben, welche Pinselform, welche Haarsorte, rauhes oder glattes Papier und schließlich: welche Farbtöne?

Es ist für Anfänger schwer, aus der Fülle des angebotenen Aquarellmaterials die geeignete Auswahl zu treffen. Sortimentsreichtum, Markennamen, Qualitätsbezeichnungen und Fachbegriffe hinterlassen eher Ratlosigkeit. Verunsichert orientieren sich Anfänger oft am Preisunterschied, der aber keine sinnvolle Entscheidungshilfe bietet. Viele greifen dankbar nach fertig zusammengestellten Malsortimenten mit Sonderangebotscharakter oder befolgen den sinnlosen Rat, zunächst einmal mit drei Urfarben zu starten. Gerade am Beginn werden Sie durch ungeeignete Malutensilien, durch eine zu große oder zu kleine Farbauswahl, durch falsche Pinsel oder mangelnde Papierqualität sehr verunsichert.

Ihre erste Aquarell-Ausstattung sollte Ihnen die besonderen Eigenschaften dieses Malmaterials erfahrbar machen, sie sollte Ihnen nicht als beliebiges Mittel farbiger Umsetzung dienen.

WASSER

Wasser gab dieser künstlerischen Technik den Namen, es hat sie durch die Geschichte begleitet und konnte sich dabei oft recht eigenwillig zeigen. Heute ist Wasser in der Aquarellmalerei für viele mehr als nur ein Malmittel, es ist zu einem lebendigen, eigenständigen Ausdrucksmittel geworden.

Wasser ist Urelement, Sinnbild des Lebens, Symbol der Seele und des Unbewußten. Wasser fließt, strömt, flutet, schäumt, perlt, versickert, es erscheint als glasklarer Wassertropfen, als trübes Rinnsal, als breiter Fluß, stiller See, als diffuser Dunst, als unendliche Weite, undurchsichtige Tiefe ...

Zum Aquarellieren kommt es meist aus dem Wasserhahn und ist zunächst nur Malmittel und Pinselreiniger. Es steht in einem Wassergefäß und hat wenig zu tun mit Symbolik, Urbedeutung oder fließender Lebenskraft. Aber kaum ist der Aquarellpinsel eingetaucht ins Wasser, da übernimmt es einen eigenen Part: Es verlangt Feinfühligkeit und verlockt zum Risiko, es drängt zu raschen Entscheidungen und zwingt zur Geduld, es sorgt für Faszination und Enttäuschung. Beim Aquarellieren ist das Wasser ein Mitspieler, es fordert heraus und setzt seine eigenen Spuren und Zeichen. Diese können im Aquarell so bedeutungsvoll, wandlungsfähig und vielgestaltig sein wie in der Natur das Wasser selbst.

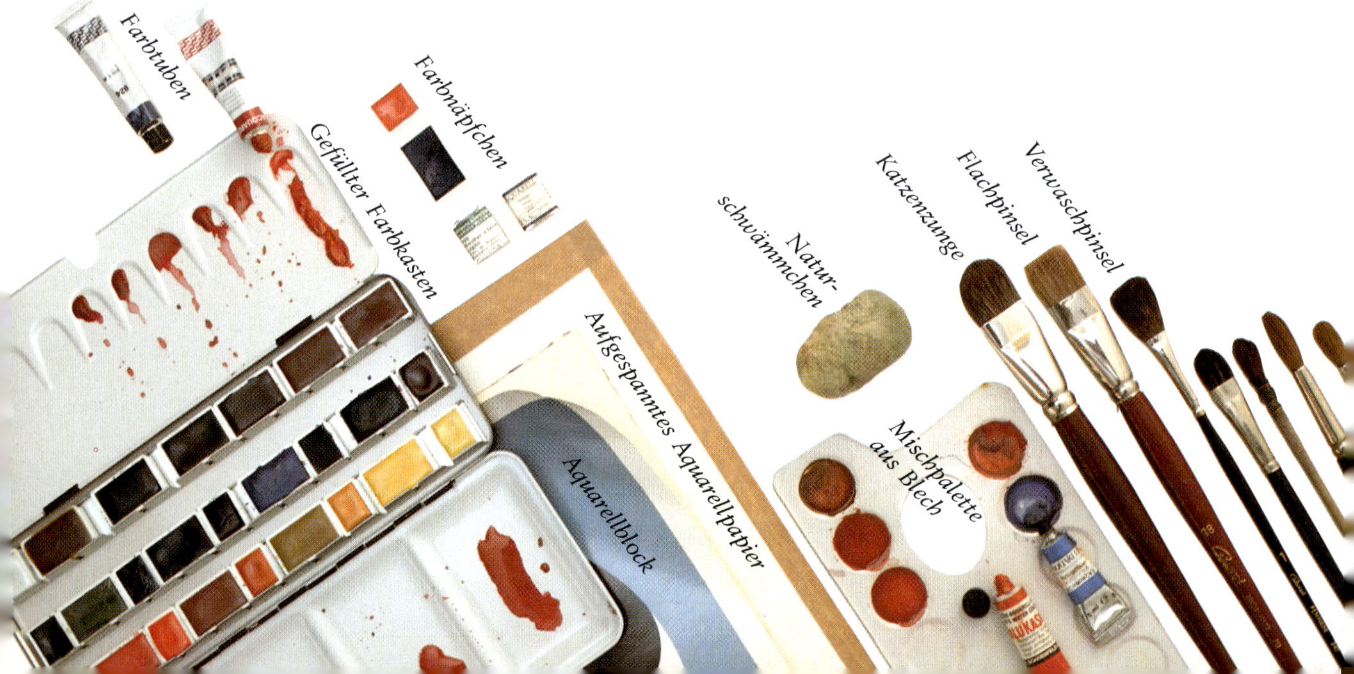

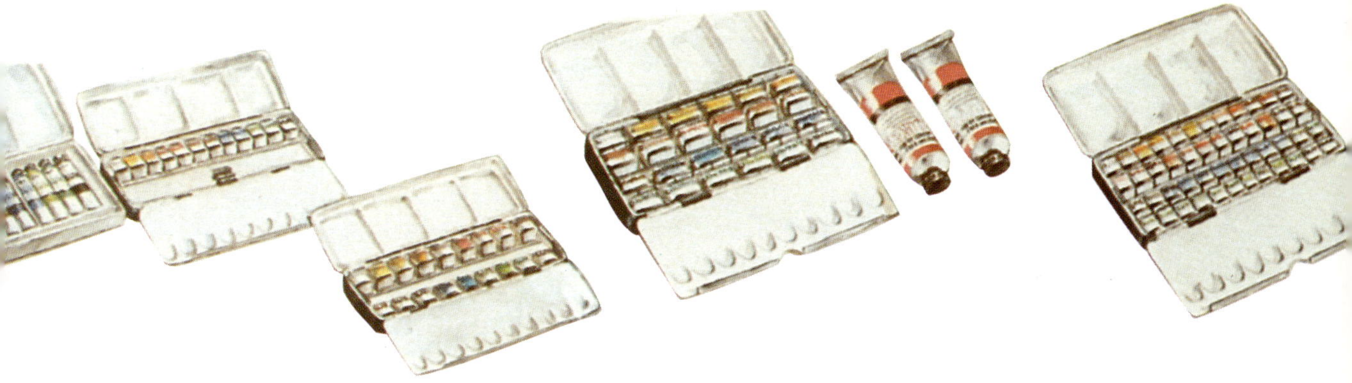

FARBEN

Durch die intensive Beschäftigung mit der Aquarellmalerei werden Sie die Fülle farbiger Erscheinungen immer bewußter wahrnehmen, vor allem aber eine eigene Welt transparenter Farbigkeit entdecken.

Zunächst geht es um die Möglichkeit, farbige Ausmischungen oder feinste Abstufungen zu erreichen, aber auch um die Fähigkeit, Färbkraft und Farbverhalten klassischer Farbtöne beurteilen zu können. Vor allem sollten Sie die wichtigste Eigenschaft der Aquarellfarben einschätzen und einsetzen lernen: ihre Lasurfähigkeit, ihre Transparenz bei hoher Leuchtkraft und Farbintensität.

Es ist ein Erlebnis, wenn lebendige Farbnuancen durch schichtendes Übereinandermalen entstehen, wenn Licht, Luft, Nebel und Schatten darstellbar werden, wenn undurchsichtige Materie durch körperlosen Farbauftrag verwandelt werden kann.

Sowohl beim lasierenden Farbauftrag als auch bei den Ausmischungen lassen sich, gerade für Ungeübte, mit den sogenannten Studienaquarellfarben oder einfacheren Qualitäten kaum befriedigende Ergebnisse erzielen. Ihr Füllstoffanteil, die einfacheren, groberen Pigmente und die Bindemittelzusammensetzung erschweren das lasierende Malen. Die Mischtöne werden oft zu stumpf, der Farbauftrag erscheint häufig zu deckend und zu flächig, die gesamte Farbanlage wirkt schnell verhangen und leblos. Als Anfänger können Sie solche Mängel in ihren Ursachen kaum erkennen oder beheben. Wirkung und Wesen der Aquarellfarben liegen nun einmal in der Feinheit ihrer Rezeptur begründet, darum unterscheiden sie sich auch in ihrer Erscheinung und Behandlung von anderen Wasserfarben, und diesen feinen Unterschied sollten Sie auch kennenlernen.

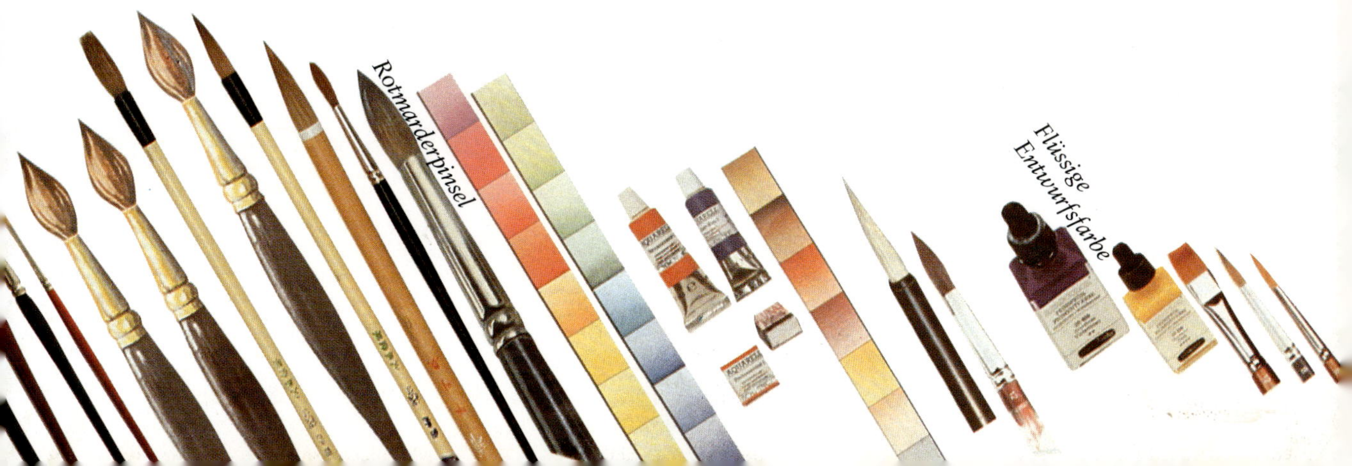

EIGENSCHAFTEN

Alle wasservermalbaren Farbsorten lassen sich – mehr oder weniger gut – dünnflüssig, verfließend und durchsichtig vermalen, also im weitesten Sinn aquarellierend verwenden. Aber nur echte Aquarellfarben haben folgende Eigenschaften und erfüllen alle folgenden Qualitätsbedingungen:

Lasurfähigkeit
Transparenz bei hoher Farbbrillanz. Sie wird durch kleinstmögliche Korngröße des Pigments, durch feinste Bindemittel und aufwendige Herstellungsverfahren garantiert. Trotzdem ist sie bei den einzelnen Farbtönen verschieden, da sie von der Pigmentstruktur abhängt.

Je nach Intensität und Dichte der Pigmente gibt es transparente, färbende und halbdeckende Aquarellfarben.

Färbvermögen
Nur bestimmte Farbpigmente dringen in das Papier ein und färben es stark. Diese Pigmentbeschaffenheit beeinflußt die Farbwirkung, die Mischungen und die Haftfähigkeit.

Lichtechtheit
Da das Bindemittel die Pigmente nur leicht mit dem Papier verklebt, da also keine kompakte Bindemittelschicht die Pigmente schützt, müssen höchste Anforderungen an ihre Beständigkeit gegenüber Tageslichteinwirkung gestellt werden können.

Farbverteilung
Ein gleichmäßiger, leichter Farbauftrag ohne Wolken und Streifen wird durch bestimmte Verteilerstoffe garantiert.

Glanzloses Auftrocknen
Nach dem Trocknen darf kein Bindemittelfilm sichtbar sein, auch nicht bei dichten oder halbdeckenden Stellen.

Mischbarkeit
Beste Pigmentqualität und chemische Verträglichkeit garantieren die gute Kombinationsmöglichkeit der Farben miteinander in direkter Mischung.

Ergiebigkeit
Durch die Pigment- und Bindemittelqualität und durch Verzicht auf Füllstoffe sind gute Aquarellfarben sehr sparsam im Verbrauch.

Spezielle Haftfähigkeit
Der getrocknete Farbauftrag darf bei sachgerechtem Übermalen nicht sofort verwischen, sollte sich aber wieder etwas auswaschen, ausradieren oder auskratzen lassen. Das gelingt je nach Malgrund und Farbpigment unterschiedlich. Auf wenig geleimten, saugfähigen Papieren ist das kaum möglich. Auch Pigmente mit hoher Färbkraft sind schwer zu entfernen.

Wiederlöslichkeit
Farben in Näpfchen müssen sich leicht mit dem Pinsel aufnehmen lassen. Sie dürfen auch nach längerer Benutzungspause nicht verhärten. Um das zu gewährleisten, werden gute Sorten feucht in Näpfchen eingegossen – ein aufwendigeres Verfahren als das Pressen in Klötzchen.

Andere Wasserfarbensorten und -qualitäten wie die Gouache, die Deckfarbe, die flüssige Entwurfsfarbe, die Acrylfarbe, die Aquarellfarbstifte ... haben jeweils andere Zwecke zu erfüllen, somit auch andere Zusammensetzungen und Eigenschaften.

Testen Sie die Haftfähigkeit der Aquarellpigmente.

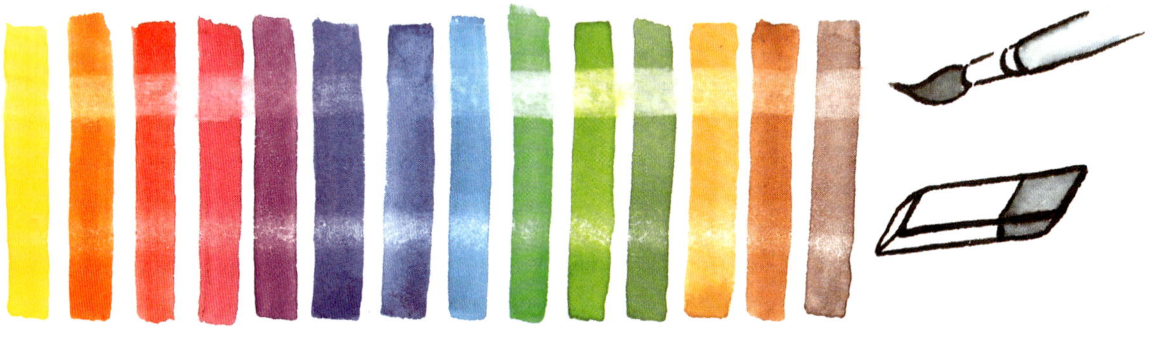

DIE REZEPTUR

Die Aquarellfarbe soll alle der genannten Voraussetzungen erfüllen, sie soll sich gut aufnehmen und leicht vermalen lassen, sie soll durchsichtig, aber farbkräftig wirken, sie soll ihren Farbcharakter mit der Zeit nicht verlieren. Um diesen Ansprüchen zu genügen und die Beschaffenheit zu verbessern, haben Generationen von Malern und Farbenherstellern gesucht, gemischt, gemahlen, gerührt. Erfolgsrezepte wurden geheimgehalten. Daran hat sich bis zur heutigen Fabrikation mit ihren weitaus besseren Rohstoffen und Herstellungsverfahren nichts geändert. Auch die Basismischung der Aquarellfarben ist geblieben. Hochwertige Farbsubstanzen (meist unlösliche Pigmente, selten lösliche Farbstoffe) werden zu extrem feinen Partikeln vermahlen. Diese werden nur mit solchen Bindemitteln (hochwertige Gumma und Harze) und Verteilerstoffen gemischt, die die Farbteilchen unsichtbar an den Malgrund binden und deren gleichmäßigen Farbauftrag ermöglichen.

DIE FARBNAMEN – MALERLATEIN

Viele Farben tragen immer noch ihre alten Namen, die an frühere Herkunft oder Zusammensetzung erinnern, wenngleich die meisten der heute verwendeten Pigmente künstlich hergestellt werden.

Siena, Terra Pozzuoli, Sepia, Indigo, Vandyck-braun – dies sind Beispiele für traditionelle Farbbezeichnungen. Und Namen wie Grüne Erde, Indischgelb oder Olivgrün klingen viel schöner und weniger giftig als Kadmiumgelb, Phtaloblau oder Chromoxidgrün feurig. Doch auch hinter wohlklingenden Farbnamen verbergen sich vorwiegend künstliche Pigmente. Aber, und das zur Beruhigung, hinter den chemisch klingenden Farbtonbezeichnungen lauern keine heimlichen Gifte. Es sei denn, das Etikett trägt die deutliche Kennzeichnung: Vorsicht, gesundheitsschädlich!

DIE PIGMENTE

Pigmente sind organische oder anorganische unlösliche Farbpartikel. (Farbstoffe dagegen sind lösliche Farbsubstanzen.) Durch entsprechende Bindemittel wird aus dem Farbpulver eine Malfarbe.

Die große Palette an käuflichen Farbtönen und die Vielfalt an Zusammensetzungen erscheint sinnvoller, wenn man weiß, daß die jeweilige Pigmentbasis nicht nur den optischen Farbeindruck, sondern auch andere wichtige Eigenschaften einer Aquarellfarbe bestimmt. Wie sie verfließt, haftet, färbt, ob sie durchsichtig oder halbdeckend vermalbar ist, ob sie sich schwerfällig oder eher explosiv ausbreitet, wie sie sich mit anderen Farben mischt, wie lichtbeständig sie ist. Dies alles wird wesentlich von der Pigmentstruktur beeinflußt. Ein großes Farbtonangebot dient, neben möglichst individueller Nuancenwahl, also auch weiteren maltechnischen, künstlerischen Ansprüchen. Die Vorliebe für bestimmte Farbqualitäten, Farbtöne und deren Vermalbarkeit kann sich erst mit wachsender Malpraxis herausbilden; erst dann werden Sie Ihre ganz persönliche Farbauswahl treffen können.

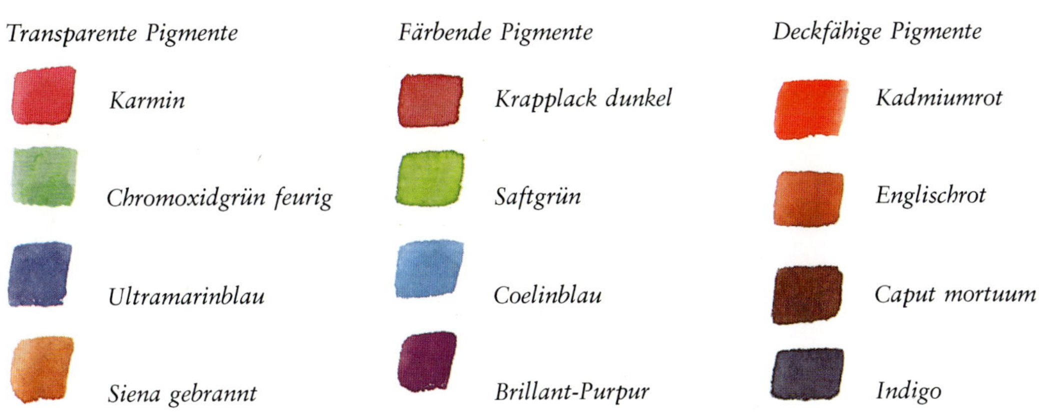

KAUFEMPFEHLUNG

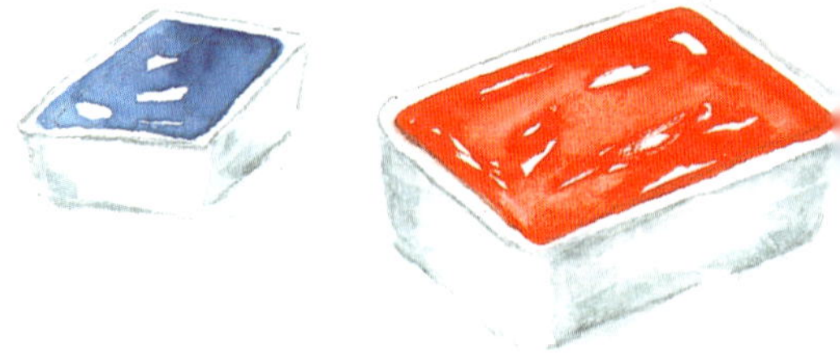

Wenn Sie den Genuß echten Aquarellierens erleben wollen, wenn Sie lasieren, mischen und differenzierte, brillante Farbigkeit erreichen wollen, dann sollten Sie sich eine Auswahl hochwertiger Künstler-Aquarellfarben anschaffen. Als Anfänger am besten in Näpfchenform, damit malen Sie zu Beginn sparsamer und praktischer als mit Tubenfarben. Sie können zwischen zwei Näpfchengrößen und verschiedenen leeren Malkästen wählen.

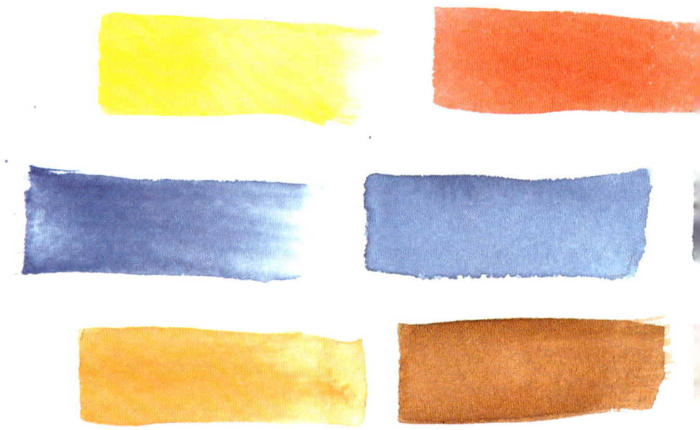

Als *Erstanschaffung* rate ich Ihnen zu folgender Farbauswahl (Minimalsortiment):

Kadmiumgelb hell – Kadmiumrot hell – Karmin(rot) – Ultramarinblau – Preußischblau – Indigo – Chromoxidgrün feurig – Echtgrün oliv – Lichter Ocker – Siena gebrannt – Caput mortuum – Sepiabraun.

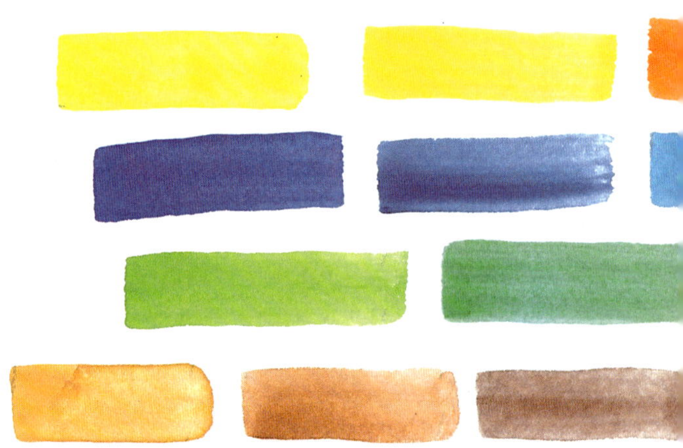

Soll die Palette aber umfangreicher sein, dann schlage ich diese *erweiterte Farbzusammenstellung* vor:

Echtgelb hell – Kadmiumgelb mittel – Echtorange – Kadmiumrot hell – Karmin(rot) – Ultramarinblau – Preußischblau – Coelinblau – Indigo – Saftgrün – Chromoxidgrün feurig – Cromoxidgrün stumpf – Lichter Ocker – Siena gebrannt – Caput mortuum – Umbra gebrannt – Sepiabraun – Elfenbeinschwarz.

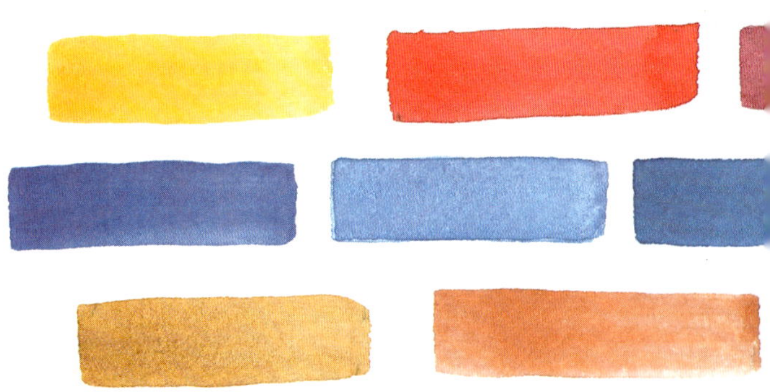

Empfehlenswert als spätere *Ergänzung* sind:

Chinesischweiß – Indischgelb – Permanentrot – Krapplack dkl. – Echtviolett – Kobaltblau dkl. – Bergblau – Phtaloblau – Phtalogrün – Hookersgrün – Dunkelocker – Englischrot hell – Neutraltinte oder Paynesgrau – und ein Näpfchen Ochsengalle (Netzmittel).

Lassen Sie sich im Fachgeschäft – am besten schon vor dem Kauf – eine gedruckte Farbkarte geben, die Ihnen Auskunft gibt über Lichtechtheit, Pigmentqualität und Preisgruppe der einzelnen Farbtöne und die Sie bereits etwas vertraut macht mit den teilweise schwierigen Farbnamen.

Trotz dieses Plädoyers für hochwertige Farbqualitäten und für die Näpfchenform sprechen aber doch Gründe für einfachere Farbqualitäten und auch für preisgünstige Aquarellsorten in Tuben.

Wer ohne große Ansprüche an Farbfeinheiten zum Ausprobieren, Kennenlernen oder für Wind und Wetter robustere, preiswertere Farben sucht, der findet diese in den Studien-Aquarellfarben.

Der Umgang mit dem weichen, schnell und großzügig vermalbaren Farbmaterial aus der Tube ist ein schönes Malerlebnis. Tubenfarben haben außerdem den Vorteil, daß man lernt, für jedes Bild am Arbeitsbeginn bewußt eine beschränkte Farbauswahl zu treffen und nicht beliebig mit allen verfügbaren Näpfchenfarben zu malen. Da deren ökonomische Handhabung aber eine gewisse Erfahrung erfordert, ist es anfangs sparsamer, mit einem »Testsortiment« einfacher Universal-Wasserfarben in Tuben erste Malversuche und Experimente zu machen – am besten im Vergleich zum Aquarellieren mit hochwertigen Farben aus Näpfchen.

TIPS

▷ Wichtig ist eine für Sie sinnvoll bleibende *Kastenordnung,* die Sie sich einprägen können, um das eigene Sortiment bald namentlich zu kennen und, vor allem, um ähnliche Farbtöne durch die Plazierung unterscheiden zu können.

Mein Vorschlag für eine bewährte Reihenfolge:
Weiß - Gelb - Orange - Rotorange - Rot - Rotviolett
Violett - Blautöne - Blaugrün - Grüntöne.
Und für die Erdfarben eine eigene Reihe:
Ocker - Siena gebrannt - Englischrot - Caput mortuum - Umbra gebrannt - Sepiabraun - Elfenbeinschwarz.

▷ Lassen Sie - wenn möglich - etwas Abstand zwischen den Näpfchen, damit sich die Farben nicht gegenseitig bei der Entnahme mit großen Pinseln färben.

▷ Wie auch immer Sie die Farben in ihren Kasten einordnen, Sie sollten sich dazu als Orientierungshilfe eine *Farbkarte* auf Aquarellpapier anlegen und die Farbfelder beschriften oder das jeweilige Etikett dazukleben.

MISCHÜBUNGEN

Machen Sie am Anfang ausgiebige Mischübungen auf einfachem Papier, um die Farben kennenzulernen.
Probieren Sie verschiedene Mischungsarten aus:

- Direktes Mischen auf der Palette.
- Naß-in-Naß-Mischen auf dem Papier.
- Lasierendes Mischen durch transparentes Übereinandermalen.

Legen Sie sich dann einen großen Aquarellbogen als Mischblatt an, auf dem Sie gelungene Ergebnisse nochmals aufmalen können.

MISCHREZEPTE

Gelb verändert durch Zumischung sehr schnell die Farbrichtung. Grüntöne entstehen, wenn Kadmiumgelb entweder mit Sepia oder mit Indigo oder mit Elfenbeinschwarz gemischt wird.

Echtorange mit Chromoxidgrün feurig ergibt schöne Grüntöne. Gebrochene Töne entstehen durch Zumischen von Blau.

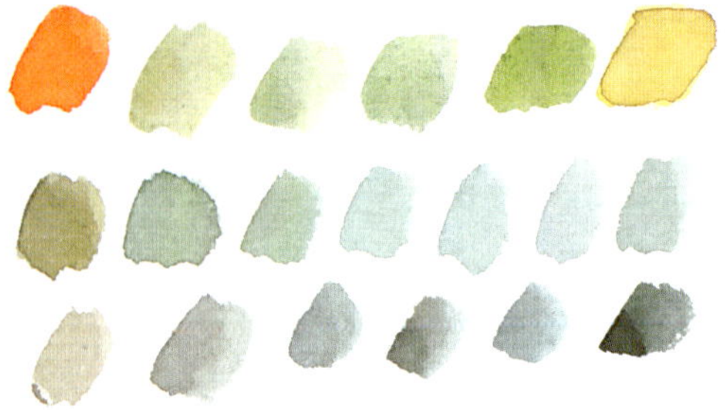

Kadmiumrot hell ist eine schwere, deckfähige Farbe. Mit Preußischblau gemischt, entsteht ein farbiges Grau; wenig verdünnt, ist es eine lebendige Dunkelheit, ein Schwarz-Ersatz. Schöne gedämpfte Töne ergeben sich durch Ausmischung mit Sepia, Umbra oder Indigo. Mischen Sie es auch einmal mit Chromoxidgrün feurig. Dämpfen Sie es mit Neutraltinte und etwas Weiß.

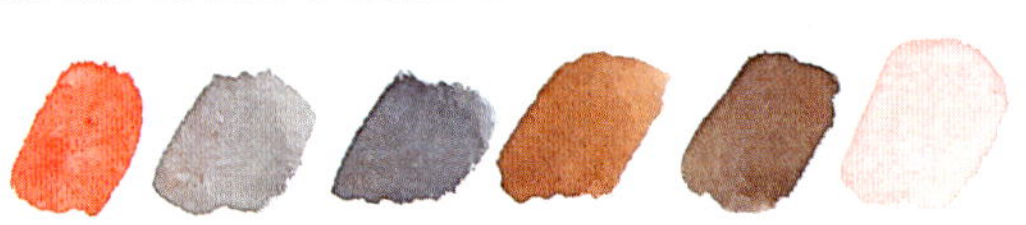

Karmin. Eine »leichte« Farbe mit großer Färbkraft. Mischen Sie es mit Sepia, Umbra, Indigo und Schwarz. Mit Ultramarinblau erhalten Sie ein reines Violett. Mit Chromoxidgrün feurig gebrochen, entsteht ein schönes Grau.

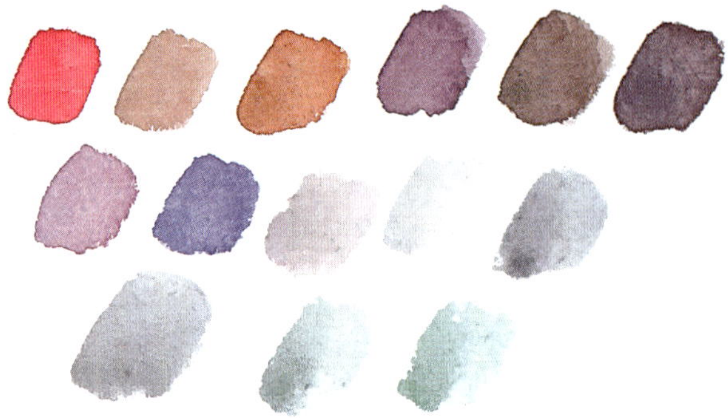

Blautöne aus verschiedenen Ausgangspigmenten sind für die typischen Aquarellthemen Himmel, Wasser, Licht, Schatten, Luft unentbehrlich.

Wenn Sie alle Blautöne Ihres Kastens mit den Rottönen durchmischen, erhalten Sie eine große Vielfalt an Violett-Nuancen.

Mischen Sie Gelb zu jedem Blau und vergleichen Sie die Grün-Nuancen.

Dämpfen Sie jedes Blau mit den Brauntönen Ihres Kastens. Interessant ist vor allem die Mischungsreihe aus Coelinblau mit Siena gebrannt.

Indigo, ein satter, dunkler Blauton, ist ein farbiger Ersatz für das »tote« Schwarz. Indigo mit Caput mortuum ergibt ein lebendiges Schwarz.

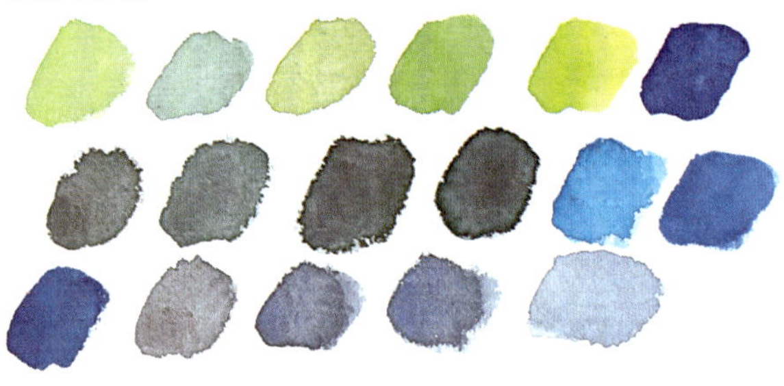

Chromoxidgrün feurig. Eine Farbe mit starker Färbkraft. Ungemischt sieht sie eher unnatürlich aus, aber sie verträgt sich mit allen Farben; jedesmal ergibt es ein anderes Grün: Dunkle Nuancen entstehen mit den Erdtönen, mit Indigo und Schwarz; warme, lichte Töne mit Gelb und Orange; kühle Nuancen mit Blautönen und schillerndes Graugrün mit Rottönen.

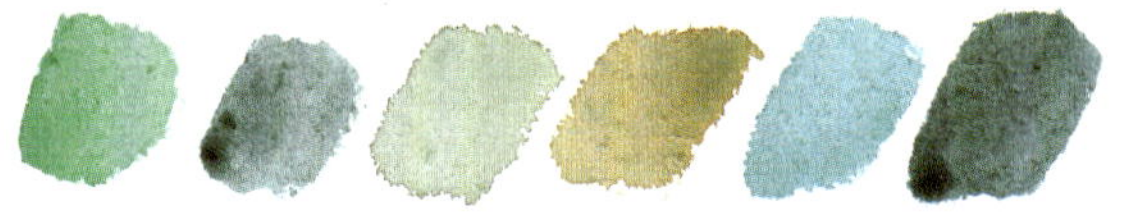

Die Brauntöne in der Reihe der Erdfarben haben unterschiedliche Pigmentkonsistenz. Sie gehören unbedingt in den Aquarellmalkasten, auch wenn sie sich aus den reinen Farben gut ermischen lassen. Zum einen ist die schnelle Verfügbarkeit über Naturtöne beim Malen im Freien wichtig, besonders für dieses Medium flüchtig-spontaner Wiedergabe. Zum andern lassen sich reine Farben mit dem direkten Erdfarbenpigment farbiger und schöner abdunkeln und dämpfen als mit ermischten Tönen.

Schwarz und Deckweiß sind bei der Transparenz des Aquarells für Anfänger problematisch. Zu schnell werden damit Leuchtkraft und lichte Farbwirkung eines Aquarells zerstört. Vor allem, wenn Schwarz für Dunkel und Weiß für Hell eingesetzt wird. Ohne ein Schwarz im Kasten wird man eher die farbigen Nuancen der Dunkelheiten sehen und mischen können, ohne Weiß eher den Umgang mit Farbverdünnungen und Papieraussparungen lernen. Erfahrene Malerinnen und Maler setzen Schwarz und Weiß gezielt ein für bestimmte Farbwirkungen wie gedämpfte oder »vermilchte« Töne oder für Kontraste wie leuchtend-stumpf, farbig-unfarbig, licht-dicht.

Farben dämpfen (trüben)

Je mehr Farben an einer Mischung beteiligt sind, desto farbloser, trüber wird diese.

Die jeweilige Pigmentbasis und die Farbanteile beeinflussen den Mischton, der schön gedämpft, aber auch schmutzig erscheinen kann.

Durch Zumischen von Weiß, Schwarz, Grau oder auch Braun werden intensive Farben gedämpft, durch Zumischen der entsprechenden Komplementärfarbe werden sie gebrochen.

- Sammeln Sie erste Erfahrungen mit Farbtrübung durch Mischversuche, an denen drei Farben beteiligt sind. Mischen Sie aus drei Ausgangsfarben alle möglichen Zweier- und auch Dreierverbindungen in verschiedenen Konzentrationen. So können schöne Farbklänge entstehen, deren Zweiermischungen getrübt oder gebrochen sind und deren Dreiermischungen oft als Grautöne erscheinen, manchmal allerdings auch unschön wirken.
- Malen Sie ein einfaches Motiv mit den Nuancen eines gelungenen Dreier-Farbklanges.

Farbvorschläge für Dreier-Farbklänge:
Kadmiumgelb – Karmin – Indigo

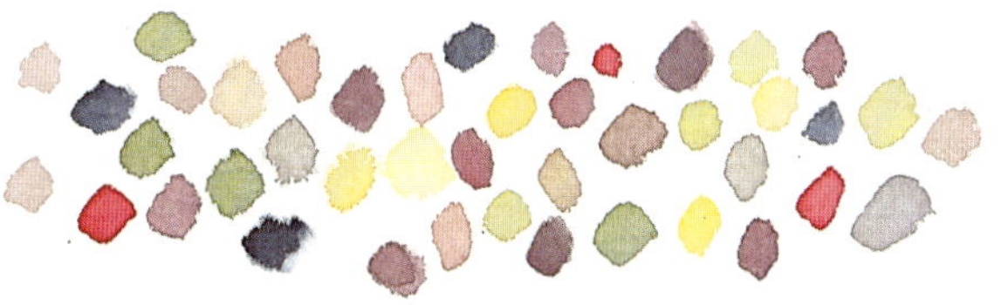

Ocker – Karmin – Chromoxidgrün feurig

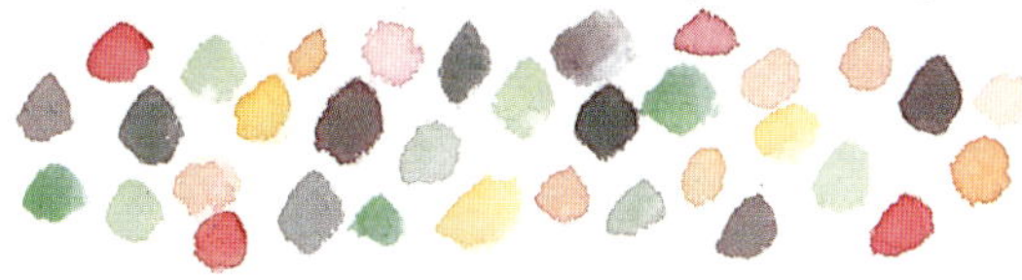

Kadmiumgelb – Siena gebr. – Preußischblau

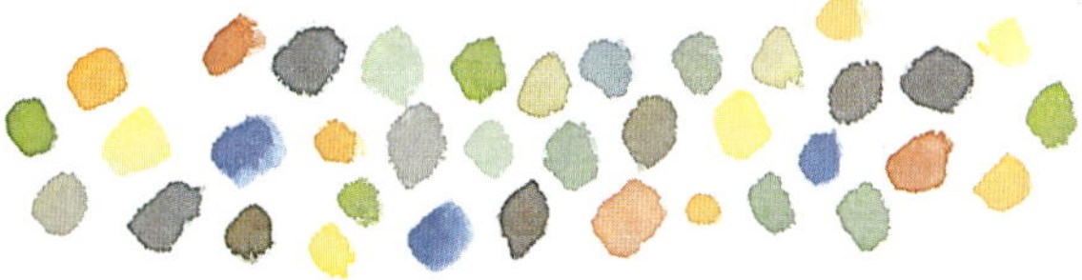

Kadmiumrot hell – Echtorange – Coelinblau

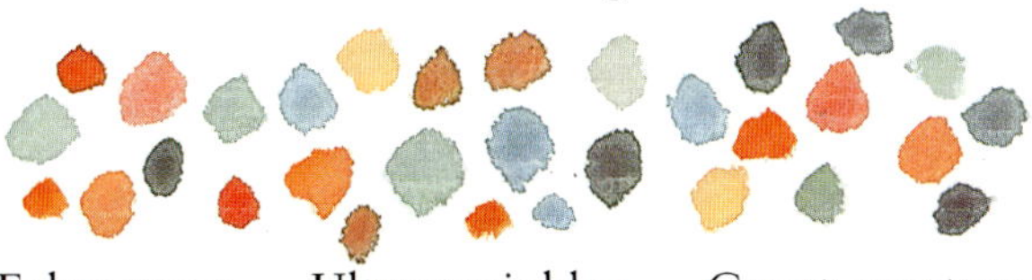

Echtorange – Ultramarinblau – Caput mortuum

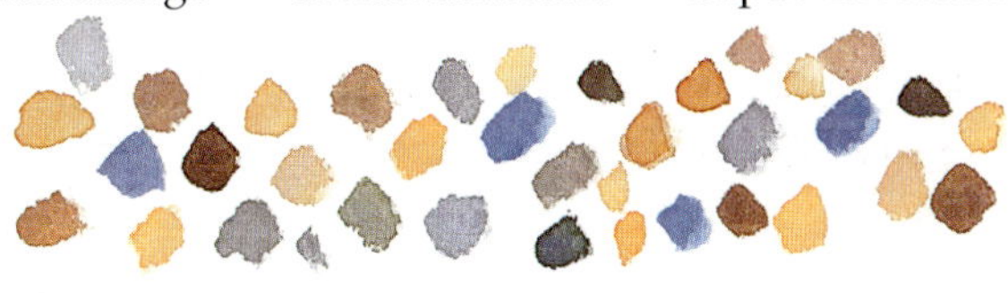

Karmin – Siena gebrannt – Coelinblau

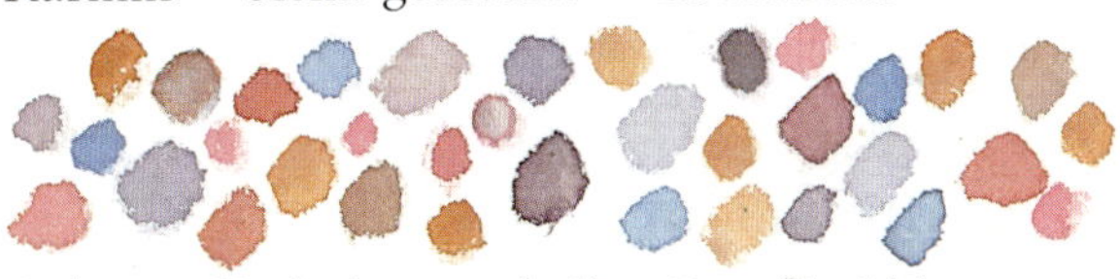

Ocker – Kadmiumrot hell – Preußischblau

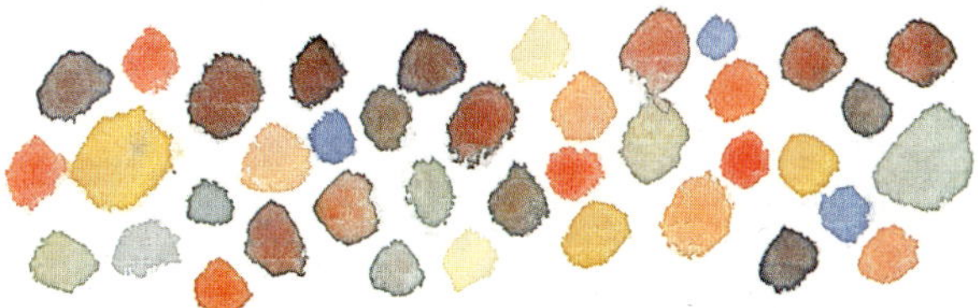

Ocker – Siena gebrannt – Chromoxidgrün f.

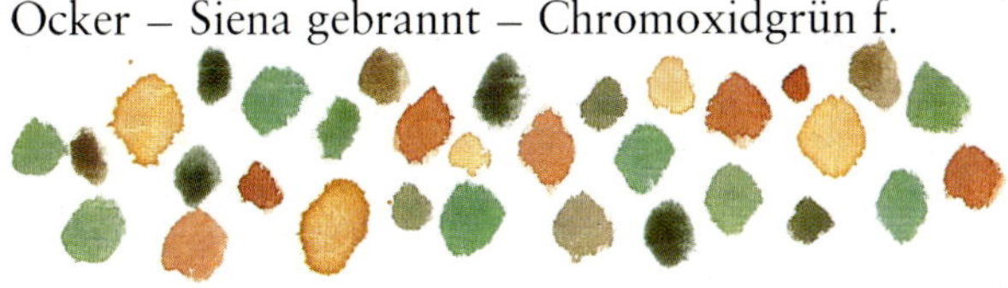

- Versuchen Sie dann, die Farbklänge einmal mehr kühl und einmal wärmer zu mischen.

PINSEL

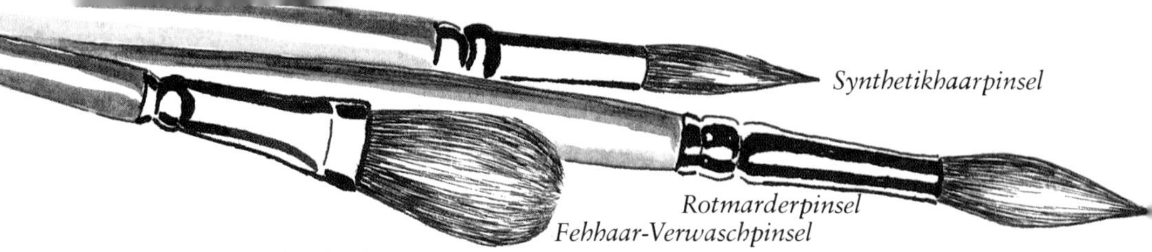

EIGENSCHAFTEN

Der Pinsel ist in der Aquarellmalerei das wichtigste Instrument. Er beeinflußt Malweise und Wiedergabe entscheidend und muß daher vor allem jeweils persönlichen Ansprüchen genügen. Für die klassischen Aquarell-Techniken aber soll er folgende Bedingungen erfüllen:

Großes Füllvermögen. Seine Haare müssen viel Wasser fassen können, um schnelle, großflächige und flüssige Arbeitsweise zu ermöglichen.

Feine Spitze. Auch eine dicke Haarquaste muß angefeuchtet zu einer feinen Spitze auslaufen, mit der man hauchdünne Linien ziehen kann.

Gleichmäßige Farbabgabe. Seine Haarstruktur soll ermöglichen, daß der optimal gefüllte Pinsel die Farbflüssigkeit je nach Aufdruckstärke abgibt. Der Farbauftrag darf nicht durch Anteile härterer Haare unregelmäßig werden.

Elastische Führung. Die Haare müssen weich und trotzdem so elastisch sein, daß sie nach flachem Aufsetzen auf den Malgrund ihre ursprüngliche Form wieder einnehmen. Diese Spannung darf ein guter Pinsel auch nicht im Laufe der Jahre verlieren.

Saugfähigkeit. Die Haare müssen Wasser, das auf dem Papier steht, aufnehmen können.

KAUFEMPFEHLUNG

Der Malpinsel. Es gibt nur eine Haarsorte, die bei entsprechender Verarbeitung diesen Anforderungen genügt: es ist das Schweifhaar des Rotmarders, und ganz ideal ist das des sibirischen Colinsky-Marders. Wie jeder gute Haarpinsel, so wird auch der »Haarschopf« eines Rotmarderpinsels manuell von speziellen Pinselmachern in seine Form gebracht, bevor er in eine nahtlose Zwinge gefügt wird. So ein Rotmarderpinsel ist nach wie vor der beste, wenn auch teuerste Aquarellpinsel.

Der Rotmarderpinsel ist das klassische Instrument der Aquarellmalerei. Alle preiswerteren Alternativen, Pinsel aus Rindsohrenhaar, Iltishaar, Kaninchenhaar, aus Ziegenhaar, Dachshaar, aus dem Haar von Fischotter oder Zobel, aus Haarmischungen oder Synthetikhaar können keinem Vergleich standhalten.

Während ein Rotmarderpinsel in der Stärke 14 (besser größer als kleiner) sowohl großflächiges, flüssiges Aquarellieren als auch feinen Spitzpinseleinsatz auf kleinen und mittelgroßen Formaten erlaubt, brauchen Sie dafür bei anderen Qualitäten jeweils einen kleinen und einen großen Pinsel. Das geringere Füllvermögen anderer Haarsorten macht allgemein größere Pinselstärken erforderlich.

Neben dem eigentlichen Malpinsel sollten Sie noch einen Verwaschpinsel und mindestens einen Ersatzpinsel besitzen. Mit dem *Verwaschpinsel* werden große Flächen angelegt, Partien angefeuchtet, mit manchen kann man auch großzügig naß aquarellieren. Er soll dick und weich sein, sein Haar muß aber nicht elastisch und seine Spitze nicht fein sein, da mit ihm keine präzisen Farbformen gemalt werden. Dazu eignet sich ein Katzenzungenpinsel (flache Bindung, Halbovalform) aus Fehhaar oder ein französischer Aquarellpinsel mit Naturkiel besonders gut, aber auch ein breiter, flacher China-Verwaschpinsel aus Ziegenhaar. Eine preiswertere Möglichkeit: ein großer, runder Bambuspinsel aus Ziegenhaar.

Der Ersatzpinsel muß vielseitig verwendbar sein: Er soll als zweiter Mal- oder Farbpinsel dienen, soll für gröbere Arbeiten wie das Ausbürsten, Wegwaschen, Stupfen oder Strukturieren mit gespreizten Haaren geeignet sein und kann auch bei Experimenten mit anderen Materialien eingesetzt werden. Daher muß er widerstandsfähig und preiswert sein. Ein Synthetikhaarpinsel, etwa Größe 8, oder eine einfache Sorte Japanpinsel im Bambusstiel können diesen Zweck erfüllen.

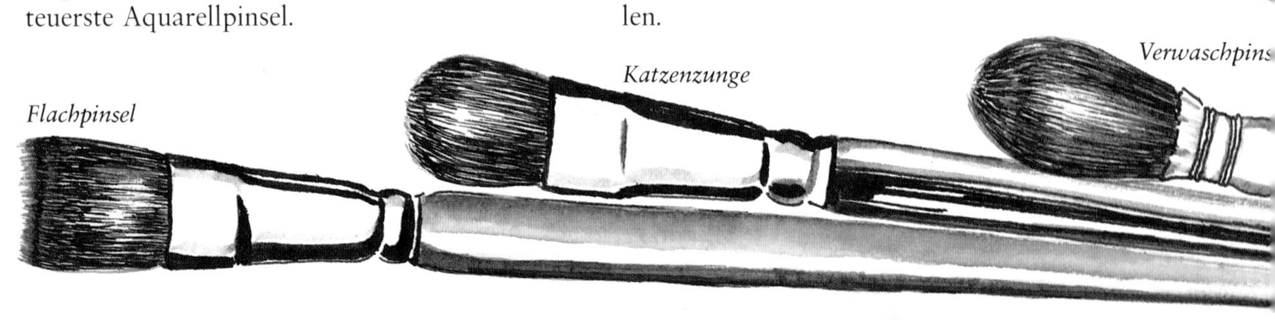

BESONDERE PINSEL

Neben dem Standard-Aquarellpinsel in der Rundzwinge gibt es noch andere Pinselformen und Haarsorten, die sich für spezielle Verwendungszwecke oder bestimmte Aquarellverfahren eignen. Irgendwann werden Sie Ihr Pinselsortiment auf Ihre Malgewohnheit abstimmen und ergänzen. Vielleicht werden Sie auch durch Erprobung andersartiger Pinsel zu neuen Ausdrucksmöglichkeiten und Malweisen kommen. So zwingt zum Beispiel ein breiter, langstieliger *Katzenzungenpinsel* zum Malen im Stehen und zu großzügigen, freischwingenden Bewegungen, er verlangt größere Formate und Tubenfarben. Eine gute Methode, um sich von einem zu detaillierten und präzisen Malstil zu befreien.

Viele Malerinnen und Maler benutzen für großflächiges Aquarellieren oder fleckhaftes Lasieren einen *Flachpinsel aus Rindsohrenhaar.* Mit den verschiedenen japanischen *Bambuspinseln,* auch Chinapinsel genannt, können Sie jeweils andere Eigenschaften und Verwendungsmöglichkeiten kennenlernen.

Wie gut sich diese Chinapinsel für Ihr eigenes Aquarellieren eignen, hängt einzig und allein von Ihrer Hand ab. Sie müssen es ausprobieren. Weißes Haar ist weich und spannungslos, braunes Haar ist härter und elastischer. Für Pinselzeichnungen oder Liniengestaltung wird der schmale Menso-Pinsel aus Dachshaar verwendet, für flächiges Verwaschen ein Ziegenhaarpinsel, für formendes Malen ein Mokkotsu-Pinsel aus Wildhaar.

Auch ausgefallene *Spezialpinsel,* die bei ganz anderen Maltechniken eingesetzt werden, sind manchmal ideale Hilfsmittel zum Aquarellieren.

So können im Aquarell auch einmal Fächer- oder Borstenpinsel für Gräser, Laub, Rinde, Wasser, Regenhimmel ... zuständig sein.

Praktisch oder unnötig? *Besondere Pinselformen:*

- Pinsel, die durch eine entsprechende Stielformung nicht von der Malfläche rollen können.
- Pinsel, deren Stielende abschraubbar ist und als Hülle für die Quaste dient (Reisepinsel).
- Verschiedene Pinselköpfe, die sich auf einen Stiel aufsetzen lassen.
- Probieren Sie alle Pinsel aus, die Sie besitzen. Machen Sie ausgiebige Pinselübungen. Versuchen Sie, die jeweiligen Eigenschaften Ihres Instruments zu spüren und einzusetzen.

TIPS

Aquarellpinsel mit ihrem feinen Haar müssen sorgfältig gepflegt werden.

▷ Nicht mit dem Kopf nach unten ins Wasserglas stellen, keine Farbreste im Haar lassen, mit dem Tuch trocknen, dann, am besten hängend, an der Luft vollständig abtrocknen lassen.

▷ Zum Transport in eine Bambus- oder Bastmatte einrollen.

▷ Längerfristige Aufbewahrung: staubgeschützt (Staubmilben schaden den Haaren), aber nicht luftdicht. Spaghettigläser so hoch mit Bruchreis, Sand ... füllen, daß die Pinsel stehen bleiben, aber die Haare keinesfalls den Deckel berühren. Verschluß nur leicht aufsetzen.

Oder: Pinselhaare in flüssiger Gelatine schwenken, zur Spitze formen, gut trocknen lassen. So geschützt in Schachteln aufbewahren. Vor Gebrauch die Gelatineschicht in warmem Wasser ausspülen.

▷ Unförmig gewordene Pinsel »dressieren«: Mit etwas Eiweiß oder flüssiger Gelatine die Pinselhaare wieder glatt und spitz formen, in hartnäckigen Fällen durch eine Bandage aus Zigarettenpapier unterstützen. Diese »Klebepackung« läßt sich gut wieder auswaschen.

▷ Abstehende Pinselhaare nie abschneiden. Die natürlich gewachsenen Haarenden werden so zerstört, die Schnittstelle spaltet sich. Nur abgebrochene oder geknickte Haare können mit der Rasierklinge oder über der Kerzenflamme ganz vorsichtig gekürzt werden.

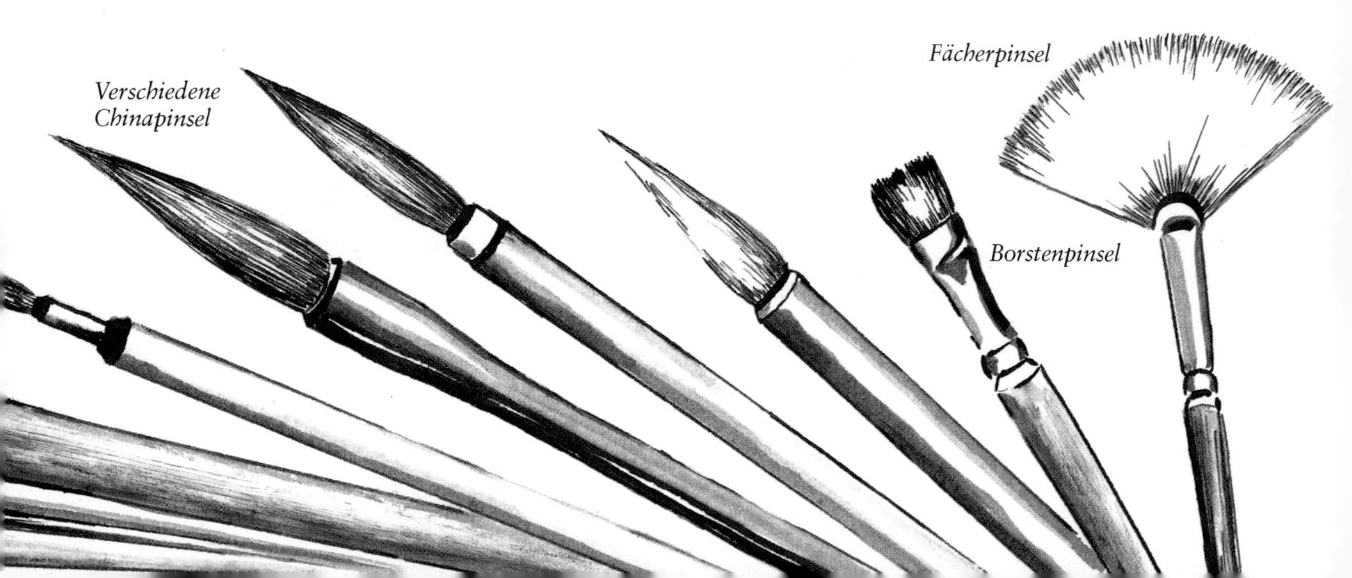

glatt Mittelkorn Echt Bütten antik Echt Bütten grau Ingres

PAPIER

EIGENSCHAFTEN

Bei allen klassischen Aquarelltechniken muß das Papier viel Wasser vertragen können, die Farben müssen brillant und transparent darauf erscheinen, sie sollen gut darauf »stehen«, also weder im Papierfilz ertrinken noch auf der Oberfläche schwimmen. Auch nach Jahren darf das Papier seine Grundfärbung nicht verändern, wenn sich alle Farbtöne noch unverfälscht zeigen sollen. Spezielles Aquarellpapier muß diese Mindestanforderungen erfüllen.

Zusammensetzung, Leimung, Zusätze und Herstellungsart sind für die Qualität und die Verwendung des Papiers entscheidend. Gute Papiere sind holzfrei, säurefrei und enthalten keine chemischen Aufheller. Ihr innerer Aufbau besteht aus Zellulose und/oder Hadern (textile Fasern). Der Grad ihrer Leimung ist für die jeweilige Maltechnik entscheidend. Manche Papiere erhalten zur Massenleimung zusätzlich noch eine Oberflächenleimung. Da Aquarellpapier unterschiedlichen künstlerischen Ansprüchen genügen muß, gibt es unzählige Sorten, die sich in folgenden Eigenschaften unterscheiden:

Oberfläche. Struktur oder Körnung: Sie kann glatt, matt, rauh, relief- oder gewebeartig strukturiert sein, sie kann mit Feinkorn, Mittelkorn, Grobkorn oder Torchon (grobe Narbe) bezeichnet werden. Da dies keine genormten Bezeichnungen sind, muß man bei jedem Papier die Oberfläche prüfen.

Malweise, Farberscheinung und Ausformung werden entscheidend von der Papierstruktur mitbestimmt. Unebene Oberflächen reflektieren Licht lebendig, die Farbe erhält Brillanz.

Faustregel: Je rauher das Papier, desto großzügiger der Farbauftrag, desto größer Pinsel und Format. Für den Anfang rate ich zu mittlerer Körnung, zu matten oder leicht rauhen Papieren, da grobe oder glatte Oberflächen bestimmte Erfahrungen und Techniken erfordern.

Leimung: Aquarellpapier muß durch die ganze Masse geleimt sein und kann zusätzlich noch eine Oberflächenleimung erhalten. Je nach Leimungsgrad kann die Oberfläche eher »offen« sein, dann sinkt die Farbe stärker ein und läßt sich weniger auswaschen. Oder sie kann eher »geschlossen« sein, so daß die Farbe härter darauf steht, mit schärferen Rändern auftrocknet, sich leichter abwaschen läßt. Je stärker die Papierleimung, desto härter das Papier. Harte Sorten klingen hell, wenn man sie knickt. Papiere mit Oberflächenleimung nicht rollen und nicht knicken, da selbst kleine Verletzungen nach dem Bemalen sichtbar werden.

Papiergewicht. Es wird in Gramm pro Quadratmeter angegeben. In der Regel wird Aquarellkarton mit oder über 200 g/m^2 benützt, da sich leichtere Sorten durch nasses Bemalen zu sehr werfen. Ausnahmen bilden dünne Spezialpapiere, wie Ingres- oder Japanpapier.

Papierfärbung. Reinweiß ist der neutrale Ton des Aquarellgrundes, er reflektiert das Licht optimal, Eigencharakter und Leuchtkraft erscheinen darauf unverfälscht. Allerdings darf das Papier nicht mit optischen Aufhellern behandelt sein, da diese sich sehr negativ auf den Farbcharakter auswirken. Gebrochenes Papierweiß oder leicht getönte Papiere beeinflussen die gesamte Farbgebung, sie werden als bewußtes Mittel der Gestaltung eingesetzt.

Bei stärkeren und dunkleren Papiertönungen werden die Aquarellcharakteristika – Transparenz und Weißaussparungen – aufgegeben. Sie fordern dichten und deckenden Farbauftrag, Farbaufhellung mit Weiß und Weißhöhung. Ein geeignetes Farbmaterial dafür ist die Gouache.

Haltbarkeit. Aquarellpapier muß holz- und säurefrei sein, damit es nicht vergilbt und die Farben sich nicht verändern.

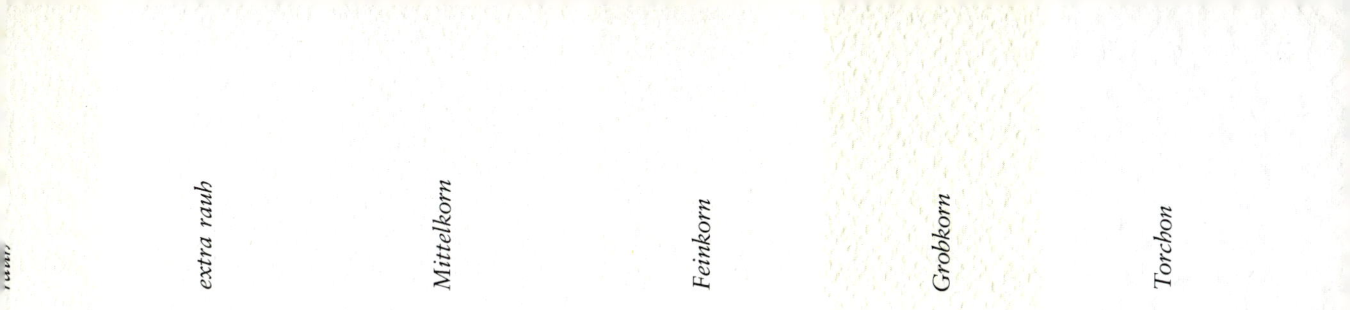

BLÖCKE ODER EINZELBÖGEN?

Aquarellblöcke gibt es in verschiedenen Formaten, Körnungen, Qualitäten, Färbungen, mit unterschiedlicher Blattzahl und Papierstärke.

Blöcke müssen an allen vier Seiten verleimt sein, damit während des Malens keine extremen Berge und Täler entstehen und damit sich das bemalte Blatt Papier beim Trocknen wieder vollständig glättet.

Erst dann wird es vorsichtig mit Messer oder Brieföffner vom Block abgetrennt. Dafür ist eine Ecke nicht verleimt.

Lose Einzelbögen. Hier haben Sie, neben dem Standard-Sortiment an Blöcken, weitaus größere Auswahlmöglichkeiten an Formaten und Qualitäten. Die meisten losen Papierbögen müssen allerdings vor dem Bemalen naß auf eine glatte, feste Unterlage aufgezogen werden. Einige Aquarellkartons sind so stark und stabil, daß sie sich unaufgespannt beim Malen nur wenig werfen und anschließend beim Trocknen auch wieder spannen.

Aquarellpappen. Es gibt im Handel auch fest auf Pappen aufgezogene, kaschierte Aquarellpapiere. Sie werden beim Malen nicht wellig, die Pappe biegt sich höchstens etwas durch.

Der Nachteil dieser Möglichkeit ist der relativ hohe Preis.

• Aufziehen des Aquarellbogens: Das Blatt wird gleichmäßig und vorsichtig naß gemacht. Die meisten Papiere kann man direkt ins Wasser legen, ohne daß die Farbwirkung anschließend darunter leidet, manche aber sollte man nur von der Oberseite her gleichmäßig wässern. Dazu benutzt man einen weichen Schwamm, einen Firnispinsel aus weichem Haar oder einen Japan-Flachpinsel aus Ziegenhaar.

Der nasse Bogen wird dann glatt auf eine Span-, Hartfaser- oder Glasplatte gelegt und mit angefeuchtetem gummiertem Klebeband an allen vier Seiten befestigt. Er kann naß, feucht oder trocken bemalt werden. Während des Trocknens spannt sich das Papier wieder, es wird dann mit scharfem Messer am Klebeband entlang abgetrennt. Möchte man diese scharfen Schnittränder vermeiden, dann löst man das Klebeband vorsichtig mit Schwamm und Wasser ab. Das ist allerdings eine schwierige Prozedur, denn die Ränder dürfen sich dabei nicht wellen!

Bei Einzelbögen läßt sich die Papieroberseite von der Unterseite, der Siebseite, durch das Wasserzeichen oder den Prägestempel unterscheiden. Nicht bei allen Papieren eignen sich beide Seiten gleich gut zum Aquarellieren.

Manche Papiere sind allerdings für das beidseitige Bemalen hergestellt und mit jeweils anderer Oberflächenprägung erhältlich.

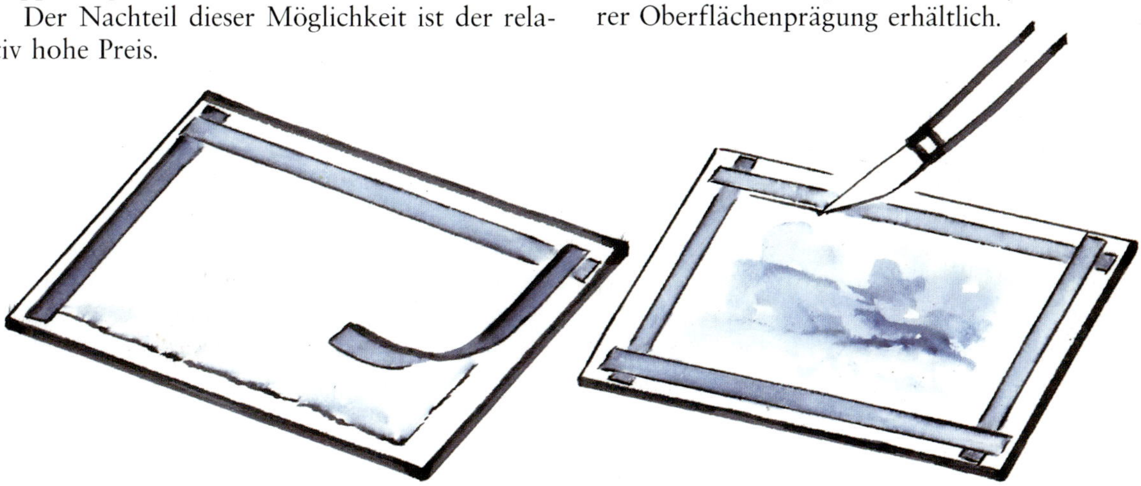

SPEZIALPAPIERE

Japanpapiere sind extrem saugfähig durch ihren geringen Leimgehalt; sie erfordern eine besondere Maltechnik und Sicherheit im Pinseleinsatz. Je nach Sorte haben Japanpapiere unterschiedliche Faserstrukturen, Gewichte, Farbtöne und Festigkeit. (Reißfestigkeit ist für nasses Bemalen wichtig.) Sie sind im Handel als Einzelbögen oder als Japan-Aquarellblöcke erhältlich.

Ingrespapiere (oder Maschinenbütten) haben eine charakteristische Siebstruktur, ein geringes Gewicht und verschiedene Tönungen. Sie eignen sich gut für das Naß-in-Naß-Aquarellieren.

Getönte Papiere beeinflussen die gesamte Farbwirkung. Gebrochenes Weiß in kühlen oder warmen Tönungen ist für das reine Aquarellieren geeignet, stärkere Töne werden meist für die Gouachemalerei verwendet.

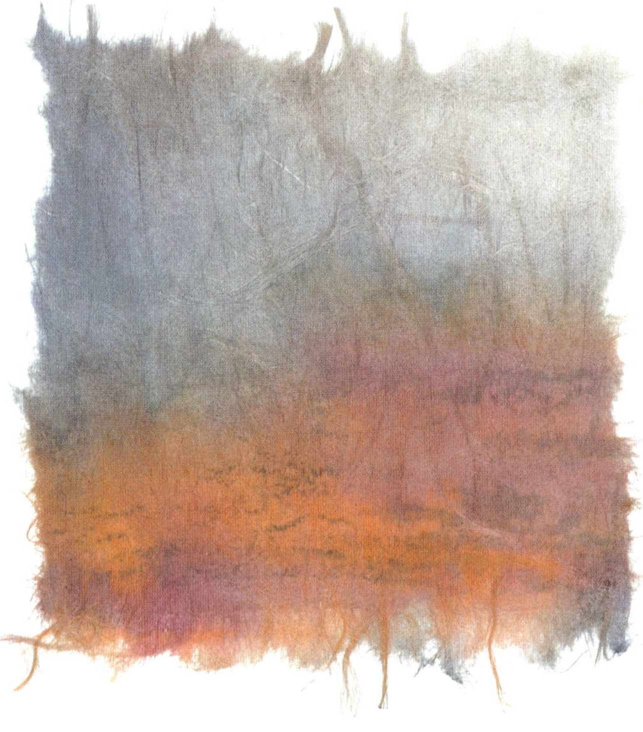

Farbverlauf auf langfaserigem Japanpapier

KAUFEMPFEHLUNG

Ratschläge für den Anfang: Starten Sie mit einem Aquarellblock, am besten mit mäßig rauher, matter oder leicht körniger Oberfläche, ungefähr in der Größe 30 × 40 cm. Gleich zu Beginn sollten Sie unterschiedliche Aquarellpapiere ausprobieren können, um den Malgrund einschätzen zu lernen. Kaufen Sie sich nach und nach verschiedene Sorten, auch einfacherer Qualitäten, in Einzelbögen. Spannen Sie diese auf eine feste Unterlage auf.

TIPS

▷ Achten Sie beim Kauf von Blocks auf Blattanzahl, Papiergewicht (ca. 200 g/m^2) und vierseitige Verleimung.

▷ Wenn die Farbe an Papierstellen abperlt, dann »entspannen« Sie die Oberfläche, indem Sie sie mit verdünnter Ochsengalle abreiben. Diese ist in Flaschen oder Näpfchen im Fachhandel erhältlich.

▷ Sollten Sie Lust haben, eigene Malgründe herzustellen, hier einige Rezepte: Baumwolle, Nessel, Seide aufspannen und mit einer Lösung aus Gelatine und 10% Alaun bestreichen. Wenn nötig, den Vorgang nach dem Trocknen wiederholen. Sie können auch Grundierungen mit Kunststoffdispersion oder einfach nur mit Zelluloseleim (Tapetenkleister) ausprobieren. Darauf malt es sich ganz gut mit deckenden Wasserfarben.

HILFSMITTEL UND BESONDERE MATERIALIEN

Wassergefäß. Groß muß es sein (Weckglas)! Oder nehmen Sie gleich zwei Wassergefäße, damit der Pinsel wirklich sauber wird.

Mischpalette. Farben verdünnen oder miteinander vermischen, das können Sie in den Vertiefungen des Malkastendeckels oder des -bodens, manchmal auch in einer zusätzlichen Klapp-Palette. Wenn der Platz im Malkasten nicht ausreicht, weil gerade am Anfang die guten Mischungen erst nach mehreren Versuchen entstehen, dann sind weitere leichte Paletten aus Plastik oder emailliertem Material empfehlenswert. Porzellanschalen oder -paletten sind schön, aber recht schwer und teuer, sie sind außerdem für Aquarellausflüge ungeeignet.

Es gibt auch Haushaltsutensilien oder Plastikverpackungen, die sich gut zu Paletten umfunktionieren lassen.

Schwamm oder breiter Pinsel. Zum gleichmäßigen Anfeuchten oder Wässern des Papiers beim Aufspannen, Naß-in-Naß-Malen oder während bestimmter Malvorgänge, aber auch um viel Farbflüssigkeit absaugen oder wegwaschen zu können, brauchen Sie einen weichen, mittelgroßen Schwamm. Sie können auch einen Firnispinsel oder einen breiten (50 mm) japanischen Verwaschpinsel dafür benützen. Auch mancher sehr große Schminkpinsel kann sich eignen, wenn sein Haar genug Wasser aufnimmt.

Lappen. Er ist ein wichtiges Utensil bei der nassen Malweise des Aquarells. Groß und saugfähig soll er sein, damit er dem Pinsel alles überflüssige Wasser abnimmt. Für Wasserregulation auf dem Papier sind aber Pinsel oder saubere Zellstofftücher zuständig.

Schwammtücher sind nützliche Hilfsmittel am Arbeitsplatz. Sie dienen als rutschfeste Pinselablage oder als feuchte Papierunterlage beim Naß-in-Naß-Malen mit losen Einzelbögen. Sie sollten ungemustert und weiß sein.

Eine Bambusmatte ist für den schonenden, luftigen Transport der Pinsel praktisch. Es gibt Untersetzer oder Tischsets, die sich dafür auch eignen. Die Pinsel werden darin eingerollt.

Behelf: Jeden Pinsel einzeln in festes Papier einwickeln und diese Schutzhülle mit Gummis befestigen.

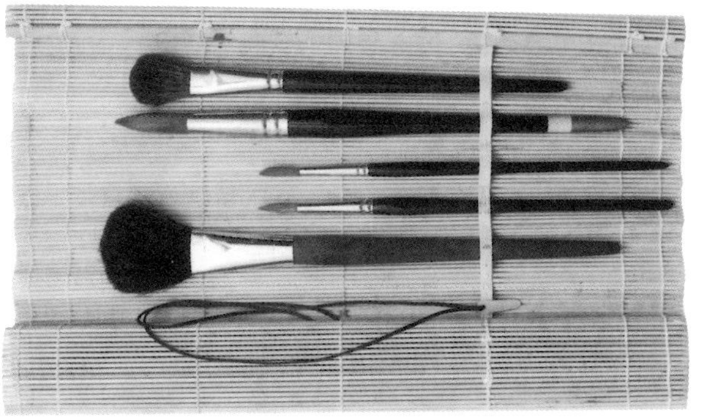

Pinselmatte

BESONDERE MATERIALIEN

Tuschstück. Chinesische oder japanische Reibetusche, länglich geformte, gepreßte Stücke in schwarzblauen oder schwarzbraunen Tönungen; auch in verschiedenen Farben. Sie wird mit Wasser auf dem Reibstein oder Tuschstein bis zur gewünschten Sättigung angerieben.

Tuschstein. Er besteht aus Naturschiefer oder Jade, er hat eine Wassermulde und eine Reibefläche. Darauf wird das angefeuchtete Tuschstück senkrecht mit Druck aufgesetzt und kreisförmig gerieben.

Gouache. Deckfähige Wasserfarbe in Tuben mit hoher Pigmentkonzentration, die matt auftrocknet. Naß und fließend vermalt, kann man sie aquarellähnlich einsetzen. Sie steht gut auf getönten Papieren und läßt sich mit Acryl- und Dispersionsfarben mischen.

Feinsprühfarbe. Flüssige, wasserfest auftrocknende, farbintensive Pigmentfarbe in Flaschen, speziell für die Airbrush-Technik entwickelt. Aber auch gut mit dem Pinsel vermalbar, am besten auf glatteren Papieroberflächen.

Die Grundfarben sind ideal für Mischübungen am Farbkreis.

Aquarellfirnis dient nur als Schutzfilm für technische oder gebrauchsgraphische Arbeiten.

Abdeckmittel. Flüssige Gummilösung; wird mit Pinsel oder Feder vor dem Malen aufgetragen, um Papierweiß zu reservieren. Hinterher wird es abgerubbelt (Rubbelkrepp).

Acrylfarben. Wasservermalbare, wasserunlöslich auftrocknende Farben mit Acrylharzdispersion als Bindemittel. Mit Wasser verdünnt, lassen sie sich lasierend und naß-in-naß vermalen.

Farbstifte. Gibt es in wasservermalbarer Ausführung als spezielle Aquarellstifte.

AQUARELLIEREN – EXPERIMENTIEREN

WOZU EXPERIMENTE?

Materialexperimente: Ein sinnlich eindringliches Erlebnis ist das freie spielerische Probieren am Anfang. Die Aufmerksamkeit richtet sich zunächst nur auf das Materialverhalten unter den verschiedensten Bedingungen ohne eine bestimmte Gestaltungsabsicht. Nach und nach wird das Experimentieren immer gezielter, bestimmte Prozesse werden eingeleitet und mit wachsender Materialsensibilität planvoll auf ein Ergebnis hin gesteuert. Die Auswertung des zufällig Entstandenen ist ein Schritt, um materialgerechte Gestaltungsformen und Bildlösungen zu entdecken. Ohne Fixierung auf bestimmte Motive und Malweisen werden die in den Werkstoffen selbst liegenden Möglichkeiten einer auf das Wesentliche reduzierten Darstellung erfahrbar. So lautet der offizielle Wortlaut zur Einführung in die Probe- und Experimentierphase.

Unter uns gesagt: Es macht einfach ungeheuer Spaß – frei von allen Ansprüchen –, verschwenderisch draufloszuprobieren; zu mischen, zu tropfen, zu spritzen, die Pinsel hüpfen und tanzen zu lassen, mit einem Hauch von Farbe über Papier zu schleichen, Farbe auszubürsten, wegzublasen, wegzuschaben, nasse Farbe in Bewegung zu bringen, Wasserspiele auf Papier zu veranstalten, dem Geschehen zuzuschauen, Neues ins Spiel zu bringen oder »halt« zu sagen. Und dann: Hochspannung bei der Entdeckungsreise in das entstandene Chaos, bei der Spurensuche und Spurensicherung. Grüner Himmel und rote Bäume, Dschungeldickicht, Meeresbrandung,

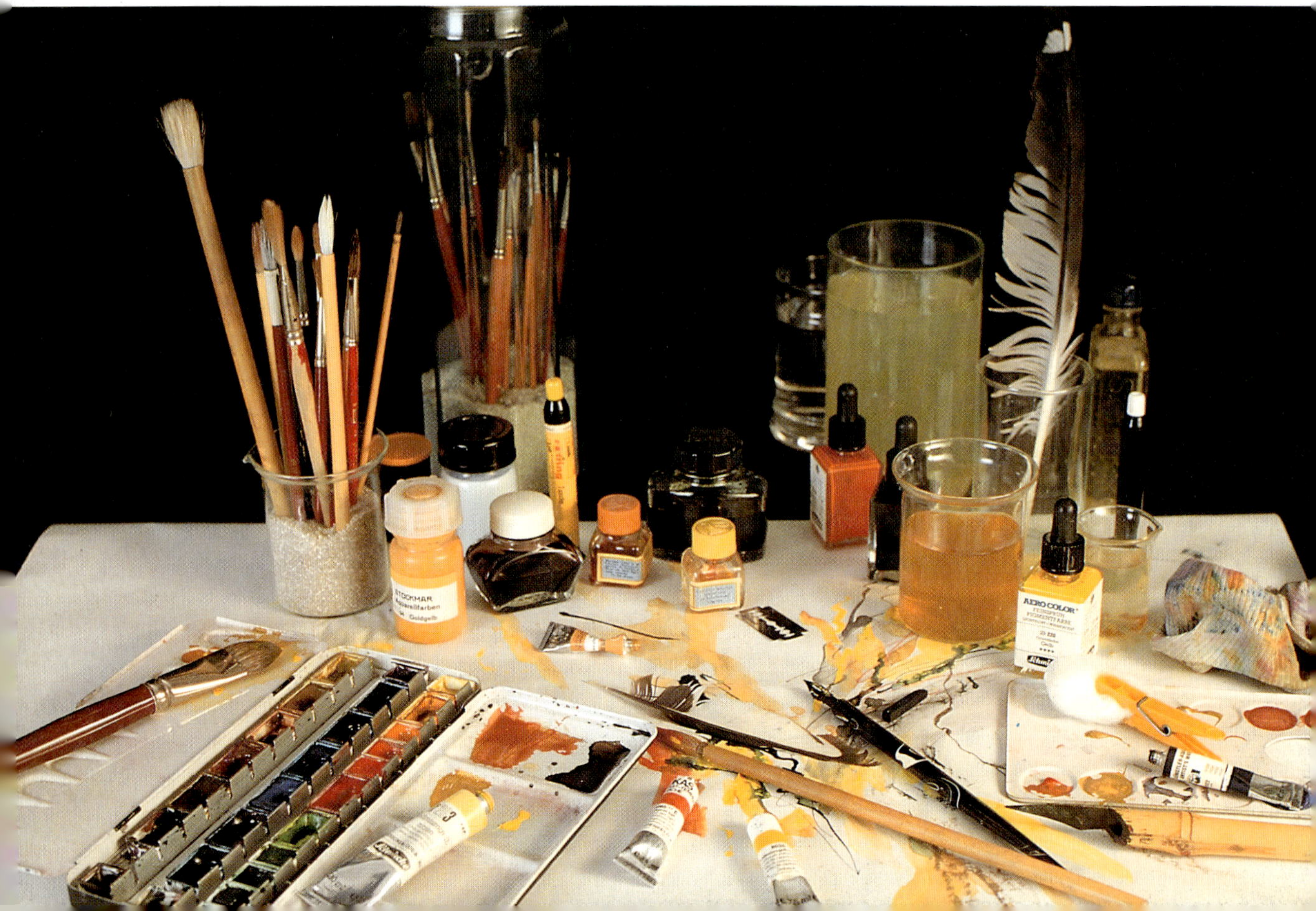

zerklüftete Felsen, eine Geistermaske, Lichtlandschaften, tanzende Figuren, explodierende Farben, Regenschauer ...

Aquarellmaterial, Spieltrieb und Beobachtungsfreude würden eigentlich zum Experimentieren schon ausreichen. Aber: Um das Eigenleben von Materialien und Werkzeugen entdecken zu können, brauchen Sie mehr als nur die Standardmittel. Um den von Sachlichkeit, Leistungsdenken und Zeitdruck verscheuchten Spieltrieb wieder anzulocken, möchte ich Sie mit einer Menge kurzer Anregungen in Versuchung führen. Und, damit Sie vor lauter Begeisterung wichtige Beobachtungen nicht übersehen, schreibe ich noch ein paar gesammelte Erfahrungen dazu. Sie selbst bringen die Kugel ins Rollen; lassen Sie das Ergebnis zunächst offen, der Zufall spielt mit, Sie übernehmen die Regie.

In so einer Probierwerkstatt herrscht ein vielfältiges Durcheinander an Werkstoffen, Werkzeugen und Versuchsblättern. Dieses schöpferische Chaos fordert hinterher zu Auswahl und systematischer Ordnung heraus: Ergebnisse heraussuchen, ausschneiden, aufkleben, nach Farbgebung, nach Formcharakter, nach Kontrasten, nach Malweise sortieren, die technischen Verfahren notieren, sie durch passende Rähmchen in den Rang von Klein-Kunstwerken erheben und Titel dafür finden.

Vielleicht werden Sie sich gleich über die teilweise ungewöhnlichen Zutaten wundern. Lassen Sie sich überraschen! Mit Neugier und Aufmerksamkeit werden Sie bei deren Gebrauch und Vergleich eine Menge über Verhalten und Wesen der Aquarellmaterialien erfahren. Die folgende Liste gibt nur eine mögliche Auswahl an Gerät und Stoffen, mit denen es sich experimentieren läßt. Sie brauchen nicht alle, können sich aber auch noch andere Mittel und Werkzeuge zurechtlegen. Wer daraufhin selbst schon genug Probier-Ideen hat, der soll sich gar nicht lange durch die anschließend folgenden Anregungen aufhalten lassen!

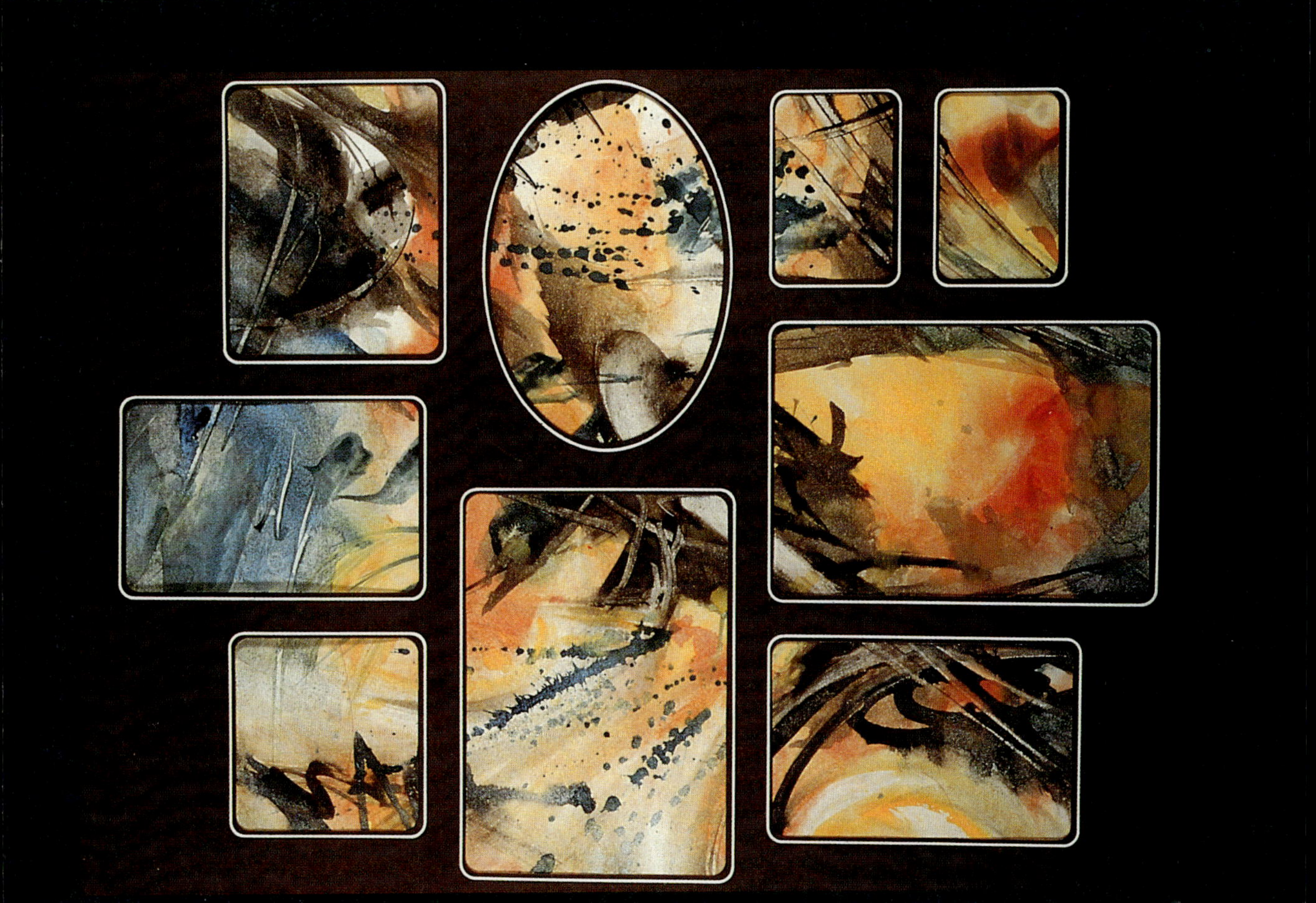

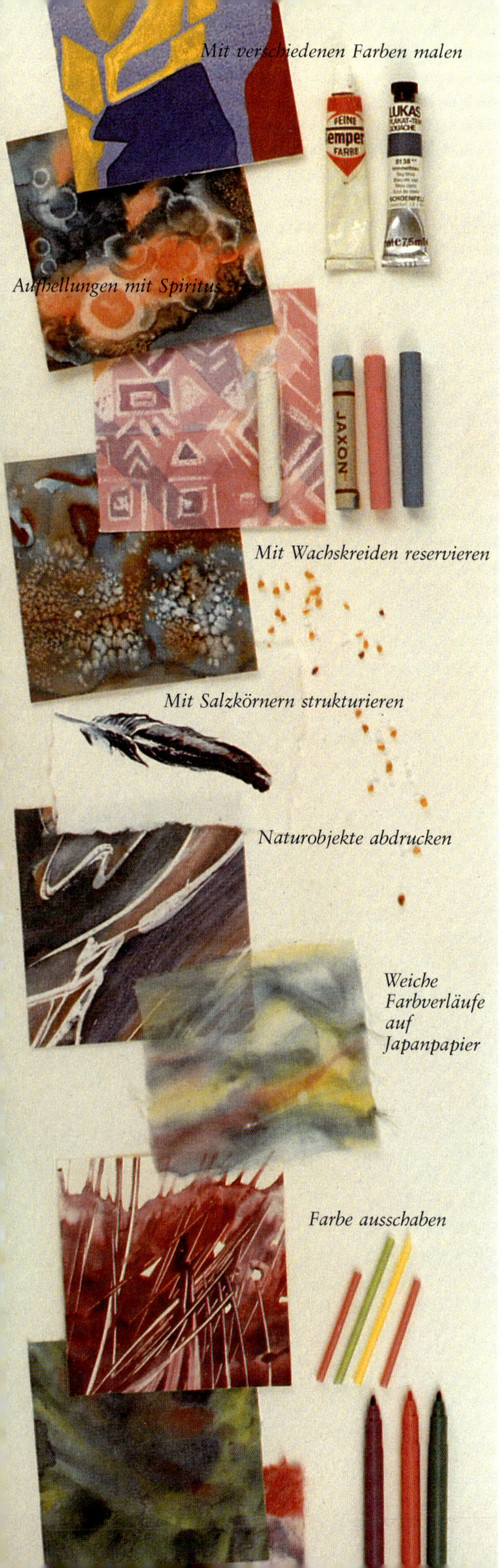

MATERIALLISTE FÜR DIE VERSUCHSWERKSTATT

Wasser. Leitungswasser, destilliertes Wasser, Mineralwasser, Wasser mit etwas Ochsengalle (sorgt für gute Farbverteilung), Wasser mit etwas Glyzerin (die Trocknung wird verzögert), Spülmittel, Spiritus, Salz, Honig.

Farben. Preiswerte wasservermalbare Farbsorten, Studien-Aquarellfarben, Schuldeckfarben, Tubenwasserfarben; zum Vergleich: Dispersionsfarben, Acrylfarben, Gouache, Tempera, Deckweiß oder auch transparente Flüssigfarben in Flaschen, die für die Airbrush-Technik verwendet werden und wasserfest auftrocknen . . .

Verschiedenfarbige und selbstgemischte Tinten, Tusche, Filzstifte, Rötel, Schwarz-, Grau- oder Braunkreiden, Wachsmalstifte, wasservermalbare Farbstifte (Aquarellstifte), Kerzenstummel . . .

Viele unterschiedliche *Papiersorten,* Schreibmaschinenpapier, Karton, glattes, rauhes, mattes Papier, Transparentpapier, durchsichtiges, farbiges Papier, mit Kaffeeresten, Schwarztee, Malventee oder anderen Teesorten selbstgefärbte Papiere, Packpapier, die rauhe Innenseite von Versandtaschen, Japanpapiere . . . .

Alle *Pinsel,* die Sie besitzen, Watte, Schwämmchen, Kartonstücke, Vogelfedern, Trinkhalme, Zerstäuberflaschen, Tropfpipette, Wattestäbchen, Streichhölzer, Fellreste, Zahnbürste . . .

Weitere Hilfsmittel. Radiergummi, Rasierklinge, Fixogum oder Rubbelkrepp (spezielles Abdeckmittel für Wasserfarbenmalerei), Klebstoff, Schleifpapier, Tapetenkleister, Fixativ, Haarspray, Salz (auf der Herdplatte getrocknet – grob gekörnt), Sand, Reis, Spiritus, Spülmittel, Öl. Gummiertes Klebeband, viele Lappen, Haushaltspapier, einen Fön, eine stabile Pappunterlage, als Mischgefäße die Kappen von Getränkeflaschen, ein großer weißer Teller . . . und: eine große Schürze!

Für Ihre ersten Experimentierversuche genügen zunächst Zutaten, die Sie schon besitzen.

K(L)EINE HEXENWERKE

Anregungen zum Experimentieren

Es ist nicht alles Wasser, was fließt

Destilliertes Wasser, Mineralwasser, Wasser mit ein paar Tropfen Ochsengalle zum Malen verwenden. Die Wassereigenschaften stärker verändern durch Zugabe von: Spiritus, Glyzerin, Essig, Spülmittel, Salz, Zucker, Kleister ...

Wasser in eine noch feuchte Farbfläche tropfen oder sprühen, zum Vergleich andere Mittel dazu verwenden: Alkohol, Essig, Ochsengalle, Fixativ, Haarspray ... Mit schwimmenden Öltropfen experimentieren, die Schalen von Zitrusfrüchten als Ölzerstäuber einsetzen ...

Aber Vorsicht: Nicht nur die Wassereigenschaften werden durch solche Zutaten verändert, auch die der Farben und des Papiers. Verwenden Sie anfangs preiswerte Materialien, säubern Sie die Pinsel gut, bevor Sie sie wieder in die Farbnäpfchen tauchen.

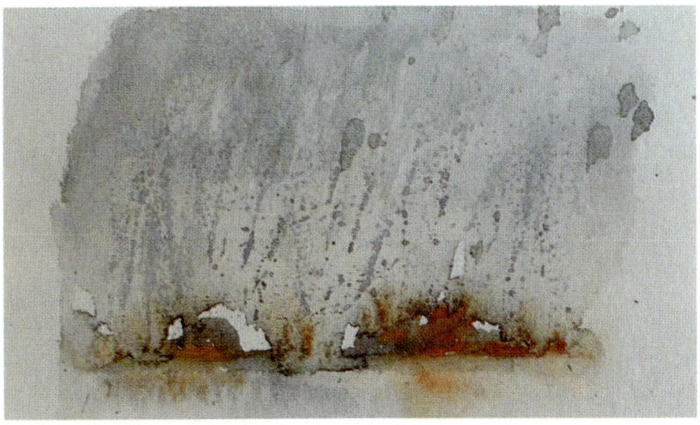

Wasserfarben und andere Färblein

Für Experimente sind zunächst alle wasservermalbaren Farben geeignet. Je größer die Auswahl, desto ergiebiger ist der Vergleich. Es gibt langsame, aggressive, schwere, schwache ... Farbpigmente, -sorten und -qualitäten.

Dicht, deckend und matt trocknet die Gouache auf; die sogenannten Wasserdeckfarben sind grober, schwerer und stumpfer als Aquarellfarben; Tinte hinterläßt in Wasser andere Spuren als Tusche; Tusche kann gerinnen; Acryl- und Dispersionsfarben lassen sich auch transparent fließend vermalen, sie sind allerdings relativ zäh und träge und nach dem Trocknen wasserfest. Denken Sie daran! Pinsel sofort säubern, einfache Deckel als Mischgefäße verwenden.

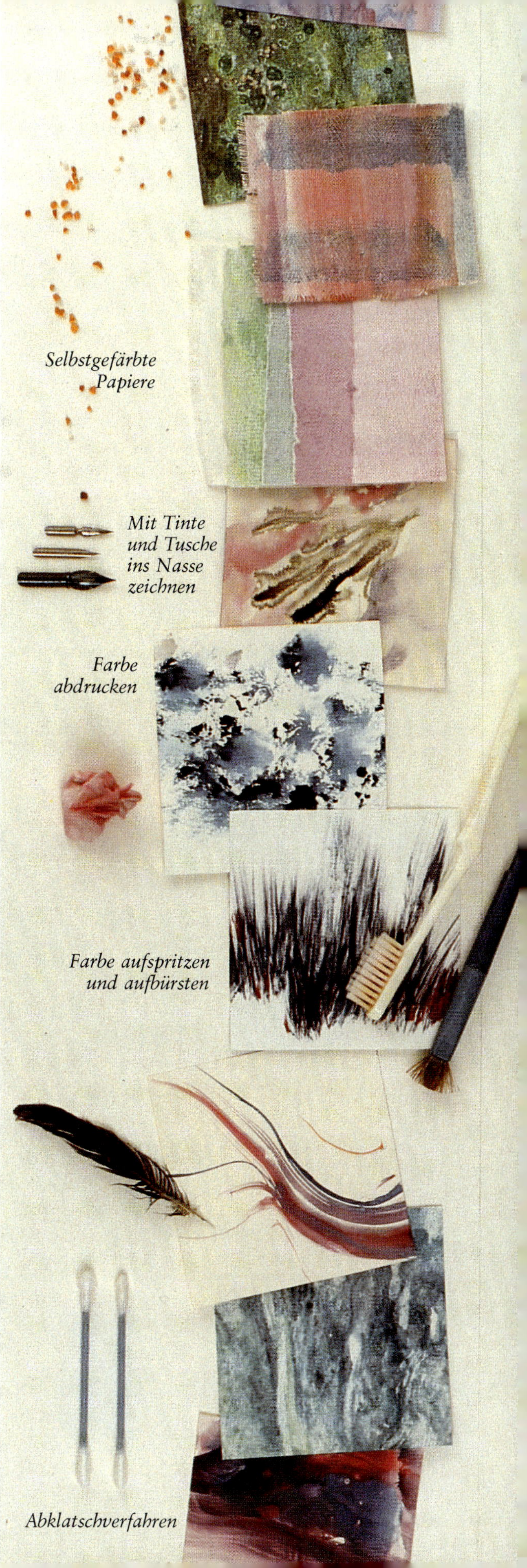

Selbstgefärbte Papiere

Mit Tinte und Tusche ins Nasse zeichnen

Farbe abdrucken

Farbe aufspritzen und aufbürsten

Abklatschverfahren

Pinselparade

Lassen Sie alle Pinsel antreten, die Sie besitzen. Haarige Gesellen mit Eigenleben, „einfach Spitze“ oder ganz schön borstig, rund und weich oder flach und ruppig, gefügig oder widerspenstig, biegsam oder unelastisch, langhaarig oder kurzgeschoren, der eine kann viel Flüssigkeit im Bauch vertragen, der andere braucht etwas Festeres . . . Testen Sie Ihr Sortiment. Entscheidend ist die Figur und Haarsorte.

Man füllt sie überall gleichmäßig mit einer Farbe oder an Bauch und Spitze mit unterschiedlichen Tönen, man malt mit dem ganzen Haarbüschel oder nur mit der Spitze, man zieht Linien, dreht Schleifen, läßt den Pinsel kurven, rollen und zickzack laufen, man druckt, stupft, spritzt mit ihm, man verwäscht oder verstreicht die Farbe, man setzt sie in lockeren Flecken rhythmisch auf das Papier, man saugt Flüssigkeit vom Papier auf . . . (Irgendwann kennt man seine Pinselmannschaft.)

Ein dicker, saugfähiger mit feinem Haar wird in den Rang des Lieblingspinsels aufsteigen, einige sind zukünftig für Sonderaufgaben zuständig, die dünnen, die ausgefransten oder struppigen Gestalten bekommen irgendwo anders das Gnadenbrot.

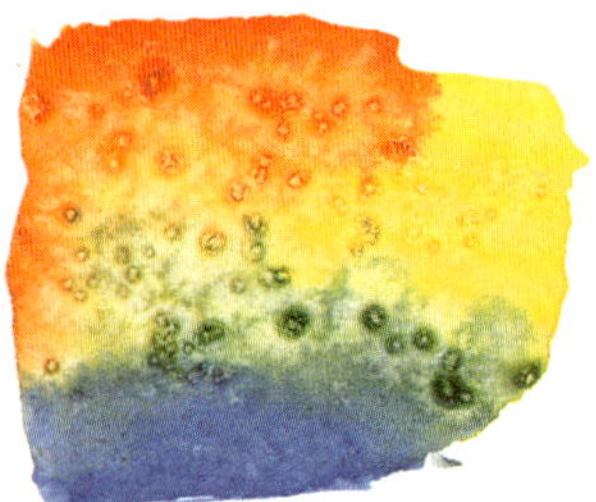

Salzeffekte

Farbe auf Dispersionsgrund

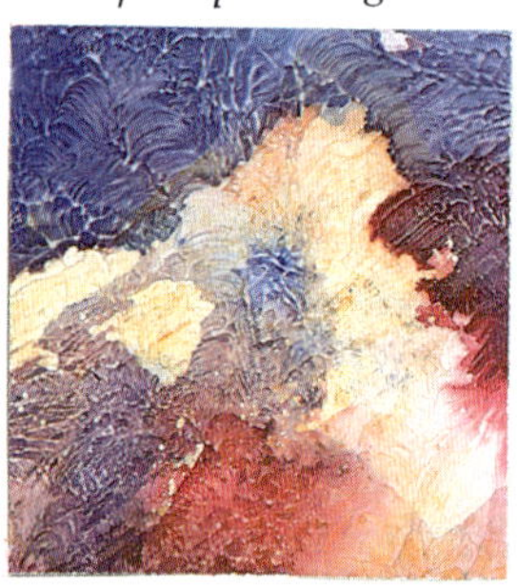

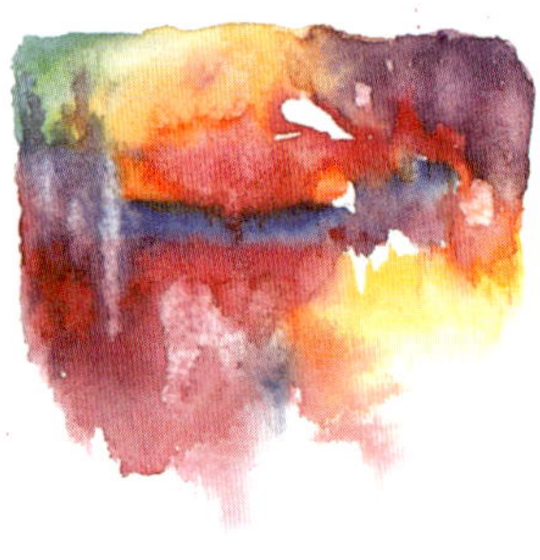

Papier kippen – Farbe verlaufen lassen

Farbe auftragen

Farbe verteilen, Farbe verwaschen, Farbe aufstreichen, Farbe drucken, Farbe aufsprühen, Farbflächen strukturieren . . . Jede Hand, jeder Pinsel, jede Farbsorte, jedes Papier leistet seinen eigenen Beitrag dazu.

Erfinden Sie neue Möglichkeiten des Farbauftrages. Probieren Sie unterschiedliche Mittel aus: Textilstücke, Vogelfedern, poröse Pflanzenstengel . . ., vor allem aber den direkten Einsatz der Hand, Handballen, Finger, Fingernägel; benutzen Sie Salz, Klebstoff, Spiritus, Spülmittel.

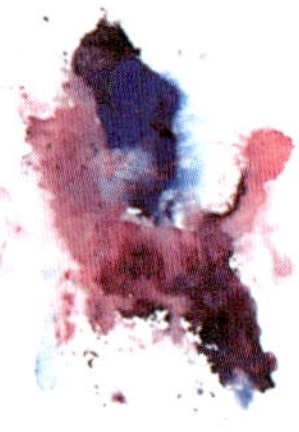

Farbe verteilen. Papier kippen und Flüssigkeit einfach selbst verlaufen lassen, sie mit dem Fön oder der eigenen Puste verblasen; etwas Ochsengalle ins Wasser geben . . .
Farbe aufstreichen. Interessante Strukturen und verwertbare Spuren entstehen, wenn Farbe mit Schwamm, Wattebausch, gerissenen Kartonstreifen, gerollten Papiertaschentüchern, Fellresten . . . über das Papier gestrichen wird.
Farbe aufsprühen. Mit Wasser verdünnte Tubenfarben in Parfümzerstäuber füllen, damit in hauchdünnen Schichten sprühen; Farbe mit dem Finger aus einer Zahnbürste oder einem Borstenpinsel herausspritzen . . .
Farbe abdrucken. Zerknülltes Papier, Textilstükke, Styropor und andere Materialien in Farbe tauchen und auf Papier drucken.

Farbe abklatschen

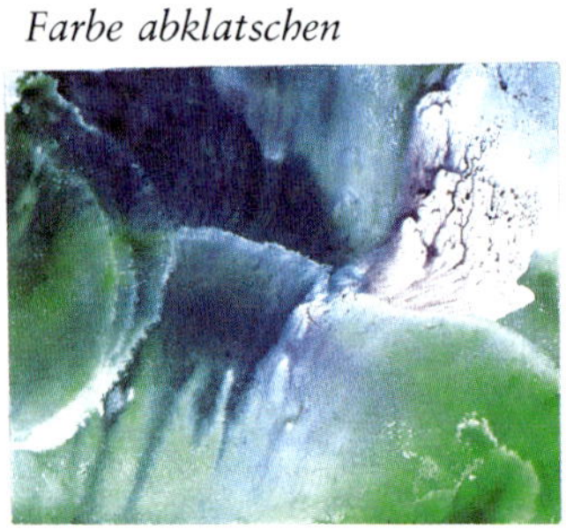

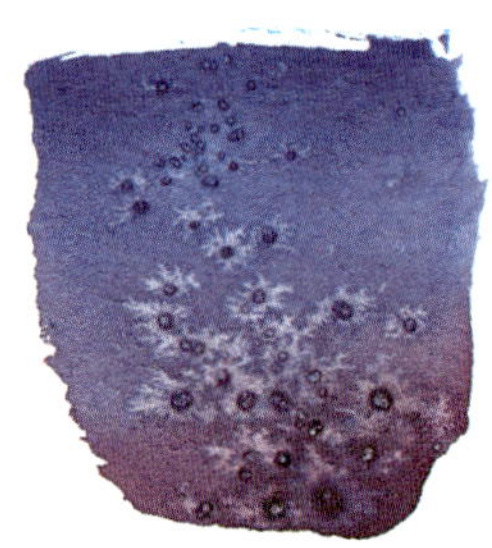

Salzsternchen

Farbflecken aus kaum verdünnten Tubenfarben auf Folien oder auf Glanzpapier setzen, diesen Farbträger zum Abklatschen auf glattes Papier legen, etwas andrücken und wegziehen.

Farbflächen strukturieren. Lebendige und oft sehr natürliche Eindrücke entstehen durch Bestreuen der feucht-nassen Farbfläche mit getrockneten Salzkörnern, mit Reis, Sand, Asche, Sägemehl ... oder durch Betropfen, Betupfen, Besprühen mit Haarspray, Seifenlösung, Fixativ, Spiritus ...

Wenn Farbleuchtkraft nicht wichtig ist, dafür aber besondere Strukturen, dann rühren Sie Tubenfarben mit Seifenlösung schaumig und tupfen den Farbschaum auf das Papier. Oder versuchen Sie es mit leicht geschlagenem Eiklar oder auch mit einem Flächenauftrag auf farbiger, gesättigter Salzlösung.

Kombiniert mit dem Abklatschverfahren können damit zauberhafte Märchenwelten entstehen.

Strukturierend reservieren. Mit farblosen Kerzenstücken oder mit Wachskreiden die Höhen einer rauhen Papierstruktur durch Überstreichen reservieren oder ausgeprägte Materialoberflächen unter dünneres Papier legen und deren Struktur so abreiben. Das glänzende Kerzenwachs kann hinterher mit saugfähigem Papier und warmem Bügeleisen wieder entfernt werden.

Malen – das ist ... Zeichnen – das ist ... beides zusammen ist – manchmal schön!

Mit Stiften, Kreiden, Tuschen oder Tinten kann man nicht nur ausschließlich zeichnen, Aquarelle vorzeichnen oder hinterher überzeichnen, man kann wasserlöslich gezeichnete Linien auch flächig verwaschen, manche Zeichenmittel ins Feuchte hineinfließen lassen, oder man kann mit fetthaltigen Mitteln oder speziellen flüssigen Abdeckmitteln das Papier reservierend bezeichnen.

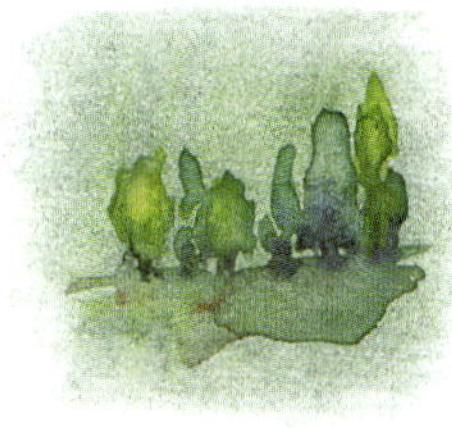

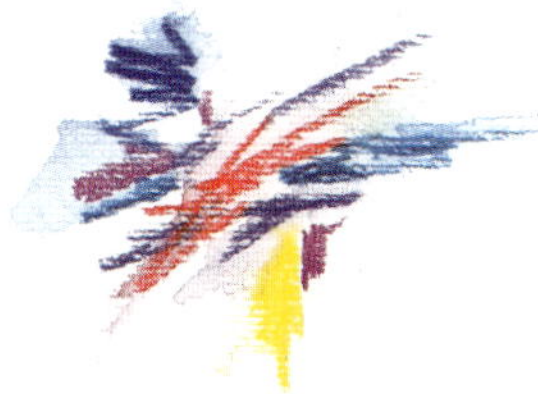

Oberflächenstrukturen lassen sich auf Papier mit Kreiden etc. abreiben – *frottieren;* die so entstandenen rauhen, graphischen Spuren kann man mit malerisch-verwaschenen Flächen ergänzen.

Mit weichen Kreiden lassen sich samtige Papiertönungen herstellen: Papier mit Kreidepulver und Lappen vorsichtig einfärben, darauf sehr naß malen.

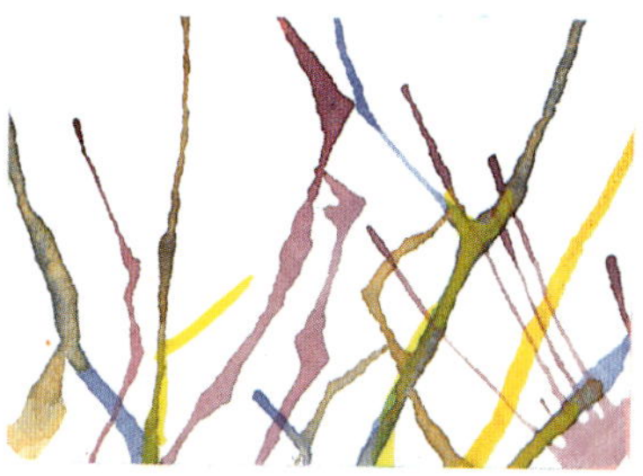

Farbe übers Papier blasen

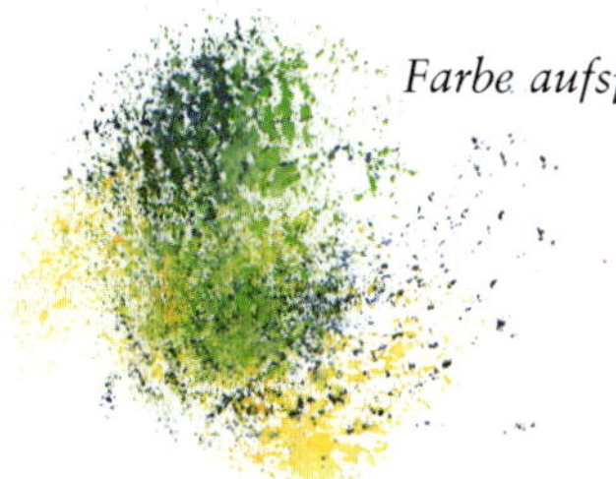

Farbe aufspritzen und sprenkeln

Farbflächen naß aneinandergesetzt.

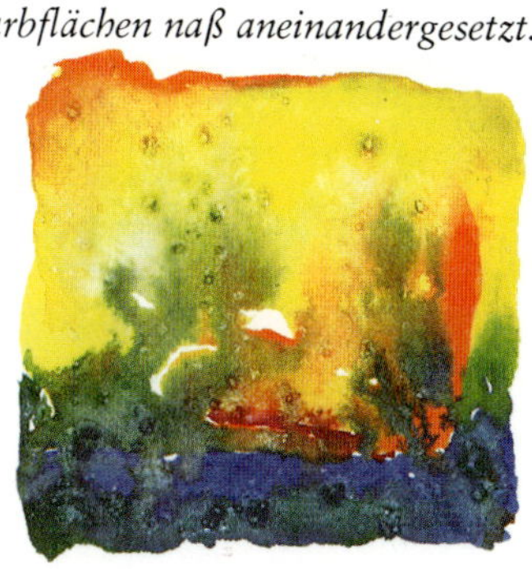

Es entstehen bizarre Formen und neue Mischtöne.

Mit Spiritus aufhellen

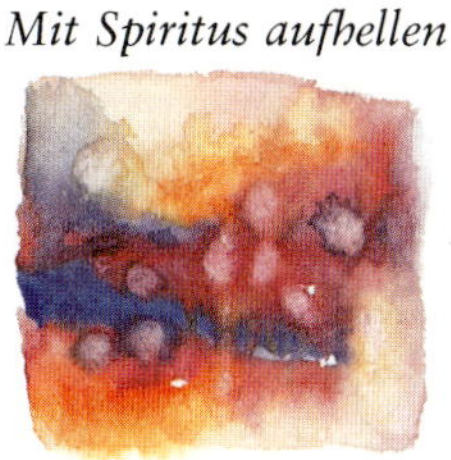

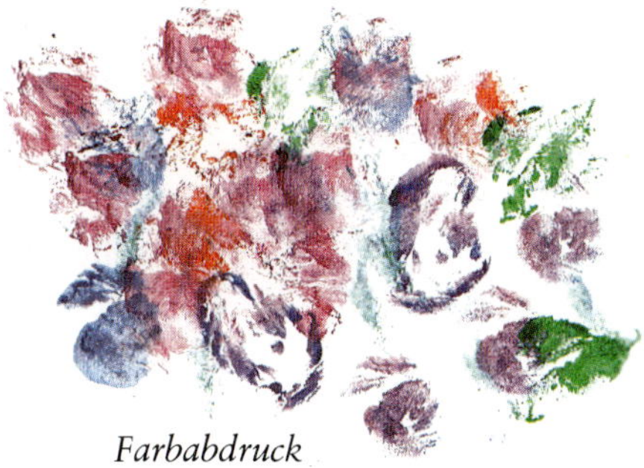

Farbabdruck

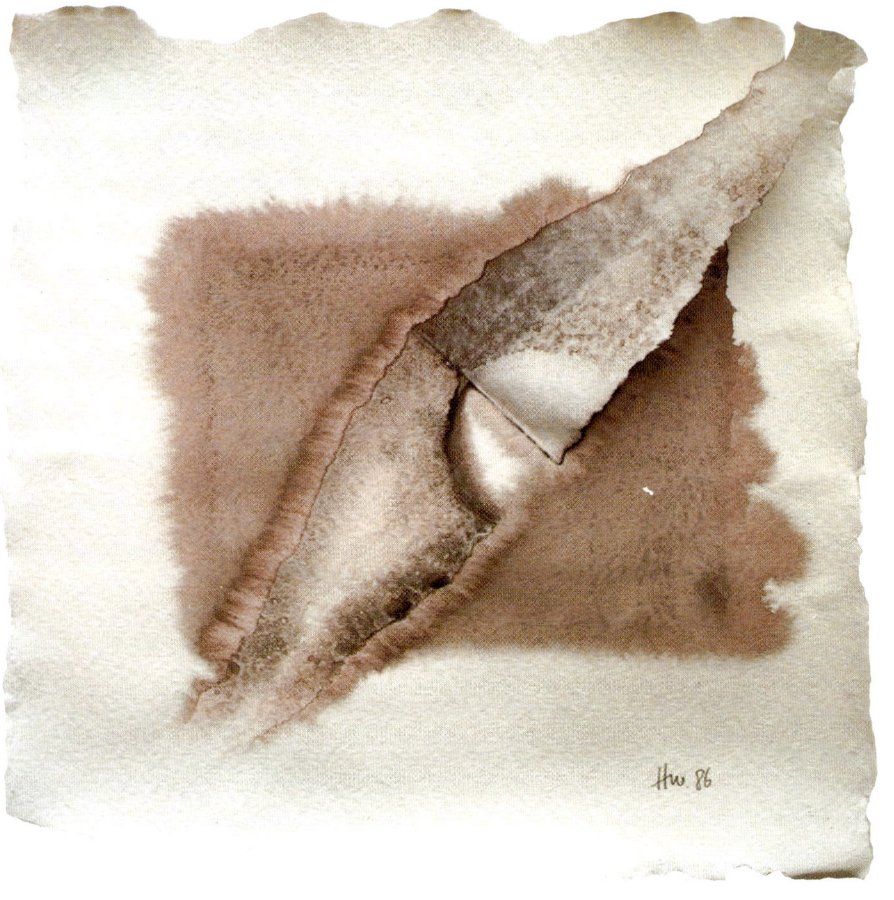

Wolfgang Heuwinkel, Papierarbeit, aquarelliert, 1986

Malgrund wird es genannt
Gemeint ist der Farbträger, auf dem wir malen. Beim Aquarellieren ist es meistens Papier.

Aber: Papier ist nicht einfach irgendwie weiß, rechteckig und flach.

Papiersorten erproben. Oberflächen befühlen, das Gewicht spüren, Blätter biegen, knicken, knistern lassen, sie gegen das Licht halten und ihr Weiß und ihre Struktur vergleichen. Eine Hälfte von Probestreifen eine Weile dem vergilbenden Tageslicht aussetzen.

Papiere einweichen und dann bemalen, sie zart und gleichmäßig mit verschiedenen Teesorten einfärben, sie trocken oder naß falten und zerknüllen, dann wieder glattpressen und bemalen, Papieroberflächen mit Sandpapier aufrauhen oder mit dem Löffel glattpolieren, sie ritzen, kerben, hämmern, reißen oder anbrennen (ansengen) oder sonstwie behandeln.

Eigene Malgründe selbst herstellen. Textile Gewebe wie Seide, Nessel, Baumwolle, aber auch Tapetenreste oder geprägter Karton reizen mit ihren Oberflächenstrukturen zum Bemalen. Für das Aquarellieren muß man sie meistens präparieren. Bei textilen Stoffen genügt manchmal das Besprühen der Rückseite mit Fixativ. Das einfachste Verfahren ist die Grundierung mit verdünnter Dispersionsfarbe oder Tapetenkleister. Je nach verwendetem Gerät, Lammfellrolle, Schwammpinsel, Borstenpinsel ..., können Sie bei pastoserem Dispersionsauftrag auf schwerem Karton selbst Oberflächenstrukturen erzielen. Probieren Sie auch Tapetenkleister-Grundierungen auf glattem Papier aus: Farben lassen sich gut wieder herauswaschen, verlieren aber ihre Leuchtkraft.

Lassen Sie sich vom Charakter des jeweiligen Malgrundes anregen, suchen Sie entsprechende Pinsel oder sonstige Werkzeuge, experimentieren Sie mit Farbauftrag und -gestaltung oder machen Sie ihn selbst zum Gestaltungselement. Spielen Sie zunächst mit den Möglichkeiten und Wirkungen, mit gerissenen, ausgefransten Rändern, mit schichtweise abgelösten Papierstellen, mit glattpolierten oder aufgerauhten, mit gewebten, gefalteten, glänzenden, matten ... Strukturen oder mit verschiedenen Papiertönen.

Malgründe aus ungewohntem Material, collageartige oder solche mit Objektcharakter, sind eine Herausforderung für unsere Wahrnehmung, sie regen zu immer wieder neuen Farbgestaltungen an.

Farbflüssigkeit kann sich in Vertiefungen sammeln, Verletzungen sichtbar machen, über glatten Stellen perlen, in rauhen versinken ..., von einer Farbe bilden sich auf verschiedenen Oberflächen feine Farbnuancen aus, Licht wird unterschiedlich gebrochen oder reflektiert, durch Dreidimensionalität entstehen Schattenformen und -farben, die das jeweilige Licht »malt«, wir nehmen auf einmal die zahlreichen Weißtöne wahr, die stumpfen und lebhaften Flächen, die vibrierenden, samtweichen, die harten, die stumpfen ... Aber nicht nur der weiße Grund, auch getönte Papiere, Teile mißratener Aquarelle, Bedrucktes, Briefe, Schnipsel aus verschiedenen Zusammenhängen ... lassen sich als Farb-, Form- oder Strukturelement weiterverwenden, wecken die Gestaltungslust, rufen Assoziationen wach ...

Rezepte aus der Hexenküche, Farben aus Bad, Küche, Garten

Nagellack, Lippenstift, vor allem aber Lidschattenpulver können sogar einem Aquarell gut stehen. Lippenstift: Was er auf Spiegel oder Kragen kann, das gelingt ihm auch auf Aquarellpapier. Aber er kann dort noch viel mehr!

Und manches inzwischen unmodische Lidschattenpulver blinzelt gar nicht so übel aus einem Aquarell.

Und draußen gibt es viele Früchte, Blätter, Wurzeln, deren Saft oder Extrakt färben, gerben, beizen kann. Wenn Sie auf Spaziergängen den Pflanzen solche Eigenschaften entlocken wollen, brauchen Sie nur Papier und Bleistift. Blätter und Beeren etwas zerquetschen, Stengel oder Wurzelteile brechen und die feuchte Stelle auf Papier abreiben. Ein Blatt zum Pressen mitnehmen. Name notieren und Datum. Die Farben ändern sich mit der Zeit. Ich habe auf diese Weise nicht nur viele mir unbekannte Gewächse entdeckt, ich habe vor allem eine selten schöne Sammlung geheimnisvoller Farbproben. Manche sind so außergewöhnlich, daß sie Namen bekamen: der Düster-Gilb, Colorado, Feen-Teint, Mondhof – ungekehrt ... Mir geht es dabei nicht um Bio-Ersatz für Aquarellfarben, nicht um Heidelbeerhimmel oder Rote-Bete-Sonnenuntergang. Mich reizt die Möglichkeit, hinter der äußeren farbigen Erscheinung auch noch eine andere, zunächst unsichtbare, wahrnehmbar machen zu können. Mich faszinieren diese noch nie gesehenen, leichten Farbnuancen.

TIPS

▷ Nützliche Hilfsmittel beim Experimentieren sind: Plastikverpackungen mit Vertiefungen für Farbflüssigkeiten und sonstige Mixturen. Fläschchen mit Tropfpipetten. Die leeren Sprayfläschchen von Nasensprays. Es ist praktisch, sie mit Spiritus, Seifenlösung oder verdünnter Ochsengalle gefüllt und beschriftet griffbereit zu haben.

▷ Ausschnitte suchen aus der Fülle der experimentell entstandenen Farben, Formen und Strukturen: Schneiden Sie sich aus Karton Rähmchen in unterschiedlicher Größe. Damit können Sie sich besser auf bestimmte Stellen konzentrieren und leichter geeignete Ausschnitte finden.

▷ Weitergestalten: Manche der so entstandenen kleinen Hexenwerke verdienen einen passenden Rahmen, manche reizen zur Weitergestaltung, manche eignen sich gut zur Umsetzung in größere Aquarellformate. Lassen Sie sich durch Ihre Experimente anregen, malen Sie daran weiter, zeichnen Sie hinein, bedrucken, besprühen, bekleben Sie Ihre Ergebnisse!

AQUARELLIEREN – TRAINIEREN

TECHNIK IST NUR EIN INSTRUMENT

Aquarelle – flüssig, flüchtig hingemalt, Wesentliches in wenigen Flecken, fließende leichte Farben, durchscheinendes Papierweiß.

Aquarelle – viele wecken das Bedürfnis, genauso schwerelos mit Farben und Formen zu jonglieren. Dann die ersten Versuche mit Wasser, Farbe und Pinsel.

Mischen und malen, wischen, verwaschen, abtupfen, übermalen, und schon zuviel gemalt, bemüht, gewollt – zerstört ist das, was es anfänglich noch hätte werden können. Enttäuschung. Papier und Farben scheinen genauso zu resignieren. Und Wut. Viele Farben im Bild und doch keine Farbe mehr, viele Formen, aber das Ganze ist ohne Form, ein volles Blatt ohne Luft, Licht und Leichtigkeit. Und Einsicht. Verloren ging die anfängliche Leuchtkraft und Lebendigkeit durch das Dazumalen, Darübermalen, Deutlichmalen. Keine Annährung an das, was ich malen wollte. Was wollte ich eigentlich? Diesen frühen, frischen Vormittag im feuchten Gras werde ich nie ins Bild bekommen. Was nützt hier der Satz: Aquarellieren ist die schwierigste aller Maltechniken. Sieh dich um, nimm dir was Leichteres vor! Aber es bleibt dieser erste Blick, der mich immer wieder anzieht. Wie ist das mit der Unmöglichkeit, Himmelblau so strahlend fern zu malen und aus Grün, aus nichts als Grün, eine Landschaft zu formen?

In der Erinnerung tauchen Aquarelle auf: Glasklarer Himmel über sonnigem Land. Versuch es noch einmal, aber nimm dir kein Meisterwerk vor! Ich weiß jetzt, worauf es ankommt. Keine komplizierten, unwichtigen Einzelheiten, keine leblos gemalten Formen, nicht so viele stumpfe Farben, nicht so viel korrigieren. Aber wie beginnen? Auf trockenem oder feuchtem, auf grobem oder glattem Papier; Farben nebeneinandersetzen oder ineinanderfließen lassen; sofort kräftig anfangen oder zuerst hauchdünn vormalen; welches Blau für den Himmel, Zaun und Wegrand weglassen ...?

Aquarellieren lernen heißt zunächst, lernen, eine *Auswahl* zu treffen:

- Die Aufmerksamkeit auf das Ganze richten, auswählen, auslassen.
- Sich ein geeignetes Malverfahren überlegen, auswählen, ausprobieren.
- Sich mit dem entstandenen Bild auseinandersetzen, gute und schlechte Stellen auswählen, analysieren.
- Aquarellvorbilder studieren, Bildlösungen vergleichen, auswählen, nachmalen.

Es gibt so unterschiedliche Anlässe, die UNS zum Aquarellieren bewegen, die UNSERE Farbwahl, UNSERE Malweise beeinflussen, so daß allgemeingültige Ratschläge sinnlos wären. Mit Regeln im Kopf kann man nicht wirklich malen, nichts Neues wahrnehmen, nichts Eigenes erleben und entwickeln. Einmal sind es mehr unsere Beobachtungen, ein anderes Mal mehr unsere Empfindungen oder Erinnerungen, einmal geht es uns mehr um gegenständliche Darstellung, dann wieder mehr um freien malerischen Ausdruck – was auch immer uns zum Malen anregt, mit dem Griff zu Aquarellfarben haben wir bereits eine Entscheidung getroffen: die für wäßrig-transparentes Malen.

Aquarellierend wird eine ganz bestimmte Einstellung zum Ausdruck gebracht, die etwas mit dem Fließenden, Flüchtigen, mit Durchsichtigkeit, Unstofflichkeit, mit dem Augenblick, mit Leichtigkeit und Schnelligkeit, mit Konzentration und Spontanität zu tun hat. In der Malpraxis spielen, bewußt oder unbewußt, viele Faktoren eine Rolle:

Die jeweilige Situation und Stimmung, Vorlieben für Themen, für Farben und Formen, das technische Können und die persönliche Handschrift, Vorstellungen und Erinnerungen, die eigene Sehweise und Stilvorbilder ... Ihr Zusammenspiel gelingt mit wachsender Malerfahrung immer besser. Anfänglich fallen meist die technischen Defizite als größte Störfaktoren auf. Sie lassen sich aber – im Vergleich zu anderen wichtigen Voraussetzungen – relativ leicht durch maltechnisches Training beheben. Maltechnik, der handwerklich-stoffliche Weg des Malens, läßt sich beschreiben und einüben, nicht jedoch der Malstil, die individuelle Charakteristik des Farbauftrags, der Pinselführung, der Handschrift, also die künstlerische Eigenart. Technik ist nur ein Instrument; man sollte es bedienen können, aber seine bloße Anwendung ist noch nicht kreativ. Im Vergleich mit der Wirklichkeit wird man die jeweilige darstellende Eignung und Ausdrucksqualität einschätzen lernen und somit vor allem in den Abweichungen zwischen Vorbild und Abbild das erfahren, was Malen heißt: sich ein eigenes Bild machen.

Aquarell-Training am Anfang ist nur sinnvoll, wenn es dabei nicht um Routine geht, sondern um das breite Spektrum praktischer Erfahrungen, um die Auseinandersetzung mit stilistischen Möglichkeiten. Je mehr Aquarellverfahren und -bildmittel Sie damit kennenlernen, desto mehr Spielraum gewinnen Sie für die freie malerische Äußerung und desto weniger werden Sie in die Sackgasse einseitiger oder nur effektvoller Handhabung der Aquarellfarben geraten.

Aquarellieren gilt als besonders schwierig. Vielleicht, weil transparente Farbgebung, fließend widerstandsloser Farbauftrag, Weißaussparung und Materialempfindlichkeit ungewohnt sind und Sensibilität verlangen; vor allem aber, weil korrigierendes Übermalen kaum möglich ist, Schnelligkeit, Flexibilität und Risikobereitschaft gefordert sind. Wenn Farbdurchsicht, Unstofflichkeit, Leichtigkeit, Verfließen und Andeuten zur eigenen Sehweise passen, dann lassen sich auch diese Voraussetzungen üben, dann sind anfängliche technische Hürden bald genommen. Blättern Sie doch, bevor Sie mit dem technischen Training beginnen, noch etwas in diesem Buch herum, und suchen Sie nach Erscheinungsformen, Wirkung und Bedeutung von Lasuren, von Naß-in-Naß-Spuren, von Fleck-neben-Fleck-Malerei, von lavierten Partien und deren Kombinationen. Welches Verfahren, welches Aquarell gefällt Ihnen besonders gut? Manchmal sind bestimmte Vor-Lieben erste Signale für die eigene Sicht der Dinge.

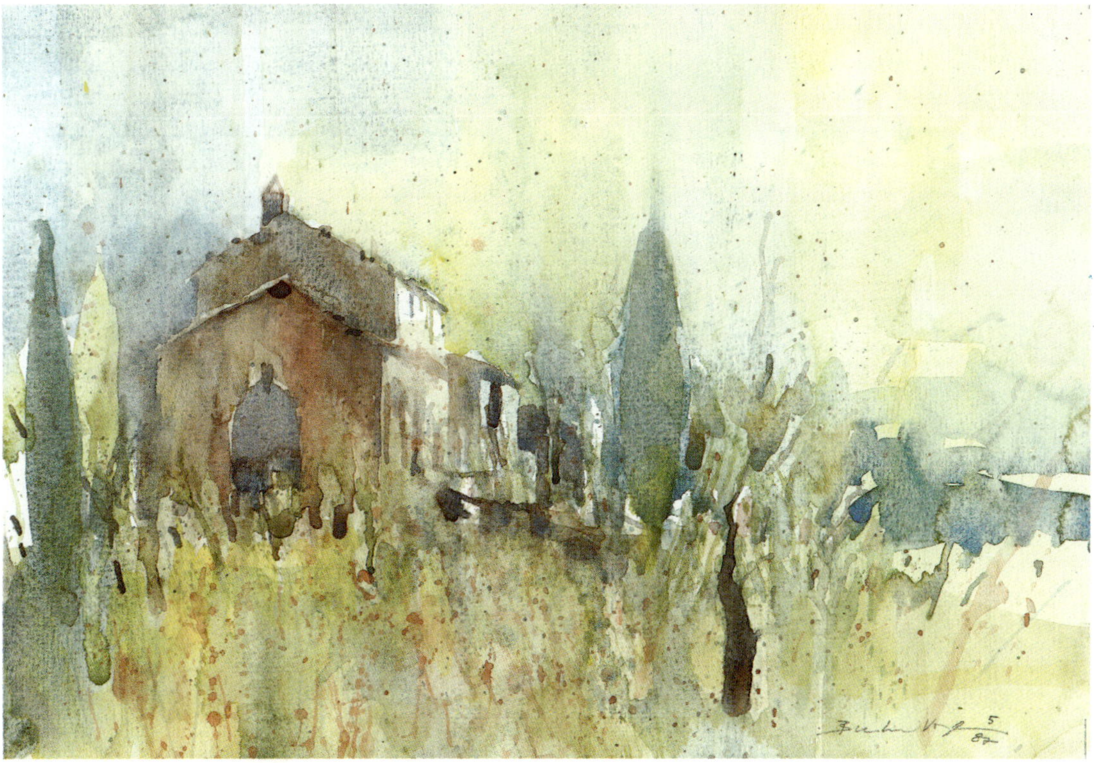

Bernhard Vogel, Toscana, 1987

AQUARELL-TECHNIKEN

Aquarellieren heißt: wäßrig-transparent malen. Dahinter verbergen sich unzählige persönlich eigenartige Möglichkeiten themen- und materialgerechter Anwendung.

Als *Grundtechniken* lassen sich, bei aller Vielfalt individuell kombinierter Aquarellverfahren, folgende aufzählen:

Naß-auf-Trocken-Malen. Transparent und wäßrig fließend auf trockenem Papier malen.

Naß-in-Naß-Malen. Auf feuchtem Malgrund flüssig ineinandermalen.

Lasieren. Transparent schichtend übereinandermalen.

Lavieren. Fließende Farbverläufe erzielen, Farbe ohne deutliche Pinselspur verwaschen.

Direkt-Aquarellieren. Ein Aquarell rasch und sicher in einem einzigen Arbeitsgang gestalten. Keine technisch eindeutige, sondern individuell geprägte Malweise, die stark vereinfacht und Spontanität zeigt.

Als *Aquarell-Mischtechniken* werden alle Kombinationen von Aquarellfarben und -verfahren mit anderen Materialien und Techniken bezeichnet. Am häufigsten angewandt werden folgende:

Aquarell mit Deckfarbenmalerei. Transparent und deckend malen, meist auf getöntem Papier.

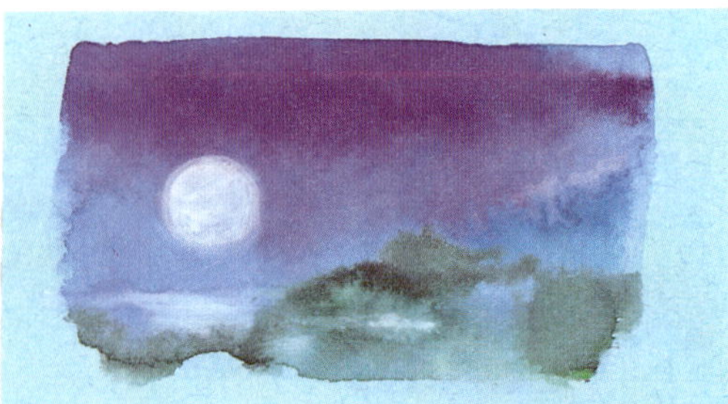

Aquarellieren über Zeichnungen. Lineare Gestaltung mit wäßrigen Farbflächen verbinden.

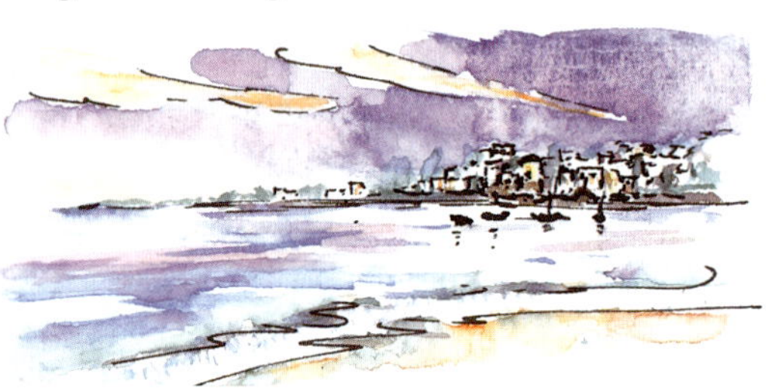

Daneben gibt es viele *technische Besonderheiten:*

Granulieren. Farbe fast trocken über die Papierstruktur streichen.

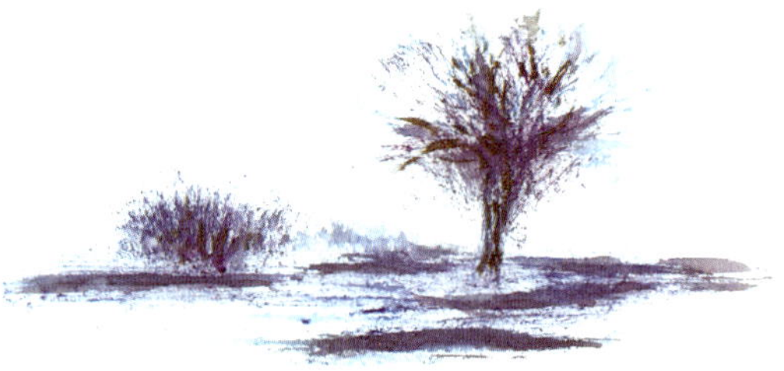

Reservieren. Papierstellen vor der Übermalung abdecken.

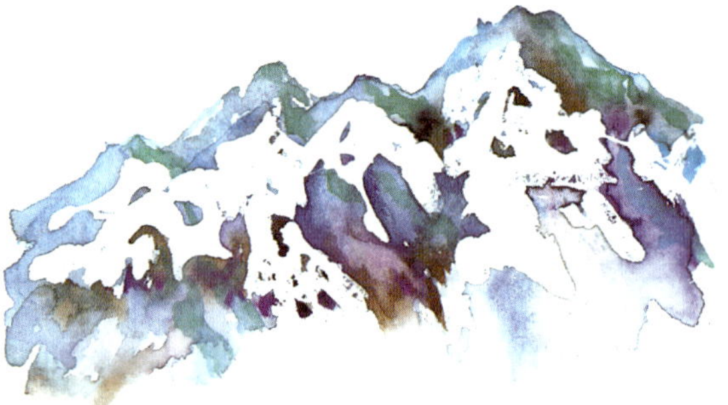

Auskratzen. Lichter oder helle, feine Strukturen aus trockenen oder feuchten Farbflächen herausschaben.

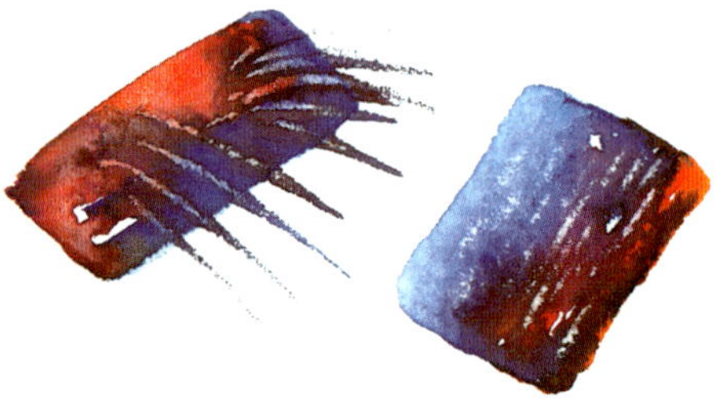

Auswischen. Helligkeiten aus den Farbflächen wischen.

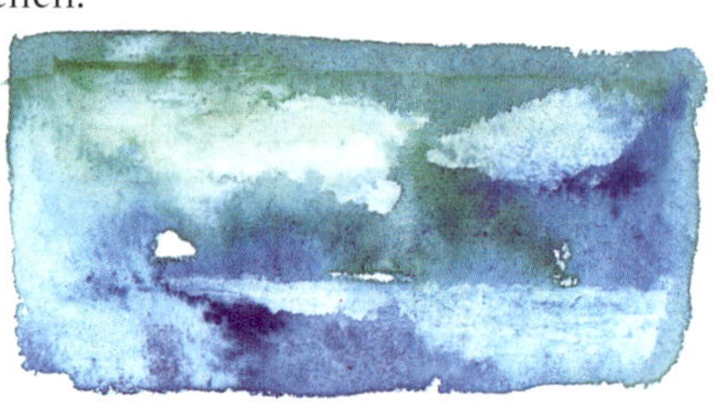

Abwaschen. Den noch feuchten oder getrockneten Farbauftrag abbrausen oder naß auswaschen, die verbliebenen Farbspuren und Pigmentränder als Untermalung verwenden.

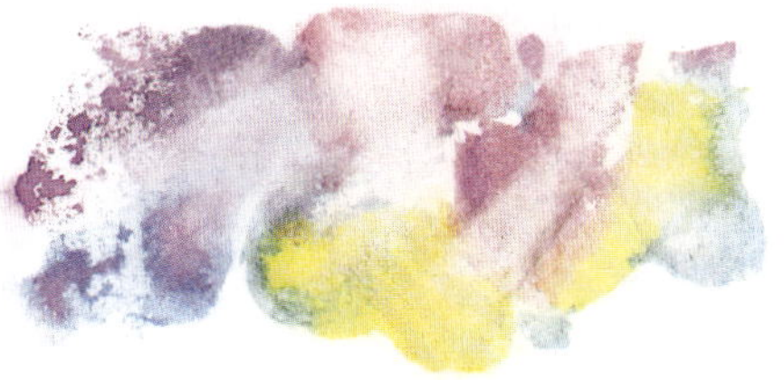

Sprühen oder spritzen. Mit Sieb und Zahnbürste, Pinsel und Daumen, mit Zerstäuberflasche oder mit Spritzpistole die Farbe aufs Papier spritzen, sprenkeln, sprühen.

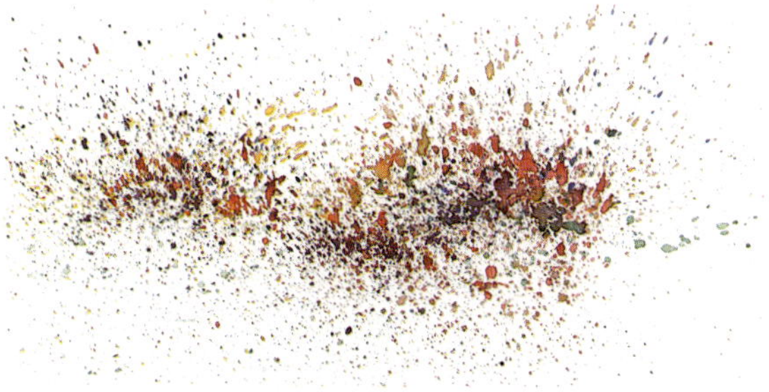

Abdrucken. Farbe mit Hilfe irgendeines geeigneten Farbträgers auf das Papier stempeln. Oder: In eine feuchte Farbfläche strukturiertes Material drücken.

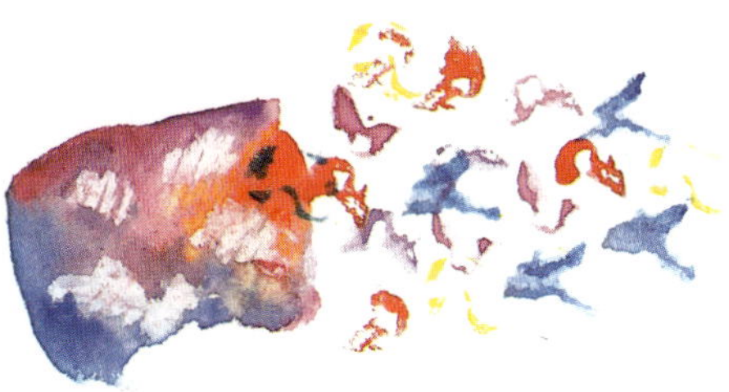

Kippen und schwenken. Das Papier mit der nassen Farbe so kippen und hin- und herbewegen, daß bestimmte Formen, Verläufe, Fließspuren und Farbansammlungen entstehen.

Aufsaugen. Bei sehr naß aufgetragenen Farbformen nach kurzem Antrocknen die überschüssige Flüssigkeit in der Innenfläche wegsaugen, um dadurch feine, dunkle Pigmentränder zu erzielen.

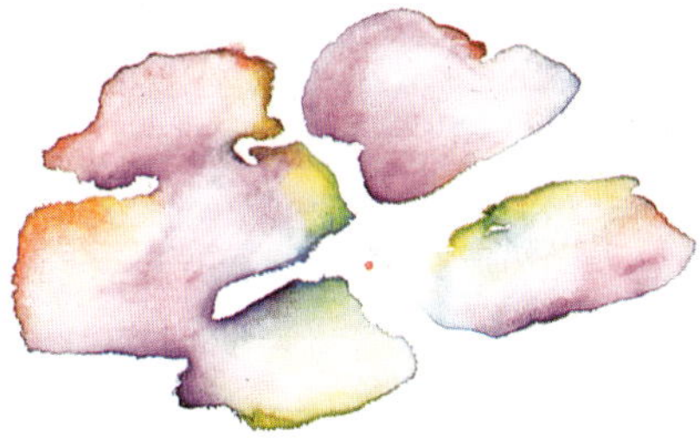

Gravieren. Vertiefungen in das Papier kerben, die sich mit Farbflüssigkeit anfüllen und dadurch kräftiger abheben.

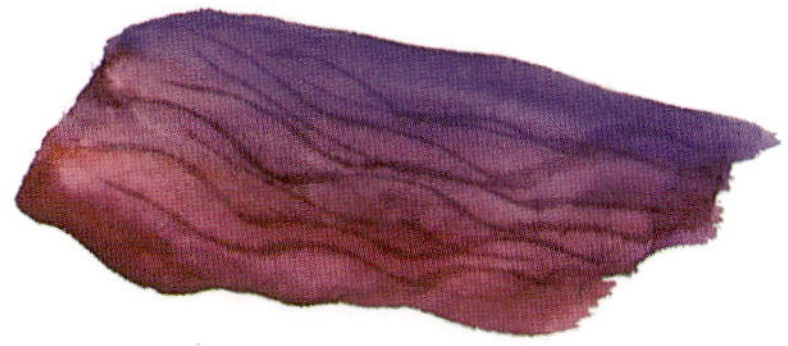

Strukturieren. Farbflächen durch aufgestreutes Salz, durch Öltropfen oder Spritzer von Fixativ, Spiritus, Spülmittel verändern.

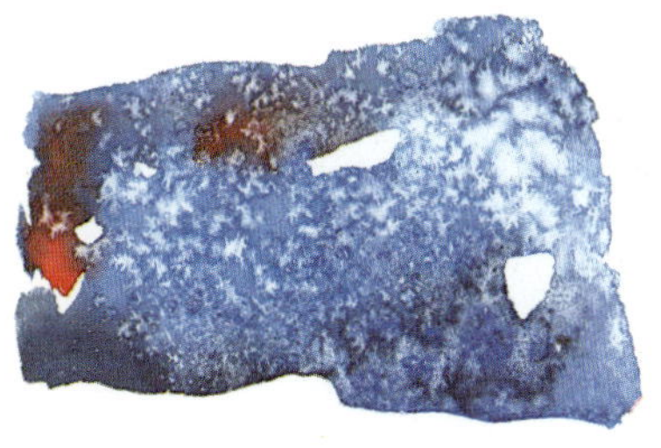

Kombinieren. Dieser Begriff steht hier für die Vielfalt bildnerischer Möglichkeiten, Aquarellieren mit anderen Verfahren und Materialien zu verbinden: mit der Zeichnung, der Collage, der Frottage, deckendem Malen, mit Tusche, Tinte, Kreide, Buntstift, . . .

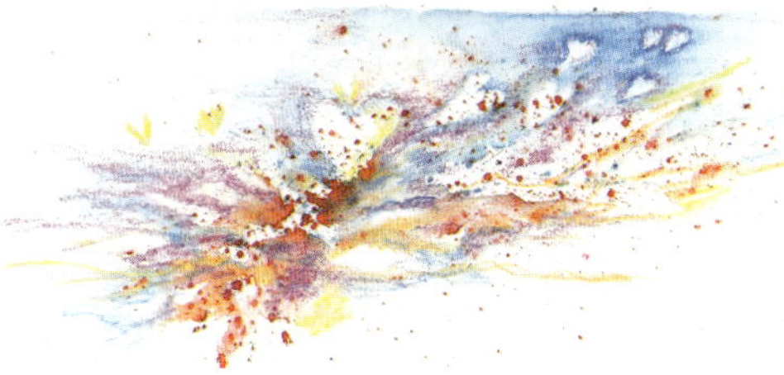

NASS-IN-NASS-AQUARELLIEREN

DIE KUNST, MIT WASSER ZU MALEN

Naß-in-Naß-Technik, das ist ein maltechnischer Sammelbegriff für die zahlreichen Varianten wäßrig verfließenden Ineinandermalens. Einmal ist damit gemeint: Aquarellieren auf feuchten bis nassen Malgründen und Farbschichten. Doch alle anderen, auch die nicht ganz reinrassigen Kombinationsmöglichkeiten, werden fließend unter die Naß-in-Naß-Technik gemischt, wenn sie vorwiegend mit deren typischen Charakteristika auf der Bildfläche erscheinen, also mit den lesbaren Spuren getrockneten Fließgeschehens: weitgehend unscharfe Formgrenzen, feine Zackenränder, ineinanderfließende Farbmischungen, verlaufende Farbwolken, Farbströme, Farbnebel . . .

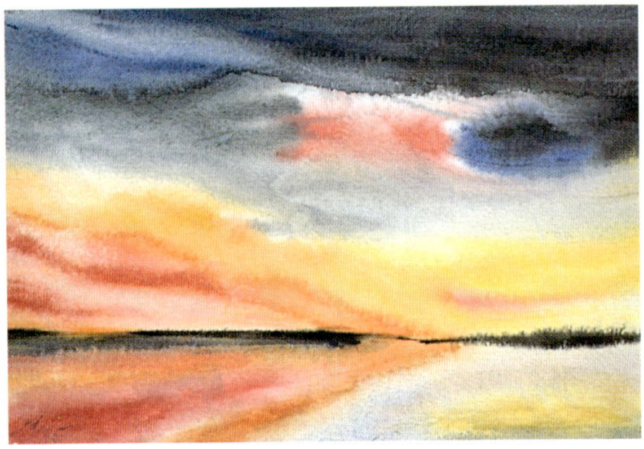

ARBEITSHINWEISE

Fangen wir mit dem »reinen« Naß-in-Naß-Malen an:

Aquarellieren auf gleichmäßig befeuchtetem Malgrund.

- Rauhe, glatte, dünne, dicke . . ., möglichst viele Sorten Aquarellpapier werden unterschiedlich naß gemacht, dann bemalt. Probieren Sie das gleichmäßige Nässen des Papiers mit einem weichen Schwämmchen, einem Tuch oder mit einem großen, weichen Haarpinsel aus.
- Auch andere Methoden, wie das Benetzen mit der Sprühflasche oder das Wässern in der Badewanne, sollten Sie mit verschiedenen Papierproben versuchen. Aufgespanntes oder auf Blocks geleimtes Papier wird wohl niemand ins Vollbad legen! Lose Bögen muß man beidseitig befeuchten, will man Berg-und-Tal-Malerei vermeiden. Sind diese ausreichend schwer und fest, legt man sie – nach Dusche oder Tauchbad – abgetropft auf eine saugfähige Unterlage und streicht sie mit einem Tuch oder einem Schwämmchen sorgfältig glatt.

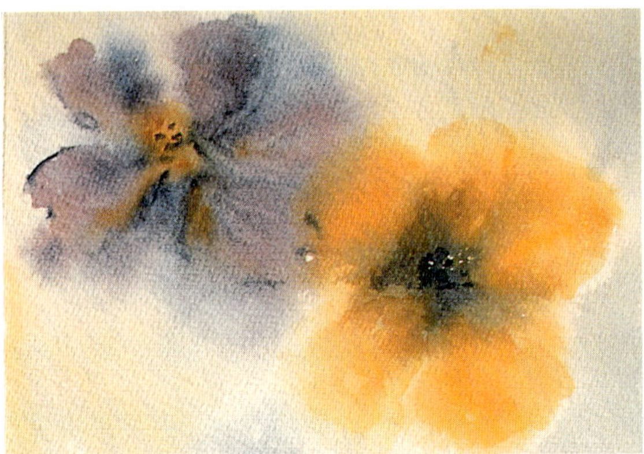

- Nach dem sorgfältigen Befeuchten des Papiers malt man entweder sofort in dieses nasse Milieu mit konzentrierter Farbe (am besten mit Tubenfarben) hinein. Oder man wartet unterschiedliche Feuchtigkeitsgrade während des Trocknens ab, um deren Fließverhalten zu erforschen.
- Bei jeder neuen, irgendwie naßgemachten Papiersorte müssen Sie zunächst die jeweils geeignete Farbkonzentration, Malweise und Malgeschwindigkeit herausfinden, sonst bleiben Sie nur staunender Zuschauer bei diesem Spiel. Denn am Anfang entstehen mehr Zufallsergebnisse, überraschend schöne, aber auch enttäuschende. Um das Mitspielen zu lernen, um die Merkmale dieser Technik einsetzen und beurteilen zu können, brauchen Sie Mut zum Risiko, Neugier und Fingerspitzengefühl. Spontan, leicht und zügig gemalt, so sehen gute Naß-in-Naß-Aquarelle aus. Diese lockere Sicherheit im fließend-wäßrigen Malen erfordert viel Erfahrung. Also sammeln Sie welche!
- Experimentieren Sie ohne feste Bildvorstellung. Zunächst aufmerksam beobachten und viel geschehen lassen, ohne störend in jedem Fließergebnis herumzupinseln.

Welches Papier muß feucht aufgespannt werden, welches läßt sich naß auflegen? Welche Farben verfließen leicht, welche sind schwer und träge? Was geschieht, wenn die Farbe konzentriert oder wenn sie verdünnt auf feuchtes oder nasses Papier kommt? Wie mischen sich die verschiedenen Farben auf wassernassem Untergrund?

Lappen in der einen, Pinsel in der anderen Hand, Farbe auftragen und zügig wegnehmen, hier einen Farbsee trockenlegen, dort eine Überschwemmung inszenieren, in eine gerade noch feuchte Farbfläche Wasser tropfen, aus einem Farbschleier mit konzentrierter Farbe eine Form malen, das Papier schräg halten, Wasser aufsaugen ... Erfahrung sammeln!

Schöne Erfahrungen. Aus Wasser und Farbe entstehen auf dem Papier wolkige Farbverläufe, Flocken, Flüsse, Marmorierungen, Nebel, lebendig-organische Formen, phantastische Gebilde, Naturereignisse oder Theaterbeleuchtung ... Zwischen kaum feuchtem oder sehr nassem Untergrund, zwischen stark verdünnter und extrem konzentrierter Farbe, zwischen einer glatten Papieroberfläche und dem saugenden Grund des Japanpapiers lassen sich die Geheimnisse dieser Malweise entdecken.

Je sanfter das Eingreifen, desto frischer die Farbigkeit.

Bittere Erfahrungen. Nichts ist geblieben von den Farbspielen, alles ist zu einem diffusen Farbschleier aufgetrocknet. Der Papiergrund war zu naß, die Farbe zu sehr verdünnt, die Leuchtkraft scheint versunken zu sein, das aufgequollene Papier hat die Farbpigmente verschluckt. Feuchtes Japanpapier ist eingerissen, naß ist es sehr empfindlich. Die Farbexplosion in einer Wasserpfütze ist allmählich zu einer

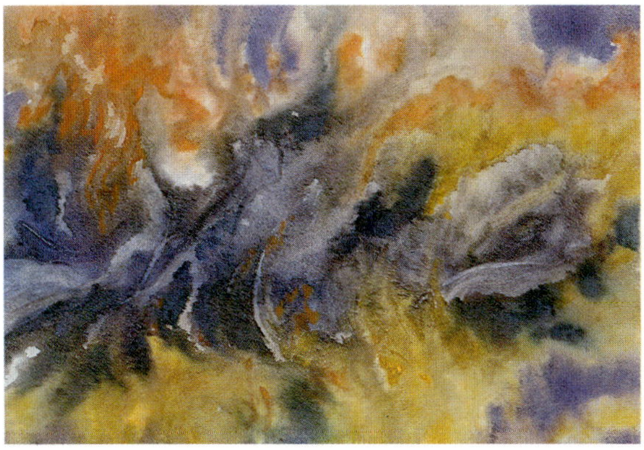

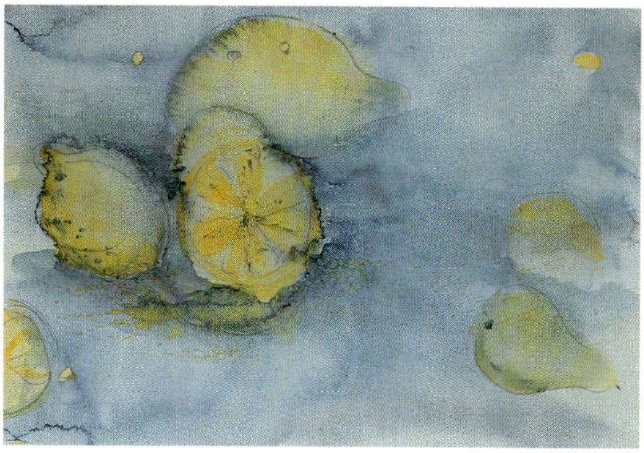

langweiligen Fläche zerronnen – das überschüssige Wasser hätte mit trockenem Pinsel rechtzeitig weggenommen werden müssen ...

Meine Erfahrungen als Mal-Lehrerin. Die Naß-in-Naß-Technik verleitet am Anfang dazu, die Farben auf dem Blatt hin und her zu dirigieren, sie wegzuschieben, sie immer und immer wieder zu überpinseln, also Fließverhalten, Farbpigmente und Papieroberfläche zu strapazieren. Die feinen Nuancen der Naß-in-Naß-Mischungen können sich erst gar nicht entfalten, die Farben verlieren ihre Leuchtkraft; zum Schluß schlummern sie irgendwo tief unter aufgerauhten Papierfusseln, von ihrer Farbigkeit und ihrer Fließaktivität keine Spur mehr. Schade! Mit Fingerspitzengefühl malen! Lassen Sie auch die Farbpigmente und das Wasser allein malen.

Achten Sie auf die Verträglichkeit der beteiligten Farben. Beim Ineinanderfließen entstehen schnell unschöne Mischungen.

TIPS

▷ Als Wasserspeicher während eines Malvorgangs kann ein weiches, weißes Küchen- oder Haushaltstuch dienen, das man gleichmäßig angefeuchtet unter das Aquarellpapier legt. Mit dieser Unterlage bleibt das nasse Malpapier länger und gleichmäßiger naß in naß bemalbar.

▷ Vorsicht, nicht jedes Aquarellpapier kann man längere Zeit wässern! Manche Sorten quellen so stark auf, daß die Aquarellfarben zu sehr darin versinken, so daß der Farbauftrag stumpf wirkt. Solche Papiere eignen sich gut für die Naß-in-Naß-Malerei mit Gouache oder deckenden Wasserfarben. Bestimmte Papiersorten sollte man nur an ihrer Oberseite naß machen.

▷ Naß-in-Naß-Malen heißt nicht nur Farbe ins Nasse setzen oder Wasser in den feuchten Farbauftrag fließen lassen, sondern es erfordert auch, überschüssige Flüssigkeit wieder vom Papier zu saugen, zu wischen, zu tupfen.

▷ Sollten Sie verschiedene Wasserfarbensorten besitzen, dann vergleichen Sie deren Fließverhalten miteinander. Besonders mit Tubenaquarellfarben und mit Gouache ergeben sich ausgeprägte Fließspuren.

NASS-IN-NASS-VARIATIONEN

Neben dem eigentlichen Naß-in-Naß-Malen auf dem insgesamt angefeuchteten Papier gibt es noch viele technische Spielarten, um Farbformen oder Konturen weich verschwimmen zu lassen, um fließende Farbverläufe und Farbmischungen zu erreichen, nasse Farbflächen flüssig weiterzugestalten. Im Malvorgang selbst werden sie meistens kombiniert verwendet, doch hier als Anfängerhilfe separat erläutert.

Farbe »ausblühen« lassen

Vom Rand einer nassen Farbfläche aus mit der Pinselspitze bizarre Fließformen herausziehen oder Farbe ins Nasse hineinfließen lassen.

- Probieren Sie dieses Fließverhalten der wäßrigen Aquarellfarbe einmal folgendermaßen aus: Zuerst wird eine sehr nasse Farbform aufs Trokkene gemalt. Dann setzt man den nassen, sauberen Pinsel ganz auf das Papier, um mit dem Bauch eine Fließfläche zu schaffen, führt ihn aber nur mit der Spitze an die noch nasse Farbgrenze heran. Dort, wo er diese berührt, fließt die Farbe ins Nasse und breitet sich in feinen Verästelungen aus. Ob Sie Farbränder in bestimmten Formen ausblühen lassen oder nur weich verfließend auflösen wollen, die jeweiligen Ergebnisse hängen vom Einsatz des Pinsels, von der Farbkonzentration, von der Papieroberfläche und vom Feuchtigkeitsgrad der Fließfläche ab. Machen Sie also viele verschiedene Versuche, um die einzelnen Komponenten besser beurteilen zu können.
- Wenn Bildabsicht oder Malvorgang es erfordern, dann kann man die Farbe auch bei umgekehrtem Verfahren ausblühen lassen: Zuerst eine klare Wasserfläche malen, dann die Berührung mit der Spitze des farbgetränkten Pinsels am Saum des Wasserfeldes.
- Das können Sie bei der folgenden Übung ausprobieren. Farbe in begrenzten Formen verfließen lassen: Nicht immer ist es angebracht oder notwendig, auf dem insgesamt nassen Papier zu malen, wenn man Naß-in-Naß-Effekte beabsichtigt. Will man innerhalb einer begrenzten Form oder einer bestimmten Fläche fließende Farbläufe erzielen, dann wird nur die entsprechende Partie oder Form mit Wasser oder verdünnter Farbmischung angefeuchtet.

Stellen, die weiß bleiben sollen, kann man reservieren oder aussparen. Innerhalb dieser angefeuchteten Flächen entstehen Verlaufsspuren und Fließeffekte, wenn man konzentrierte Farbe hineinfließen läßt.

Je nach Farbmenge, Grundfeuchtigkeit oder Tiefe der Papierwellen entstehen an den Formgrenzen unterschiedlich ausgeprägte Farbansammlungen, die als Kontur einsetzbar sind. Ob oder wie diese starken Farbränder zur Form oder zum Bild passen, das müssen Sie rasch erkennen, denn in feuchtem Zustand kann eine solche Konturschärfe teilweise oder ganz weggenommen werden.

Fließspuren innerhalb einer Form können etwas über deren Oberflächenstruktur, über Farbreflexe, über deren Binnenzeichnung, über den Zustand, das Material oder über Bewegung aussagen. Sie können Blätter, Blüten, Vogelgefieder oder Baumrinde, Häuserfassaden, Wasserspiegelungen, Bäume, Büsche und vieles andere auf diese Weise darstellen. Doch müssen Sie vor allem sehen lernen, welche Charakterisierung Sie damit vornehmen. Durch intensive Beschäftigung mit entsprechenden Seheindrücken und durch den Vergleich von Abbild und Original werden Ihnen die Aussagemöglichkeiten der Naß-in-Naß-Malerei immer vertrauter.

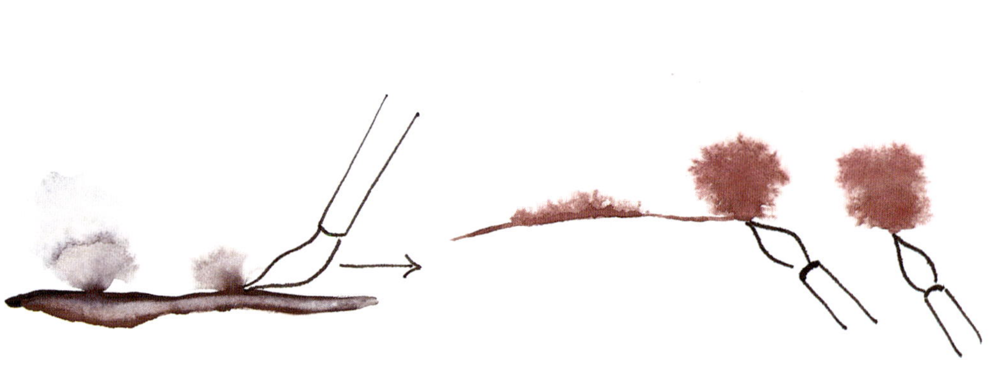

In die feuchte Farbfläche malen, tropfen, kratzen . . .

Solange ein Farbauftrag noch nicht trocken ist, gibt es viele Möglichkeiten der weiteren Behandlung.

• Ist die Untermalung noch feucht, kann man sie als verschwommenen, unscharfen Hintergrund verwenden, den man mit kräftigen Vordergrundpartien naß übermalen kann. Beim neuen, fließenden Farbauftrag werden sich Fließränder bilden, die als Konturen vielseitig einsetzbar sind.

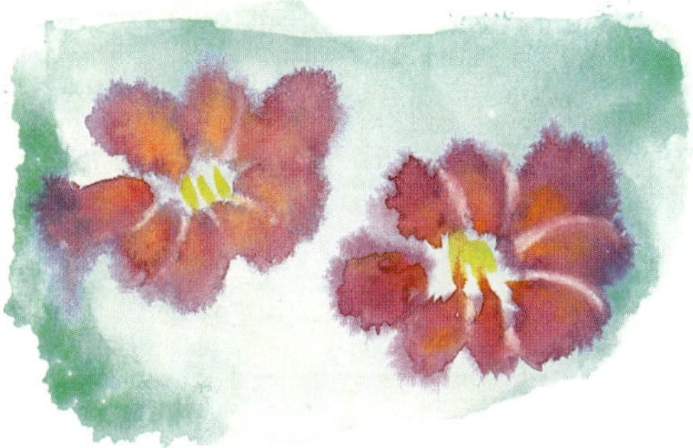

• Auch lassen sich mit Wasser oder verschiedenen anderen Hilfsmitteln aus feuchten Farbflächen helle Stellen nachträglich wieder herauswaschen. Man kann sie mit Ochsengalle, Spülmittel, Spiritus oder eben mit Wasser frei fließen lassen.

• Hellere Formen lassen sich aus feuchter Farbe tupfen, herausschaben oder -schieben, wegwischen, ausbürsten, wegblasen . . . Feine Strukturen erzielt man z. B. durch Übersprühen mit Wasser, Fixativ, Ochsengalle, Spiritus oder Spülmittel oder durch aufgestreute Salzkörner.

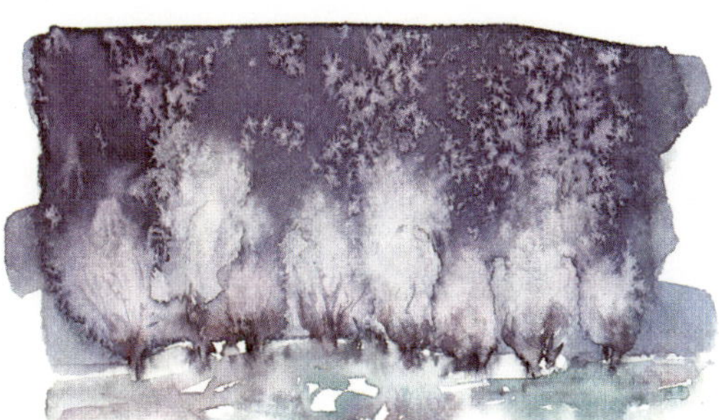

• Helle Linien schiebt man rasch mit dem Fingernagel oder dem Pinselstiel aus der Farbe heraus. Dunkle Linien erreicht man durch stärkeren Aufdruck beim Kratzen. In die so gravierten Papiervertiefungen läuft Farbe hinein und sammelt sich konzentriert an.

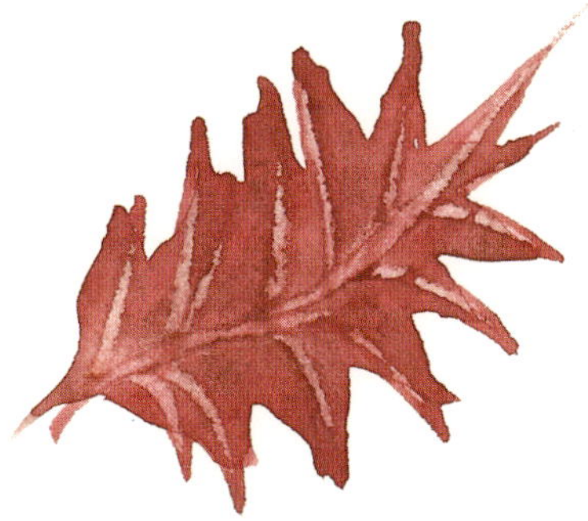

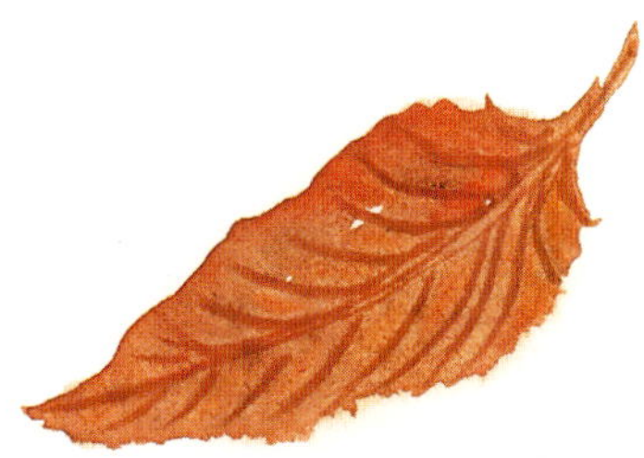

• Erproben Sie auch einmal die Reaktion und Wirkung von Tusche, Tinte, Stiften und Kreiden in feuchten Farbflächen. Experimentieren Sie mit allem, was Ihnen einfällt. Die Spuren eines Schwammes oder zerknüllten Taschentuches, Zigarettenasche oder Öltropfen, Spritzer aus den Schalen von Zitrusfrüchten . . . können einen Farbauftrag strukturieren und beleben.

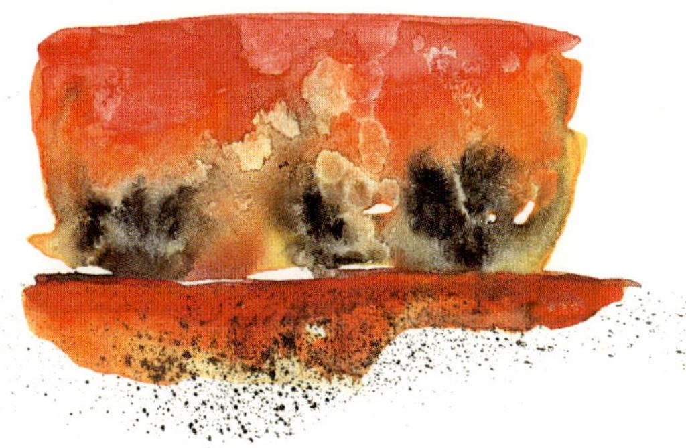

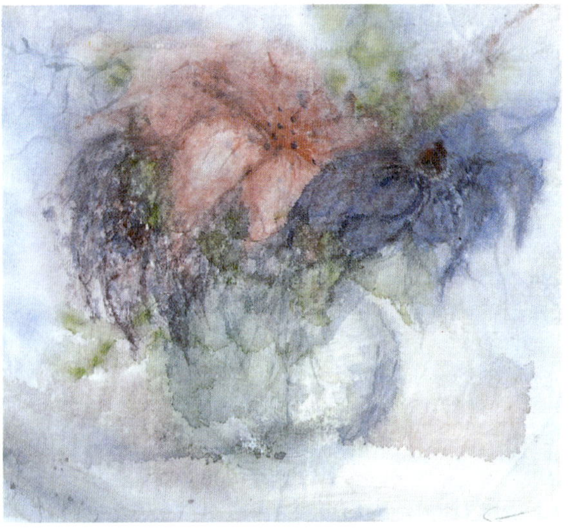

AM ANFANG WAR DAS SPIEL . . .

Naß-in-Naß-Malen ist eine Technik, die den Spieltrieb weckt und die zum Experimentieren anregt: je mehr, je freier, je eigenartiger oder verrückter, desto spannender und ergiebiger. Das Naß-in-Naß-Theater taucht Berge und Bäume in diffuses Licht, zaubert stille Nebellandschaften genauso gut wie ausbrechende Vulkane; es läßt Gewitterwolken aufziehen, Blüten im Wind wehen; es zeigt, wie die Dinge sich fließend verändern, es läßt gewisse Bedeutungen und Wesenszüge anschaulicher erscheinen, kann aber auch vieles verschleiern. Das eigentliche Ausdrucksbedürfnis vielleicht, das gerade gar nichts mit weichen, fließenden Farben zu tun hat, die aktuellen Eindrücke von der Wirklichkeit oder das eigene Können, das beim Reiz der Naß-in-Naß-Effekte stehengeblieben ist. Schade, wenn malerische Neuentdeckungen und Aussagemöglichkeiten des Naß-in-Naß-Malens zu nichts anderem führen, als zur Produktion sanfter Traumlandschaften, die sowieso in jedem Ständer mit dem üblichen Postkartenaufschnitt hängen. Damit soll nichts gesagt sein gegen stille Naß-in-Naß-Aquarelle, die gemalt werden, weil sie aus einer Stimmung, einem Bedürfnis, einem Augenblick kommen, die nicht nur gemalt werden, weil sie ankommen. Denken Sie daran: Jede Technik ist nur Mittel zum Zweck. Für welche Bildaussage sich das Naß-in-Naß-Aquarellieren eignet, das erfahren Sie durch Malen, Sehen, Vergleichen.

- Versuchen Sie, möglichst unterschiedliche Motive in dieser Malweise zu gestalten, und vergleichen Sie die Ergebnisse kritisch.

Sie können zum Beispiel Fotos oder sonstige Abbildungen mit festem, betontem Formcharakter suchen und die reizvollsten mit Hilfe der Naß-in-Naß-Technik verwandeln. Welche Veränderung tritt ein, wenn »harte« Objekte weich verfließend umgestaltet werden?

- Oder malen Sie ein Naß-in-Naß-Aquarell mit ähnlichen Farben und angeglichenen Hell-Dunkel-Werten. Versuchen Sie das gleiche noch einmal mit starken Farbkontrasten und extremen Hell-Dunkel-Gegensätzen zu malen.
- Hängen Sie Ihre naß-in-naß gemalten Versuche nebeneinander an die Wand und vergleichen Sie Ihre Werke aus größerer Distanz.

Was für eine Stimmung, Atmosphäre, Bewegung oder welches Licht ist erkennbar? Was ist mit den Formgrenzen passiert? Wie weich oder wie hart wirken die Konturen? Welcher Formcharakter ist dadurch entstanden? Wie verhalten sich Form und Grund zueinander? Was bewirken weiche Übergänge? Vergleichen Sie Bildstellen und Formen, die sich ganz vom Bildgrund abheben, mit solchen, die sich durch Farb- und Formverschmelzung mit dem Grund verbinden.

Wenn Sie bei den Anfangsübungen möglichst offen und vielseitig mit Material und Möglichkeiten umgehen, werden Sie bald hinter aller Technik Spuren Ihrer Eigenwilligkeit entdecken. Mögen diese zunächst auch unbeholfen erscheinen, sie sind trotzdem wesentlicher als rein technisches Können.

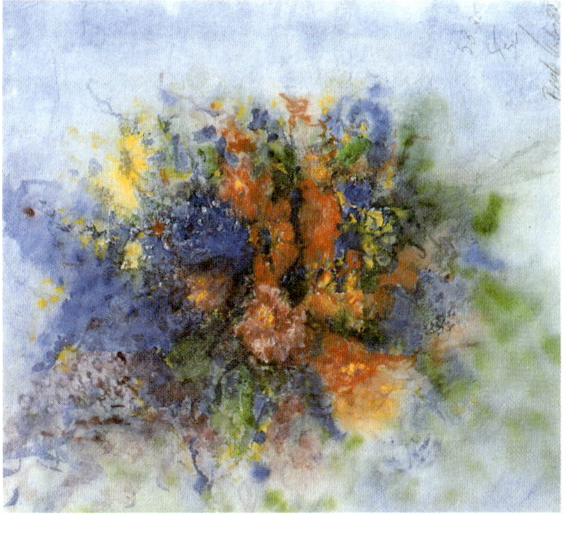

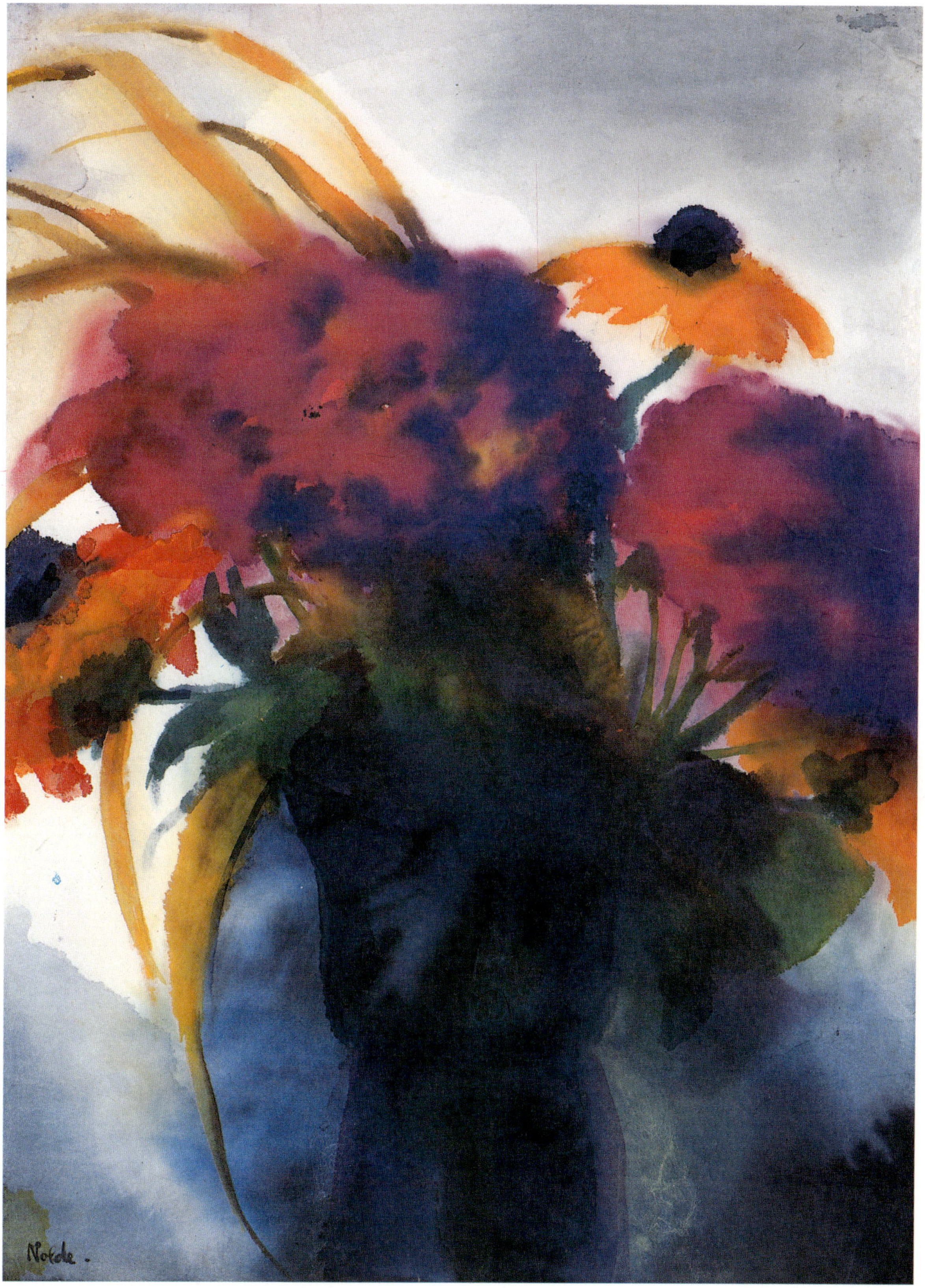

Emil Nolde, Violette Blüten und Rudbeckien

LASIEREN

TECHNIK DER TRANSPARENZ

Lasieren ist transparentes Malen mit verdünnten Farben auf trockenem Malgrund oder getrockneter Untermalung. Dazu eignen sich verschiedene Farbsysteme, besonders aber Aquarellfarben.

Lasur bezeichnet in der Malerei den Farbauftrag, der auf einer bereits gemalten Farbschicht oder auf dem Malgrund durchsichtig erscheint. Tiefenlicht und die Art der Farbmischung durch Farbschichten machen die besondere Farbqualität der Lasuren aus.

Lasurmalerei ist eine Malweise, die durch Farbverdünnung und schichtenden Farbauftrag durchscheinende Farbigkeit beabsichtigt. Diese Transparenz aber ist das Aussagemittel der Aquarellmalerei. Unter allen Maltechniken ist das Aquarellieren die eigentliche Lasurtechnik.

Lasurtechnik als Bezeichnung für ein spezielles Aquarellverfahren meint daher: Bildaufbau in transparenten Farbschichten – meistens von Hell nach Dunkel. Farbmischungen, -nuancen, -intensitäten, Hell-Dunkel-Abstufungen, Licht und Schatten entstehen durch Übereinandermalen verdünnter Farbtöne, wobei als größte Helligkeit im Bild das unbemalte, ausgesparte Papierweiß stehen bleiben kann. Bei der Lasurtechnik kann man verschiedene Arten des Farbauftrages einsetzen: gleichmäßig flächig gemalte Lasurschichten, fleckhaft lockere Farbsetzung, naß verlaufende Lasuren, Farbschichten in Spritztechnik ...

Lasurfarben. Aquarellfarben sind aufgrund allerfeinster Farbpartikel und eines hohen Anteils leichter, nichtklebender Bindemittel Lasurfarben. Ihre Farbteilchen schließen sich beim Farbauftrag nicht zu einer dichten Schicht; das Licht kann bis zum Malgrund durchdringen und wird von diesem reflektiert (Tiefenlichtwirkung, Durchlicht).

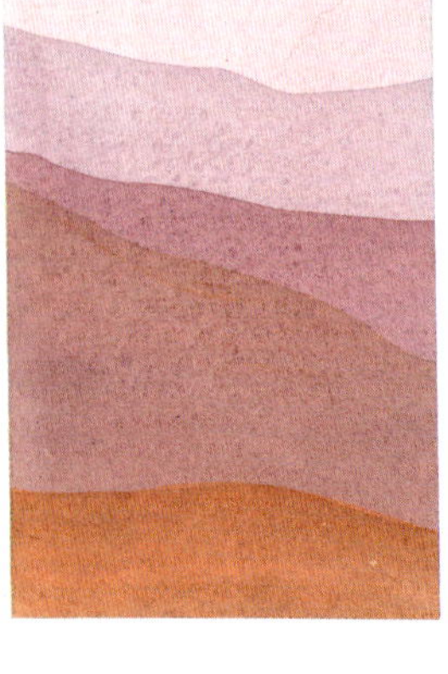

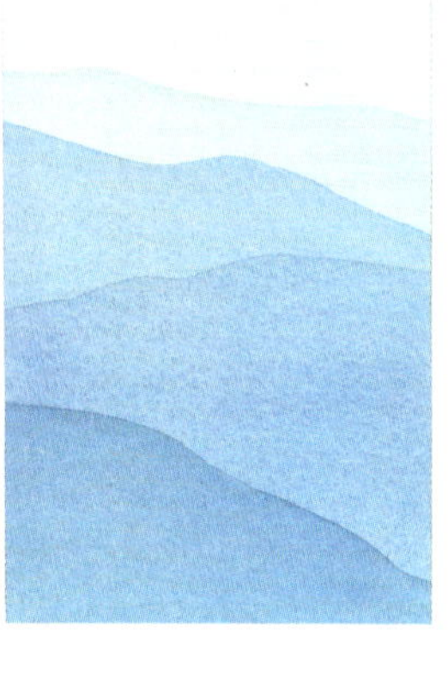

Hingegen ergeben bei den deckenden Wasserfarbensorten die gröberen Farbkörper in entsprechend stärkeren Bindemitteln einen kompakten, geschlossenen Farbaufstrich. Seine Oberfläche läßt kein Licht durchscheinen, sondern wirft es direkt zurück (Oberflächenlicht, Auflicht). Werden Deckfarben ausreichend mit Wasser verdünnt, können sie auch lasiert werden. Unter den Aquarellfarben gibt es allerdings auch dichte und sogar deckfähige Farben. Entscheidend dafür ist die jeweilige Pigmentbasis.

Lasurpigmente sind Farbteilchen, die bereits in Folge ihrer kristallinen Struktur transparent sind (zum Beispiel Ultramarinblau, Preußischblau, Krapplack, Karmin, Chromoxidgrün feurig, Siena gebrannt).

Lasurtöne sind Farbmischungen und -nuancen, die durch transparent schichtendes Übereinandermalen entstehen. Sie erhalten Licht aus der Tiefe durch die Reflexion des Papiergrundes. Eine Lasurschicht im gleichen Farbton der Untermalung verdunkelt und intensiviert die erste Farbgebung; andersfarbige Übermalungen führen zu Mischtönen, die sich, direkt auf der Palette gemischt, nicht erzielen lassen.

Untermalung und Lasur können unterschiedlich aufeinander abgestimmt werden, z. B.:

- Untermalung als Bildanlage mit verdünnten, neutralen Farbtönen (Ocker, Grau, Braun ...) oder mit Farben, die der Übermalung gleichen.
- Kontrastfarbige Untermalung (Siena unter Grün).
- Untermalungen, die atmosphärische Einflüsse betonen.
- Untermalung in lichten, warmen Tönen, über die bis zu den kühlen Tönen und Schatten lasiert wird.
- Untermalung in kühlen, fernen Tönen; allmähliche Steigerung der Farbintensität schafft räumliche Nähe.

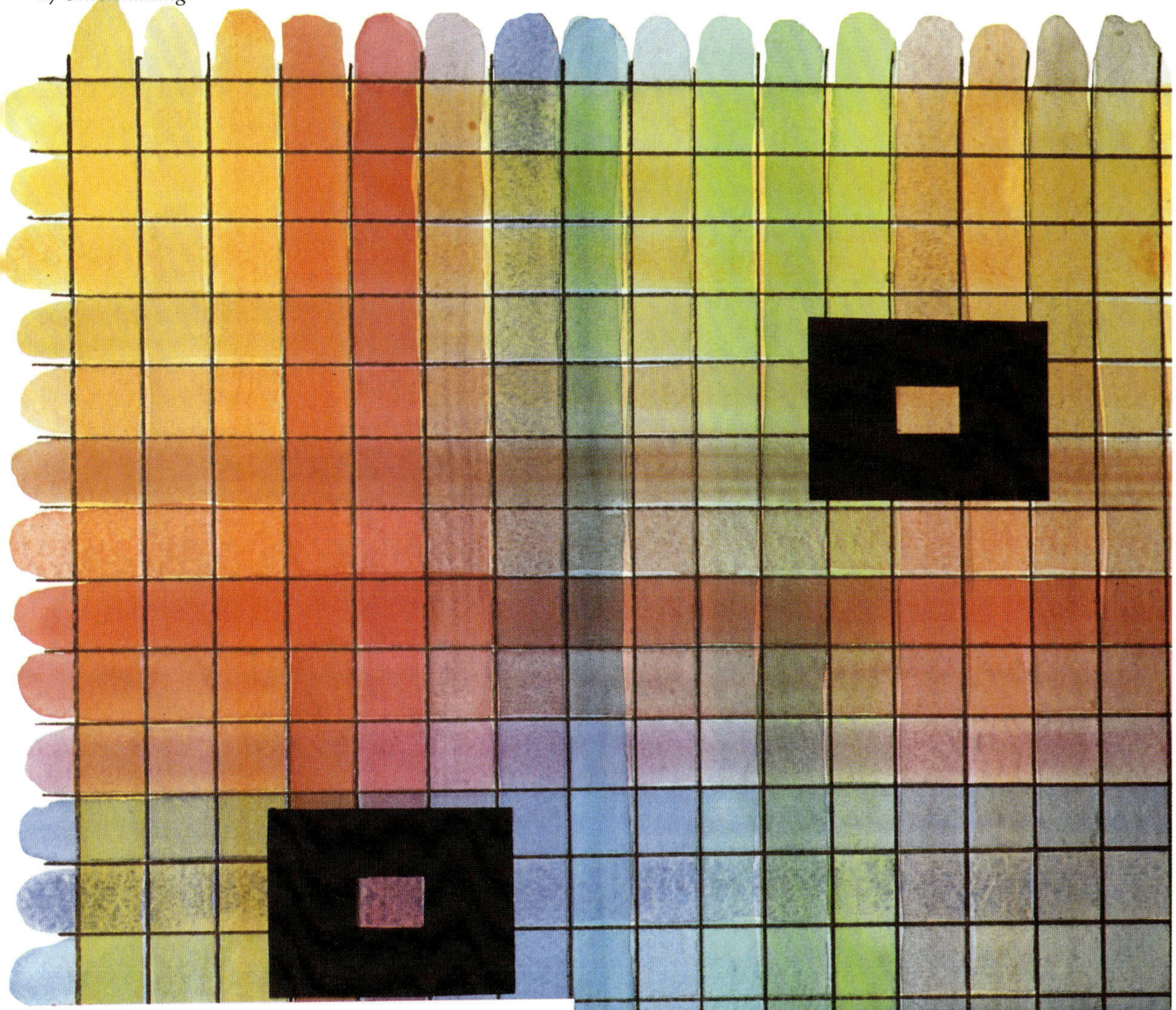

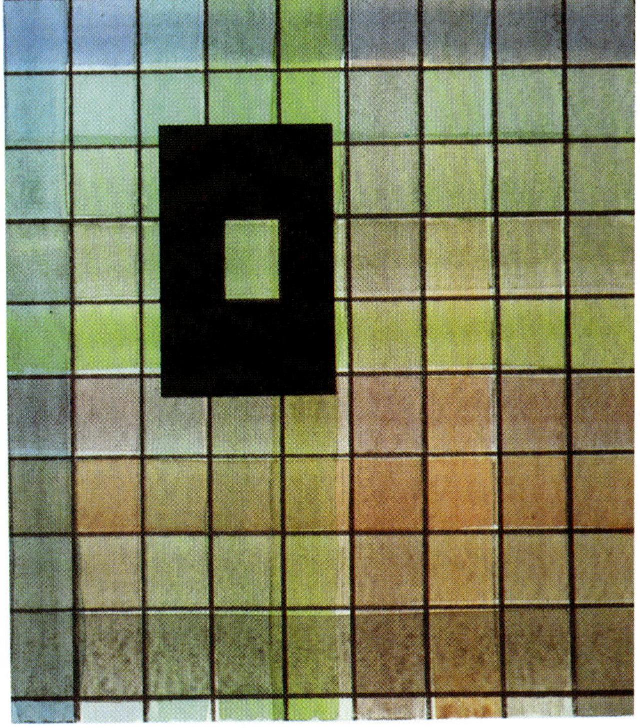

Nützlich und interessant ist das Anschauen und vergleichende Auswerten einer Lasurtabelle nicht nur für Systematiker, sondern auch für Farbfans und solche, die es werden wollen. Wie man sie am besten malt: Auf einem hochformatigen Aquarellbogen zieht man waagrechte Pinselstreifen aus möglichst allen Farben des Farbkastens. Über diese gut getrocknete Untermalung lasiert man senkrechte Streifen in den wichtigsten Farben. Ein breiter, weicher Flachpinsel ergibt eine ausreichende Streifenbreite. Damit die feuchten Farbstreifen an den Rändern nicht ineinanderlaufen, läßt man beim Farbauftrag zunächst immer einen Streifen aus. Mit Hilfe kleiner Fensterchen, die Sie sich aus der Mitte eines festen Papierbogens ausschneiden können, lassen sich, ohne daß das bunte Farbumfeld stört, die einzelnen Lasurtöne kennenlernen und beurteilen.

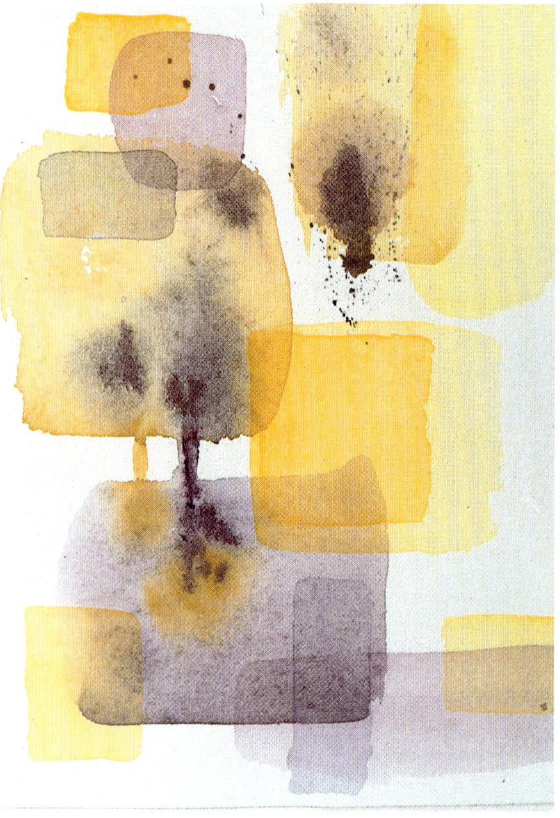

Mit dem Rücken des kleinen Fingers können Sie prüfen, ob die Farbfläche völlig trocken ist; sie darf sich nicht mehr kühl anfühlen. Das Trocknen abwarten können! Lasieren ist nichts für hitzige Temperamente, eher etwas für heiße Sonnentage. Den Ungeduldigen hilft auch ein Fön!

Es ist spannend zu beobachten, wie durch entsprechendes Lasieren eine Farbe plötzlich aufleuchtet, beinahe zu glühen beginnt, eine andere eher leise wird oder ganz verstummt, wie Farbschichten flimmern, aber auch schwer oder leblos werden.

Wichtig: Zu stumpf geratene Farbtöne können durch Lasieren mit hellen, lichten Farben nachträglich wieder an Leuchtkraft gewinnen.

- Vergleichen Sie Ihre Lasurtöne mit den Ergebnissen direkt auf der Palette gemischter Farbtöne aus denselben Ausgangsfarben.
- Üben Sie den gleichmäßig flächigen Lasurauftrag genauso wie den locker fleckhaften; machen Sie Versuche mit Lasurverläufen und naß-in-naß verfließenden Lasurschichten.

LASIEREN PROBIEREN

Lasurmischtöne. Versuchen Sie, durch Übereinanderschichten gleicher und verschiedener Farbtöne und Farbverdünnungen unterschiedliche Farbintensitäten und Farbnuancen zu erzielen.

Verwenden Sie dafür mattes oder leicht rauhes Aquarellpapier, da sehr glatte oder leicht rauhe Papieroberflächen das Lasieren erschweren.

Lasierendes Übermalen muß sanft, aber zügig erfolgen, damit die untere Farbschicht nicht aufgelöst, das Papier nicht aufgerauht wird, wodurch die Lasurkraft erlischt.

- Je nach Güte der Aquarellfarbe, je nach Papierqualität und eigenem Geschick kann man die Zahl der Farbschichten erhöhen, bis eine farbige Dunkelheit entsteht, die durch ihr Tiefenlicht lebendig bleibt. (Den lichtwirksamen Papiergrund nie deckend übermalen!)
- Lassen Sie die Untermalung jedesmal gut trocknen, bevor Sie einen neuen Farbton darübermalen.

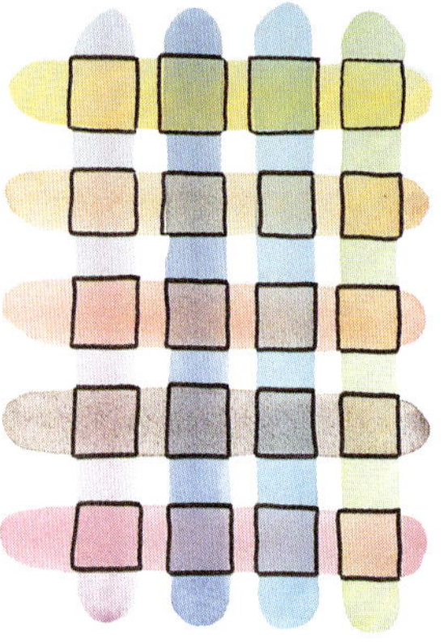

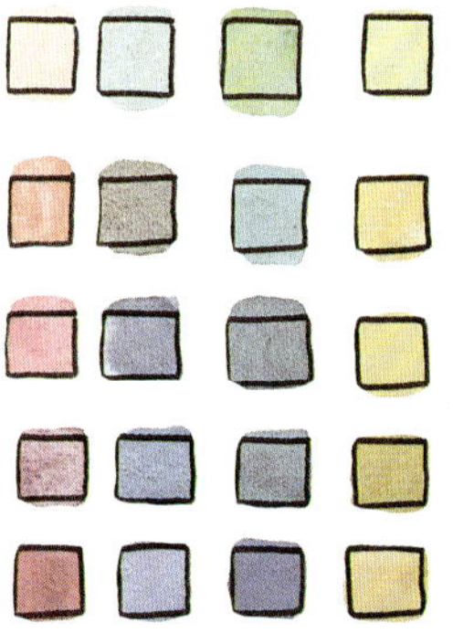

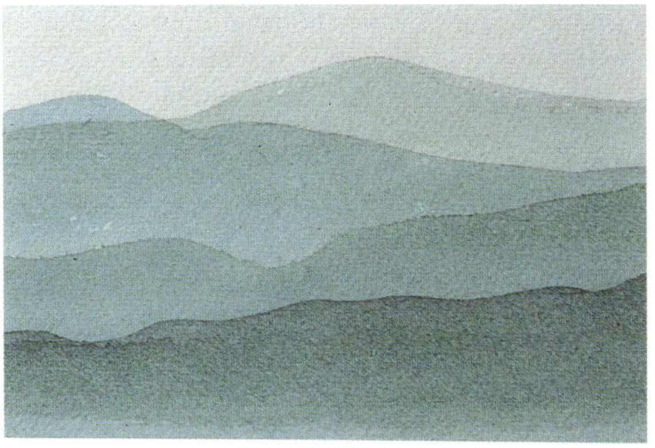

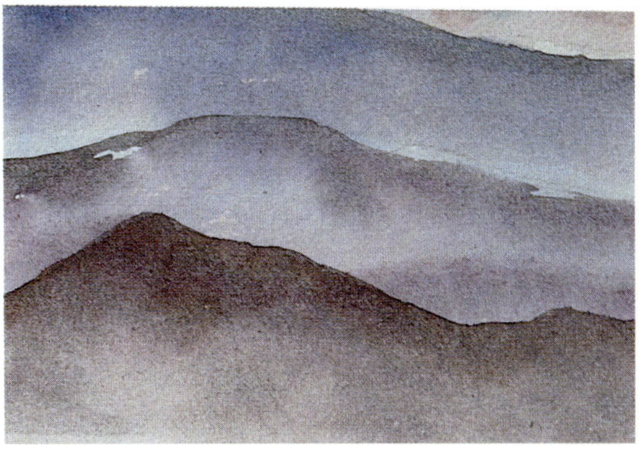

LASIEREN UND KORRIGIEREN

Am Anfang ist es wichtig, für Lasurwirkungen, deren Möglichkeiten und Grenzen aufnahmefähig zu werden. Lasieren heißt mit Farbe agieren und nicht durch Übermalen korrigieren. Es ist eine grundlegende technische Bedingung des Aquarellierens, daß Fehlerkorrekturen durch Übermalen nicht oder nur eingeschränkt möglich sind. Durch die Transparenz bleibt jeder einzelne Malschritt sichtbar. Auch für Anfänger ist das kein Nachteil, sondern eine Chance, den Lernweg des Malens bewußt zu gehen.

Die löschenden Korrekturmöglichkeiten dekkender Malverfahren führen schnell in Versuchung, ein anerkennenswertes Ergebnis – ein möglichst rahmbares Bild – zu fertigen. Festhalten an Bildvorstellungen, technische Perfektion, abbildende Präzision – das lassen deckende Malweisen eher zu als lasierende.

Nicht geplante, störende oder mißratene Stellen bleiben im Aquarell sichtbar; sie konfrontieren mit neuen Ausdrucksmöglichkeiten, provozieren zu interessanten Kombinationen und Reaktionen. Fehler in unseren Aquarellen eröffnen vielfältige gestalterische Wege, die nicht immer zum gewünschten Ziel, aber zu einer Menge wertvoller Erfahrungen führen. Wir lernen zu akzeptieren, daß bereits mit dem ersten Pinselauftrag etwas Eigenständiges auf dem Papier vor uns entsteht, das herausfordert, überrascht, erfreut, aber auch wütend machen kann. Wir müssen darauf sofort eingehen: ob sachlich, humorvoll, mutig, unsicher . . .; unsere Entscheidung bleibt sichtbar, wir können sie nicht einfach übermalen.

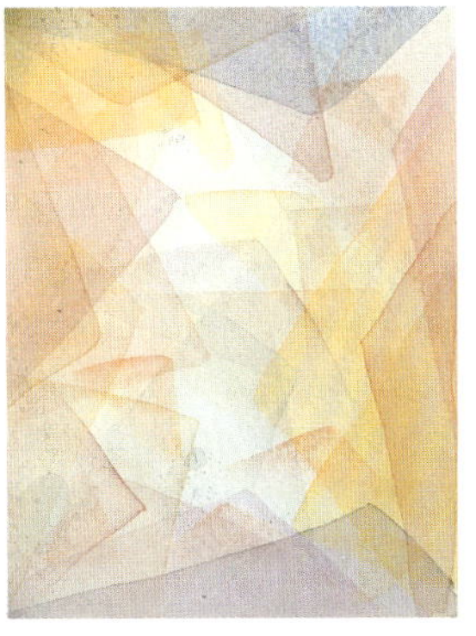

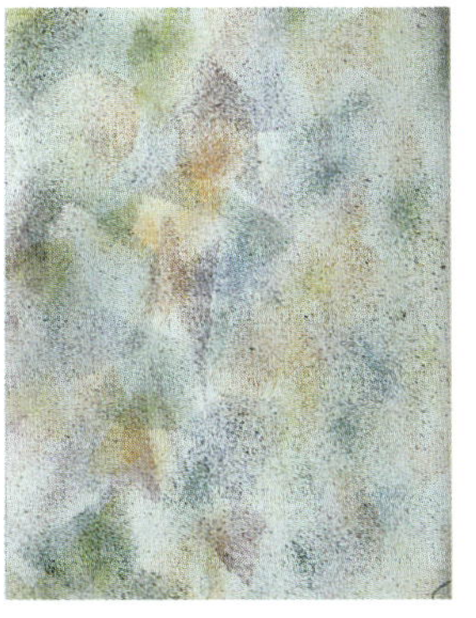

Links: Bergsilhouetten, einmal in gleichmäßig lasiertem Farbauftrag, einmal in Naß-in-Naß-Verläufen lasiert.
Rechts: Gemalte und gespritzte Lasurschichten

TIPS

▷ Lasuren wirken durch ihre transparente Mehrschichtigkeit. Dieser Eindruck von Durchsichtigkeit kann verlorengehen, wenn die obere Schicht zu dunkel oder dicht geraten ist. Dafür gibt es eine sanfte Korrekturmöglichkeit, die das Papier nicht verletzt: Setzen Sie einen Wasserfleck auf die entsprechende Stelle, warten Sie eine Weile, bis sich das Farbpigment aufgelöst hat. Legen Sie dann ein glattes Papiertaschentuch darüber, drücken Sie es etwas an und nehmen Sie so die gelöste Farbe vom Papier ab.

▷ Manchmal muß man einen Farbauftrag wegwaschen oder mit dem Pinsel auflösen. Solche Korrekturen lassen oft stumpfe Farbfelder zurück. Diese können Sie wieder farbig beleben, wenn Sie eine hauchdünne Lasur einer leuchtenden, leichten Farbe darüberlegen, wenn die Stelle ganz trocken ist.

▷ Wichtig: Fehlerstellen im Aquarell nicht einfach dunkel und deckend übermalen, sondern vorsichtig auflösen, dann trocknen lassen und überlasieren.

WEITERE ÜBUNGSVORSCHLÄGE

Die ersten Lasurproben können Anregung und Anlaß genug sein, mit dieser Technik und ihrer Wirkung etwas Eigenes zu gestalten. Vielleicht ist es die Möglichkeit, Farben Schicht für Schicht zu verwandeln, vielleicht sind es Schatten an der Wand, die Kulissen ferner Hügel, Spiegelungen im Wasser oder die Blätter einer Pflanze, die den Anstoß zu einem lasierten Aquarell geben.

Als Hilfestellung beschreibe ich das Verfahren des Lasierens noch einmal ausführlicher anhand einer einfachen Lasuraufgabe.

- Aus Lasuren ein Aquarell »bauen«: Zuerst zarte, helle Farbflächen auf das Papier setzen, darauf achten, daß sie nicht ineinanderfließen und geduldig warten, bis die erste Farbverteilung trocken ist. Erst dann die nächsten Farbschichten darüberlasieren. Mehr oder weniger überschneidend, je nach Komposition. Ein solches Lasurbild könnte gebaut werden aus geometrischen Grundformen oder einfachen Haus- und Gebäudeformen, aus beliebigen Phantasieformen oder ...
- Mein Vorschlag: Nehmen Sie für Ihr erstes Lasurbild nur drei Farben, die Sie rein, beliebig untereinander gemischt, wasserhell verdünnt oder konzentriert vermalen können, um eine abwechslungsreiche Farbwirkung zu erreichen. Durch solche Farbbeschränkungen lernen Sie nach und nach Ihren Farbkasten kennen, Sie bekommen Übung im Mischen und farbigen Gestalten.

Treffen Sie Ihre eigene Farbentscheidung oder wählen Sie eine der folgenden begrenzten Paletten aus:
Kadmiumgelb, Karmin, Ultramarin
Kadmiumgelb, Kadmiumrot hell, Preußischblau
Ocker, Chromoxidgrün feurig, Karmin

- Probieren Sie zunächst verschiedene Mischtöne mit den drei gewählten Farben aus. Beurteilen und vergleichen Sie diese auf einem Stück Papier. Malen Sie dann mit einem dicken Pinsel auf einem möglichst großen, trockenen Papierbogen großflächige, zarte Farbformen, ohne vorzuzeichnen.

Wenn Sie sich zwei Bilder gleichzeitig vornehmen, dann können die jeweiligen Untermalungen trocknen, ohne daß Sie eine längere Malpause einlegen müssen.

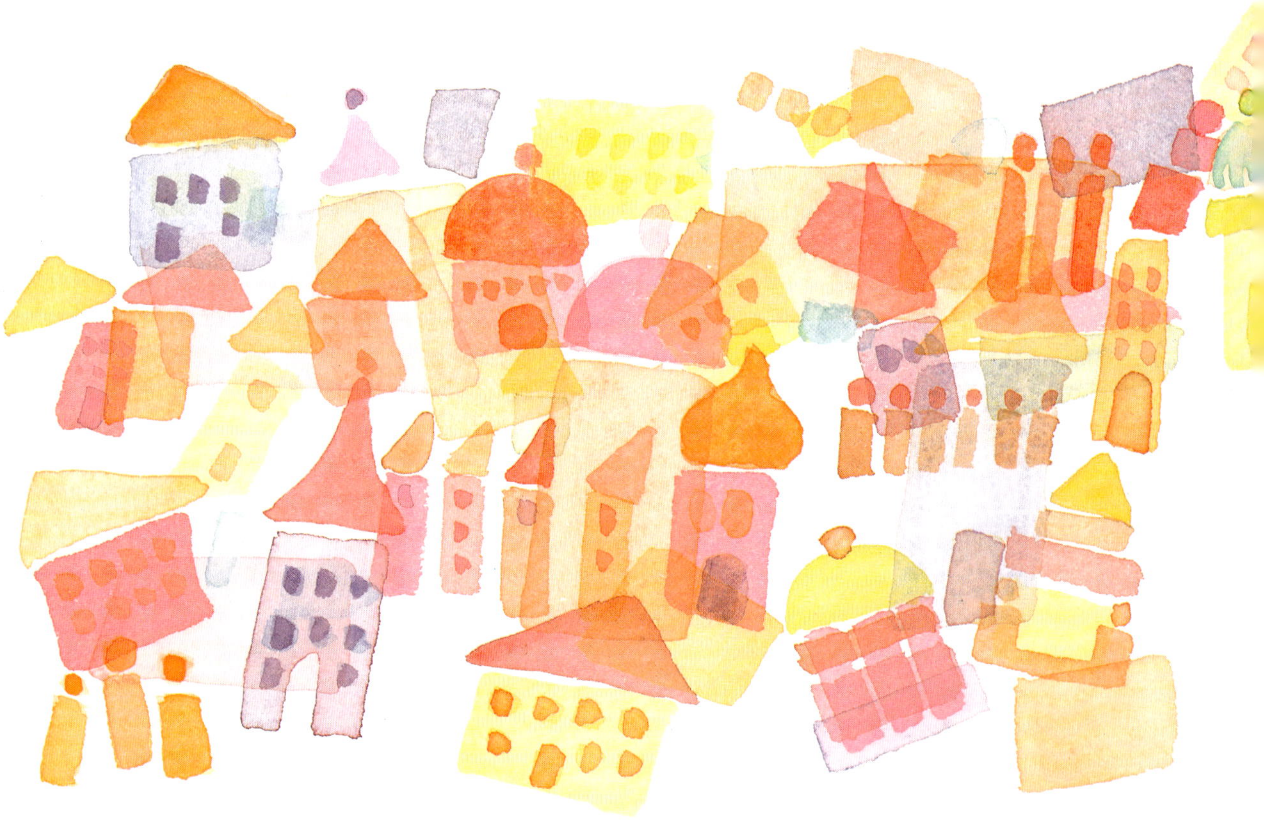

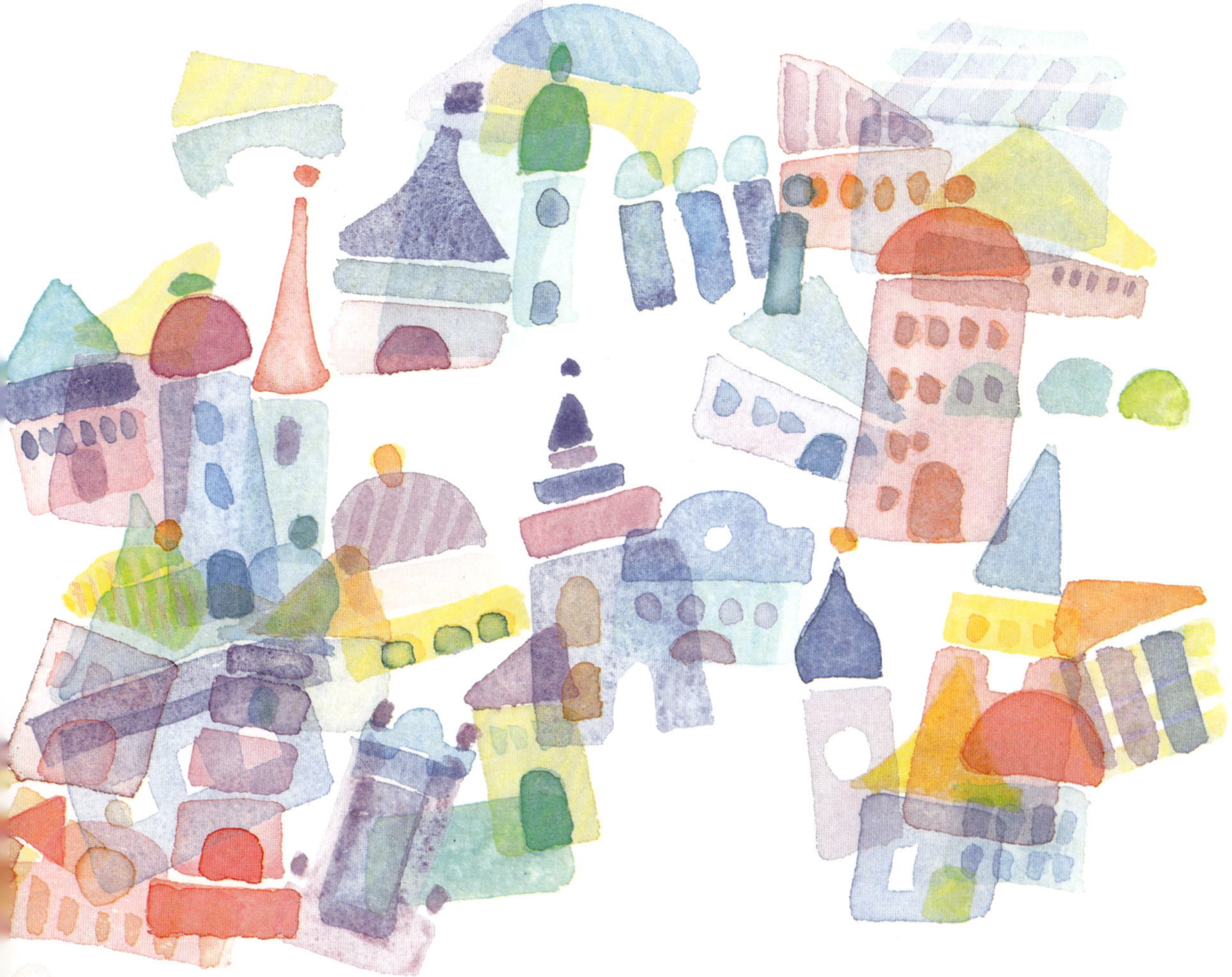

• Versuchen Sie jetzt nicht angestrengt, ein einziges gutes Lasurbild malen zu wollen, sondern wagen Sie viele unterschiedliche Versuche, um spielerisch erprobend mit der Technik, der Farb-Form-Komposition und der eigenen Malweise vertraut zu werden. Ärgern Sie sich nicht über Ihre Fehler! Sie verhelfen Ihnen zu wertvoller Malerfahrung.
• Bei der Plazierung der Farbformen ist es wichtig, daß Sie stets vom ganzen Blatt ausgehen. Es ist Ihr »Spielfeld«, das Sie immer als Ganzes im Auge behalten müssen. Schon die ersten noch hellen Farbfelder sollten eine spannungsvolle Verteilung ergeben. Wenn Sie vor jeder neuen Übermalungsphase Ihr Bild von weitem anschauen, können Sie besser beurteilen, ob Sie es bis jetzt vielleicht zu symmetrisch, zu langweilig, zu chaotisch ... gestaltet haben. Auch das kritisch distanzierte Betrachten Ihrer Werke, das Finden geeigneter Korrekturlösungen und nicht zuletzt das rechtzeitige Beenden eines Bildes müssen Sie erst langsam lernen.
• Diese Art des lasierenden Übereinandermalens von Flächen und Formen mit transparenten Überschneidungen, Lasurtönen und Raumschichten führt bereits weg von der gesehenen Wirklichkeit. Versuchen Sie einmal, Gesehenes auf Ihre eigene Art lasierend umzuwandeln. Zum Beispiel, indem Sie die Formen flächig vereinfachen, sich auf die wichtigsten Farben beschränken und mit Neugier beobachten, was da Schicht für Schicht vor Ihnen entsteht.

Beim Blick auf die Silhouette einer Stadt, in eine Glasvitrine, in ein Aquarium, in ein Schaufenster oder auch nur in eine Zeitschrift erscheinen vielleicht transparente Farb- und Formschichten in Ihrer Vorstellung, dann greifen Sie zum Pinsel und lasieren Sie!

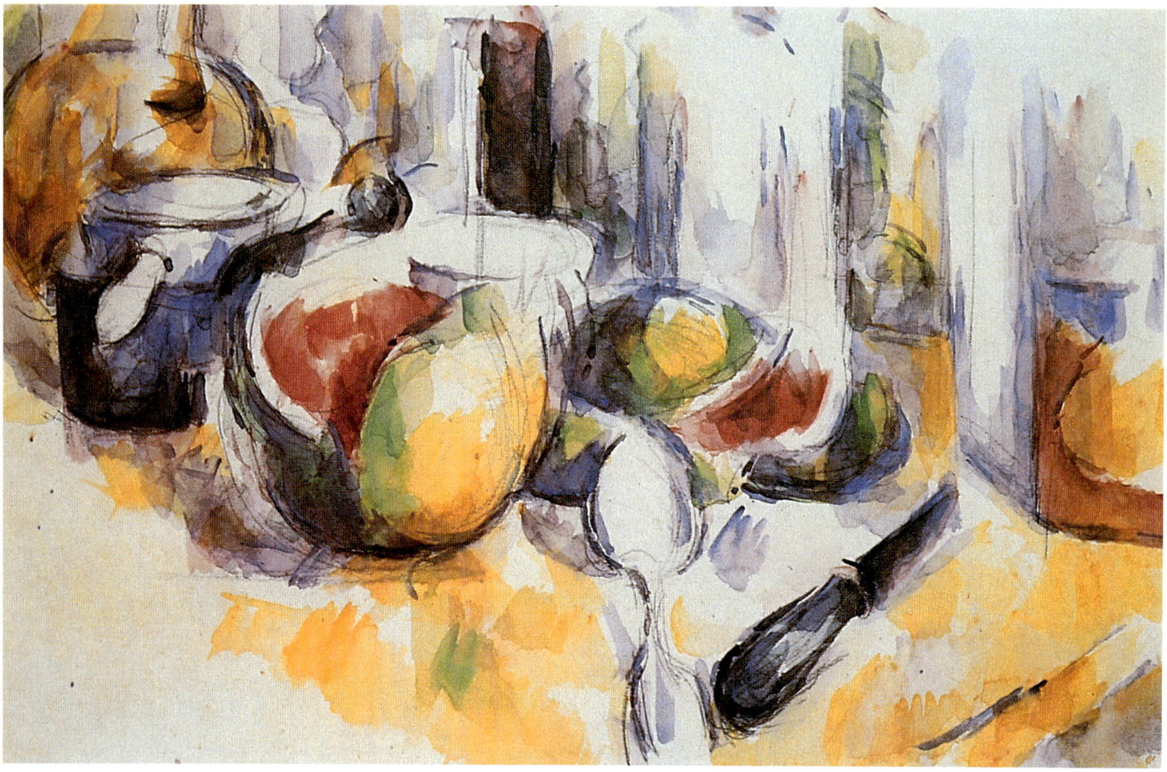

Paul Cézanne, Stilleben mit Granatapfel, 1900–1906. Galerie Ernst Bleyeler, Basel

Rechts: Plastizität durch differenzierte Lasurschichten

Fleckhafter Lasurauftrag formt eine Felsformation.

Im Früchtestilleben entsteht durch Feuchtlasuren ein lebendiger Oberflächeneindruck.

ANWENDUNG

Das Lasieren werden Sie später in Ihren Aquarellen immer wieder verwenden, ohne daß das ganze Bild in dieser Technik durchgeführt wird, wie in dieser Einführungsübung. Aquarelle, die in der Lasurtechnik gemalt sind, deren Farbigkeit und Formgebung durch Übereinanderschichten entstanden ist, haben eine ganz bestimmte Wirkung. Leichte, schwebende Flächen, Ahnungen von Formen, von Schatten, schimmernde Farbmischungen, Farbtiefe, Farbfunde Schicht für Schicht ... schöne Assoziationen zu aquarellierten Lasuren. Doch hierher gehört auch der Hinweis auf mögliche negative Folgen des Lasurverfahrens: Aquarelle, die durch allzu planvolles Schichten jede Frische und Spontanität verloren haben. Farben und Formen, die unter Lasurschichten erstarren.

Ob Lasur pur oder kombiniert mit anderen Malweisen, ob flächig oder fleckhaft gemalt, ob das Mittel des Lasierens für Ihr Temperament, Ihre Gestaltungsabsicht oder für die jeweilige Bildstelle geeignet ist, das werden Sie zu entscheiden lernen.

Nicht nur handwerkliche Einübung, sondern vor allem das Einschätzen und Einsetzen der Lasurmöglichkeiten ist eine künstlerische Aufgabe. Vielleicht hilft Ihnen dabei die folgende Stichwortsammlung einiger Ratschläge und gängiger Verwendungszusammenhänge.

Lasuren können:
- Licht, Schatten, Farbreflexe über die Lokalfarben legen;
- den Farbauftrag intensivieren, verdunkeln, verdichten, farbig beleben oder dämpfen;
- bestimmte Bildpartien hervorheben, sie räumlich nach vorn holen;
- Körper modellieren, Plastizität betonen;
- ein Aquarell aber auch um seine anfängliche Lebendigkeit bringen!

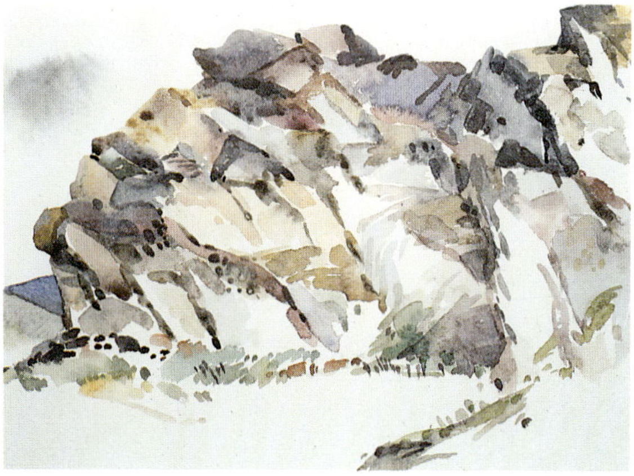

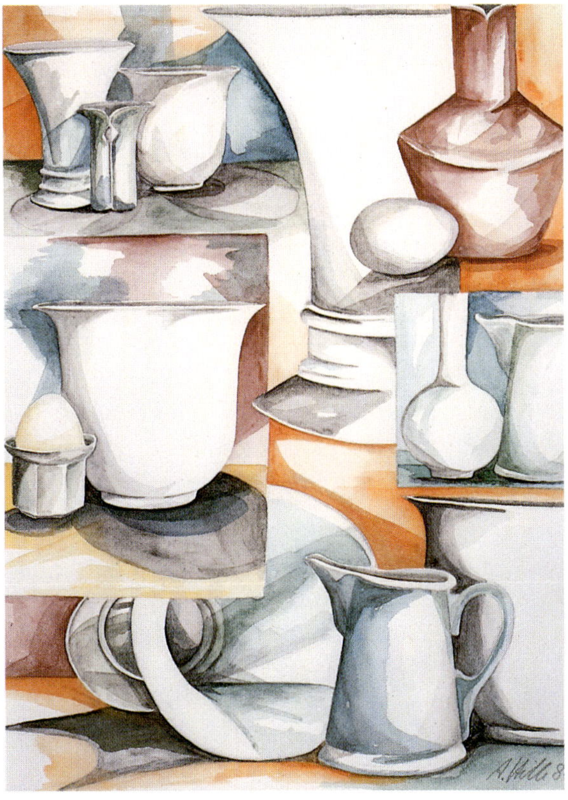

- über ausgewaschenen Untermalungen oder ganz abgewaschenen Aquarellen;
- mit unterschiedlichem Farbauftrag (gleichmäßig, fleckhaft ...) und Farbaufbau (von den warmen zu den kühlen Tönen oder umgekehrt);
- mit entsprechender Erfahrung auch über eine noch etwas feuchte Untermalung. Feuchtlasuren ergeben andere Farbwirkungen.

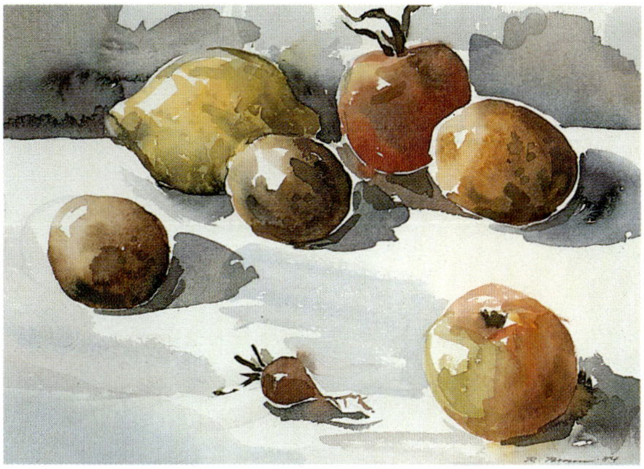

Lasieren kann man:
- über großflächige Untermalungen, die dem ganzen Bild oder größeren Bildpartien eine Grundtönung geben. Für die größten Helligkeiten kann Papierweiß ausgespart werden;
- über formgebundene Untermalungen, die meist als Bildanlage vorgenommen werden;
- auch über ein fertig gemaltes Aquarell, um es anschließend ganz oder teilweise in ein bestimmtes Licht zu tauchen oder ihm eine angeglichene Farbwirkung zu verleihen;

Lasieren sollte man:
- mit allen Farben des Farbkastens erproben: Welche Farben eignen sich gut, sind transparent und trotzdem sehr leuchtkräftig? Welche Farben lassen sich schwer lasieren? Welche Farben lassen sich schlecht überlasieren?
- mehr mit reinen Farben; bei gemischten Tönen aufpassen, daß die Leuchtkraft nicht leidet;
- sanft und vorsichtig mit weichen Haarpinseln;
- nur, wenn man Geduld hat!

LAVIEREN

BEGRIFFE – HANDGRIFFE

Lavieren heißt nichts anderes als verwaschen. Aber ein Begriff, der an Seifenlauge und Waschtag erinnert, hat innerhalb künstlerischer Techniken wenig Chancen. Das viel vornehmere Lavieren kann im Stammbaum immerhin Lateinisches und Französisches aufweisen: lavare und laver.

Dafür aber signalisieren waschen und verwaschen jedem sofort, um was es geht: um Handwerk mit Wasser.

Lavieren. Wäßrige Farbe streifenfrei verlaufend auftragen oder wasserlösliche Farbmittel ohne sichtbare Pinselspur verwaschen.

Lavierung. Ein flächiger, einheitlicher Wasserfarbenauftrag oder ein stufenloser Farbverlauf zwischen unterschiedlichen Farbtönen oder Hell-Dunkel-Werten.

Eine Lavierung anlegen. Mit Wasser, Farbe und geeigneten Hilfsmitteln einen großflächigen, gleichmäßigen Farbauftrag oder Farbübergang erzielen.

Für die Arbeitsweisen des Lavierens werden auch noch andere technische Begriffe verwendet: Vertreiben – eine Bezeichnung aus der Ölmalerei. Manche sprechen von Verlauftechnik, andere nennen den gleichmäßigen Farbauftrag Lasur, was bei der immer transparenten Malweise des Aquarells nicht sinnvoll ist.

Wir bleiben bei Lavieren oder Verwaschen und meinen das grundlegende Verfahren der Wasserfarbenmalerei.

Habe ich es schon geschafft, Ihnen das Aquarellmalen als Wissenschaft zu verkaufen? Sollte Ihnen der nachfolgende Kurs über lavierende Malverfahren zu trocken sein, dann tauchen Sie den Pinsel ins Wasser und üben Sie – Lavieren!

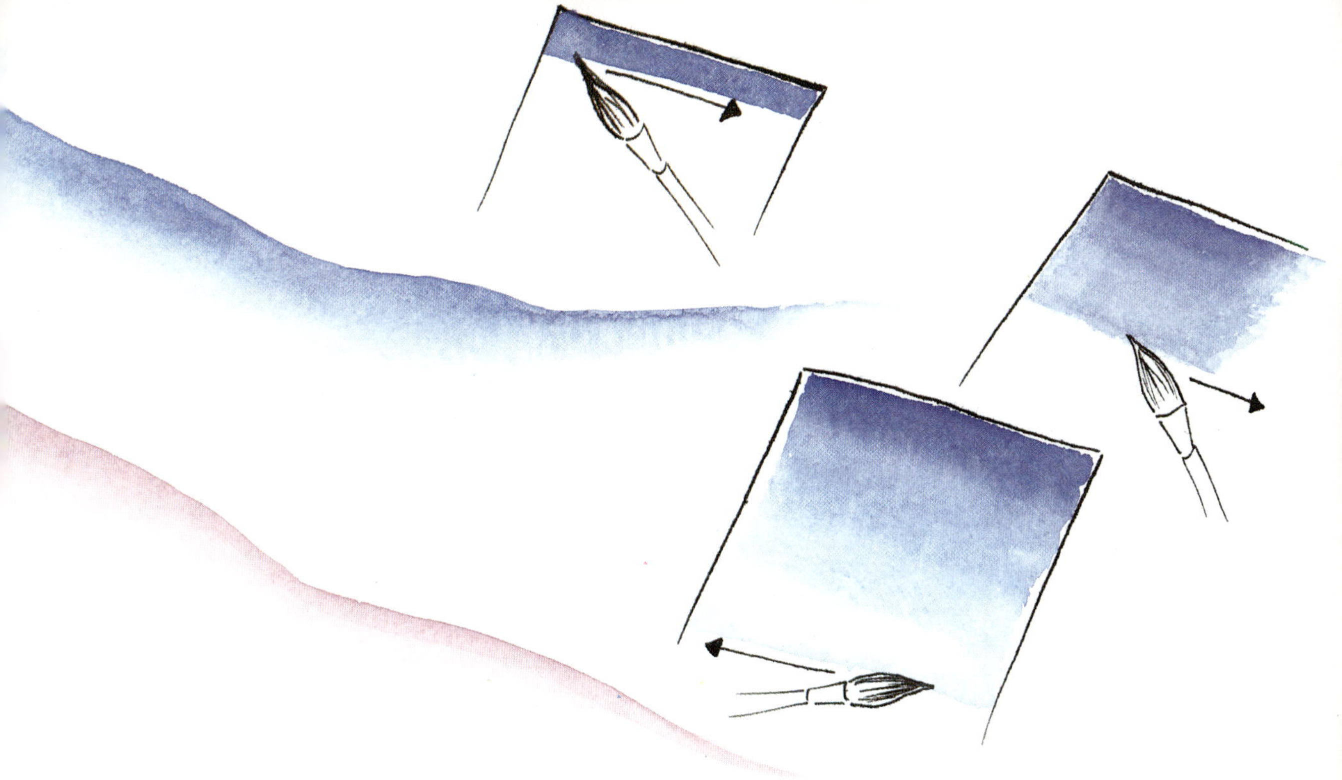

ÜBUNGEN

EINE LAVIERUNG ANLEGEN

Einheitlich, großflächig lavieren.

• Mit einem großen, weichen Pinsel (Verwaschpinsel) oder Schwämmchen wird die ausreichend vorgemischte Farbflüssigkeit mit horizontalem Farbauftrag rasch von oben nach unten verteilt. Die Malfläche sollte zur unbemalten Fläche hin etwas gekippt werden, um den gleichmäßigen Verlauf zu unterstützen. Dabei wird sich Farbflüssigkeit am unteren Rand ansammeln, die sofort verwaschen werden muß, ehe sie selbständig in Tropfnasen weiterrinnt. Am Ende der Verlauffläche wird die überschüssige Farbansammlung mit trockenem Pinsel aufgesaugt, um harte Ränder zu vermeiden.

LAVIERUNG VON DUNKEL NACH HELL

Dunkle Farbe großflächig, stufenlos verwaschen bis zum Papierweiß. Einmal auf dem trockenen Papier, einmal auf dem angefeuchteten Grund.

• Zuerst genügend dunkle Farbflüssigkeit anmischen – dann den Tonwert (Helligkeit – Dunkelheit) der Mischung prüfen – Transparenz des Aquarells bedenken – keine zu hohe Farbdichte!

Mit dem Verwaschpinsel eine Farbbahn auftragen, diese von ihrem nassen Flächensaum her weiter verwaschen, Pinsel in Wasser ausschwenken und mit nassem Pinsel farbverdünnend weiterlavieren. Um einen unsichtbaren Übergang zum Papierweiß zu erhalten, auch den letzten wasserhellen Flächenrand mit dem Pinsel aufnehmen und wegwischen.

• Für große Flächen vorher ausreichend Farbflüssigkeit in verschiedenen Konzentrationen – dunkel und hell – vorbereiten.

• Wichtig: Papier kippen – nicht zuviel und nicht zuwenig Flüssigkeit am Pinsel –, nicht mit dem Pinsel hin- und herbürsten, sondern der Farbe nur Verlaufshilfe geben – mit dem Pinsel direkt am nassen Farbsaum ansetzen. Die Farbe soll gleichmäßig übers Papier verlaufen, nicht naß-in-naß ausblühen und nicht »aufgepinselt«, »aufgestrichen« erscheinen.

FARBÜBERGÄNGE LAVIEREN

Eine Farbe streifenlos in eine andere verwaschen.

• Legen Sie auf diese Weise einen Hintergrund an. Verfahren Sie wie bei den Hell-Dunkel-Verläufen. Aber der nasse Farbauftrag der ersten Farbe wird nicht mehr mit Wasser, sondern mit der anderen Farbe am Pinsel weiter verwaschen; im Übergang entstehen Mischtöne.

PLASTISCHES MODELLIEREN

Innerhalb einer Gegenstandsform die Farbe lavieren, um die Form plastisch werden zu lassen oder um sie lebendiger zu gestalten.

- Üben Sie das zuerst an einer großen Form. Stellen Sie sich eine Flasche, Tasse, Vase oder einen Apfel ... vor und malen Sie auf einer Seite eine breite Farbkontur, die Sie, allmählich heller werdend und der Formrundung gemäß, zur anderen Seite hin verwaschen.
- Gehen Sie bei der nächsten Übung wieder von einem plastischen Gegenstand aus. Lavieren Sie aber diesmal die Farbe von beiden Konturseiten aus zur hellen Formmitte.
- Achten Sie auch auf die Konturränder der so entstandenen Formen – fallen sie durch besondere Härte, Schärfe, Farbdichte auf? In feuchtem Zustand lassen sich solche Pigmentkonzentrationen am Formrand mit feuchtem Pinsel »entschärfen«.

Bei rundplastischen Gegenständen können harte Ränder die räumliche Wirkung beeinträchtigen.

Plastizität entsteht also durch die allmähliche Aufhellung eines Farbtones innerhalb einer begrenzten Form, aber auch durch lavierte zwei- oder mehrfarbige Übergänge, wenn der eine Farbton dunkler als der andere ist.

- Probieren Sie es aus: Lavieren Sie in einer großen Form einmal von Indigo nach Coelinblau, in einer anderen Form von Siena nach Gelb oder von Violett über Karmin nach Siena.

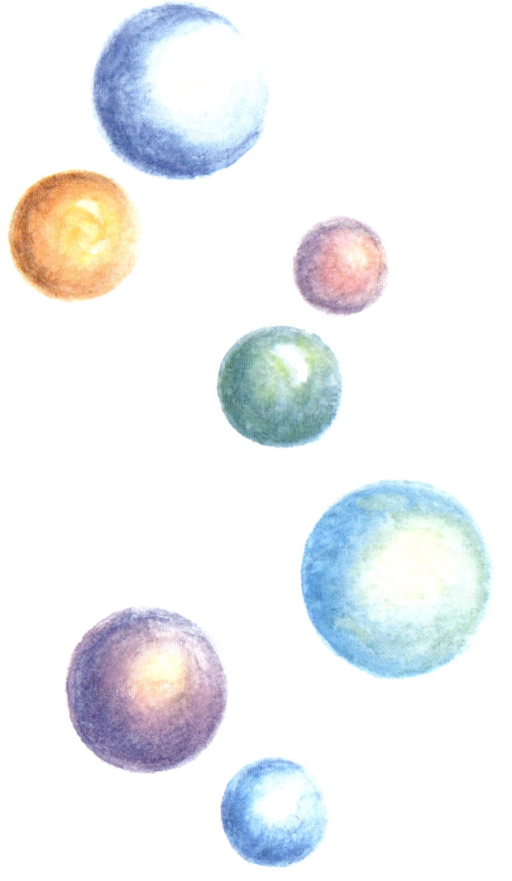

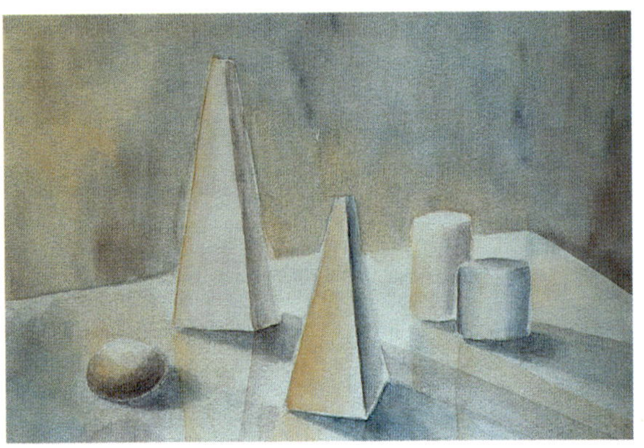

TIPS

Wenn wir schon bei der Modellierung von Volumen und Plastizität sind, können Sie folgendes probieren:

▷ Wischen Sie aus der noch feuchten, lavierten Formfläche zusätzlich noch Lichter oder reservieren Sie Glanzstellen und Reflexe vorher mit Abdeckmittel. Prüfen Sie kritisch: War das zuviel des Guten oder das Tüpfelchen auf dem i?

▷ Schauen Sie sich plastische Gegenstände genau an, und vergleichen Sie deren Material-Oberfläche.

▷ Begutachten Sie Ihre Übungsergebnisse: Sind Ihnen gleichmäßige Übergänge gelungen; - wie wirken solche Formen - solche Oberflächen - rund, wirklichkeitsnah, langweilig, steif, glatt, matt, stumpf, glänzend? Welchen Eindruck hinterlassen Fließränder, Zäckchen, Wolken im Farbauftrag? Wird die Formwirkung zerstört oder nicht? Sind Materialien oder Zustände erkennbar: emailliert, porös, verdorrt, rauh, weich ...? Woher kommt jeweils das Licht, das auf die Form fällt? Beobachten Sie Hell-Dunkel-Übergänge an einfachen plastischen Gegenständen Ihrer Umgebung bei wechselndem Lichteinfall.

LICHTWIRKUNGEN ERZIELEN

Neben dieser plastisch-räumlichen Verwendung von Dunkel nach Hell lavierter Farbe innerhalb von Formgrenzen sind es vor allem die Qualitäten immaterieller, formloser, modulierter Farbtransparenz, die mit randlos verwaschener Farbe erreicht werden können: Lichtwirkung, Atmosphäre, Stimmung, Flächenschwingung, unbestimmte Raumwirkung.

• Legen Sie eine Lavierung an, die nicht gleichmäßig von oben nach unten heller wird, sondern die an verschiedenen Stellen Farbverdichtung und Farbauflösung zeigt.

Wie wirkt diese Grundierung? Lassen Sie sich zu weiterer Bildgestaltung anregen. Zum Beispiel: Mit Tinte in die leicht feuchte Untermalung hineinzeichnen.

• Verwenden Sie Ihre Lavierung aus der ersten Übung für folgenden Bildversuch: Über die vollständig getrocknete Farbfläche im unteren Bilddrittel mit nasser, breiter Konturlinie eine Bergsilhouette andeuten – diese Farbspur farblos nach unten, in die Untermalung übergehend, verwaschen. Auf diese, wiederum gut getrocknete, Fläche, etwas nach unten versetzt, eine weitere Kulisse lasierend verwaschen – und so weiter. Lassen Sie diese in Nebel getauchten Berge eine Weile trocknen. Wählen Sie dann eine passende »Lichtfarbe« und tragen Sie diese etwa in der Mitte des Bildes als Lichtzentrum auf, das Sie schnell, aber behutsam nach allen Seiten hin, in den Himmel und in die Berghänge hinein, konturlos und streifenfrei lavieren.

Hinweis:

• Bildformen, -partien, -farben, die zu stumpf, zu flach, zu langweilig oder räumlich zu fern wirken, lassen sich mit einem Lichtschimmer belegen. Einen passenden Farbklecks an die richtige Stelle setzen, seine Fleckränder sofort verwaschen – das ist eine der wenigen, aber wichtigen Verbesserungsmöglichkeiten beim Aquarellieren. So kann man natürlich auch zu »laute« Farben nachträglich wieder etwas dämpfen.

• Nehmen Sie sich mit diesem Ziel einige Ihrer ersten Versuchsaquarelle vor, und üben Sie daran das farbmildernde, lasierende Lavieren.

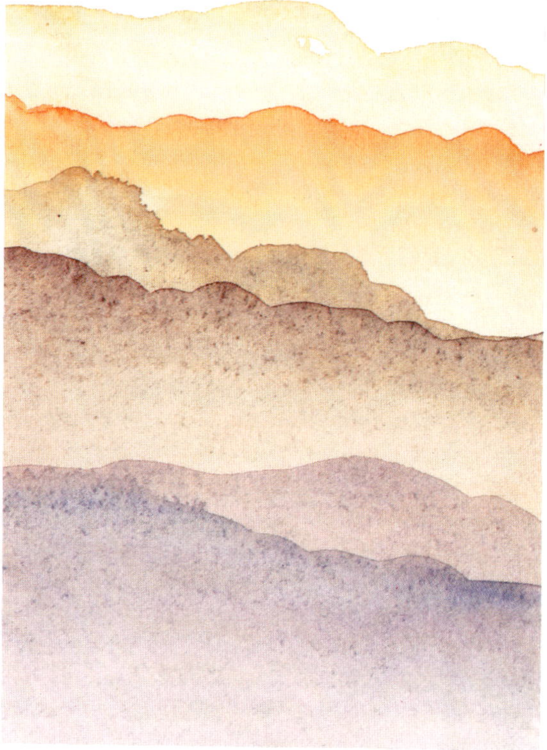

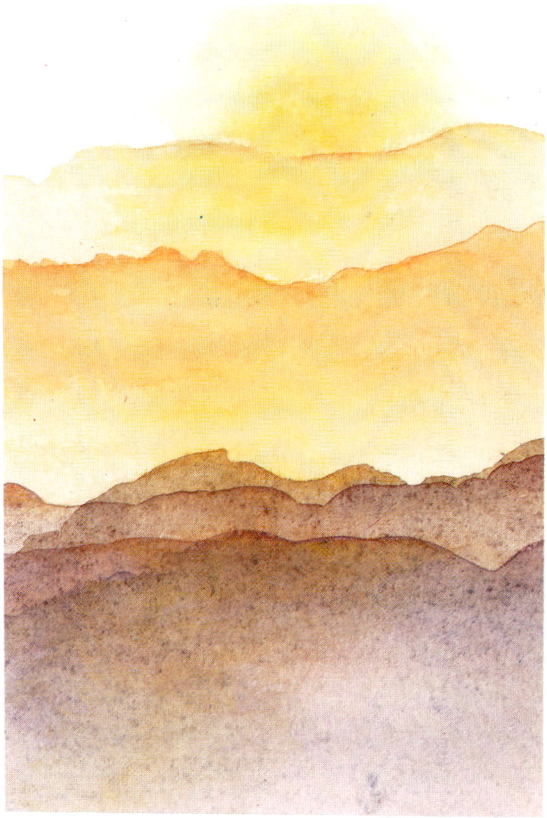

WEISSAUSSPARUNG

Auch um helle Formen auf dem weißen Papiergrund darstellen zu können, ist das Lavieren eine von mehreren Möglichkeiten. Entweder wird der Hintergrund über eine reservierte Form laviert oder die Form wird während des Lavierens ausgespart, wobei keine harten Farbränder an den Formgrenzen entstehen sollten.

Allgemein gilt: Schließt die Hintergrundfläche mit einer zu scharfen Kontur ab, dann kann sie dadurch eigenen Formcharakter annehmen und räumlich stark nach vorn treten.

- Üben Sie das Lavieren mit Aussparen einer Form.

Die freigelassene Form soll keine Konturwirkung zeigen durch zuviel auftrocknende Farbe an den Formgrenzen. Drehen Sie das Blatt während des Malens so um die Form, daß die Farbflüssigkeit von den Konturen wegfließen kann. Zunächst müssen Sie genügend Farbe im Verhältnis zur bemalbaren Fläche anmischen, dann auf den gleichmäßigen Auftrag achten. Also: keine Überschwemmungen, keine bizarren Naß-in-Naß-Fließspuren, aber auch kein »Verdursten« des Farbauftrages!

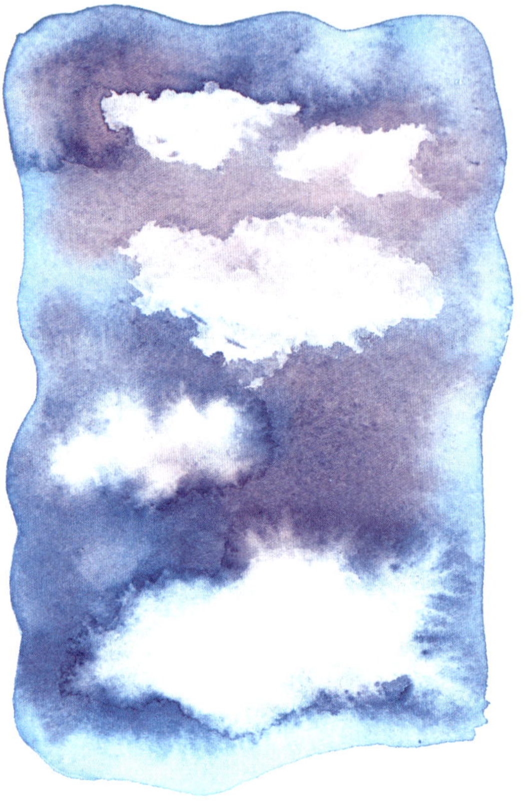

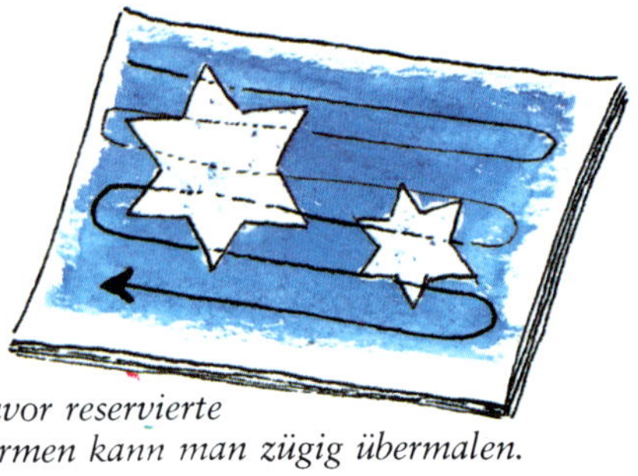

Zuvor reservierte Formen kann man zügig übermalen.

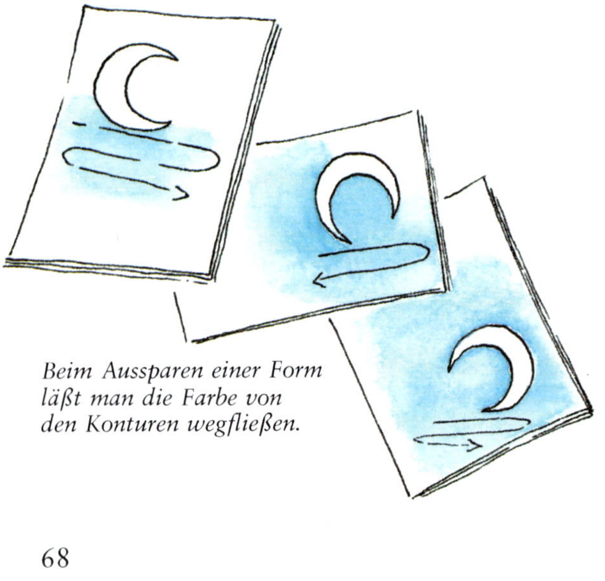

Beim Aussparen einer Form läßt man die Farbe von den Konturen wegfließen.

- Eine andere technische Möglichkeit mit einer anderen Wirkung: Feuchten Sie das gesamte Blatt gleichmäßig an, und trocknen Sie vorsichtig die gemeinte Form ab, die Sie aussparen wollen. Die anschließende Lavierung auf dem feuchten Grund läßt die Formgrenzen weicher erscheinen.
- Oder probieren Sie einmal folgendes aus: Legen Sie eine lebendig-ungleichmäßige, mehrfarbige Lavierung über das ganze Blatt. Solange die Grundierung noch naß ist, können Sie weiche Aufhellungen auswischen, abtupfen, wegsaugen. Wenn sie gerade noch feucht ist, können Sie helle Stellen, zum Beispiel Blüten oder Blätter, durch aufgesetzte Wasserflecken »freifließen« lassen. Während das Farbpigment der Untermalung mit dem aufgetragenen Wasser verfließt, können Sie diesen Vorgang durch Abtrocknen der Innenform mit dem Pinsel oder Lappen aufhalten, durch Abtupfen die Aufhellung zusätzlich verstärken und die Fließform durch Kippen des Papiers oder durch Verblasen beeinflussen.

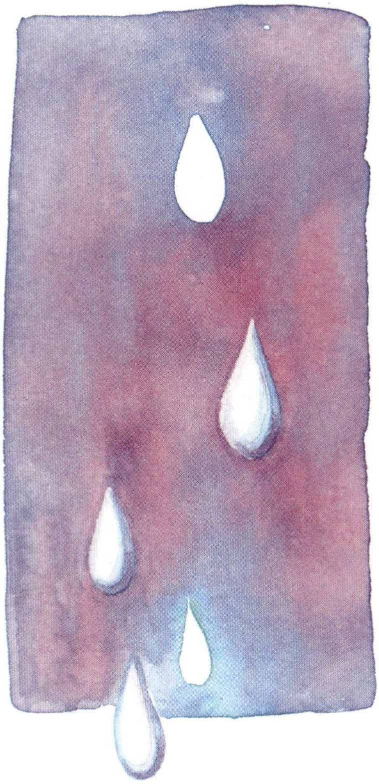

Hinweis:
Ein gleichmäßig lavierter Hintergrund, ohne Farb- und Hell-Dunkel-Nuancen, erscheint als ebene Fläche. Eine dadurch ausgesparte weiße Form hat ebenfalls Flächencharakter, sie kann durch glattes Weiß und gleiche Konturstärke einen einheitlichen Abstand zum Grund haben, sie kann dahinter oder davor liegend erscheinen, sie erhält erst durch weitere Farb- und Formgestaltung ihre eindeutige Raumzuordnung. Dabei ist die Behandlung der *Formgrenzen* wichtig. Für die Figur-Grund-Beziehung gilt: Harter, geschlossener Rand, starker Hell-Dunkel- und Farbkontrast ergibt großen Abstand.

Weicher, offener Rand, angeglichene Ton- und Farbwerte zwischen Formgrenze und Grund ergibt Nähe.

Wenn es also, wie bei hellen Naturformen etwa, um das lebendige Spiel zwischen Distanz und Nähe von Form und Grund geht, dann sollten Sie das beachten.

- Geeignete Verfahren sind: Auflösen, Auswischen bestimmter harter Konturbereiche, angleichendes Übermalen mancher Randstellen, uneinheitliche, nuancierte, räumlich schwingende Lavierungen.
- Anstelle großflächiger Hintergrundpartien genügt auch schon die Andeutung der feinen Tonunterschiede zwischen dem hellen Formrand und dem dunkler erscheinenden »Dahinter«. Nehmen Sie sehr verdünnte Farbe mit dem Pinsel auf, und malen Sie mit einer unterschiedlich breiten Farblinie eine einfache Blütenform. Verwaschen Sie die Farbflüssigkeit nach außen, von der Blüte weg. Durch die modulierte Kontur, durch viel, kaum, gar keine Farbe entstehen verschiedene Kontrastnuancen zwischen Formrand und Hintergrundandeutung.

Die Form mit einer sehr nassen, lebendigen Linie vorzeichnen.

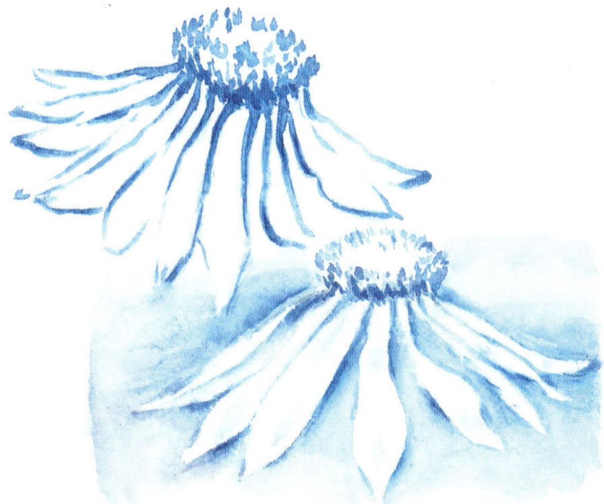

Diese feuchte Farblinie sofort nach außen verwaschen.

Das Ziel dieser und folgender Trainingslektionen ist die wachsende Sicherheit bei unterschiedlicher Handhabung von Farbe, Wasser, Papier und Pinsel – und nicht die technische Perfektion! Davor warne ich gerade hier mitten im Verwaschen; denn die gewünschte weitgehende Stufen- und Streifenlosigkeit eines lavierenden Farbverlaufs darf nicht dazu führen, daß nun »Frau Saubermann« die Hand führt. Malmaterial, das schnell und leicht, spontan und fließend vermalbar ist, fordert auch dazu heraus. Von Anfang an geht es um Einfühlung in Material und Arbeitsweise; nicht Ordentlichkeit, sondern schnelle Reaktion, Beobachtungsgabe und manuelles Geschick sind erstrebenswert.

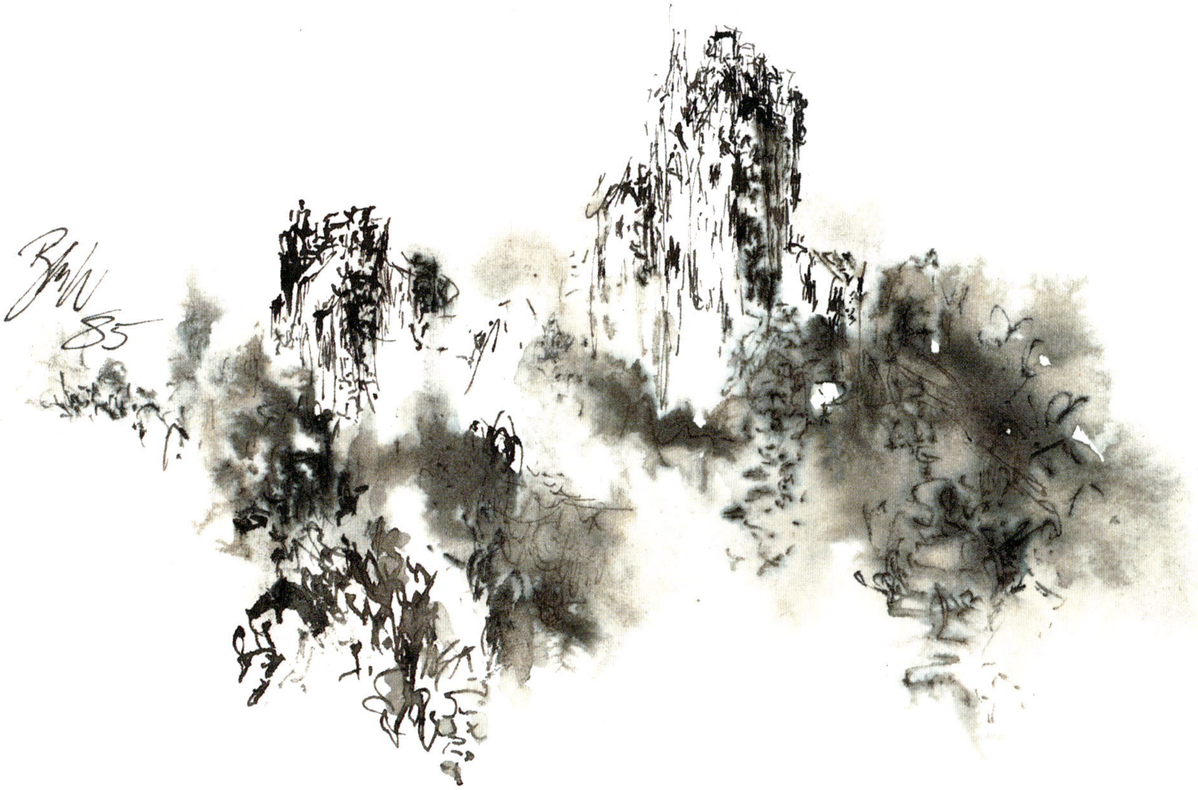

SKIZZEN UND ZEICHNUNGEN LAVIEREN

EIN VORBEREITENDER BLICK

In Kunstbildbänden sind sie spärlich vertreten, dort sind sie oft mit so rätselhaften Bilderklärungen versehen wie: »Feder, Pinsel in Sepia, laviert« – oder: »Rohrfederzeichnung in Bister, Lavierungen in Bister und Tusche«. Sie erscheinen oft einfarbig in braunen oder schwarzgrauen Tönen, sie sind weder reine Zeichnungen noch waschechte Aquarelle – gemeint sind *die lavierten Zeichnungen.*

Ihre Bildlegenden verweisen auf verwendete Mittel und Techniken und damit indirekt bereits auf typische Merkmale lavierter Zeichnungen:

- Feder- oder Pinselzeichnung dominiert in der Darstellung.
- Die zeichnerischen Elemente werden durch Pinsellavierungen, also durch wäßrig-transparente, verwaschene Flächen malerisch ergänzt.
- Wichtig ist der Ton der Zeichenflüssigkeit; seine Verwaschnuancen oder Hell-Dunkel-Werte können zwar durch andere Farbtöne ergänzt werden, bestimmen aber meist den gesamten Farbeindruck des Bildes.
- Häufig sieht man Aquarellavierungen in gebrochenen Tönen und sparsamer Farbigkeit, auch Tusche- oder Tintenlavierungen in verschiedenen Schwarz-, Grau-, Blau-, Brauntönen. Seltener sind kräftige, lavierte Farbakzente.
- Mit Verwendung satter Farben oder reicher Kolorierung sind die Grenzen der lavierten Zeichnung überschritten hin zu individuell ausdrucksvollen Aquarell-Zeichen-Kombinationen.

Aus ihren unterschiedlichen Erscheinungsformen lassen sich auch die grundlegenden *Verfahren der lavierten Zeichnung* ableiten.

Zeichnung und Lavierung werden mit demselben Material ausgeführt:

- Gezeichnet wird mit Feder oder Pinsel und mit wasserlöslichen, verwaschbaren Zeichenflüssigkeiten. Seltener werden wasservermalbare Stifte oder Kreiden verwendet. Nach Abschluß der Zeichnung werden mit Pinsel und reinem Wasser Flächentöne aus den Linien herausgewaschen.
- Die Zeichnung kann auch mit einem flüssigen, wasserfest auftrocknenden Mittel (z. B. Tusche) ausgeführt werden. Dieses wird anschließend in unterschiedlichen Verdünnungen auch zur Lavierung der getrockneten Zeichnung benutzt. Manchmal werden auch die noch feuchten Tuschelinien sofort nach dem Zeichnen mit dem Wasserpinsel fließend verwaschen.

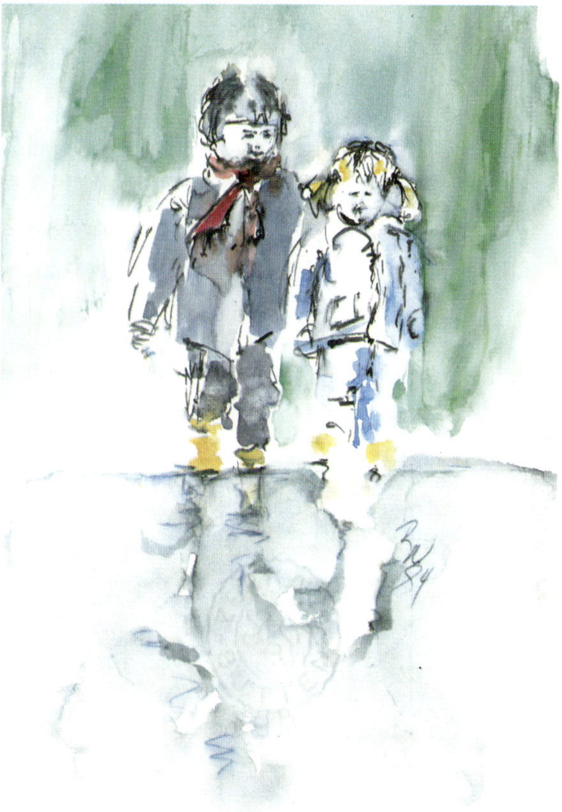

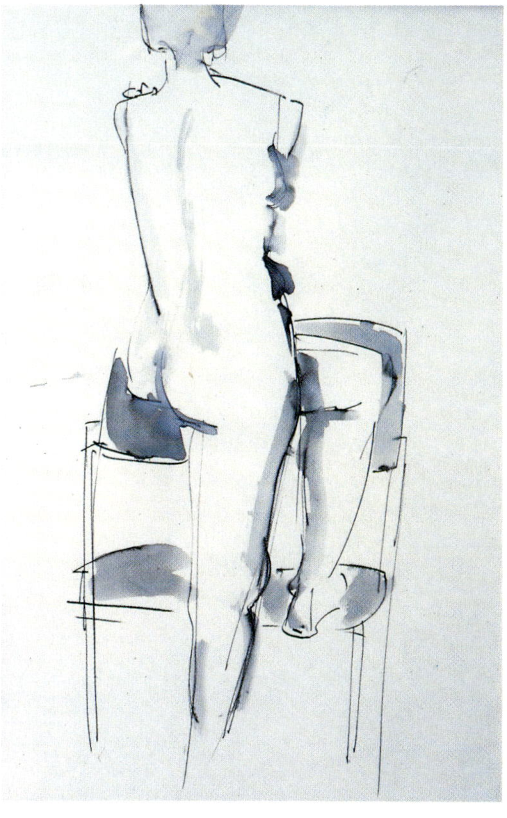

Zeichnung und Lavierung mit verschiedenen Mitteln:

- Ob mit wasserfestem oder wasserlöslichem, ob mit flüssigem oder festem Zeichenmaterial entstanden, die reine Linearität der Zeichnung wird bei diesem Verfahren vorwiegend durch Kombination mit anderen flüssigen Farbmitteln malerisch ergänzt.

Zur Tönung von größeren Flächen wird bei allen technischen Varianten mit entsprechender Farbverdünnung unabhängig von irgendwelchen Linien direkt laviert. Solche Bildteile – Himmel, ferne Bergkulissen, großflächige Schattenpartien etwa – können sowohl vor als auch nach dem Zeichnen als Pinsellavierung angelegt werden.

Wasserlösliche Zeichenmaterialien sind geeignet, um ein Motiv rasch und ohne Materialaufwand zu erfassen. Man kann diese Skizzen hinterher mit Wasser stellenweise lavieren oder mit Farbe ergänzen.

MATERIALIEN

Es gibt so viele *Zeichen- und Malmaterialien,* die sich für die Technik der lavierten Zeichnung eignen, daß ich hier nur die wichtigsten ausführlicher vorstellen möchte.

Tinte. Transparente Farbstofflösung, die auch nach dem Trocknen wasserlöslich bleibt. Schwarze Tinten fließen in Wasser blauviolett oder gelbstichig aus. Ihre Laviertöne oxidieren meistens im Laufe der Zeit. Im Handel gibt es spezielle Laviertinte, die gleichmäßig ausfließt und lichtfest ist.

Bister. Farbe von gelblich-rötlichem Braunton, die aus Buchenholzruß gewonnen wurde. In flüssiger oder fester Form wurde Bister bereits im 15. Jahrhundert in Europa zum Zeichnen oder Malen verwendet.

Sepia. Auszug aus dem Farbstoff des Tintenfisches. Erst Ende des 18. Jahrhunderts wird er so aufbereitet, daß er für künstlerische Zwecke nutzbar wird. Der Sepiabraunton ist dunkler als Bister, er war aber früher nicht lichtbeständig. Verblaßt ähnelte er dann dem Bisterbraun, was zu häufigen Verwechslungen führte. Die heutigen Bister- und Sepiatöne werden künstlich hergestellt, sind lichtecht und, je nach Anforderung, in flüssiger oder fester Konsistenz, wasserlöslich oder wasserfest erhältlich.

Tusche. Flüssige, deckfähige Pigmentdispersion, die nach dem Trocknen wasserfest abbindet. Neben den bekannten schwarzen Tuschen oder dem »Scribtol«, die stark decken, gibt es transparente flüssige Chinatusche und viele farbige Spezialtuschen.

Chinesische Reibetusche. Rußtusche, die getrocknet und festgepreßt, meist als Vierkantstäbchen, mit Wasser auf dem Reibstein zum gewünschten Ton angerieben wird. Mit ihr erzielt man Gleichmäßigkeit und Transparenz sowohl in dichtem wie dünnem Farbauftrag. Ihre satten, tiefen Schwarztöne oder ihre zarten, schwebenden Grautöne übertreffen die europäische flüssige Tusche bei weitem in ihrer Wirkung.

Stifte. Neben dem großen Angebot an Stiftsorten, Materialien und Formen, die sich zum Zeichnen und Malen eignen, gibt es viele, die außerdem wasservermalbar sind: zum Beispiel wasserlösliche Buntstifte, Aquarellstifte, manche Filzstifte und die Kreidesorten, deren Pigmente nicht an Wachs oder Fett gebunden sind.

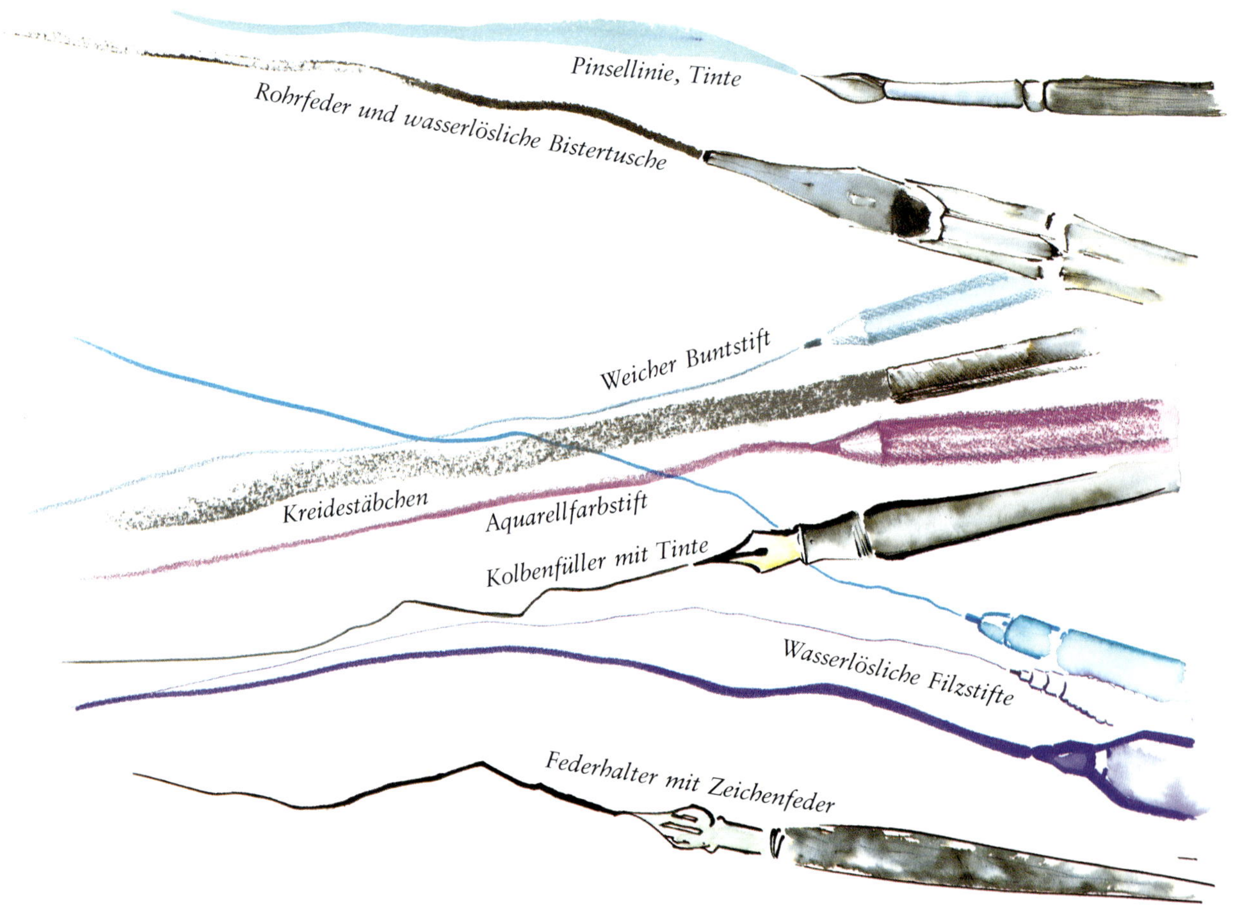

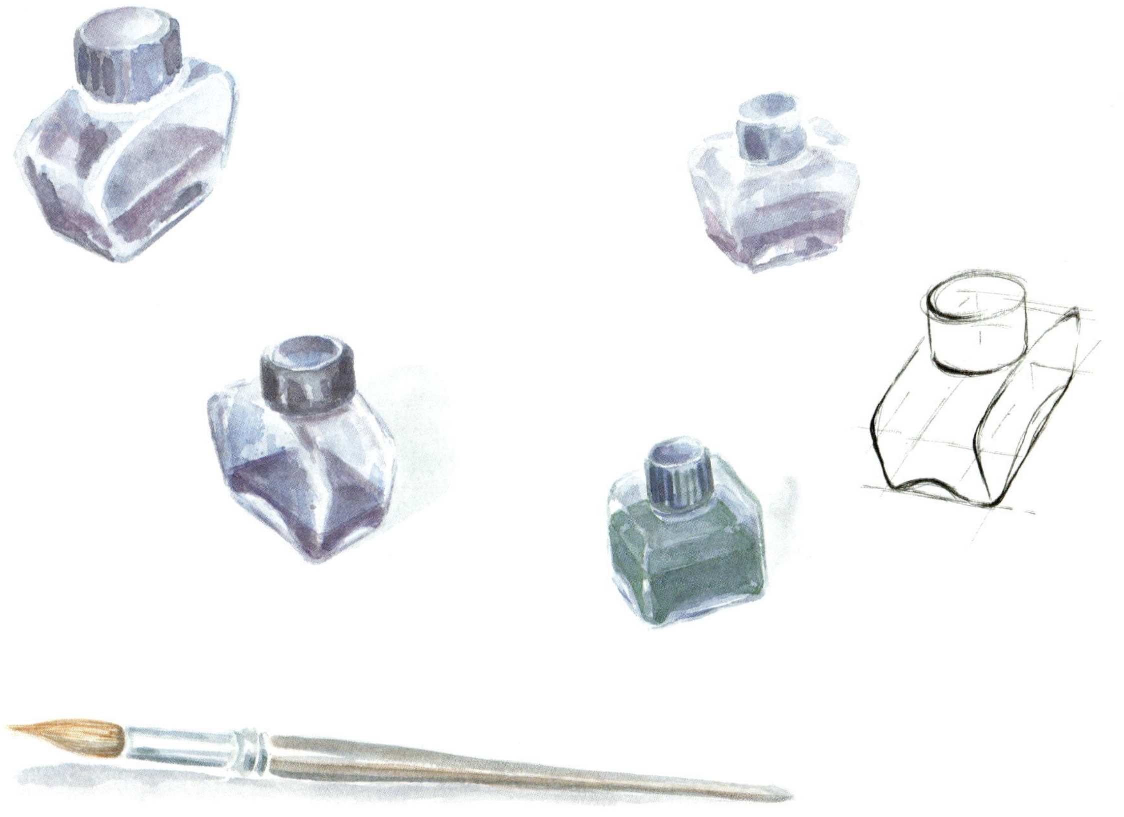

ARBEITSHINWEISE

Jetzt kennen Sie die Zutaten. Die aufgeführten Verfahren sind lediglich die Basisrezepte, die erst durch praktische Erprobung und wachsende Erfahrung zu eigenständigen und genießbaren Ergebnissen verhelfen. Durch die Kombination von Linien mit malerischen Flächen kann man gerade beim Lavieren von Zeichnungen die Gestaltungsmittel des fließenden Farbflecks, der transparenten Fläche, des weichen Farbverlaufs bewußter einsetzen lernen. Eine bildnerische Erfahrung, die man nur sammeln kann, wenn man diese Technik nicht dazu mißbraucht, die Schwachstellen der einen Gestaltungsweise durch die Hilfe der zweiten Technik auszubessern. Aquarellverschnitt, Wasserfarbenragout oder prickelnder Technikmix – wie die Mittel sinnvoll einzusetzen sind, damit sich die Bildaussage nicht nur im Reiz der Mischung erschöpft, das erfahren Sie am besten durch Selbermachen, Sehen und Vergleichen.

Motiv, Situation, Material, die eigene Stimmung, Absicht, Handschrift . . ., es sind viele Faktoren, die bildnerische Arbeitsweisen bedingen und sinnvoll machen.

Finden Sie durch Experimentieren und gezieltes Üben heraus, ob Ihnen das Lavieren von Zeichnungen liegt und welches lavierbare Material Ihnen zusagt. Finden und Erfinden Sie Ihre eigenen Verfahren.

TIPS

▷ Grundsätzlich läßt sich jedes wasserlösliche Zeichenmaterial lavieren. Da Tusche wasserfest auftrocknet, bleibt sie nur im feuchten Zustand lavierbar; das erfordert großes technisches Geschick. Für die ersten Übungen verwenden Sie daher am besten schwarze Tinte, Ihren Füllfederhalter oder eine weiche, breite Zeichenfeder im Federhalter. Zeichnen Sie auf glattem, starkem Papier und verwaschen Sie anschließend mit weichem Pinsel und sauberem Wasser die gewünschten Partien.

▷ Probieren Sie verschiedene Tintensorten und Farbtöne aus. Manche lösen sich mehr in Wasser auf, manche weniger; manche zeigen nach dem Lavieren Farbveränderungen, die erwünscht, aber auch störend sein können.

Die größten Überraschungen erlebt man bei schwarzer Tinte. In ihren Lavierungen können plötzlich Ocker- oder Orange-, Grün-, Blau- oder Violetttöne erscheinen.

▷ Mischen Sie sich aus mehreren Tinten Ihre Lieblingsfarbe. Solche Mixturen fließen meistens verschiedenfarbig aus.

ANREGUNGEN UND RATSCHLÄGE

• Die Techniken und Materialien lassen sich je nach Lust und Laune mixen, würzen oder garnieren: Tinten und Buntstifte miteinander verwenden, etwas Deckweiß zum Lavieren dazunehmen, Bildpartien unlaviert als reine Zeichnung stehen lassen, einmal mit ganz feinen, einmal mit sehr groben Zeichenmitteln arbeiten; Laviertes nochmals überzeichnen, mit Tusche ins Feuchte zeichnen, einige leuchtende Farbakzente setzen . . . Aber Vorsicht! Nicht zu viel in einem einzigen Bild!

• Experimentieren Sie auf eher glatten Papiersorten mit unterschiedlichen Zeichenmaterialien, um deren Zeichen- und Fließeigenschaften kennenzulernen, aber auch, um Hand und Auge an das lockere Zeichnen zu gewöhnen.

• Wollen Sie selbstgemischte Tinte benützen, dann können Sie die gute alte Zeichenfeder im Federhalter in die Flüssigkeit tauchen und damit zeichnen. Praktischer, vor allem draußen vor Ort, sind allerdings Kolbenfüller. Aber auch Patronenfüller kann man mit individuellen Tintentönen ausrüsten, wenn man seine Mischung mit einer Spritze in leere Patronenhülsen füllt.

• Flüssige Tusche in Flaschen gerinnt häufig bei der Verdünnung mit Wasser. Manchmal hilft

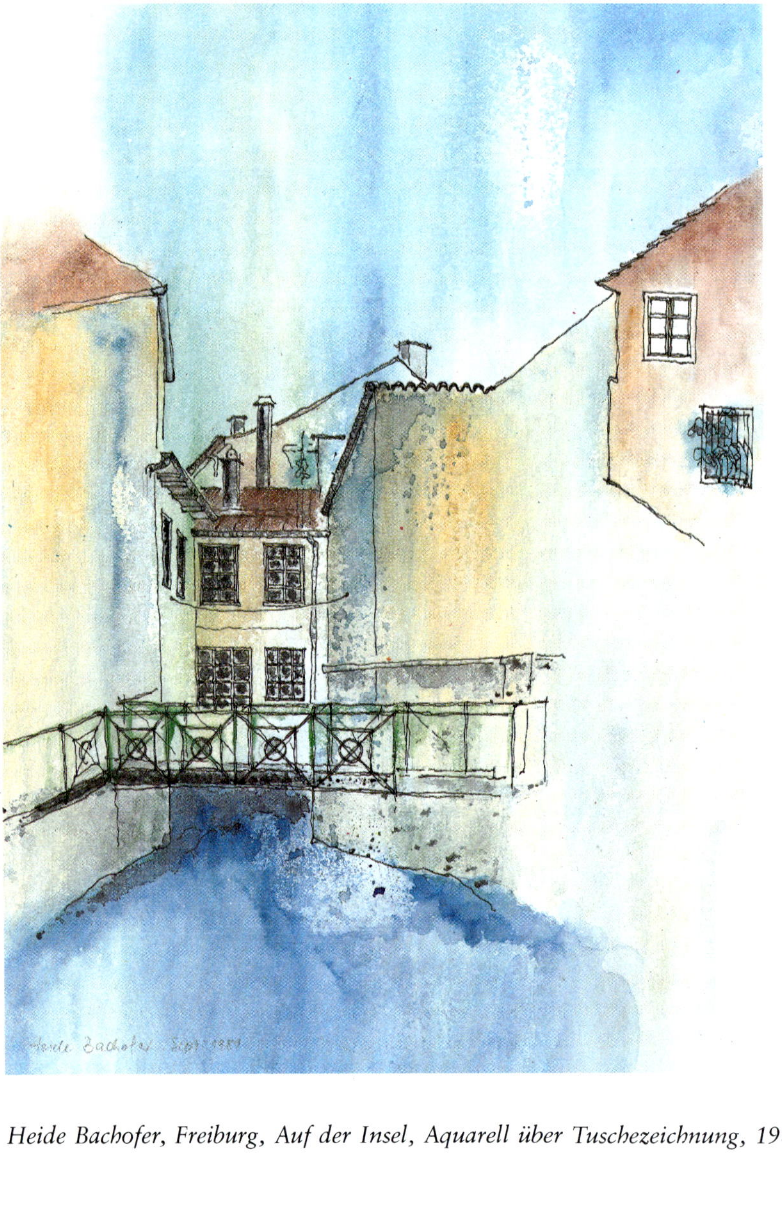

Heide Bachofer, Freiburg, Auf der Insel, Aquarell über Tuschezeichnung, 1981

dagegen – je nach Sorte – die Verwendung von destilliertem Wasser. Wenn Sie China-Tuschestäbchen auf dem Schieferstein mit Wasser anreiben, haben Sie das Problem der Gerinnung nicht und können die Verdünnung gut dosieren.

• Soll die Lavierung aus einer Tintenlinie gleichmäßig werden, so wäscht man mit dem wassernassen Pinsel die gelöste Tinte vertreibend aus der Tintenlinie heraus. Sollen aber, anstelle einheitlich verlaufender Flächentönung, Fließspuren entstehen, so setzt man Wasserflecken großzügig mit dem Pinsel direkt an die Linie und läßt, ohne hin- und herzustreichen, die gelöste Tinte frei in die Wasserfläche ausfließen. Eine noch feuchte Tuschelinie fließt stärker und ungleichmäßiger aus als eine Tintenspur. Also auch das Mittel entscheidet über den Fließcharakter.

• Bereits bei der Umrißzeichnung kann man durch an- oder abschwellende Linien die Farbmenge bestimmen und damit den Tonwert der Lavierung beeinflussen.

• Wenn die aus der Linie gelöste Tintenmenge oder Pigmentkonzentration nicht ausreicht, um größere Partien oder entsprechende Töne zu lavieren, dann mischt man sich im Näpfchen die entsprechenden Verdünnungen für die Pinsellavierung. Manchmal genügt es auch, mit dem nassen Pinsel etwas Farbe von der Feder, der Füller- oder Filzstiftspitze zu lösen, um Flächentöne ohne Linien lavieren zu können.

• Legen Sie ein Probeblatt an, das aus lavierten Streifen verschiedenster Mittel, Sorten und Farben bestehen sollte. Beschriften Sie die einzelnen Felder, und legen Sie eine Hälfte in ein Buch, so daß ein Teil der Streifen dem Tageslicht ausgesetzt ist. Damit können Sie die Lichtechtheit der Tinten, Filzschreiber, Stifte, Kreiden etc. testen. Über die Veränderungen werden Sie nach einigen Wochen staunen.

• Variieren Sie die eher traditionellen Laviermethoden, ergänzen oder ersetzen Sie diese durch eigene Verfahren, die Lineares mit Malerischem individuell kombinieren. Sie können eine Pinselzeichnung in satt aufgetragener Aquarellfarbe lavieren, Sie können eine Aquarelluntermalung stellenweise oder insgesamt überzeichnen. Sie können auch einmal wasserfest mit Tusche, entsprechenden Filzstiften oder mit fetthaltigen Stiften zeichnen und diese wasserunlösliche Zeichnung mit aquarellierten Stellen ergänzen ... Sie haben Möglichkeiten noch und noch, die zwar über das reine Aquarellieren, vielleicht auch über das Lavieren von Zeichnungen, hinausgehen, die aber großen Spaß und viele neue Erfahrungen bringen.

Die sinnvollen und produktiven Möglichkeiten des Malens liegen nicht erst seit der Erfindung moderner technischer Bildmedien in jener Welt eigenständiger Aussagekraft von Farben und Formen, in der wir uns unmittelbarer ausdrücken können als mit der Sprache.

In diesem Sinne ist auch das Lavieren von Skizzen oder das Kombinieren von Zeichnung und Aquarell eine Aufforderung, diese Welt für sich zu entdecken.

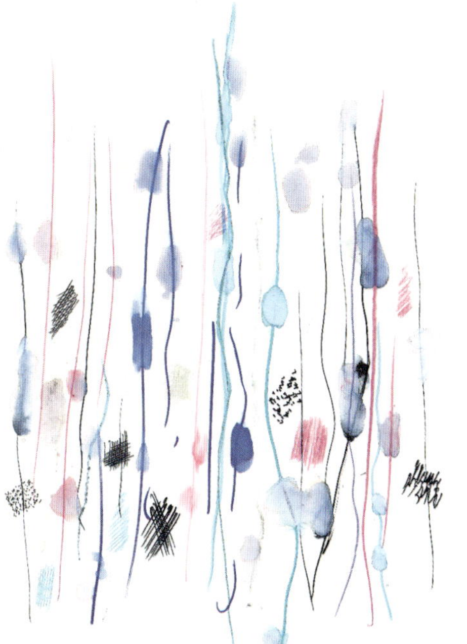

Probieren Sie aus, wie gut sich die verschiedenen Zeichenmittel zum Lavieren eignen. Schützen Sie eine Hälfte solcher Probestreifen zum Test der Lichtechtheit in einem Buch vor Sonnenlichteinwirkung. Nach einiger Zeit werden Sie Farbveränderungen feststellen.

DIREKT-AQUARELLIEREN

EINFACH DRAUFLOSMALEN?

Bis jetzt standen lauter technische Fachbegriffe in den Überschriften, und für die Anfänger folgten mehr oder weniger ungewohnte Aktionen auf dem Papier. Müssen eigentlich immer lichte Lavierungen angelegt, dünne Lasuren geschichtet oder fließende Fleckformen naß in naß gesetzt werden? Kann man denn beim Aquarellieren nicht ganz normal drauflosmalen? Doch, man kann, wenn man kann! Versuchen Sie es, aquarellieren Sie unbeschwert und rasch in einem Arbeitsgang mit vereinfachten Formen und den wesentlichen Farben. Es könnte sein, daß Sie eines jener Spontantalente sind, denen in einer guten Mischung aus Farb-, Form-, Materialgefühl und sicherer Ausdruckskraft immer wieder überzeugend einfache und natürliche Aquarelle gelingen. Sie wären dann die Ausnahme, die folgende Regel bestätigt: Am Anfang ist Aquarellieren ein unsicheres Suchen mit Irrtümern und oft chaotischen Ergebnissen, mit viel zuviel Farben, Formen, Einzelheiten, Korrekturen und mit Unachtsamkeit dem Material und den Ausdrucksmitteln gegenüber. Selten bleiben die ersten Spuren von Leichtigkeit und Natürlichkeit erhalten, Papierkorbreife ist die Regel!

Lassen Sie sich deshalb nicht abschrecken vom Direkt-Aquarellieren, stellen Sie sich gelassen darauf ein und trösten Sie sich: Auch die erfahrenen Aquarellkünstler brauchen große Papierkörbe, vor allem, wenn sie direkt aquarellieren, wenn es ihnen also darauf ankommt, Wesentliches auf den ersten Blick zu erfassen, es ohne planvoll-systematische Bildentwicklung in unmittelbar malerische Spontanäußerungen umzusetzen.

DIE KUNST, EINFACH ZU MALEN

Während sich die klassischen Aquarelltechniken, Lasieren, Naß-in-Naß-Malen, Lavieren und die Spezialverfahren von der rein stofflich-handwerklichen Seite, getrennt von individuell-stilistischen oder thematisch-inhaltlichen Zusammenhängen, beschreiben und einüben lassen, so ist die Direkt-Malerei mit Aquarellfarben weder eindeutig definierbar noch auf bestimmte manuelle Prozesse reduzierbar.

Das Direkt-Aquarellieren entspricht einem ungebundenen Ausdrucksbedürfnis, dem Wunsch nach Befreiung von Regeln und Normen, Anpassungszwängen und Unpersönlichkeit, Disziplin und Systematik – von Einschränkungen, denen wir im Alltag unterworfen sind. Direkt-Aquarellieren ist für viele Malerinnen und Maler eine beinahe meditative Technik, ein Akt absoluter Konzentration, an dem Herz, Hirn und Hand gleichermaßen beteiligt sind. Sie vermag damit dem zunehmenden Bedürfnis nach ganzheitlicher Lebensführung zu entsprechen. Aquarellfarbe – schnell und widerstandslos vermalbar, sensibel in der Reaktion auf Pinselführung, rasch und ohne wesentliche Farbveränderung getrocknet, transparent auf hellem Bildgrund – mit diesen Eigenschaften ist sie das ideale Mittel für die unmittelbare malerische Andeutung, für direktes Malen. Mit ihr läßt sich die Empfindung eines Augenblicks, die Spannung eines Moments, das Wesentliche einer Beobachtung einfangen, entweder mehr in spielerischer Improvisation oder eher in geistig konzertiertem Dialog.

Direkt-Aquarellieren ist mit jedem Pinselstrich ein Wagnis für Erfahrene, ein unkalkulierbares Risiko für Anfänger, ein Eingriff in einen Schwebezustand. Die Balance halten, das ist ein aufregendes Spiel mit den Mitteln: Zu wenig gemalt, und alles bleibt zu leicht, zu langweilig – zu viel gemalt, und alles fällt auseinander – zu lange gemalt, und alles erstarrt. Das Gelingen ist auch für Geübte ein Glücksfall, ein Ergebnis von schöner Übereinstimmung. Mißlingen ist kein Fiasko, denn was zählt, ist das Aquarellieren selbst, die Situation, das Erlebnis, die gespannte Aufmerksamkeit, Farben, Wasser, Pinsel, die Leere des Papiers; sie fordern, treiben an, sind widerspenstig oder gefügig. Eine faszinierende Herausforderung!

Viele moderne und beinahe die meisten zeitgenössischen Aquarelle sind direkt aquarelliert, sind rasch, frei, assoziativ entstanden, zeigen Frische, Persönlichkeit und viel von der Lebendigkeit des Wassers.

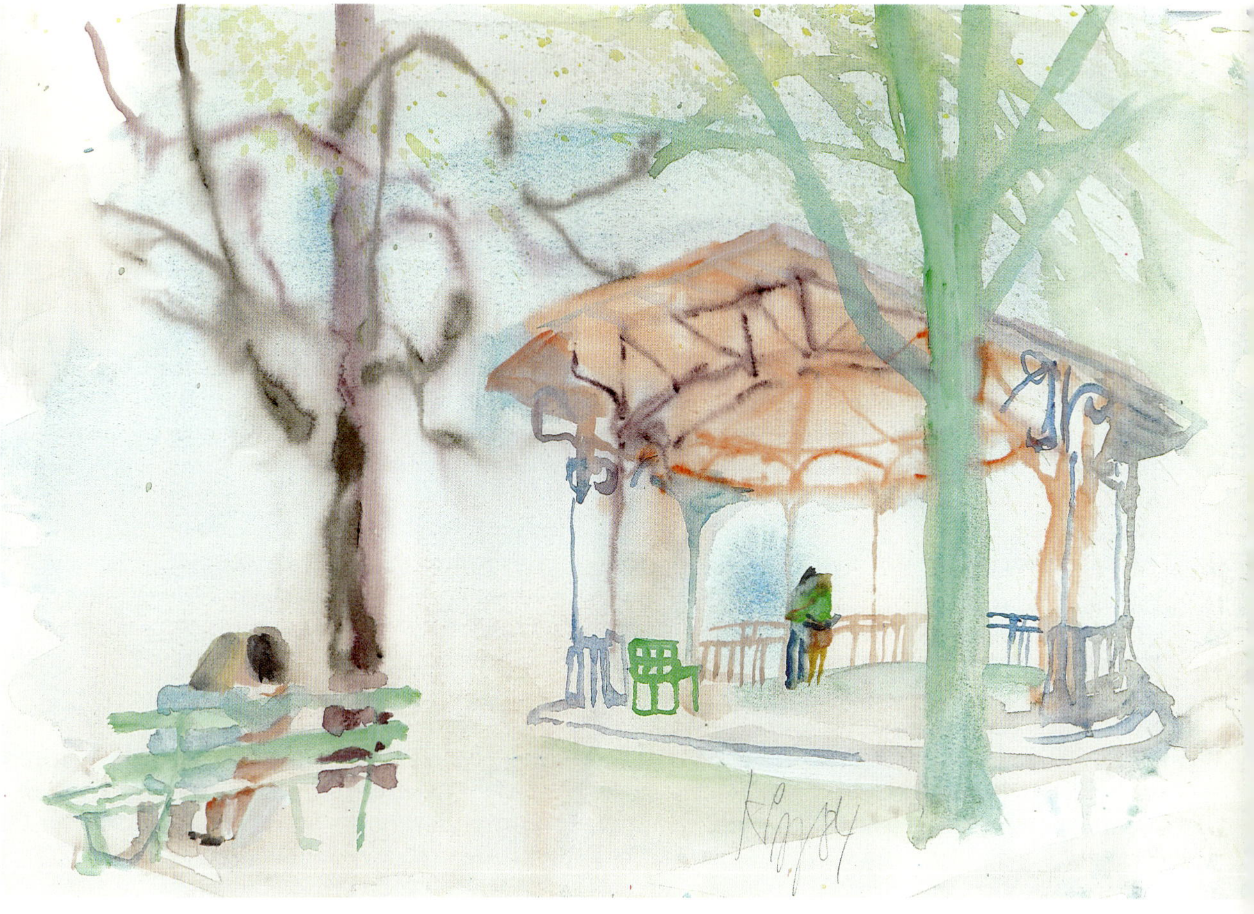

Kurt Panzenberger, Liebespärchen Salettl, 1984

TECHNIK OHNE TECHNIK

Direkt-Aquarellieren läßt sich nicht *direkt* üben. Es ist eine Malweise, die nicht auskommt ohne gestalterische Freiheit. Bei Kindern ist sie noch ursprünglich vorhanden, für die meisten Malschüler aber ist es eine schwierige Aufgabe, sie wiederzufinden.

Sie hat zwei Voraussetzungen: Selbstverständlichkeit im Umgang mit dem Malmaterial und den bildnerischen Gestaltungselementen und Sicherheit in der persönlichen Sehweise und Ausdruckskraft. Beide lassen sich nur bis zu einem gewissen Grad und nur durch umfassende Übungen und Erfahrungen erwerben. Dazu aber ist ein zündender Funke notwendig: das Malen-Wollen.

Dieser Funke läßt immer wieder etwas von der Malbegabung durchblitzen, die in jedem von uns irgendwo schlummert oder sich regt, er hilft auch über die finsteren Zeiten des Mißlingens hinweg, er ist es, der zunächst einmal vom Motiv zur Malerin und zum Maler überspringen muß.

In solchen zündenden Momenten gelingen manchmal gerade am Lernbeginn überzeugend vereinfachte Aquarellskizzen. Schnell hingemalt ohne jeden Gedanken an Technik oder Formensprache, können sie Merkmale der Direkt-Malerei zeigen: frischer, lebendiger, einmaliger Farbauftrag, Beschränkung auf Wesentliches durch reduzierte oder betonte Formen und Farben, spannungsvoller Bildaufbau durch Integration verschiedener Gestaltungsmittel.

Warum bleiben solche Spontanaquarelle seltene, anfängliche Ausnahmen oder Zufälle? Wer sich mit dem Malenlernen einläßt, wählt den Weg der Auseinandersetzung mit den Maltechniken, mit den bildnerischen Mitteln, mit der Wirklichkeit. Auf diesem Weg der Auseinandersetzung wird unbefangenes, intuitives Gestalten durch Analyse von Einzelaspekten zu einem bewußten Akt der Umsetzung, zu dem künstlerische Erfahrungen, Kenntnisse und Fähigkeiten nötig sind. Dieser Weg kann mit dem Studium der sichtbaren Dinge und entsprechender Abbildverfahren oder mit der Erprobung formaler Bildelemente beginnen, er kann mit spielerischen Materialexperimenten, mit freien Ausdrucksversuchen, mit faszinierenden Themen oder bestimmten Techniken einsetzen. Wenn die dabei gewonnenen Erfahrungen zu neuen, sinnvoll ergänzenden Lernmöglichkeiten anregen, dann wird diese vielfältige gestalterische Beschäftigung zu immer gezielterem Einsatz malerischer Ausdrucksformen, zu immer sichererem Blick führen, bis schließlich eine eigene freie Gestaltungsweise (wieder)gefunden werden kann.

»Aquarellieren ist die Kunst des Weglassens.« Ein Standardsatz, den die wäßrige Transparenz des Materials diktiert, der Ausstellungskataloge und Vernissagereden begleitet und der Ihnen spätestens dann einfällt, wenn Sie schon zuviel in einem Aquarell herumgemalt haben. Das Wegnehmen, das Vereinfachen ist ein Gestalt-Finden; es ist die Suche nach dem Besonderen hinter der Summe aller Einzelmerkmale, es ist die Suche nach einer konzentrierten Bildsprache, die sich nicht mit Ähnlichkeit begnügt, sondern Andeutungen des Wesentlichen ermöglicht.

Das Wesentliche mit den malerischen Mitteln des Aquarells andeuten können, ist eine Abstraktionsleistung, die die verwirrende Fülle des Wahrnehmbaren mit Farben und Formen auf subjektive Weise zu ordnen vermag; sie gelingt nicht ohne Begabung, aber selten nur mit ihr allein.

WIE MALT MAN DIREKT?

Alle aquarelltechnischen Möglichkeiten, sofern sie das direkte Umsetzen, den unmittelbaren Malrhythmus nicht aufhalten, können beim Direkt-Aquarellieren kombiniert werden.

Farben werden vorher oder auf dem Papier gemischt, sie werden sehr wäßrig oder halb trocken vermalt, aufs Trockene oder ins Nasse gesetzt, wieder entfernt oder verstärkt . . . Breite Flächen, feine Linien, weiße Papierstellen, Transparenz oder Farbdichte, Farbränder, Farben, die ineinanderfließen, Formen, die durch Trennkanten voneinander isoliert sind, Tropf-, Fließ-, Spritzspuren, selbst Lasurstellen oder spontan Gezeichnetes kann in direkt gemalten Aquarellen erscheinen.

Als umfassende Bezeichnung steht heute Direkt-Malerei oder auch noch der ältere Begriff Prima-Malerei.

EIN BEGRIFF MIT VERGANGENHEIT

Prima-Malerei. Ein Begriff, der nicht hält, was er verspricht, denn er bezeichnet nicht die erstklassige Qualität des Gemalten – prima Malerei! –, sondern eine unmittelbare Malweise.

Zunächst unterschieden die aus dem Italienischen stammenden Fachbegriffe wie al-primo-Malen (aufs erste), alla-prima-Malen (zuallererst), a-prima-vista-Malen (auf den ersten Blick) oder kurz Prima-Malerei ein direktes Malverfahren innerhalb der planvoll mehrschichtigen Techniken mit pastosen Farben (Öl, Tempera). Mit Prima-Malerei war unkomplizierte Bildentstehung ohne eine der üblichen Untermalungen, also auf bloßer Grundierung, in einem einzigen Farbauftrag gemeint. Nach dem Bewertungsmaßstab früherer Jahrhunderte ging es dabei nicht um künstlerische Eigenart, sondern um die Qualität der technischen Ausführung. Auch als der Begriff Prima-Malerei später – nach der Emanzipation des Aquarells – das direkte Aquarellieren auf weißem Papiergrund von der traditionell schichtenden Lasurmalerei abgrenzte, war damit mehr die handwerkliche Leistung als die individuelle Pinselführung gemeint. Prima-Malerei steht heute allgemein für einschichtige Malweise, für Bildentstehung in einem Arbeitsgang, egal mit welchem Farbsystem, vor allem aber für unmittelbare malerische Wiedergabe.

Und besonders bei der Aquarelltechnik liegt der Akzent jetzt eher auf Unmittelbarkeit, Echtheit und subjektiver Ausdruckskraft.

Um den engen Rahmen und die Patina des Begriffs Prima-Malerei loszuwerden, wird er neuerdings oft durch das »frischere« Direkt-Malen ersetzt.

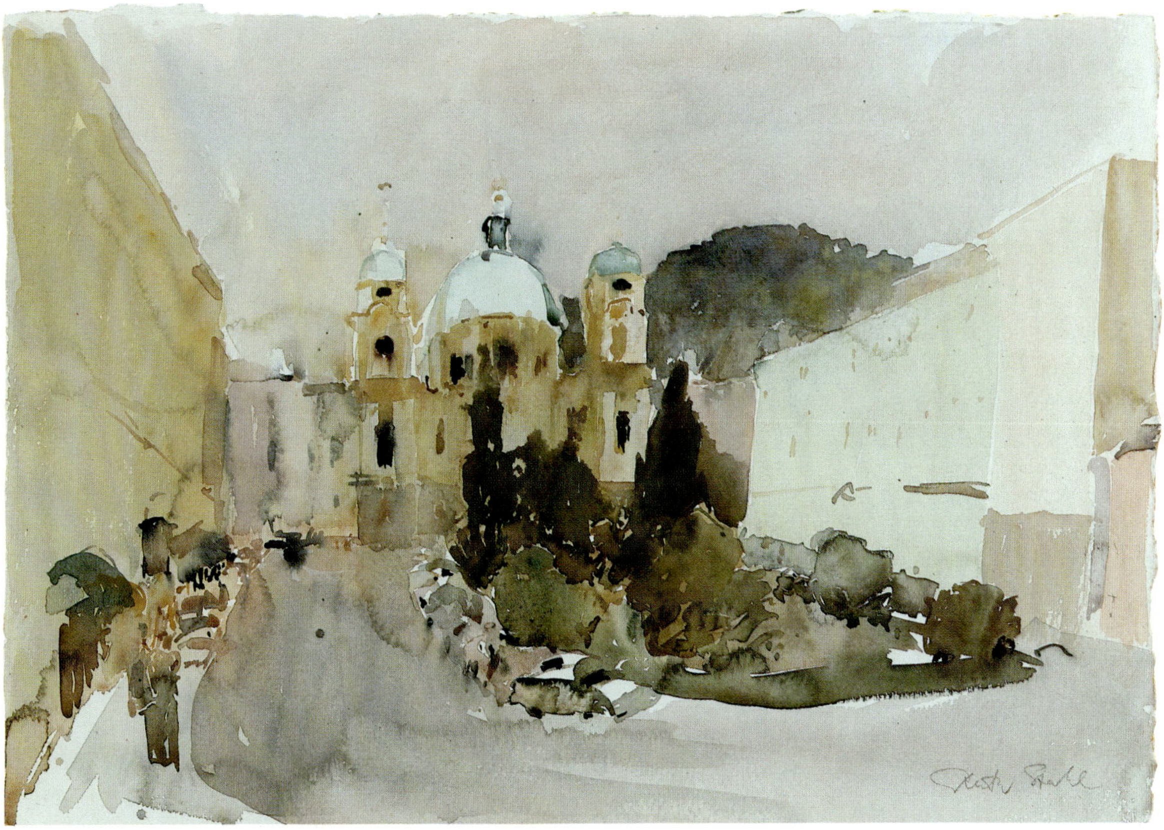

Ruth Stahl, Salzburg

RÜCKBLICK – TURNERS AQUARELLE

Der Bedeutungswandel dieses Begriffs führt in ein entscheidendes Kapitel der Entwicklungsgeschichte des Aquarells. Es ist ein kleines Kapitel mit großer Wirkung, es liest sich wie ein Dreigroschenroman: Eine unbedeutende Maltechnik wird nach bescheidenen Anfängen in England zum Publikumsliebling, kommt allerdings nur mit einem ganz bestimmten Image an die Öffentlichkeit und gerät schließlich an einen »wahren« Freund, der ihre freie Entfaltung fördert und ihr damit zu dauerhaftem Ruhm verhilft.

DIE »NEUE FREIHEIT« DES AQUARELLS

Beim Blättern in diesem Kapitel begegnet man schon bald den Anfängen freien und direkten Aquarellierens. Aber zunächst einmal mußte das Aquarell aus seiner künstlerischen Nebenrolle und seinen technischen Grenzen befreit werden. Dies gelang vor allem den beiden englischen Aquarellisten *Thomas Girtin* (1775–1802) und *William Turner* (1775–1851). Vorher zählten aquarellierte Blätter zu den untergeordneten Kunstformen. Es waren kolorierte oder lavierte Entwürfe, Karten oder Landschaftszeichnungen, sie waren als monochrome oder kaum farbige Reiseschilderungen erschienen. Erst allmählich entwickelte sich eine transparente und differenzierte Farbigkeit. Reine Aquarellfarbe auf weißem Papiergrund war selten, sie wurde zusammen mit schwarzer Tusche, Bister, Sepia oder Deckfarben verwendet, Vorzeichnungen und graue Untermalungen waren die Regel. Bereits als junger Aquarellmaler wagte sich Thomas Girtin in eine andere Richtung: Er verzichtete auf Tuschevorzeichnung und Grundierung, er setzte die Farben direkt aufs Papier, er wählte dieses sehr bewußt aus, um die körnigen Strukturen für seine Gestaltung zu verwenden, er wischte als erster Lichter aus und experimentierte mit Naß-in-Naß-Verläufen. Er steigerte so die Aquarellfarbe zu ungewohnter Brillanz und

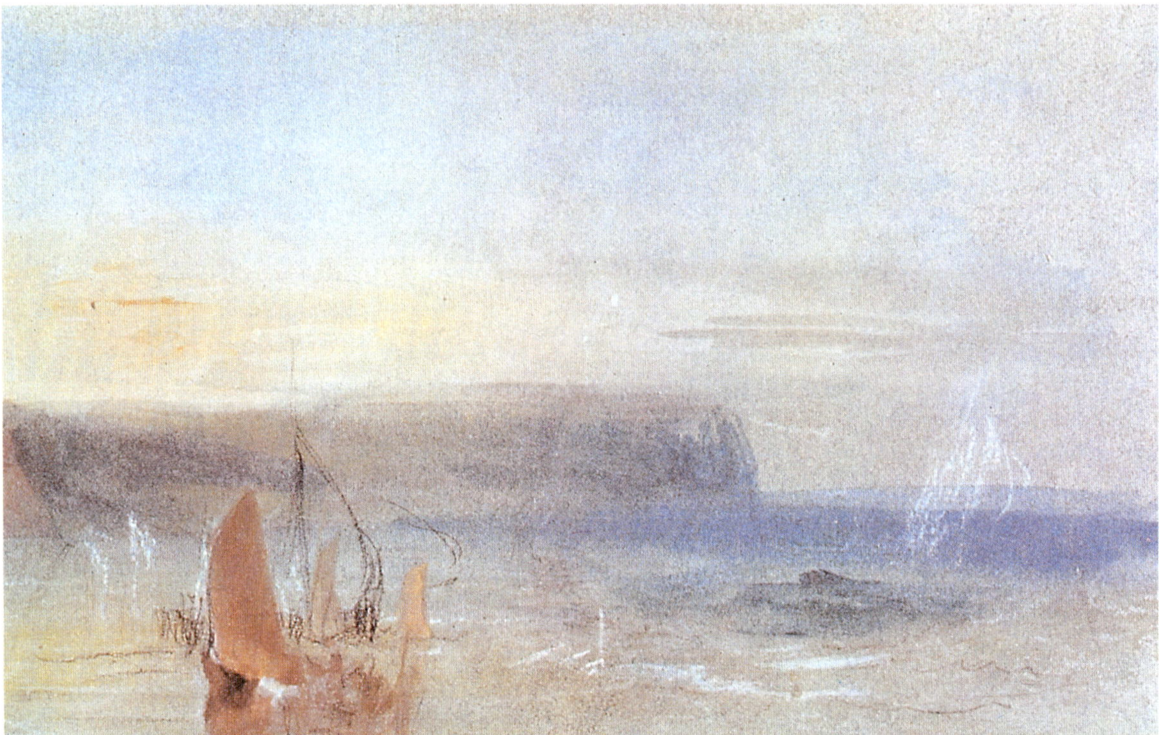

William Turner, Französiche Küste, Aquarell, Gouache, Bleistift und Kreide, 1826–33. British Museum London

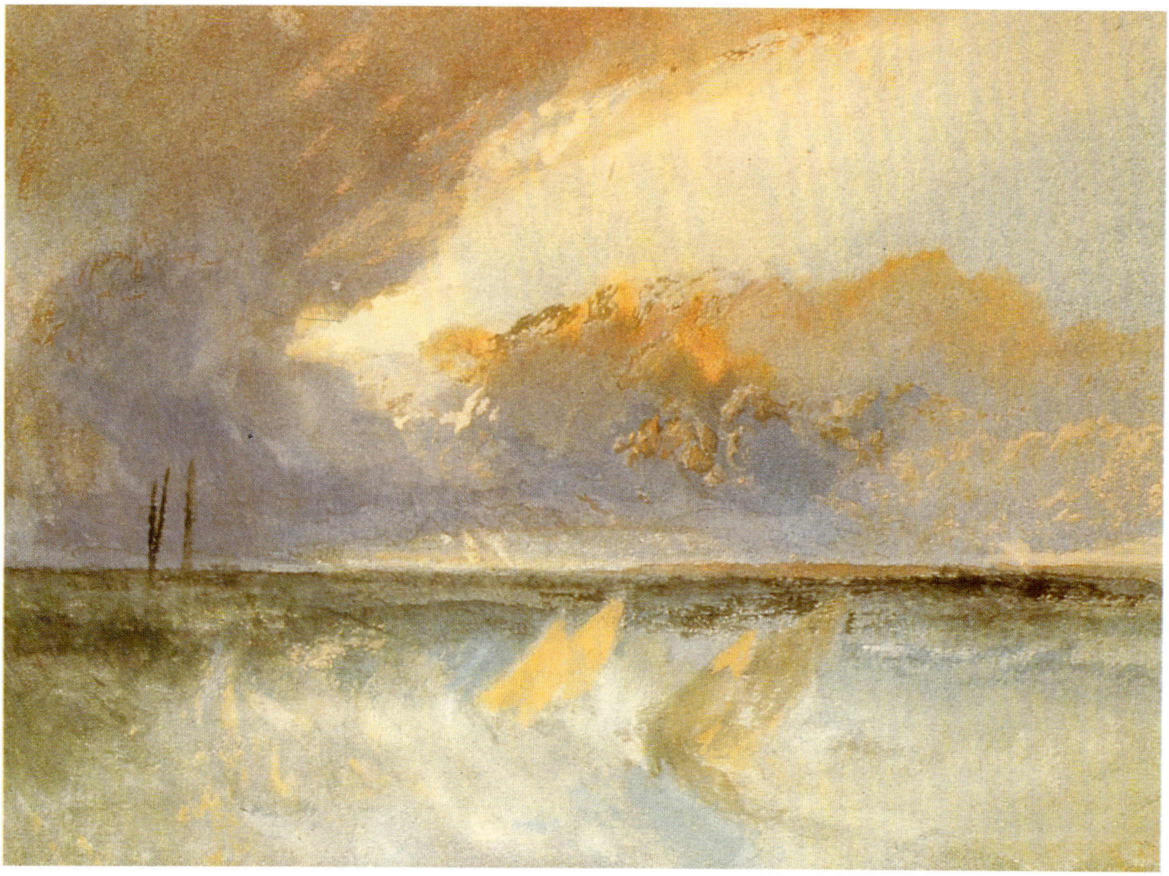

William Turner, Gewitter auf hoher See, Aquarell und Gouache, 1830. National Galleries of Scotland, Edinburgh

erreichte eine Vielfalt an Zwischentönen. Als er mit 27 Jahren starb, hinterließ er seinen Nachfolgern, vor allem seinem Freund William Turner, neue Perspektiven der Aquarellmalerei.

EIN CLUB MIT STRENGEN REGELN

Mit Gründung der *Society of Painters in Watercolour* im Jahr 1805 – einer englischen Aquarellisten-Vereinigung in Konkurrenz zur Royal Academy – wurde das Aquarell zwar allmählich kunstfähig und dem Ölgemälde gleichgestellt, aber der Preis dafür war die dogmatische Festlegung des »reinen« Aquarells auf ein Verfahren: es sollte nur mit drei Grundfarben – Gelb, Rot, Blau – und in schichtendem Bildaufbau gemalt sein; die Verwendung von Weiß oder deckender Farbe war verboten. Eine Malweise, die Erfahrung und gute Erwägung des Farbauftrags erforderte, keine rasch notierten Beobachtungen zuließ und allen Bildern eine gedämpfte Farbigkeit verlieh.

Das Können war die Kunst; Freiheit, Unmittelbarkeit, Unverwechselbarkeit waren nicht gefragt, was blieb, war oft nur Künstlichkeit.

Und so blieb auch von dieser einst einflußreichen Aquarell-Institution nichts weiter übrig als eine bedeutungslose Gruppe von konservativen Aquarelltechnikern.

EIGENE WEGE

Für William Turner gab es beim Aquarellieren keine Regeln, er suchte sich seinen eigenen Weg. Eine Weile ging er diesen mit seinem Freund Thomas Girtin gemeinsam und profitierte von dessen Temperament und Mut. Beide setzten sich intensiv mit künstlerischen Vorbildern auseinander, analysierten deren Techniken und Formensprache und beherrschten bald den zeitgemäßen Stil eleganter Wasserfarbenmalerei.

Wie Girtin so hat sich auch Turner damit nicht begnügt. Unermüdlich auf der Suche nach neuen Erfahrungen und Eindrücken ging er schon früh mit seiner Malausrüstung auf Reisen, studierte Farben und Formen fremder Landschaften, in der Natur und in der Malerei. Was ihn immer mehr faszinierte, war das Licht. Er beobachtete und malte seinen ständigen Wechsel bei Frost oder Hitze, bei Nebel, Gewitter oder Sturm, über Gebäuden, Wasser, Bergen, am Abendhimmel, in der Nacht.

Durch Verzicht auf die genaue Wiedergabe der Natur mit ihren Lokalfarben, Formen und Einzelheiten kam er zu ungewohnten Farbkombinationen und Farbreduktionen. Er suchte weiter, bemühte sich in Studien und Experimenten um ein wirkungsvolles, dramatisches Farbgeschehen für sein Thema: Naturgewalten – Kampf und Wandel der Elemente.

Wie läßt sich das Vibrieren des Lichts, der schwebende Glanz einer Spiegelung, ein regenschwerer Himmel, drohendes Gewitter, die Gewalt des Sturms über dem Meer darstellen? Ein Leben lang ging es ihm um die Aufgabe, Licht, Raum, Farbe und Bewegung ins Bild zu bringen.

Neben seinen durchgearbeiteten, meisterhaften Aquarellen gelangen ihm spontane Farbskizzen von gesteigerter Aussagekraft, die auf heutige Betrachter frei, »modern«, abstrakt wirken, zu Turners Zeiten jedoch gegen die Konvention verstießen. Sie waren allerdings nur für seine Skizzenbücher und nicht für die Öffentlichkeit bestimmt. Doch auch manche seiner ausgestellten Aquarelle wurden wegen ihrer atmosphärischen Formauflösung und ihrer unnatürlichen Farbwirkung kritisiert.

Turner ließ sich davon nicht beeinflussen, er war sich seines Weges sicher. Sich auf wesentliche Phänomene des Augenblicks konzentrieren zu können, sie auf den ersten Anhieb in reduzierten Formen und ausdrucksstarken Farben bewegt und eindrucksvoll wiedergeben zu können, dazu sind bestimmte Voraussetzungen notwendig. Turner erfüllte sie: Er hatte Empfindungsvermögen, Spontanität und Beobachtungsgabe; er hatte schon in seiner Lehrzeit mit verschiedenen künstlerischen Techniken durch Studium und Nachahmung großer Meister ein hohes Niveau an Abbildfähigkeiten und formalem Können erreicht und diese beim Aquarellieren durch Farbstudien und Malexperimente ergänzt. Dadurch hatte er sich eine große gestalterische Eigenständigkeit und Freiheit erworben, ohne die seine Treffsicherheit in spontaner Farbsetzung und Bildaufbau nicht möglich gewesen wäre.

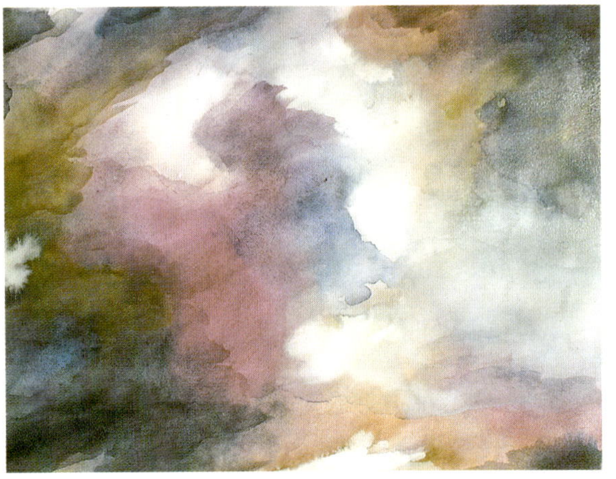

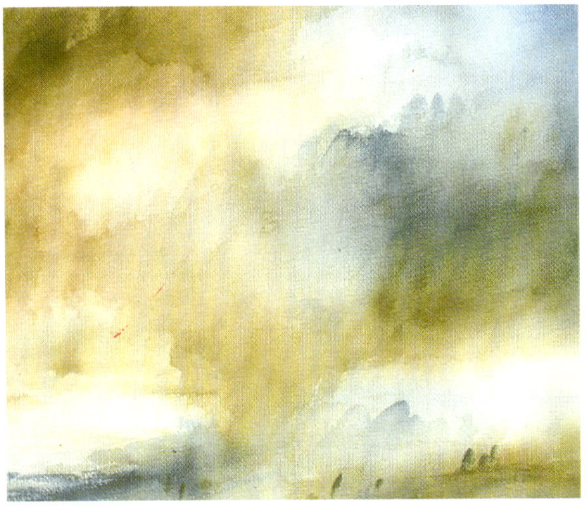

Manche der nachfolgenden Malergenerationen formulierten für sich die Prämisse: »Nicht *nach* der Natur, sondern *wie* die Natur gestalten.« Aquarellierend hat Turner bereits etwas davon erfüllt. Er konnte die Farben glitzern, blitzen, dampfen lassen, er brachte sie zum Flimmern, zum Strömen, zu ruhigem Fließen oder Brausen. Schon beim Farbauftrag variierte er von naß bis trocken, von breit und großflächig bis fein und spitz, von verfließend bis fest, er malte dicht oder durchsichtig, aufgewühlt oder ruhig, rauh oder glatt. Vor allem konnte er sehr rasch aquarellieren, mit sicherer Hand die Farben setzen, schnell auswischen, neue Farbe ins Spiel bringen und so aus farbgetränkten, diffusen Stellen Licht, Schatten und Formen entstehen lassen, mit schnellen Pinseltupfern ein Geschehen andeuten, mit rasch hingesetzten Pinselstrichen Einzelheiten markieren. Am Anfang war sein Papier oft vollständig durchnäßt, er benutzte dann das jeweils andere Fließverhalten der Farbe während des Trocknungsprozesses. Um die Lebendigkeit der Bildwirkung zu steigern, ließ er manchmal auf fast fertige Aquarelle Farbflecken tropfen, mit denen er weitergestaltete. Er kombinierte die Aquarellfarbe mit Gouache, mit schwarzer oder farbiger Tusche, mit Tinte oder Kreide, um ein differenzierteres Ausdrucksrepertoire zu erhalten. Mit der gewonnenen Vielfalt an Einsatzmöglichkeiten hat er für die Aquarellmalerei ein Stück Pionierarbeit geleistet.

Turners Geschichte steht in diesem Buchkapitel, weil sein Weg allen Aquarellanfängern zur Nachahmung empfohlen werden kann:

Sich nicht auf ein Malverfahren oder eine Stilrichtung festlegen! Immer und immer wieder anders aquarellieren.

Einmal mutig, ungebunden spontan notierend, einmal genau beobachtend und eher naturgetreu, einmal näß-in-naß gemalt, dann langsam schichtend, je nach Situation und Motiv. Ergänzend dazu aber auch eine abwechslungsreiche »Lehr-Mischung« wählen: aus technischem Grundlagentraining, aus Studien nach Vorbildern, aus Experimenten, aus reinen Farbübungen, aus Kompositionsversuchen, aus Zeichenexkursen zur naturgetreuen Wiedergabe, aus Serien zu Tonabstufungen und zur Form- und Farbreduktion. Direkt-Aquarellieren wird auf dieser Grundlage immer freier gelingen, es kann, ohne sichtbare Anstrengung oder bloße Zufallsergebnisse, zu gekonnter Improvisation und damit zu einem unmittelbaren Ausdrucksmittel werden.

Beide Beispiele, das William Turners mit seiner kreativen Handhabung der Wasserfarbe und das der schnell vergessenen Society of Painters in Watercolour mit ihren einseitigen technischen Auflagen und Verboten machen deutlich, worum es in der Malerei geht: um die schöpferische Freiheit und Aufgabe, Mittel und Wege zu finden *zu* einem eigenen und *für* ein eigenes Gestaltungsbedürfnis, sei es innerhalb oder außerhalb des Rahmens akzeptierter Kunstauffassungen.

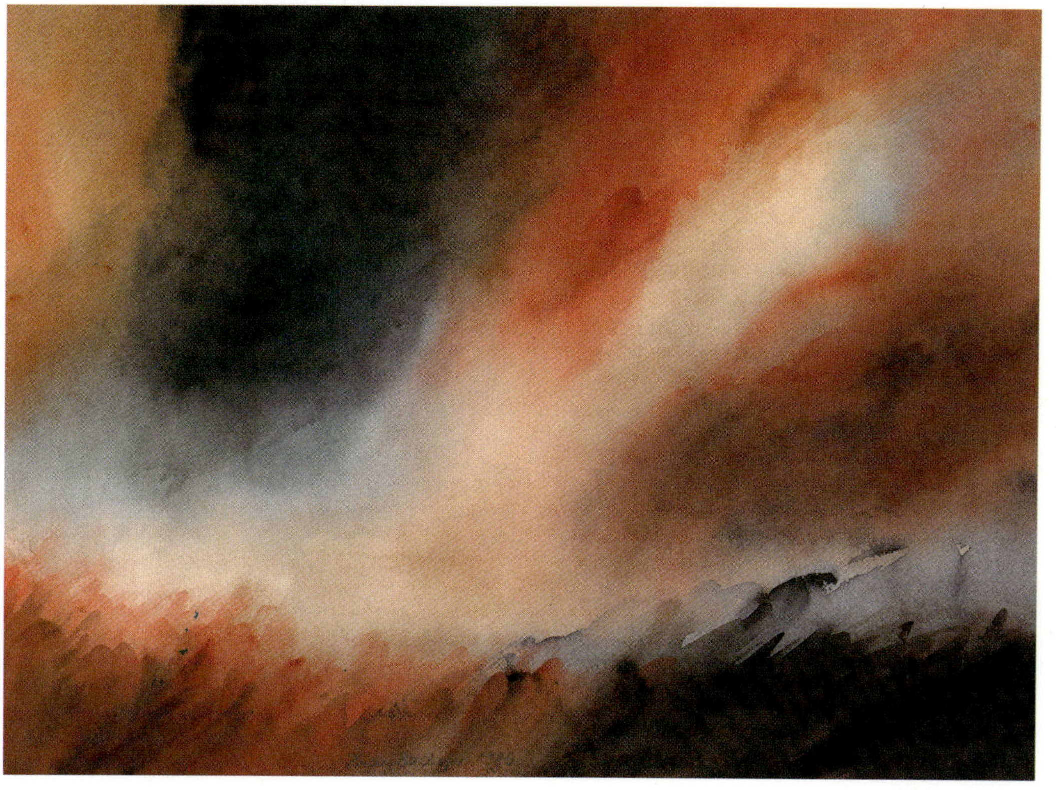

Heide Bachofer, Aquarelle aus dem Zyklus „Elemente"

DIREKT-AQUARELLIEREN TRAINIEREN

Direkt-Aquarellieren. Mit sicherem Blick das Wesentliche erfassen, mit raschen Pinselzügen Farb- und Formmerkmale eindrucksvoll wiedergeben können, das ist das Wunschziel vieler Aquarellanfänger.

Direkt-Aquarellieren ist kein beliebiges Drauflosmalen, aber auch kein eindeutiges, trainierbares Aquarellverfahren. Es ist eine Fähigkeit, die technisches Können, künstlerische Erfahrung, einfühlsames Betrachten, Konzentrationsfähigkeit und Spontanität verlangt.

Auch wenn der Weg bis dahin weit ist, auch wenn es keine klare technische Trainingslektion dafür gibt, so können bestimmte ÜBUNGEN doch schon zu Beginn des Aquarellierens in die entsprechende Richtung führen.

Rechts: Aquarellserie von Annemarie Hammer-Fleck
Unten: Oskar Koller, Gelbe Stiefmütterchen, 1982

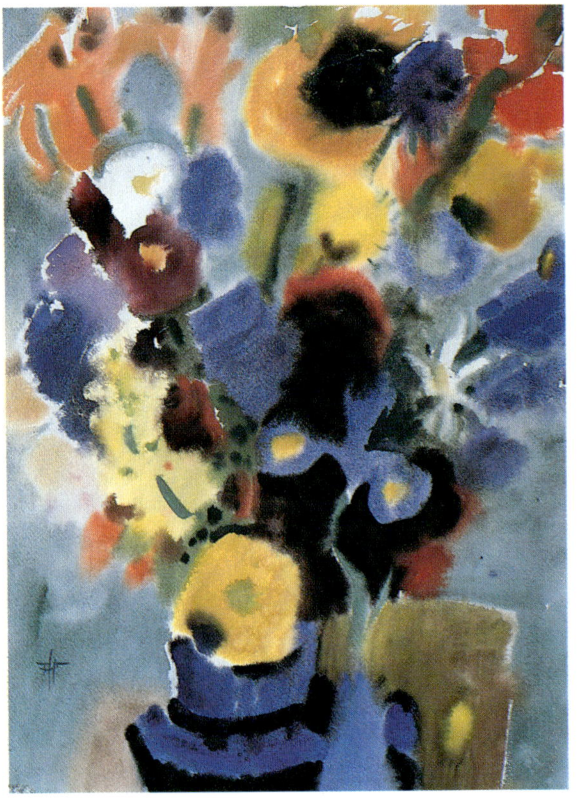

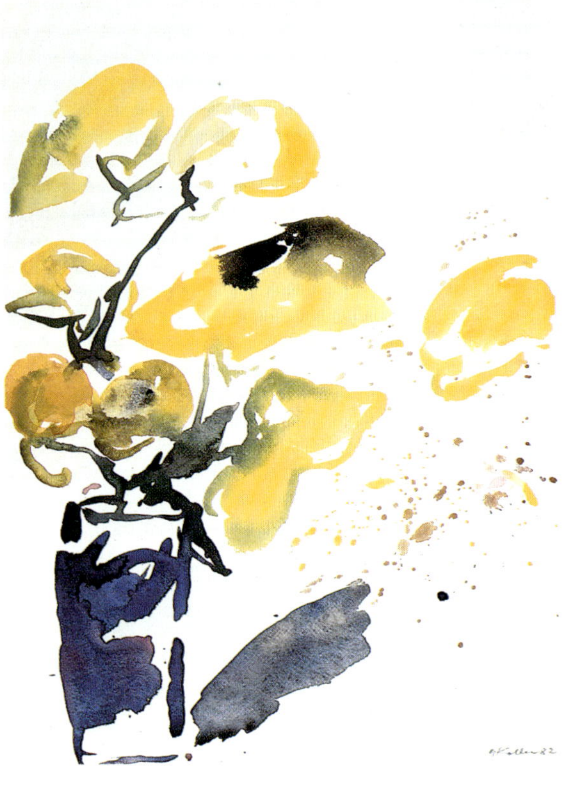

REDUKTIONSSERIEN

DIE KUNST DES WEGLASSENS

- Nehmen Sie sich ein einfaches Motiv vor. Zum Beispiel einige Blüten in einer Vase oder eine Topfpflanze. Machen Sie zuerst einige rasche kleine Farbskizzen davon. Spontane Farb- und Formeindrücke als Flecken schnell aufs Papier setzen – einmal ins Trockene, einmal ins Nasse. Verzichten Sie auf alle Einzelheiten und auf Korrekturen.
- Beschäftigen Sie sich dann intensiv mit Ihrem Motiv. Studieren Sie es genau. Versuchen Sie, in mehreren Bleistiftskizzen die Formmerkmale, die Größenverhältnisse, die Hell-Dunkel-Werte und die räumlichen Überschneidungen zu beachten.
- Malen Sie als nächstes Ihr Motiv ohne Vorzeichnung mit Aquarellfarben auf trockenes Papier. Beginnen Sie hell und sehr transparent, setzen Sie die Farben in lockeren Flecken nebeneinander. Achten Sie besonders auf die Farbnuancen. Verstärken Sie die Leuchtkraft der Farben und auch die Dunkelheiten mit einigen

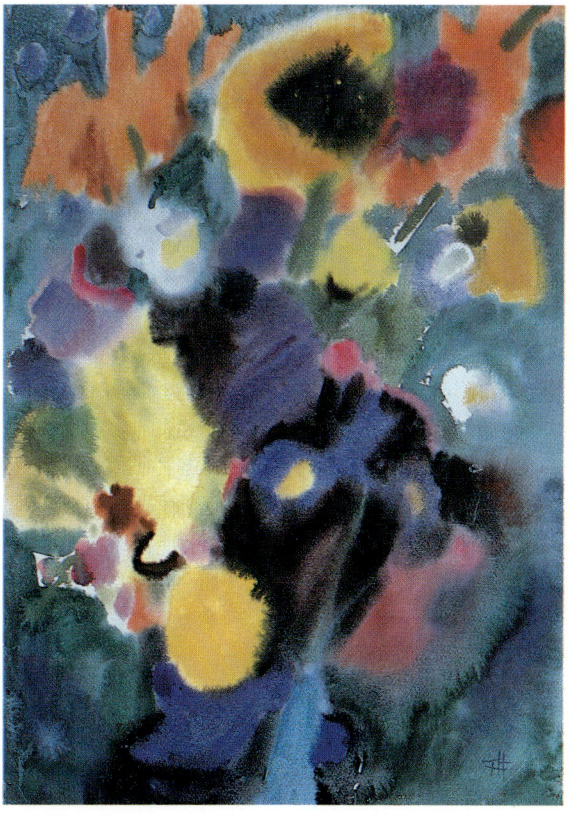

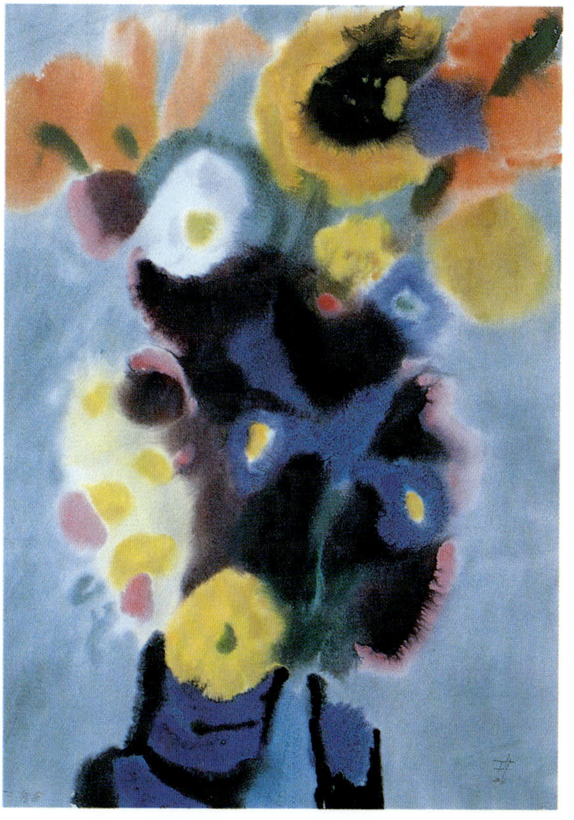

wenigen Lasurflecken. Gehen Sie sparsam mit Details um.

Betrachten Sie diesen Übungsschritt als Sehschulung. Es geht also nicht um ein möglichst originelles, dekoratives Aquarell, sondern um Malversuche, um einfühlsames Beobachten, genaues Vergleichen und geduldiges Probieren.

- Vergleichen Sie anschließend Ihre ersten spontanen Farbskizzen mit diesen Aquarellstudien. Wo sind Ihnen überzeugende Andeutungen gelungen? In den Skizzen oder in den Studien? Wo haben Sie typische Charakteristika getroffen, wo haben Sie zuviel gemalt, wo könnte ergänzt werden, was könnte weggelassen werden?
- Wenn Sie Lust und Muße haben, dann wenden Sie diese gesammelten Erfahrungen gleich in einem neuen Aquarellversuch an, bei dem Sie noch weiter reduzieren sollten. Ziel ist es, mit vereinfachten Farbformen die Wesensmerkmale des Naturobjekts zu treffen, ohne sich in Einzelheiten zu verlieren.

Widmen Sie diesmal Ihre Aufmerksamkeit der Pinselführung. Halten Sie ihn leicht und locker in der Hand, etwa vier bis fünf Zentimeter über der Zwinge, setzen Sie ihn entschlossen auf das Papier, führen Sie ihn zügig und schwungvoll, einmal mehr drehend, dann ziehend, dann mehr stupfend, dann großflächig, dann linear, einmal mit starkem Aufdrücken, dann ganz leicht ... Versuchen Sie nicht, eine ganz bestimmte Vorstellung zu verwirklichen und daran festzuhalten. Lassen Sie sich überraschen von dem, was bei diesen Pinselschwüngen entsteht. Vielleicht gelingen Ihnen so ausdrucksstarke, einfache Formelemente, die zum Wesen Ihres Motivs passen, vielleicht gleichen manche auch eher einem anderen Pflanzentyp.

Probieren Sie das noch weiter aus, versuchen Sie schneller und entschlossener zu malen. Aber achten Sie darauf, daß Sie trotzdem locker und entspannt bleiben!

- Können Sie dieses letzte, bereits stark vereinfachte Aquarell nochmals reduzieren? Schauen Sie sich die Farbgebung und die Hell-Dunkel-Werte Ihrer vorhergehenden Versuche an. Wo könnte Farbe reduziert, wo gesteigert werden?

Machen Sie einen erneuten raschen Malversuch. Aber legen Sie vorher eine schöpferische Pause ein!

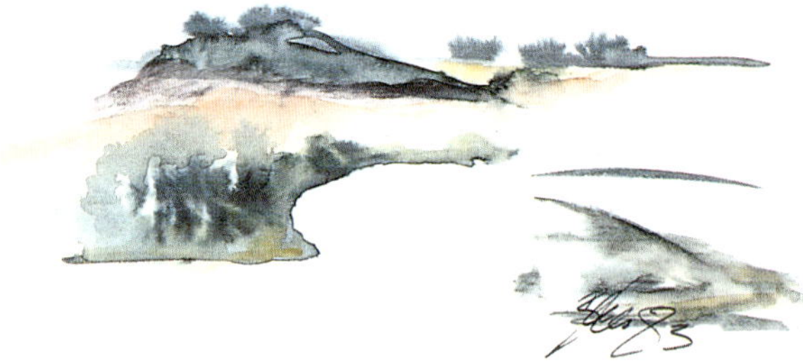

DEN BLICK AUFS GANZE RICHTEN

Das Ganze ist mehr als die Summe seiner Teile. Für die meisten Malanfänger ist es schwierig, einen Gesamteindruck wiedergeben zu können. Es sind die vielen Einzelheiten, die den Blick auf das Ganze verstellen, es sind zu viele verwirrende Darstellungsprobleme, die von der eigentlichen Aufgabe ablenken.

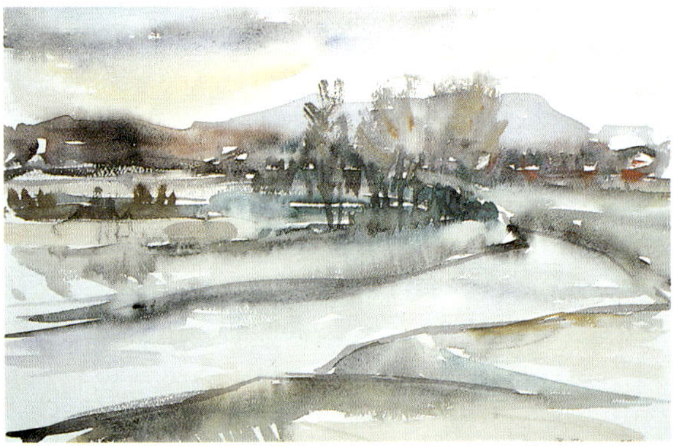

• Wagen Sie sich in dieser Übung einmal an ein kompliziertes Motiv mit vielen Details, Formen und Farben. Das kann eine Stadtansicht von weitem sein oder ein belebter Marktplatz, eine abwechslungsreiche Landschaft mit Wäldern, Bäumen, Büschen, Wiesen, Hügeln, Häusern . . .

Versuchen Sie, mit großzügigem Blick die hauptsächlichen Formmerkmale zu erkennen und in mehreren kleinen Skizzen die wesentlichen Formumrisse und das Formgefüge mit stark vereinfachten Formelementen zu erfassen.

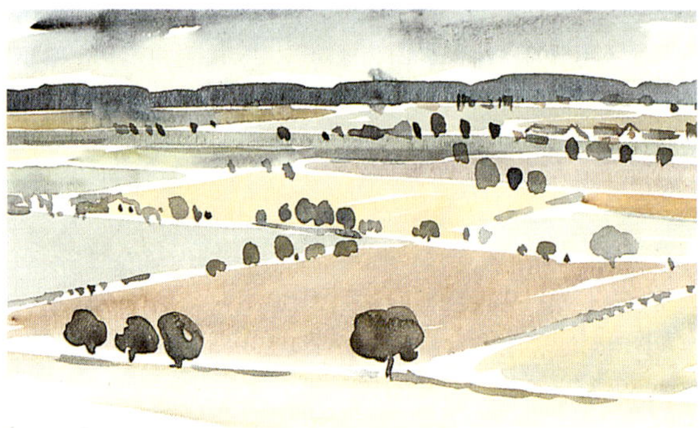

ERINNERUNGSSKIZZEN

• Ein Ausstellungs- oder Museumsbesuch, ein Natureindruck, ein Theaterabend oder auch der Blick in einen Vorgarten können so intensive farbige Bilderinnerungen hinterlassen, daß wir begeistert davon erzählen können.

Versuchen Sie das nächste Mal, diese Eindrücke aus Ihrer Vorstellungskraft zu malen. Die Erinnerung läßt nur das übrig, was Ihnen wichtig war.

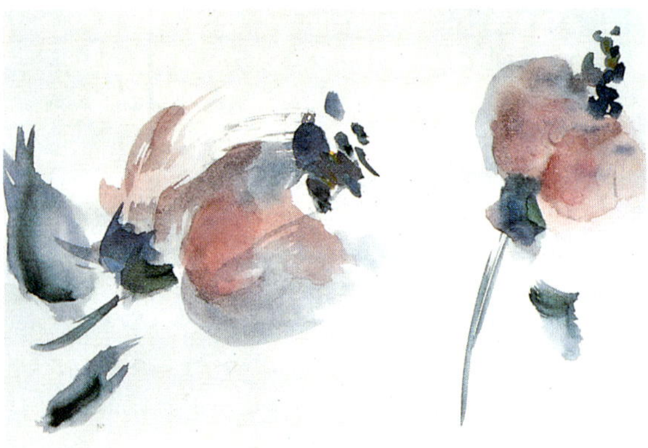

• Malen Sie dann einmal ein Motiv, das Sie direkt vor Augen haben, als Erinnerungsskizze.

Betrachten Sie es eine Weile konzentriert. Wenden Sie sich dann ab und malen Sie rasch, ohne nochmals hinzusehen, die Farben und Formen aufs Papier, die Ihnen spontan einfallen. So entstehen meist interessante Veränderungen, Betonungen, Auslassungen und Vereinfachungen. Abgesehen davon, daß Sie sich damit bereits »warmgemalt« haben, können Sie sicher für Ihr anschließendes Aquarell davon profitieren.

• Konzentrieren Sie sich im nächsten Übungsschritt nur auf den Formzusammenhang. Schauen Sie nicht die Farbe jedes einzelnen Objekts an, sondern achten Sie mit einem vergleichenden Blick auf Farbähnlichkeiten. Der helle Ockerton einer Häuserfassade erscheint vielleicht als Farbe eines Weges, eines Blütenbusches oder einer Baumkrone an einer anderen Stelle wieder. Dann nehmen Sie Ocker an den Pinsel und setzen Sie es in lockeren Flecken an die entsprechenden Bildpartien. Das helle Ziegelrot eines Daches läßt sich vielleicht in einigen Blütentupfern im Vordergrund und, stark verdünnt, in einer Wolkenpartie wiederholen. Wo überall kann dieses leuchtende Grün, wo der warme Olivton gesetzt werden?

Beschränken Sie Ihre Farbwahl auf wenige Farbtöne, suchen Sie nach den jeweiligen Entsprechungen und verteilen Sie zunächst die hellen, zarten Töne, dann die gebrochenen, gedämpften, dann die leuchtenden, intensiven Töne und zum Schluß die dunklen Farbflecken.

• Probieren Sie in einer dritten Übungsrunde, ob Ihnen mit entsprechender Pinselführung vereinfachte Formen gelingen. Malen Sie Formen

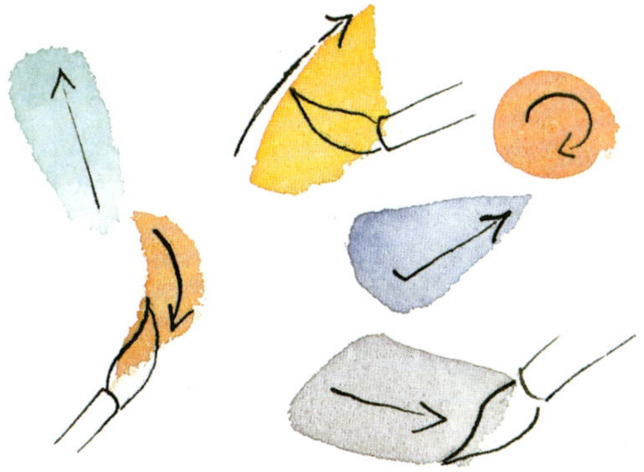

nicht an, füllen Sie keine Umrißlinien aus – setzen Sie den Pinsel so ein, daß durch Aufdrükken, Abheben, Drehen, Auftupfen, Ziehen, Schieben ... des Pinsels eine entsprechende, aber vereinfachte Fleckform entsteht.

• Zu jedem dieser Übungsschritte sollten Sie mehrere Versuche machen. Wenn Sie auf diese Weise öfter einmal an ein Motiv herangehen, werden diese Einzelphasen allmählich zu einem ganzheitlichen Bildaufbau führen. Sie werden die wesentlichen Farben und Formen auf einen Blick und mit raschen Pinselschwüngen erfassen.

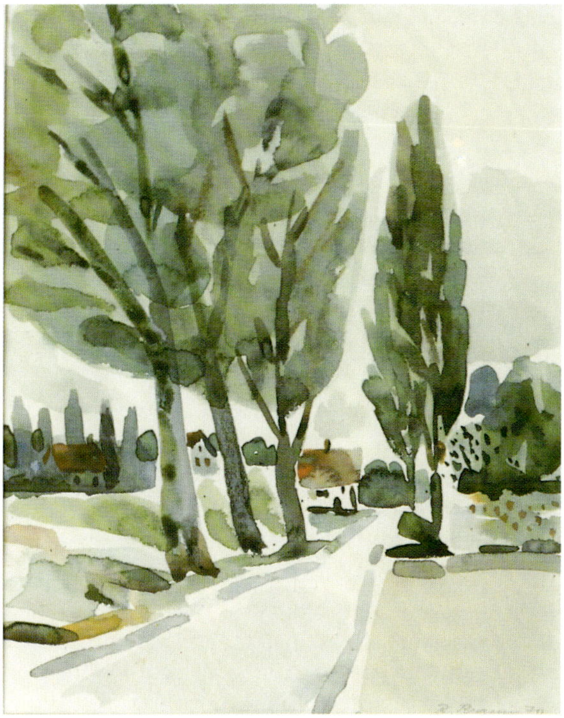

Dieses Aquarell ist nur mit drei Farben gemalt; mit Ultramarinblau, Kadmiumgelb, Kadmiumrot.

TIPS

▷ Damit Sie beim Blick auf Ihr Motiv nicht von allzu vielen Einzelheiten abgelenkt werden, können Sie folgenden Trick anwenden: Kneifen Sie die Augen stark zusammen, so daß Sie alles nur noch verschwommen sehen. Der Gesamteindruck, der Formenzusammenhang, die Hell-Dunkel-Werte und die vorherrschenden Kontraste werden mit »verschwommenem Blick« für Anfänger leichter erkennbar.

▷ Nehmen Sie sich sehr viel Zeit für das einfühlsame Betrachten des Motivs. Nicht sofort übereifrig das »Aquarell-Ziel« ansteuern!

Genießen Sie erst einmal ausgiebig und entspannt den Anblick, ohne Gedanken an eine malerische Umsetzung. Je intensiver Sie schauen, desto mehr werden Sie staunen. Und das ist eine gute Voraussetzung für ein ausdrucksstarkes Aquarell.

▷ Aquarellieren Sie im Stehen, damit Sie den Pinsel locker und schwungvoll führen können; damit Sie aber vor allem immer den Überblick über das ganze Bild haben.

▷ Vermeiden Sie dünne Pinsel. Diese verleiten zum Anmalen oder zu feinem Zeichnen, sie ermöglichen nur langsames Aquarellieren und nur kleinflächigen Farbauftrag.

OSTASIATISCHE TUSCHMALEREI

BLICK NACH OSTEN

Die traditionelle chinesisch-japanische Tuschmalerei fasziniert durch lebendige Unmittelbarkeit, natürliche Schlichtheit und selbstverständliche Leichtigkeit.

Mit ihrer treffsicheren Pinselführung und konzentrierten Ausdruckskraft ist sie ein eindrucksvolles Beispiel für Direktmalerei.

Das Betrachten fernöstlicher Tuschmalerei ist, auch ohne Verständnis des geistig-kulturellen Hintergrundes, ein beeindruckendes Erlebnis. Sie kann mit ihren vitalen Pinselspuren innere Bewegung, Ruhe, Freude, Kraft, Ehrfurcht ... spürbar machen. Sie kann mit ihrer vereinfachten, einfühlsamen Formensprache das Wunderbare gewöhnlicher Dinge sichtbar machen.

Es liegt eine Ahnung von Farbigkeit in den Graunuancen der Tusche und in ihren tiefschwarzen Akzenten, eine Ahnung von Unendlichkeit in der Leere und Offenheit des Bildgrundes, eine Ahnung von innerer Harmonie in der ausgewogenen Dynamik des Bildaufbaus. Ahnungen, die Raum lassen für den eigenen Blick, für eigene Ausdeutungen, die aber auch Herausforderung sind, mehr über diese Kunstform und ihre geistig-kulturellen Wurzeln zu erfahren.

DIE TRADITION

Ostasiatische Tuschmalerei hat eine über tausendjährige Vergangenheit. Und bei aller Vielschichtigkeit des Sinngehaltes und der Ausdrucksformen, die sich mit Ablauf der Zeit entwickelt haben, behielten doch die Grundzüge traditioneller Techniken, Bildstrukturen und Bildinhalte bis heute ihre Gültigkeit. Sie sind geprägt von philosophischem Denken und religiöser Erfahrung, aber auch von Ästhetik und Pinseltechnik der Kalligraphie. Ein kontinuierlicher Einfluß, der den Malmaterialien, den Bildgegenständen, den Maltechniken, den Bildzeichen und -formen, jeder Aktion im Malprozeß eine tiefe geistige Bedeutung verlieh.

Ein Einfluß, der die Verwandtschaft von Malen und Schreiben, die Zusammengehörigkeit von Bildandeutungen und poetischen Umschreibungen festigte, der die Schönheit der Pinsellinie zum wichtigsten Element der Tuschmalerei werden ließ. Diese gemeinsame Gedankenwelt mit den jahrhundertealten Gestaltungsprinzipien ist die wesentliche Grundlage chinesisch-japanischer Tuschmalerei. Sie erlaubt dem Künstler nur geringe Abweichungen von der verbindlichen Formensprache. Seine Individualität und Originalität wird nur in Nuancen und nur für geübte Betrachter sichtbar. Diese können die Varianten des Liniengefüges als Ausdruck der Künstlerpersönlichkeit erfassen und deuten.

Die Fähigkeit, den Bedeutungsgehalt verkürzter Bildzeichen und individueller Pinselführung wahrzunehmen, wird durch den Umgang mit der Kunst des Schönschreibens entwickelt.

Die Kalligraphie, die sowohl literarische als auch bildhafte Funktion hat, ist mit ihren ausdrucksstarken Schriftzeichen die ältere Schwester der Malkunst.

VOM SCHÜLER ZUM MEISTER

»Methode haben – ohne Methode«, lautet ein Grundsatz ostasiatischer Malerei. »Man muß zuerst die Grundregeln und die Technik des Malens gut beherrschen und dann der eigenen Fertigkeit entsprechend abändern, um schließlich eine eigene Methode zu entwickeln: So fängt man mit einer vorgegebenen Methode an und endet bei seiner eigenen – befreit vom Schema.«

Diese Worte stehen in der Einleitung zum *Senfkorngarten,* einer chinesischen Lehrschrift zur Malerei, die bis heute Verwendung findet. Sie wurde im 17. Jahrhundert aufgezeichnet und enthält eine umfangreiche Sammlung klassischer Darstellungstechniken und -regeln.

Um Meisterschaft in der Kunst des Malens zu erreichen, muß man sich zunächst die überlieferten Malmethoden aneignen. Erst dann führt man den Tuschpinsel so leicht und selbstverständlich, daß man frei von traditionellen Gestaltungsprinzipien, der eigenen Inspiration folgend, Geschautes und Empfundenes unmittelbar ausdrücken kann. In jahrelanger konzentrierter Übung werden die Techniken berühmter Meister nachgeahmt, um mit diesen handwerk-

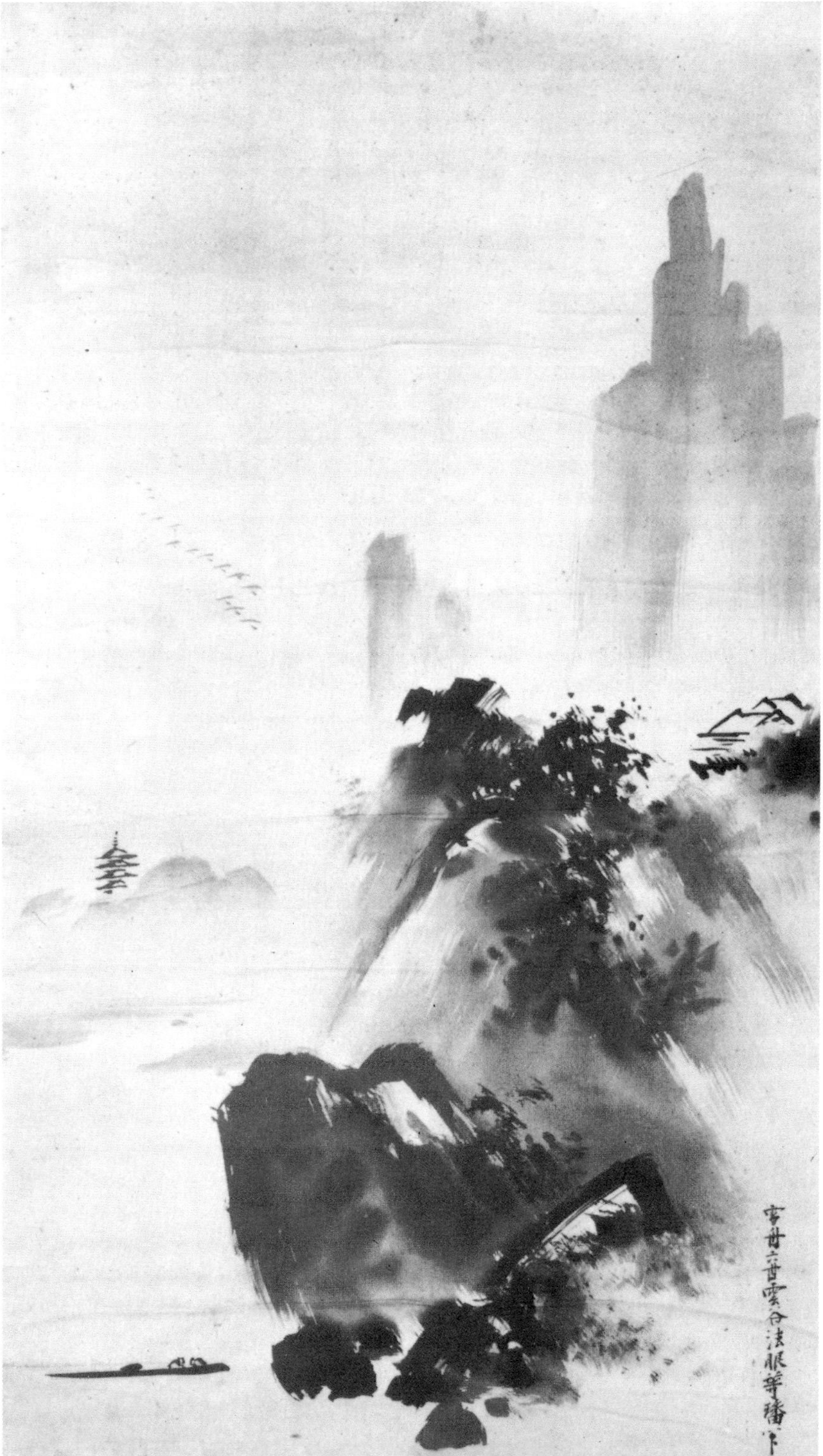

lichen Fertigkeiten zu immer tieferer Erkenntnis über den Bedeutungsgehalt von Bildgegenstand und Gestaltungselementen zu gelangen. Wie der Einsatz von Malmaterial und Malgerät von den Lernenden als sinn- und bedeutungsvoller Ablauf verinnerlicht wird, so wird auch die Einordnung aller sichtbaren Dinge in einen überlieferten Sinnzusammenhang selbstverständlich.

Ein bekanntes Beispiel ist der Bambus. Mit seinen natürlichen Eigenschaften gilt er als Sinnbild menschlicher Tugenden. Er dient in der traditionellen Tuschmalerei wie andere Erscheinungen der natürlichen Welt, wie Chrysanthemen, Pflaumen, Orchideen, wie Vögel und Insekten, wie Bäume, Felsen, Flüsse, wie Häuser und Menschen als Bildelement, mit dem bestimmte Assoziationen und Bedeutungen verbunden werden.

Solche Bildsymbole werden durch vielgestaltige lineare Zeichen wiedergegeben. Mit diesen Bildelementen wird das Bild so komponiert, daß der innere Zusammenhang alles Dargestellten und damit die harmonische Gesamtheit der Natur sichtbar wird.

In der traditionellen ostasiatischen Malschulung enthalten die Malanleitungen keine theoretisch-abstrakten Lehrbegriffe, sondern sinnlich-eindringliche Bezeichnungen und Beispiele, die sich an konkreten Naturerfahrungen orientieren und gleichzeitig deren Sinnbildcharakter betonen.

Es geht nicht um Darstellungsmuster, die die Wirklichkeit möglichst ähnlich wiedergeben können, sondern um Malmethoden, die den Wesenskern der Dinge ausdrucksstark wiedergeben können.

Dazu ein Beispiel aus dem *Senfkorngarten:*

Das Malen von sichtbaren Wurzeln

Wenn Bäume am Berghang wachsen, sind ihre Wurzeln meistens noch mit Erde bedeckt. Wachsen sie aber an einer Felswand, über einer Quelle oder auf hohen Felsen, liegen die Wurzeln alter Bäume meist frei. Diese Wurzeln kann man mit Einsiedlern und Heiligen vergleichen. Sie sind alt, ihre Knochen und Adern treten hervor, trotzdem wirken sie stark und schön.

(H. Daucher, Hrsg., *Der Senfkorngarten*, Ravensburg 1987, Bd. 1, S. 54.)

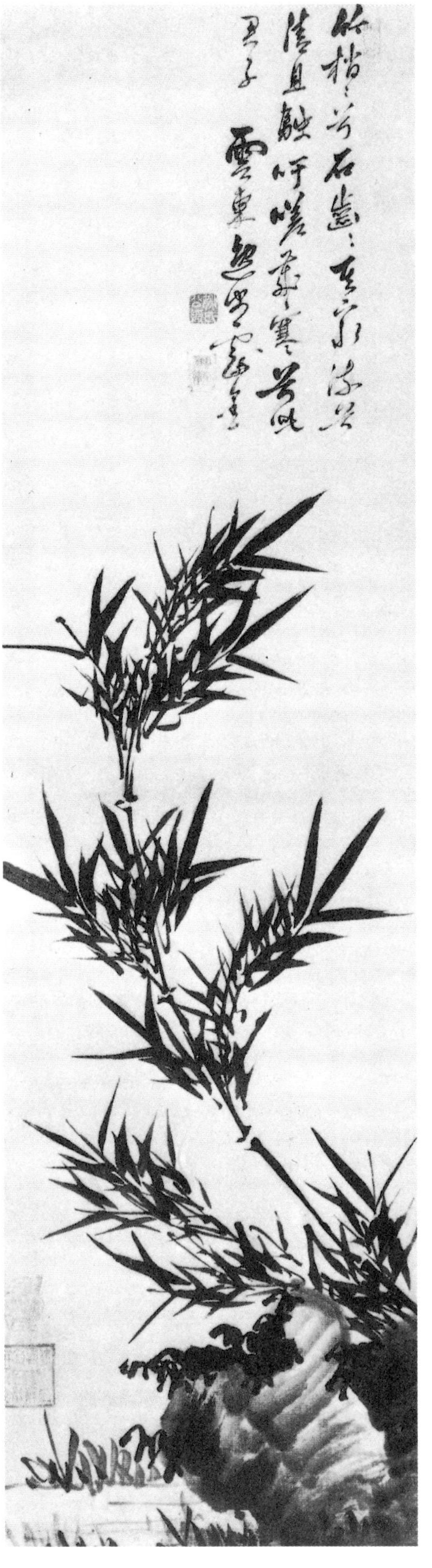

Das Erlernen der traditionellen Tuschmalerei ist nicht nur eine maltechnische, sondern vor allem eine geistige Übung. Sie führt durch die Nachahmung unterschiedlicher Malstile alter Meister weit über die bloße Oberflächenwahrnehmung hinaus, hin zu einem tieferen Verständnis alles Bildhaften, hin zu einer geistigen Erkenntnis aller Erscheinungen der natürlichen Welt.

DIE NATUR

»Es besteht kein wesentlicher Unterschied darin, die Natur zu lieben oder sie zu malen.« Mit diesem Satz beginnt das Vorwort zum *Senfkorngarten.*

Tiefe Naturverbundenheit kennzeichnet die fernöstliche Lebenseinstellung und somit auch die Malerei.

Der Mensch fühlt sich als nur gleichbedeutender Teil der ganzen Natur, er empfindet sich als wesensverwandt mit ihr. Die Natur ist die Quelle philosophischer Erkenntnis, religiöser Erfahrung und schöpferischer Eingebung. Durch einfühlsame Betrachtung kommt der Mensch dem Wesenskern der Dinge näher, durch die Fähigkeit zu meditativer Versenkung in die Natur wird ihm die Gesamtheit des Seins erfahrbar, wird Innenwelt und Außenwelt zur Einheit. Dieses intuitiv-unmittelbare Erfassen des wahren, einen Sinnes kann nur dann malerisch direkt zum Ausdruck kommen, wenn Pinseltechnik und Formensprache der Malerei spontan verfügbar sind.

Es liegen Jahre des geduldigen Einübens maltechnischer und geistiger Methoden vor der individuellen künstlerischen Annäherung an die Natur, vor der freien unmittelbaren Wiedergabe eigener Welterkenntnis.

OST UND WEST

Östliche und westliche Malerei unterscheiden sich grundsätzlich sowohl in der Kunstauffassung als auch in der Malpraxis. Trotzdem oder gerade deswegen war und ist der vertiefende Blick nach Osten für viele westliche Künstlerinnen und Künstler eine große Bereicherung.

Hier muß ein kurzer Streifblick genügen. Er soll Anregung sein zu eigenständiger Beschäftigung mit dieser unmittelbaren Ausdrucksform, um einen weiteren Einblick zu bekommen in ihre geistige Dimension und in ihre Lehr- und Lernmethode. Anregung zur Begegnung mit dem Fremden, um Eigenes zu erkennen, Anregung zur Suche nach Neuem, um bisherige Grenzen zu überschreiten.

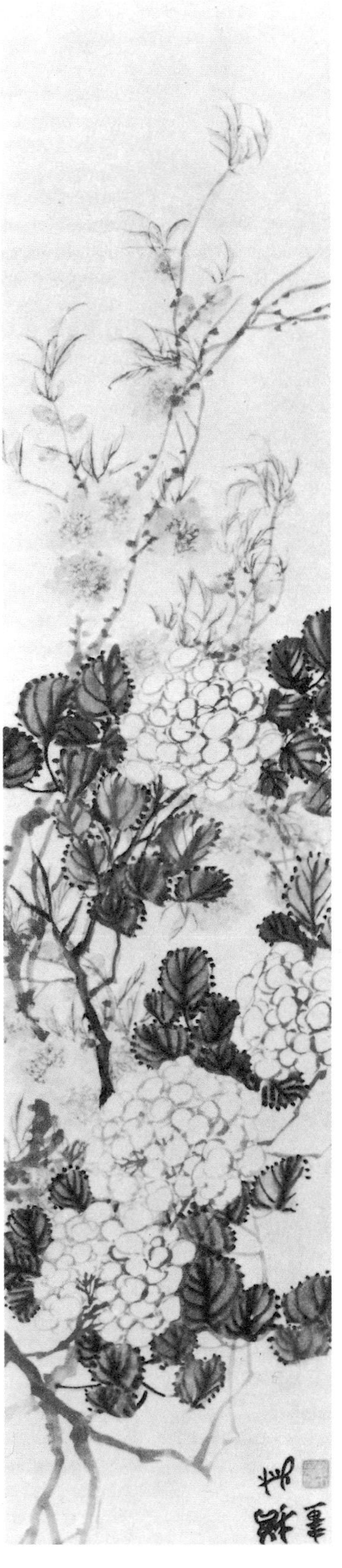

PINSELTECHNIK

Nicht zuletzt durch den Blick nach Osten wurden die unzähligen Varianten, Ausdrucksmöglichkeiten und Darstellungsqualitäten des Pinselstrichs entdeckt. Lange Zeit wurde in der europäischen Malerei jede autonome Pinselspur vermieden, und erst allmählich wurde – auch beeinflußt durch die ostasiatische Tuschkunst – der Eigenwert der Pinselführung beachtet.

Verglichen mit fernöstlichen Malmethoden, wird die Pinselführung in der westlichen Malschulung auch heute noch eher nebensächlich behandelt.

Fragen Sie sich selbst: Wie halte ich den Pinsel? Wie setze ich ihn aufs Papier, wie fülle und wie führe ich ihn? Der bewußte, zielgerichtete Pinselgebrauch ist Malanfängern meist fremd. Aber gerade beim Umgang mit Aquarellfarbe, diesem widerstandslos leichten, transparenten Medium, ist die sichere Handhabung des Pinsels sehr wichtig. Aquarellfarbe registriert jeden ungekonnten Gebrauch, sie verliert durch häufiges Übermalen ihre Leuchtkraft, sie erfordert Sensibilität und Schnelligkeit.

Chinesisch-japanische Pinselübungen trainieren die sichere Pinselführung, sie leiten an zu körperlicher Entspannung und geistiger Konzentration, sie legen Wert auf einfühlsamen Materialeinsatz und entschlossene rhythmische Bewegungen, sie betonen die ausdrucksstarke Linie und die vereinfachte Form.

Für das Aquarellierenlernen und vor allem für das Direkt-Aquarellieren ist daher die Beschäftigung mit fernöstlichen Pinseltechniken hilfreich und anregend.

Bei der traditionellen Tuschmalerei wird der Pinsel nicht einfach in Farbe getaucht, er wird auf eine bestimmte Weise gefüllt; er wird nicht irgendwie aufs Papier gesetzt und bewegt, er wird mit verschiedener Handhaltung, mit immer wieder anderem Tempo und Rhythmus, mit variierter Druckstärke auf Spitze und Bauch gezogen, geschoben, gedreht, getupft. Durch subtilen Pinseleinsatz werden Flächen, Linien und Strukturen, deren Formen, deren Stärke und Verlauf, deren Härte, Geschmeidigkeit, und Tonwerte erzielt. Die Wahl der jeweiligen Maltechniken, der Griff zum entsprechenden Malinstrument und Malmaterial wird durch die Merkmale des jeweiligen Objekts beeinflußt.

Die folgenden Pinselübungen sind keine Anleitung zu chinesisch-japanischer Tuschmalerei. Sie beruhen nur auf Anleihen bei den Pinseltechniken ostasiatischer Malerei, aber nicht, um deren Darstellungsstile zu imitieren, sondern um bewußte, sichere und ausdrucksstarke Pinselführung beim Aquarellieren zu erlangen. Sie sind auch als Aufforderung gedacht, sich über diese Anregungen hinaus intensiver mit fernöstlichen Malmethoden auseinanderzusetzen.

Zu entdecken sind ungewöhnliche Bildformate und Bildkompositionen, der leere Bildgrund, erstaunliche Formenvereinfachungen, die »Farbe« Schwarz mit ihren Nuancen ... Zu gewinnen ist aber auch die Einsicht, daß entspannte Körperhaltung und Konzentrationsfähigkeit, intensives Schauen und Betrachten, Ausdauer, Geduld und Einfühlsamkeit wesentliche Voraussetzungen für das künstlerische Gestalten sind – Voraussetzungen, die der westlichen Mentalität eher schwerfallen.

Seite 89: Unkoku Tohun, Haboku Landschaft
Seite 90: Yao Shou, Bambus und Felsen
Seite 91: Zhao Zhigian, Hortensie
Seite 93: Li Fangyin, Bambus und Felsen

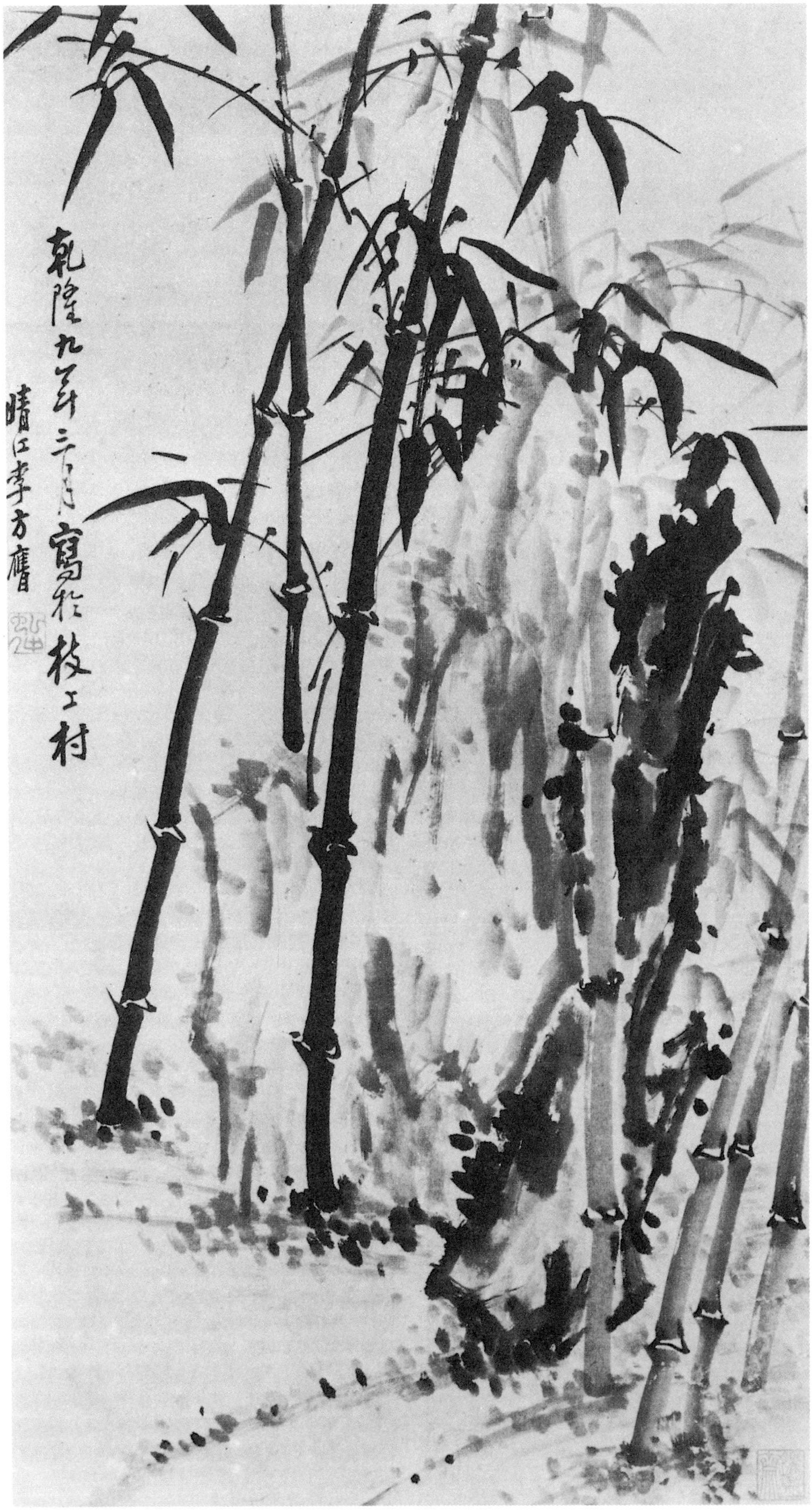
乾隆九年二月寫於枝上村
晴江李方膺

MATERIALIEN

FERNÖSTLICHE MATERIALIEN

Pinsel, Tusche, Reibstein und Papier sind die traditionellen ostasiatischen Mal- und Schreibutensilien.

Pinsel aus Fernost werden bei uns als China-, Japan- oder Bambuspinsel bezeichnet. Sie eignen sich gut für die Aquarellmalerei, da ihre Haare viel Flüssigkeit aufnehmen können und ihre Form flächiges Malen und lineares Zeichnen ermöglicht.

In der fernöstlichen Malerei sind Linien- und Flächenausprägungen in ihren Tonabstufungen wesentliche Elemente der Bildmitteilung und weniger die Farbe. Damit kommt der Pinselführung eine weitaus größere Bedeutung zu, als in unserer Maltradition. Die Pinsel werden anders gehandhabt, sie haben längere Stiele, weicheres, weniger elastisches Haar. Das verwendete Papier ist so saugfähig, daß es jede Nuance des Pinseleinsatzes registriert.

Korrekturen sind nicht möglich. Die Wahl des Pinsels richtet sich nach der Malmethode. Mit größeren, weicheren Weißhaarpinseln läßt sich sehr viel Wasser aufnehmen, sie sind gut geeignet für großflächiges Verwaschen und weich verfließende Tönungen.

Die Braunhaarpinsel mit ihren elastischeren und härteren Haarsorten werden zum Malen feiner Linien, breiter Striche, für Strukturen und Flächenformen benutzt.

Chinatusche wird in Stangenform gepreßt oder flüssig in Flaschen angeboten. Sie ist halbtransparent, hat eine bläuliche oder bräunliche Tönung und ist je nach Preis unterschiedlich lichtecht.

Farben werden in der ostasiatischen Tuschmalerei nur ergänzend eingesetzt. Sie ähneln unseren Aquarellfarben, enthalten aber meist gröbere Pigmente, sind zu Stäbchen gepreßt oder in flache Porzellanschalen gegossen und bei uns meist nur in den Grundfarben erhältlich. Das Tuschstück oder die Stäbchenfarbe wird auf dem »Berg« des *Reibsteins* mit destilliertem Wasser aus der Mulde des Tuschsteins angerieben. Die »schwere Tusche« fließt ins »Tal« des Reibsteins.

Japan- oder Chinapapier ist kaum geleimtes, sehr saugfähiges Papier aus unterschiedlichen Naturfasern wie Bambusstroh, Reiszellulose, Rindenfasern . . .

Erhältlich sind unterschiedliche Sorten in Einzelbögen oder als Blocks. Es gibt sie mit faserigen, filzigen, rauhen, aber auch glatten Oberflächen in verschiedenen Tönungen und Stärken.

Wie wird es bemalt? Der Papierfilz des Japanpapiers saugt jede Flüssigkeit sofort auf. Die Papierstruktur beeinflußt den Farbauftrag und die Farbwirkung entscheidend. Besonders bei stark faserigem Japanpapier entstehen lebhafte Nuancierungen und Texturen.

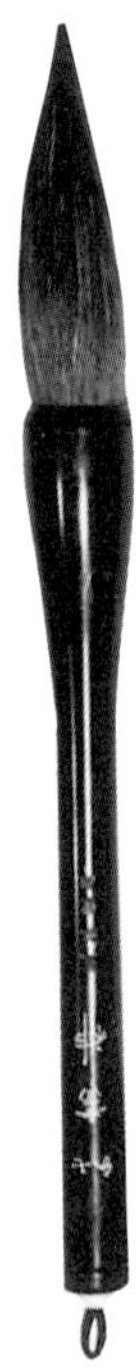

Chinapinsel

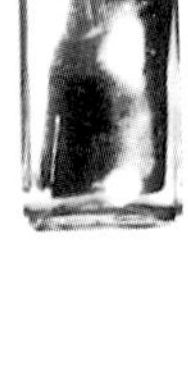

Flüssige Chinatusche

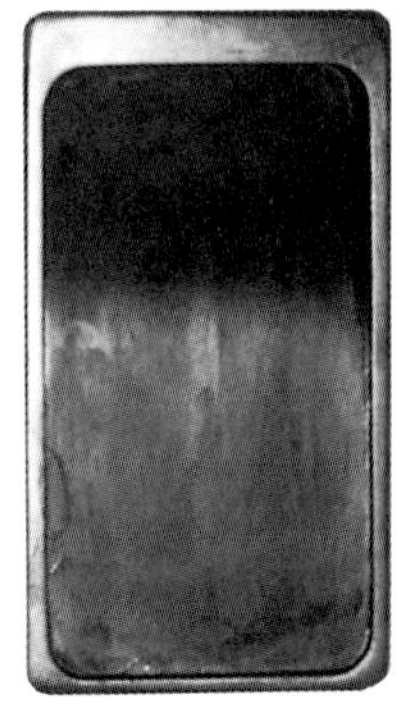

Reibstein

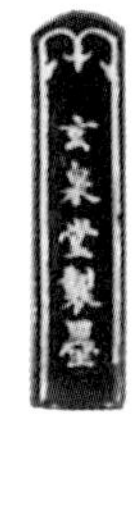

Tuschstück

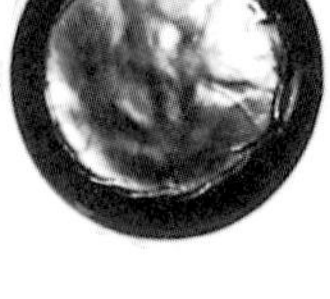

Porzellanschale mit Wasserfarbe

• Wenn Sie auf Japanpapier mit dem gefüllten Pinsel an einer Stelle verweilen, breitet sich die Farbe zu einem diffusen Fleck aus. Wenn Sie den richtig gefüllten Pinsel mit unterschiedlichem Tempo und Druck über das Papier führen, entstehen feine oder breite Linien, spitze oder stumpfe Formen, weiche oder harte Ränder.
• Streichen Sie mit dem kaum feuchten Pinsel leicht über die rauhe Papiertextur, dann färben sich nur die erhabenen Stellen.
• Für fließende Farbübergänge und weiche, verschwommene Konturen kann man die Naß-in-Naß-Technik anwenden. Dazu spannt man den nassen Papierbogen mit Klebestreifen auf eine glatte, helle Platte und bemalt ihn im feuchten Zustand. Ist das Papier nach dem Aufspannen zu trocken geworden, wird es mit dem Wasserzerstäuber nochmals befeuchtet. Sobald die Oberfläche nicht mehr naß glänzt, hat sie den idealen Feuchtigkeitsgrad zum Aquarellieren.
• Naßfeste, starke Sorten kann man ebensogut unaufgespannt auf eine glatte oder auch auf eine saugfähige Unterlage legen und so darauf malen.
• Ob Sie das Papier naß-in-naß oder naß-auf-trocken bemalen, in jedem Fall benötigen Sie eine weiße Unterlage. Als Anfänger legen Sie am besten saugfähiges Material darunter wie Löschpapier, Vlies, Makulaturpapier.

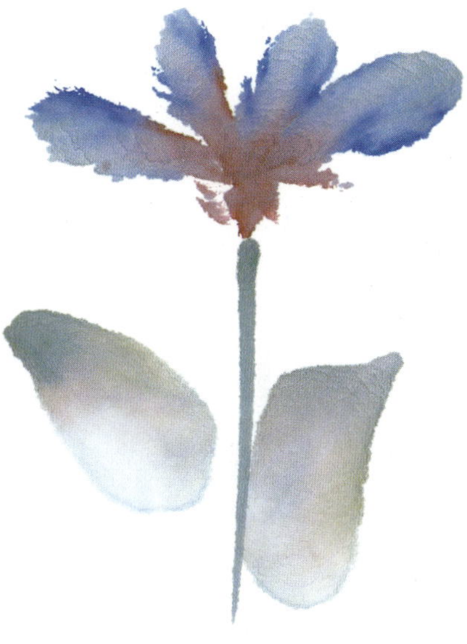

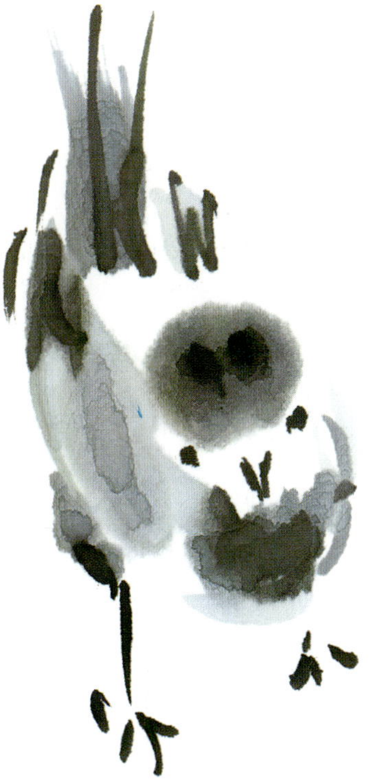

ÜBUNGSMATERIALIEN

Für die folgenden Pinselübungen benötigen Sie keine speziellen Materialien.
• Sie können jede schwarze Wasserfarbe anstelle von Chinatusche verwenden.
• Üben Sie zunächst auf mattem, saugfähigem, aber preiswertem Papier. Makulatur- oder Untertapetenpapier, auch manches Umweltschutzpapier oder Skizzenpapier ist für die ersten Pinselversuche geeignet. Befestigen Sie ausreichend große Bögen mit Klebestreifen direkt auf der Tischplatte oder auf einem Karton.
• Ob Chinapinsel, Marderpinsel oder Synthetikhaarpinsel ...: Setzen Sie alle Ihre Aquarellpinsel bei den Übungen ein, und vergleichen Sie deren Eigenschaften.

PINSELÜBUNGEN

PINSELHALTUNG

- Der Pinsel wird in der westlichen Maltradition meist schräg aufs Papier gesetzt. Er wird etwa zwei Finger breit oberhalb der Zwinge angefaßt, zwischen Zeigefinger und Daumen gehalten und auf den Mittelfinger gestützt. Die Bewegung kommt aus dem Oberarm, dem Unterarm oder aus dem Handgelenk.
- Möchte man feine Linien ziehen oder exakte Details ausarbeiten, dann wird die Pinselhand auf die Handkante gestützt oder durch den aufgesetzten kleinen Finger stabilisiert.
- In der fernöstlichen Malerei wird der Pinsel in der Grundhaltung senkrecht geführt. Meist wird er dabei über dem Ringfinger aufgelegt und mit Daumen, Zeigefinger und Mittelfinger gehalten. Er kann aber auch auf dem Mittelfinger liegen und mit Zeigefinger und Daumen geführt werden. Hand, Arm und Ellbogen werden nicht aufgestützt, damit freischwingende Bewegungen möglich sind.
- Große, starke Pinsel mit dickem Stiel hält man am besten in der Hand liegend ganz locker mit allen Fingern.
- Wichtig ist bei allen Pinselhaltungen der unverkrampfte bewegliche Griff.

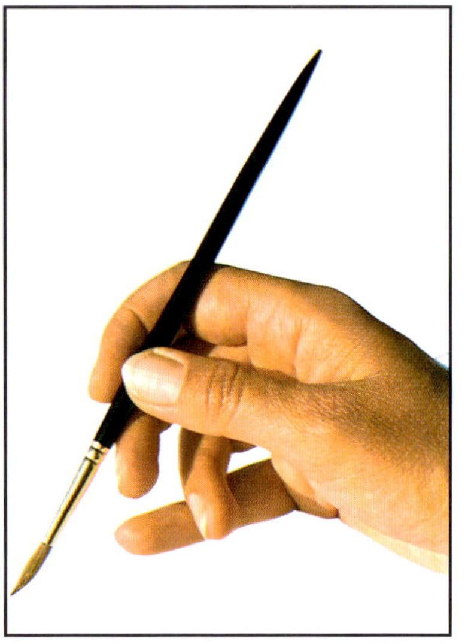

Abgestützte Hand

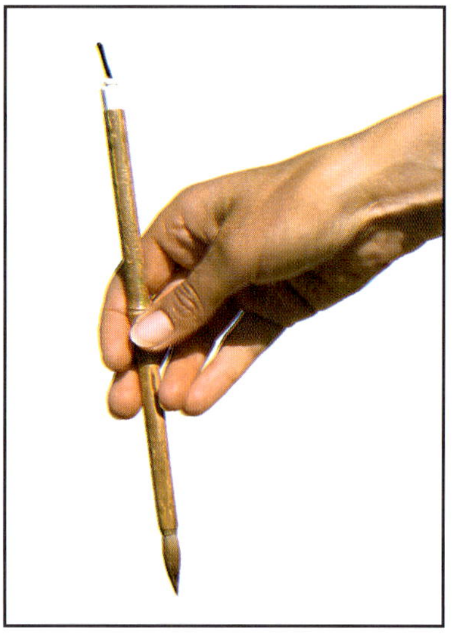

Fernöstliche Pinselhaltung

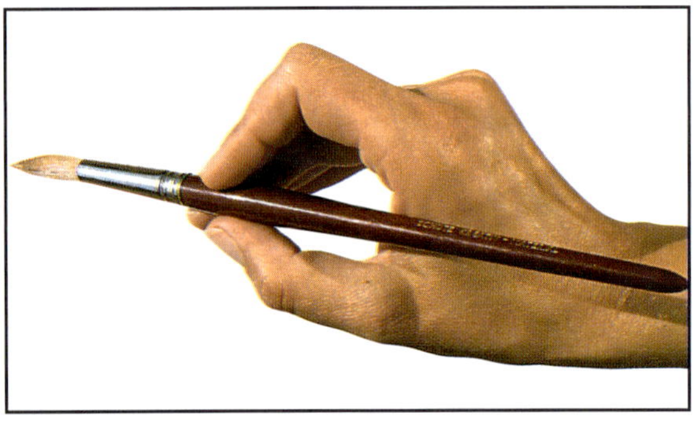

Westliche Pinselhaltung

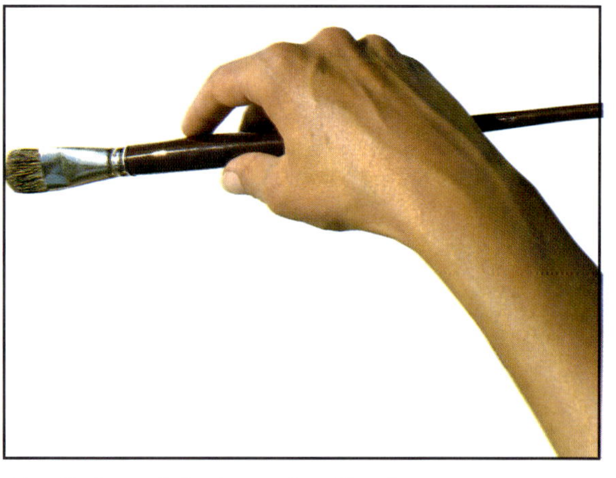

Pinselhaltung bei sehr großen Pinseln

PINSELFÜLLUNG

- Die grundlegende Pinselfüllung in China und Japan heißt *»Drei-Tuschen-Methode«*.

Der ausgewaschene, feuchte, wieder zur Spitze geformte Pinsel wird mit dunkler Tusche gefüllt. Danach wird die Spitze in einer Wasserschale geschwenkt. Dadurch wird die Tusche im Pinsel verdünnt und insgesamt heller. Anschließend wird nur die Spitze nochmals in dunkle Tusche getaucht. Der Pinsel soll jetzt in der Spitze eine dunkle, dann eine mittlere und oben an der Zwinge eine helle Tönung enthalten.

Mit dem so gefüllten Pinsel werden schattierende, modulierte Linien und Flächenformen ohne Konturlinien gemalt.

- Hinweis: Richtig dosiert ist die Flüssigkeitsmenge im Pinsel nur dann, wenn der Pinselstrich nicht breit verläuft, aber auch nicht rauh und trocken ausfranst.

Ob und wie das gelingt, hängt von der Haarsorte und Größe des Pinsels, vom Papier, von der Konsistenz der Farbe oder Tusche und von Ihrer eigenen Pinselführung ab. Es ist Erfahrungssache. Achten Sie darauf, daß die Pinselhaare die Farbmenge halten können, daß sich kein Tropfen in der Pinselspitze sammelt. Streifen Sie den gefüllten Pinsel vielleicht noch einmal vorsichtig auf einem Löschpapier ab, bevor Sie damit malen.

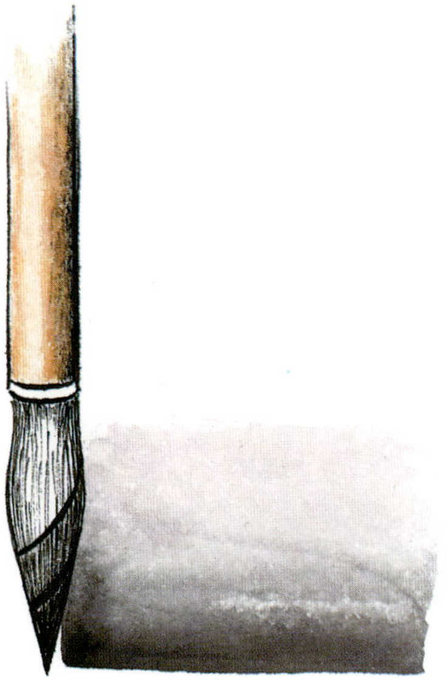

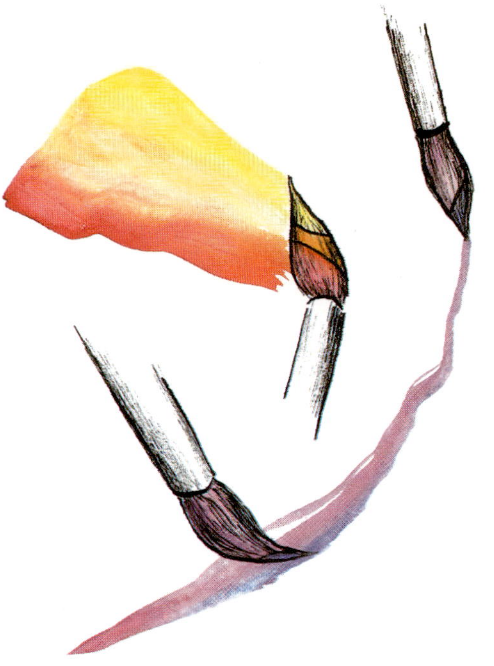

- Probieren Sie – abgeleitet von der asiatischen »Drei-Tuschen-Methode« – verschiedene Pinselfüllungen mit Farbe aus.
- Schwenken Sie den ganzen Pinsel in einer verdünnten Farbflüssigkeit. Trocknen Sie die Spitze – auf einem Lappen drehend – wieder etwas ab, und nehmen Sie nur mit der Spitze unverdünnte Farbe direkt aus dem Näpfchen oder aus der Tube auf. Der so gefüllte Pinsel gibt, mit dem Bauch breit aufgesetzt und gezogen, eine nuancierte Farbfläche ab. Die Spitze färbt intensiver und dunkler, der Bauch heller.
- Nehmen Sie mit dem Pinselbauch satte Farbe auf, und füllen Sie die Pinselspitze mit einem anderen kräftigen Farbton.

Ziehen Sie damit eine lebendige Pinsellinie, indem Sie den Pinsel während der Linienbewegung unterschiedlich aufdrücken und gleichzeitig zwischen den Fingern drehen. Probieren Sie das auch mit anderen Farbkombinationen und breitem Aufsetzen des Pinsels aus.

- Nehmen Sie dann noch eine dritte Farbe an den Pinsel. Üben Sie das Füllen des Pinsels, bis Ihnen gezielte Ergebnisse gelingen.

PINSELFÜHRUNG

Senkrechte Führung

- Füllen Sie den Pinsel gleichmäßig mit einer Farbe. Halten Sie ihn senkrecht in der Hand, und führen Sie ihn im rechten Winkel zum Papier. Durch Aufdrücken und Abheben entstehen an- und abschwellende Linien. Die Pinselspitze bleibt in der Mitte der Linie.
- Üben Sie diese Führung mit freien Armbewegungen und nur zum Vergleich einmal mit aufgestütztem Ellbogen.
- Führen Sie den senkrechten Pinsel mit immer rascheren Bewegungen über das Papier, einmal stark, dann leicht aufgesetzt, einmal zum Körper hin, dann vom Körper weg.

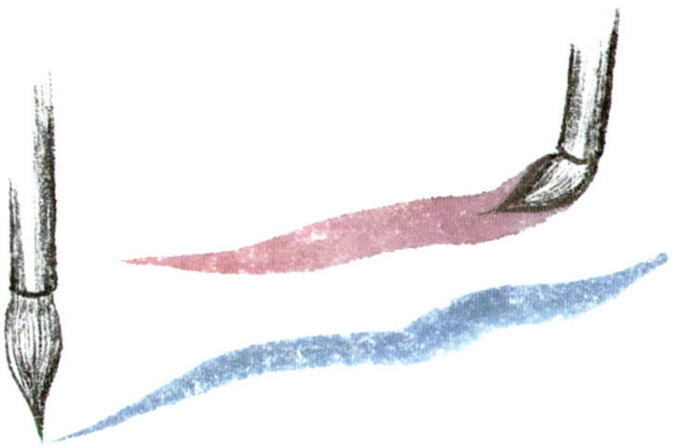

Schräge Führung

- Füllen Sie den Pinsel so, daß er drei Tonstufen abgibt. Der Pinsel wird im spitzen Winkel zum Papier aufgesetzt. Dabei können die Pinselhaare zum Pinselstiel wiederum verschiedene Winkel bilden.

Mit schräger Pinselführung können vielfältige Formen gemalt werden. Dabei ist die Pinselfüllung, das Auf- und Absetzen und das Maltempo wichtig.

- Ziehen Sie zunächst breite Bahnen mit schräg geneigtem Pinsel. Dabei gibt die Pinselspitze den dunkelsten Ton ab.

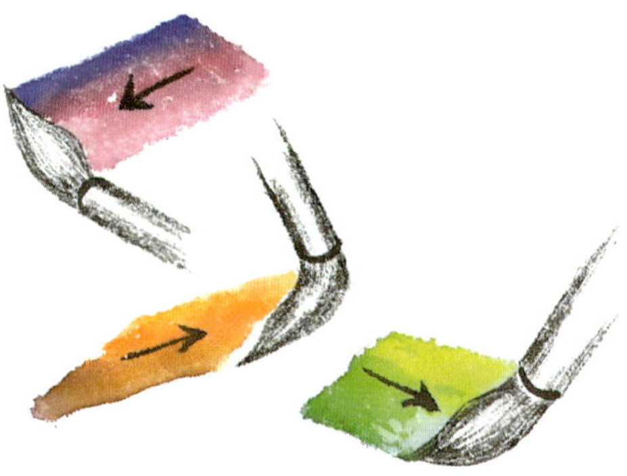

- Versuchen Sie dann die Breite der Strichfläche durch starken und schwachen Aufdruck zu variieren. Führen Sie den Pinsel dabei in Ab- und Aufwärtsbewegungen, ziehen, schieben, drehen Sie ihn, und achten Sie auf die dunklere Füllung in der Spitze.

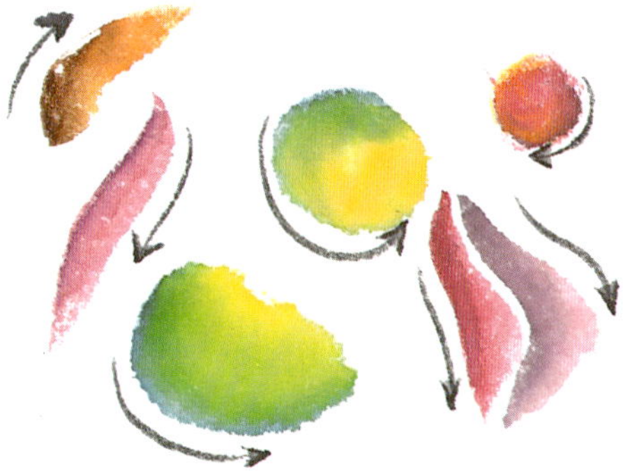

- Auf saugfähigem Papier bleibt das Aufsetzen und Abheben des Pinsels als Spur sichtbar. Durch leichte Drehungen der Pinselspitze oder durch kurzes Verweilen entstehen dunklere Akzente oder Verdickungen. Durch schnelles, gleichmäßiges Abheben des Pinsels lassen sich spitze, auslaufende Linien malen.

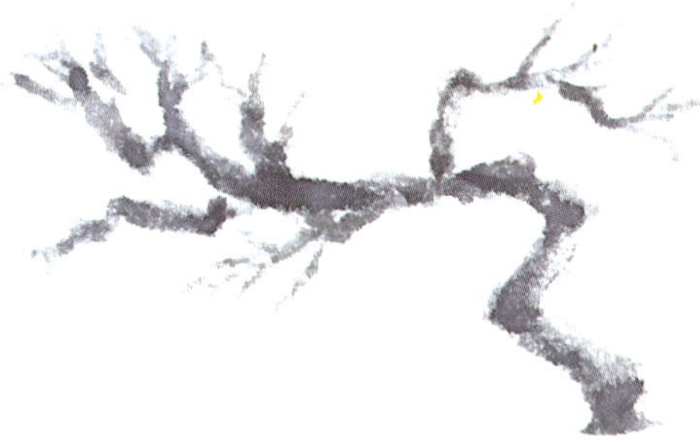

- Mit kreisförmigen Pinseldrehungen erreichen Sie nach einiger Übung kleinere oder größere rundplastische Formen.

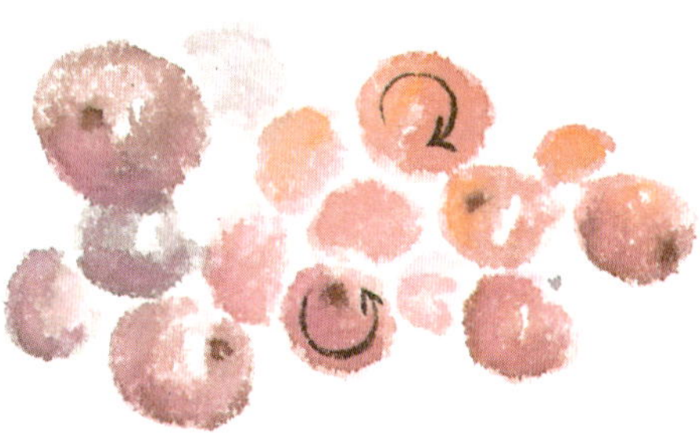

• Üben Sie alle diese Variationen mit schräger Pinselführung immer wieder. Versuchen Sie viereckige, dreieckige, spitz-ovale, runde Formen und verschiedene Linien in dieser Technik zu malen.

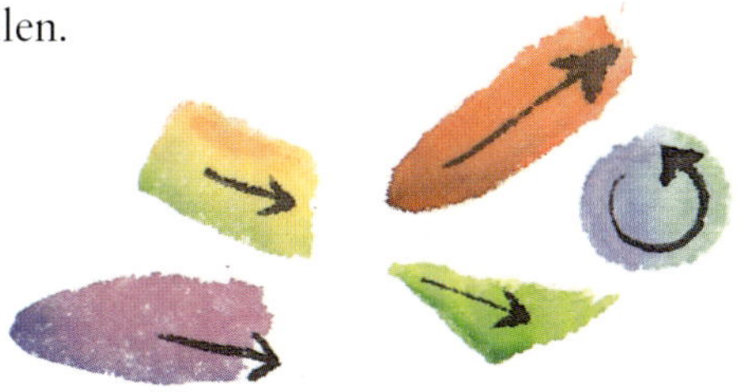

• Wählen Sie Gräser, Blätter, Blüten, Früchte oder einfache Gegenstände als Motiv. Versuchen Sie diese aus Kombinationen senkrechter und schräger Pinselstriche vereinfacht, aber treffend, wiederzugeben.

Verzichten Sie zunächst auf Farben, benutzen Sie nur Schwarz und für die Grauwerte entsprechende Verdünnungen. Verwenden Sie hellere, mittlere und dunkle Töne im Bild. Sie können damit Farbunterschiede und Räumlichkeit andeuten. Im Bild entsteht räumliche Tiefe, wenn fernere Partien heller gemalt werden als die nahen.

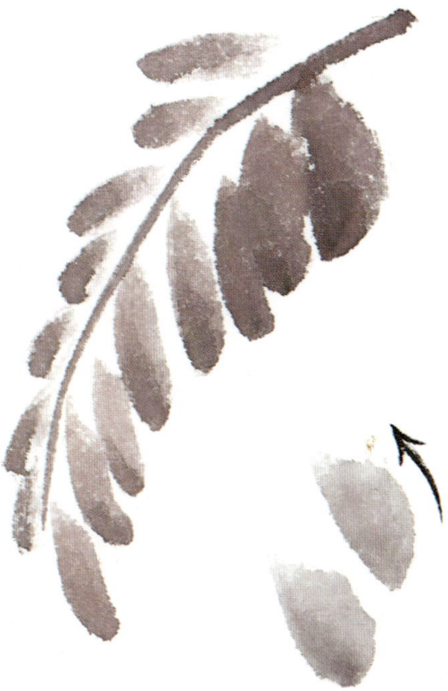

• Wenn Sie den in Tonstufen gefüllten Pinsel ganz oder nur zum Teil auf das Papier setzen und leicht andrücken, können Sie damit viele verschiedene Formen und Strukturen erreichen.

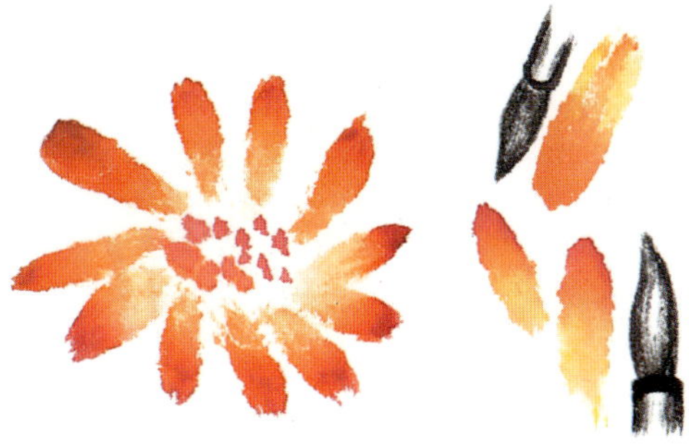

• Unregelmäßige oder gezackte Formränder erhalten Sie, wenn Sie den Pinsel leicht auf das Papier setzen und etwas hin und her rollen oder auf und ab schieben.

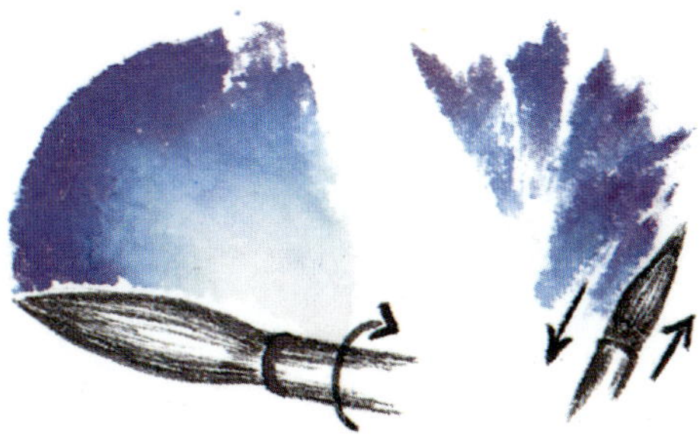

• Mit Pinseltupfen, mit Aufwärts-, Abwärts- oder Schrägstrichen, mit Pinselhieben, mit Häkchen, Bögen, Ecken, Zacken oder Schnörkeln lassen sich Blattbüschel, Gräser, Laub, Schilf, Steine, Felsen und andere Oberflächenstrukturen darstellen.

Durch die Variation der Dichte, der Grauwerte, der Anzahl und der Größe der Pinselspuren entsteht ein natürlicher, lebendiger Eindruck.

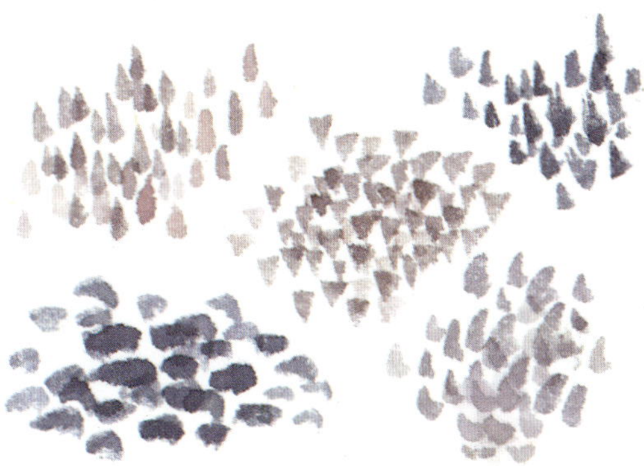

• In der traditionellen chinesischen und japanischen Tuschmalerei sind Bäume ein wesentliches Bildelement. Um deren Blattwerk mit wenigen Strichen vereinfacht, aber ausdrucksstark darstellen zu können, üben Malschüler zielgerichtet entsprechende Strichtechniken alter Meister. Besonders für Bäume gibt es unzählige Strichvariationen, die mit Schriftzeichen verwandt sein können und die solch einprägsame Bezeichnungen tragen wie *Mäusespur-Technik, Pfeffer-Technik* oder *Seetang-Technik.*

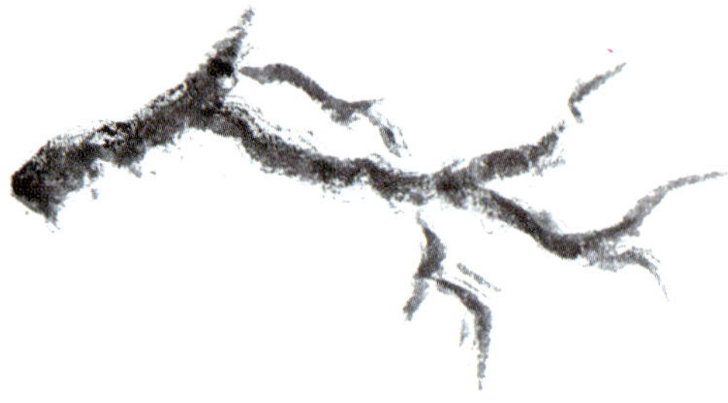

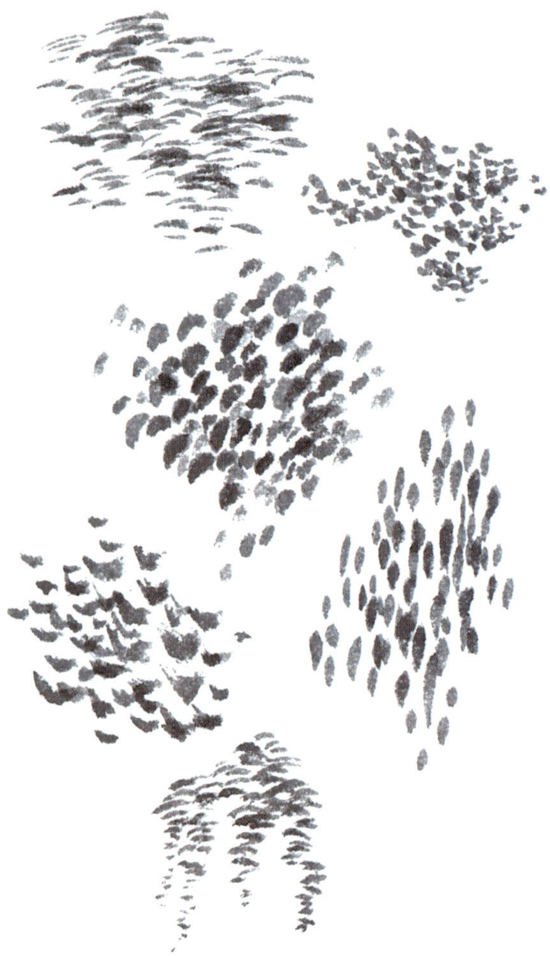

• Mit kaum verdünnter Farbe am Pinsel erreicht man auf dem Papier spröde, rauhe, körnige Strukturen. Der trockene, aufgebrochene Strich läßt sich durch gespreizte Pinselhaare in seiner Wirkung noch verstärken.
Überflogenes Weiß heißt dieses Verfahren in der fernöstlichen Tuschmalerei. Dort werden vorwiegend alte, ausgefranste Pinsel dafür verwendet, die oft über das Papier geschoben werden.

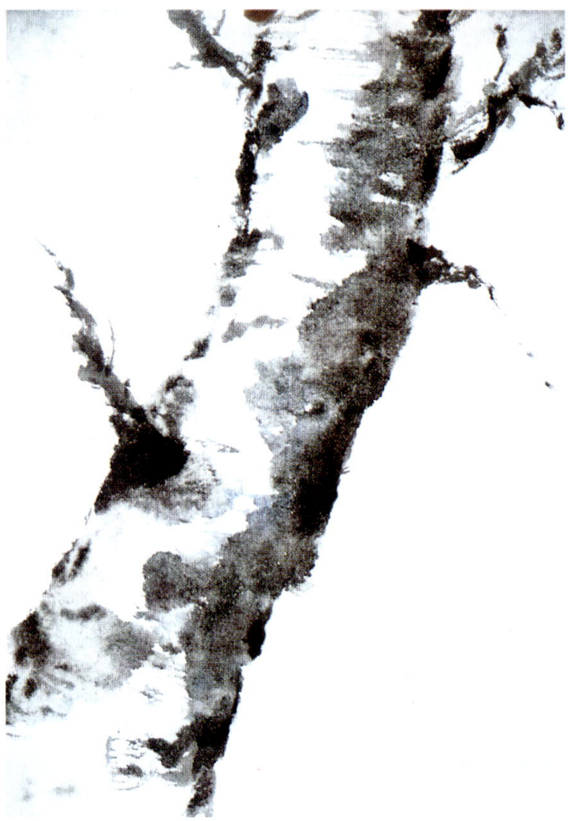

• Entwickeln Sie selbst solche Pinselstrich-Verfahren, bei denen es darauf ankommt, daß die typischen Merkmale der Objekte mit reduzierten Zeichen erfaßt werden.

Ein ideales Übungsfeld dafür bietet die Natur. Vielleicht erfinden Sie die Birkenblätter-Tupfer, die Schnittlauch-Striche, die Kirschblatt-Technik oder die Geranienblüten-Methode!

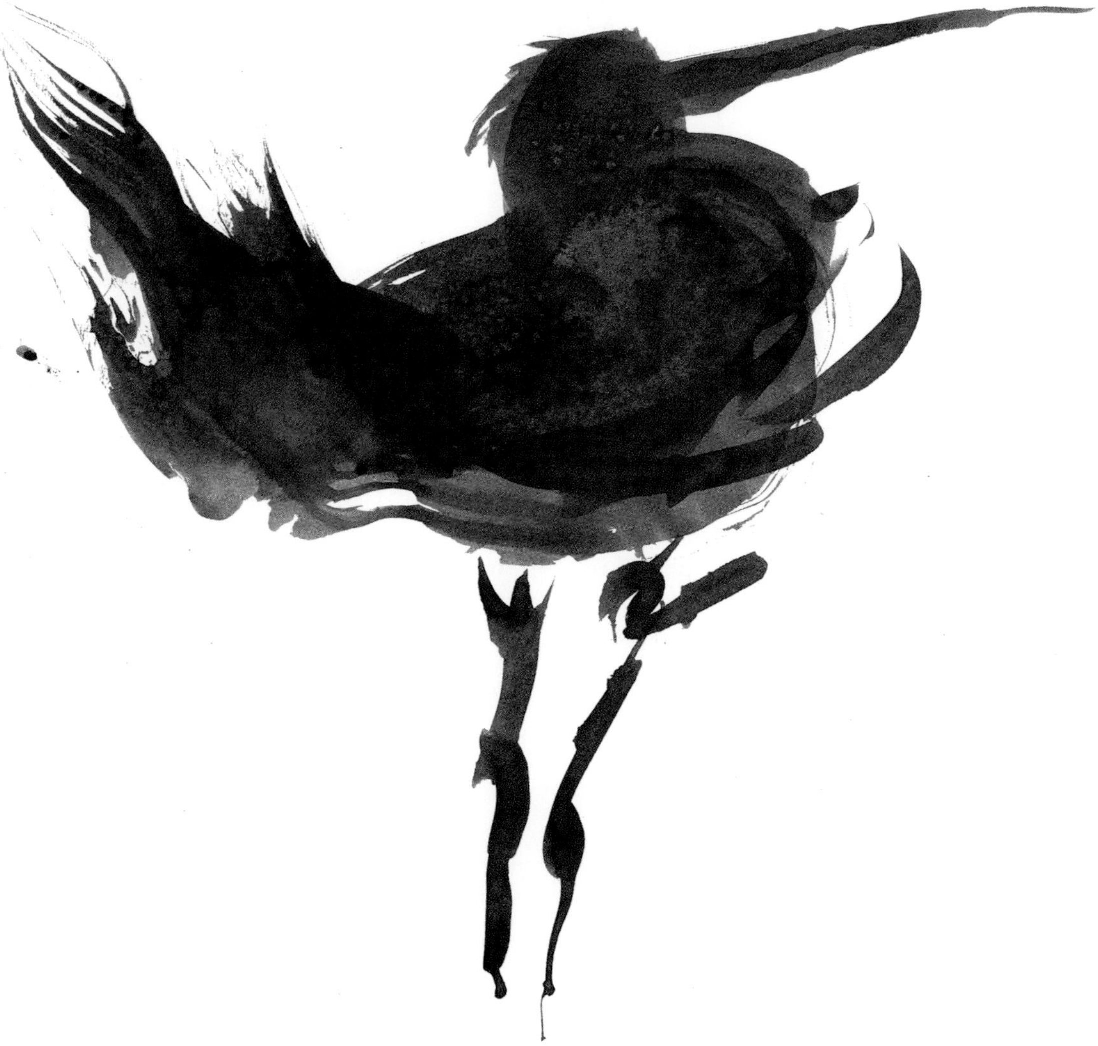

• Nach all diesen zielgerichteten Pinselübungen zum Schluß noch eine Anregung zu freiem, absichtslosem Umgang mit Pinsel und Farbe.

Als »aufgespritzte, hingekleckste Tusche« wird in der chinesisch-japanischen Malerei der regellose, spielerische Gebrauch von Pinsel und Tusche bezeichnet.

Der freie Duktus dieser exzentrischen Malweise entspringt der Tiefe des Unbewußten. Die Zufallseffekte, die dabei entstehen, werden als bildnerische Mittel eingesetzt. Versuchen Sie einmal, mit dieser freien Einstellung, losgelöst von festen Bildvorstellungen, den Pinsel nach einer inneren Bewegung zu führen. Eckig, weich, fest, gekleckst, getupft, schnell ... Lassen Sie die Pinselhand aus sich selbst heraus agieren und schließen Sie dabei die Augen. Das Entstandene wird für Sie selbst bedeutsam sein, Sie können damit weitergestalten, darüber nachdenken oder es einfach als Entspannungsübung und Aufwärmen vor dem Malen betrachten.

• Wenn Sie durch verschiedene Pinselübungen bereits sicherer in der Handhabung Ihres Malmaterials geworden sind, dann sollten Sie sich an schwierigere Herausforderungen wagen. Tiere zum Beispiel halten selten still, wenn jemand sie malen möchte. Beobachten Sie eine schleichende Katze, einen hüpfenden Sperling, einen spielenden Hund, eine aufmerksame Möwe ... Versuchen Sie, deren typische Gestalt, ihre Bewegungen und Gesten charakteristisch vereinfacht mit schnellen Pinselzügen wiederzugeben.

AQUARELLIEREN – SICH INTERESSIEREN

THEMEN – BEISPIELE – ANREGUNGEN

Großmutters Aquarelle – vergilbte Blätter, verblaßte Farben, übersät mit Stockflecken, Spuren der Zeit; manche in goldenen Rahmen an der Bilderwand, die meisten in kunstvoll beschrifteten Mappen, die beim Öffnen einen ganz einmaligen Geruch ausströmten ... Kindheitserinnerungen an Großmutters Aquarelle und Skizzen aus ihrer Jugendzeit. Hauptsächlich an Berge und Ufer, an Bauernhäuser und viel Grün erinnere ich mich, es gab auch Blumen, blühende Gärten und viele einfarbige Blätter in Braun- und Grautönen, die sie in Parks oder Schloßgärten gemalt hatte. Und was die Großmutter uns zu jedem Blatt erzählen konnte, wie viele Kleinigkeiten ihr zu jenen Malstunden an Sommernachmittagen, bei Sonntagsausflügen oder auf Reisen einfielen! Stunden, die ihr bis ins hohe Alter gegenwärtig geblieben sind. Der vergessene Sonnenhut, die drückende Schwüle, das schillernde Grau eines Kieswegs, die hellen Kleider ihrer Freundinnen, welches Malkästchen sie dabei gehabt hatte. Sie sprach von Sepia und Bister, von Ochsengalle, Gummiarabikum und Fischpinseln, sie schwärmte von Krapplack, Kobaltblau, handgeschöpftem Bütten, zarten Lavis ... Alchimie für unsere Kinderohren. Wenn wir dann voller Eifer unsere Wassergläser füllten, mit deckenden Wasserfarben und groben Pinseln das einfache Zeichenpapier satt und kräftig bemalten, waren wir enttäuscht über den Himmel und die Bäume, oder die Bauernhäuser in unseren Bildern, die viel zu kompakt geraten waren. Obwohl wir protestierend behaupteten, wir könnten ohne dieses Kobaltblau, Indischgelb und all die anderen großmütterlichen Malutensilien kein schönes Bild mehr malen, mußten wir noch viele Jahre lang auf den ersehnten Aquarellkasten warten. Mit ihm wurden unsere Bilder allerdings nicht viel besser. Unsere Großmutter hatte in diesem Alter bereits eine große Erfahrung im Abzeichnen und Aquarellieren. Sie hatte uns oft berichtet, wie wichtig und streng der Zeichenunterricht gewesen sei, daß sie zu Ausflügen selten ohne Malkasten aufgebrochen seien und daß es damals üblich gewesen sei, Briefe, Einladungen oder schöne Gebrauchsgegenstände mit kleinen Aquarellen zu verzieren. Einen regelrechten Wettstreit habe es gegeben unter befreundeten Familien, von Reisen die meisten aquarellierten Ansichten oder Skizzen mit nach Hause zu bringen.

Als wir älter wurden, verlor sich unsere Bewunderung für diese naturgetreuen, in die Jahre gekommenen Aquarelle, wir wunderten uns über die damalige Gleichzeitigkeit von expressionistischen Strömungen in der Kunst und der idyllischen Wirklichkeitsnähe der großmütterlichen Bilder. Für unsere Großmutter war Aquarellieren und Zeichnen ausschließlich Naturstudium mit Pinsel und Bleistift. Etwas Sichtbares wiedererkennbar, »richtig« darstellen zu können, das hatte sie gelernt, mehr wollte sie nicht. Wir konnten sie mit solchen Reizworten wie Phantasie, Farberlebnis, Kreativität, persönlicher Ausdruck ... provozieren, dann kam sie in Rage: Heute müsse alles blitzschnell gehen, auch das Bildermachen, niemand sei mehr bereit zu genauem Hinsehen und ausdauerndem Üben; es fehle den Menschen die Ruhe dazu und die Bereitschaft; richtig zeichnen könne kaum mehr jemand; was nütze denn die lebendigste Phantasie, wenn man sie nicht zu Papier bringen könne, weil die Grundlagen fehlten; ausdrucksstark und originell nenne man heute jede farbige Unordnung, jede schlampige Form, hinter der sich mangelndes Können verbergen lasse. Wo kämen wir denn da hin, wenn jeder Sonntagsmaler seine blitzschnell gemalten Bilder als Kunst verstände; bei Kandinsky anzufangen, ohne einen Baum malen zu können, das sei nicht Sinn der Sache! Mit dem Sinn der Sache hatte sie den entscheidenden Punkt berührt: Welchen Sinn hat das Malen außerhalb von Fachausbildung oder künstlerischem Beruf?

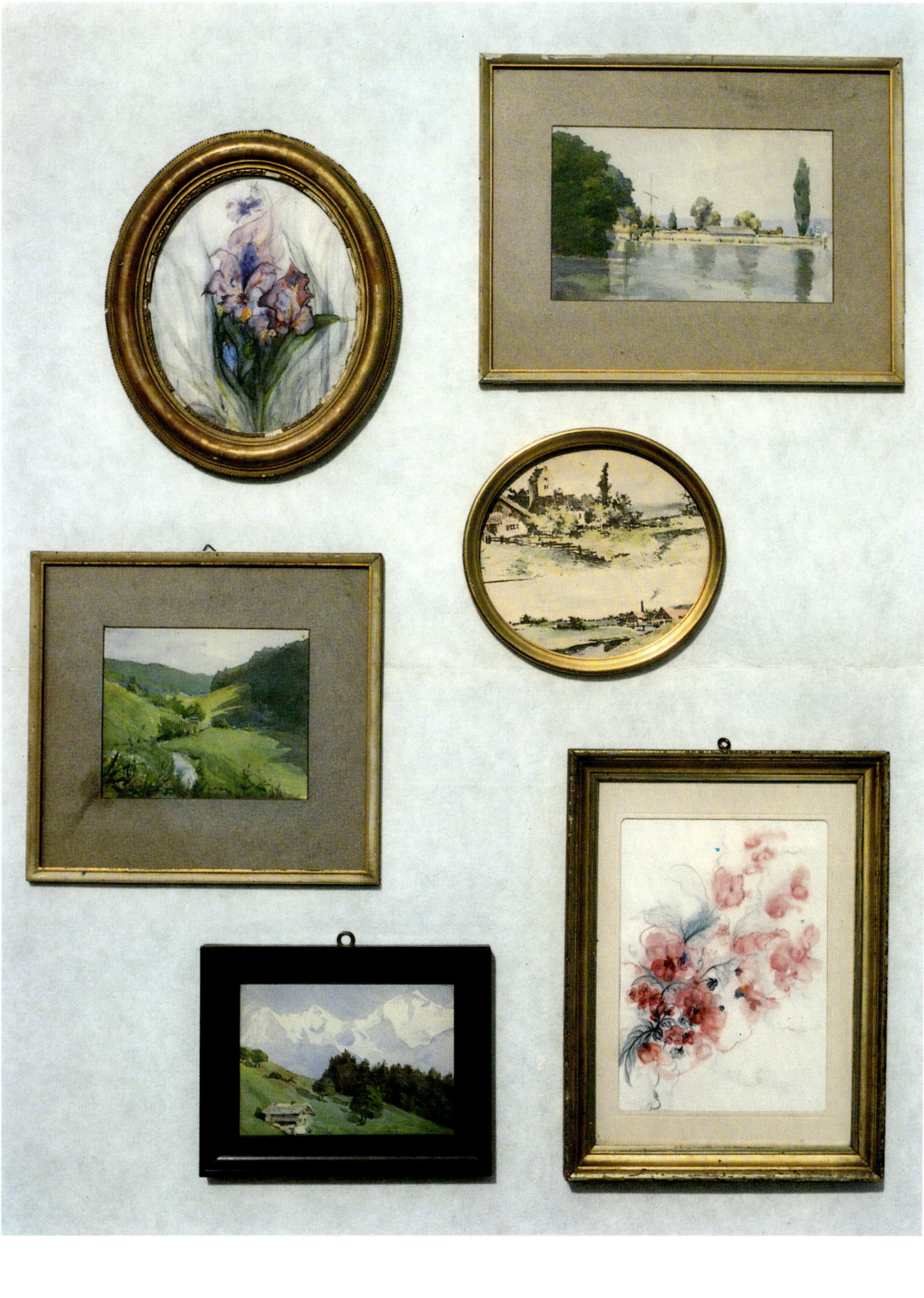

Als Fotografie und Reproduktionstechnik allmählich den naturnachahmenden Zeichenstift oder Pinsel ersetzten, kam die Laienmalerei sozusagen in eine Identitätskrise. Als anerkanntes Bildungsgut mit abbildendem Gebrauchswert hatte die Aquarellmalerei vorher ihren bestimmten Platz im Leben der gebildeten, weltoffenen, reisenden Schichten. Dann wurde sie allmählich von der Fotografie abgelöst, sie wurde in Kunstunterricht und Freizeitmalerei getrennt und hatte nichts mehr mit Großmutters privilegiertem Zeichenunterricht für höhere Töchter zu tun. Doch während kunstpädagogische Fachrichtungen um Bildungswerte und Bildungswege rangen, die Tendenzen der zeitgenössischen Kunst immer unübersichtlicher wurden, verschob man die Freizeitmalerei mit einem wohlwollenden Lächeln als nette Nebensache auf Sonntage oder Rentenalter. Daß sie es immerhin von hier aus mit der »naiven Malerei« unbeabsichtigt zu einer eigenen Kunstrichtung brachte, zeigt, was in dieser »Nicht-Berufs-Kunst« steckt.

Sich ein eigenes Bild machen, das war von jeher Bedürfnis und Freude des Menschen. Aus Farbe und Form mit der eigenen Hand im Bild sichtbar machen können, was und wie man sieht oder was man fühlt, weiß, fürchtet oder wünscht, was man denkt oder glaubt ... dazu hat jeder Mensch die Veranlagung, bei vielen liegt gerade hier eine besondere Begabung. Je weniger Raum die Arbeits- und Lebensbedingungen dem Menschen für seine bildhaften Äußerungsfähigkeiten lassen, desto mehr sucht sich das Verlangen nach entsprechenden Aktivitäten andere Spielräume. Malen nicht als Beruf, das ist längst nicht mehr harmlosbunte Spielwiese für Unsportliche. Malen aus Freude am Malen ist heute ein gesellschaftlich ernstzunehmender Freiraum geworden. Ein Freiraum, in dem weniger das Talent als vielmehr das Selbstbewußtsein Grenzen setzt. Ob wirklichkeitstreu oder frei erfunden, ob sanft oder ungestüm, ob gefühlvoll oder sachlich, hier kann und darf sich unzensiert das subjektiv Bedeutsame nach eigenem Geschmack äußern und entfalten. Unpassend sind hier die Maßstäbe der Kunst und Kunstkritik. Gerade mit ihren Licht- und Schattenseiten können die Bilder von Nicht-Berufskünstlern, direkt oder indirekt, auch die Licht- und Schattenseiten des Lebens beleuchten, ersehnte Lebensqualitäten und belastende Lebensdefizite anschaulich werden lassen. Beim Malen kann, ohne Zweckrationalismus und Leistungsdruck, die sinnliche Freude an zweckfreiem Gestalten

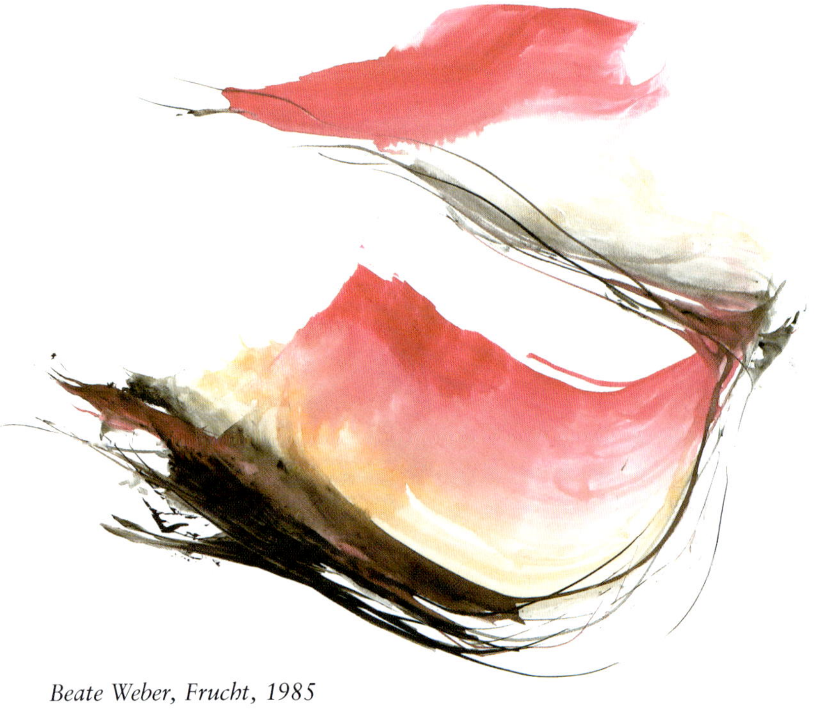

Beate Weber, Frucht, 1985

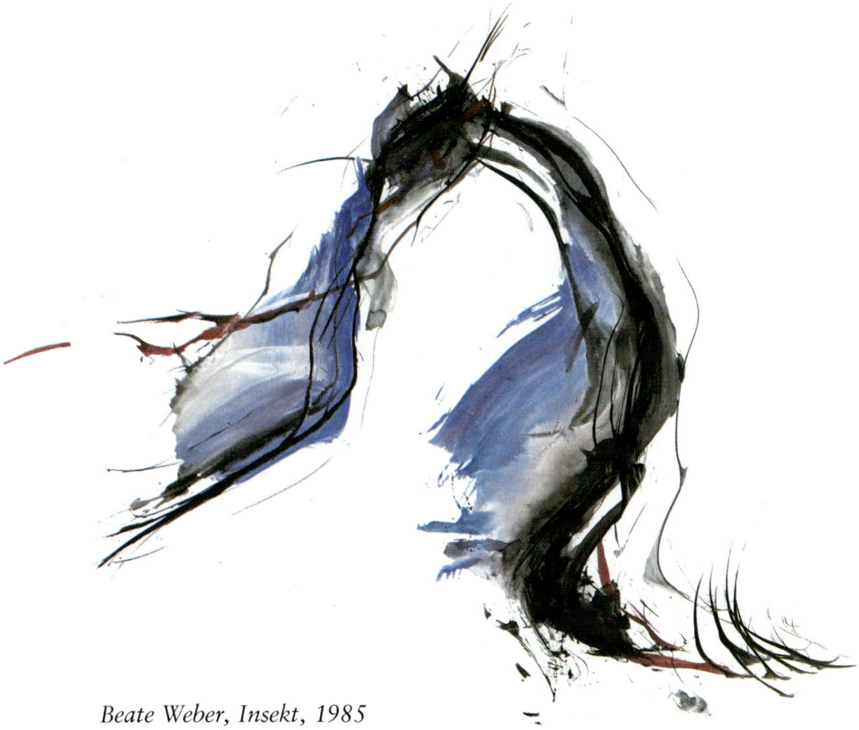

Beate Weber, Insekt, 1985

erlebt werden; jeder kann ohne Anpassungszwänge nach eigenen Regeln malen, jeder kann aus der passiven Konsumwelt ausscheren und aktiv mitmischen am kulturellen Leben.

Wenn Menschen in ihren Bildern gegen eine zerteilte, bedrohte Welt eine heile Welt entwerfen, gegen die anwachsende Bilderflut die eigenen Bildvorstellungen setzen, wenn sie versuchen, malend zu sich selbst zu finden, dann ist das ein Stück Lebenskunst und als solche eine kulturelle Leistung.

Malen nicht als Beruf, Malen aus Freude am Malen, Bilder malen, jenseits von Bildungs- oder Kunstansprüchen, aus dem eigenen Leben und Erleben heraus, frei nach eigenem Können und Wollen – die Freiheit dazu muß man sich nehmen, sie wird einem nicht geschenkt. Es gehört viel Selbstbewußtsein und Offenheit dazu. Die vermehrte Freizeit und entsprechende künstlerische Angebote können eine Hilfe, aber auch ein Hindernis sein. Durch die anfängliche Unsicherheit oder durch den Wunsch, entsprechende künstlerische Ausbildungsdefizite nachzuholen, werden die traditionellen Techniken oft überbetont oder ausschließlich in den gewohnten Grenzen naturnahen Abbildens erprobt. Da nur seltene Naturtalente ohne Anleitung und konstruktive Kritik auf ihrem gestalterischen Weg weiterkommen, sind solche künstlerischen Weiterbildungsmöglichkeiten wichtig, die vielfältige Anregungen, unterschiedliche Sehweisen und Ansätze vorführen; die auch Austauschmöglichkeiten mit anderen bieten und solche Hilfestellungen geben, die ihre Gültigkeit an den persönlichen Gestaltungsabsichten orientieren oder diese bewußt werden lassen. Wie schade aber, wenn das Bedürfnis, aus Farbe und Form etwas für sich Schönes zu schaffen, bei Schema und Rezept, Regel und Vorlage steckenbleibt. Diese versprechen zwar ein schnelles vorzeigbares Ergebnis, verschweigen aber die unverzichtbare Leistung des genauen Hinsehens, die Geduld des Übens und Probierens, die notwendige Suche nach eigenen Themen und eigenen Formen. Es ist ein schlechter Tausch, die Entwicklung einer differenzierten Wahrnehmungsfähigkeit, einer eigenen Vorstellungskraft und Ausdrucksform aufzugeben und sich statt dessen an bestimmten Richtungen, ästhetischen Normen und Vorgaben zu orientieren, sich mit persönlichkeitsfremdem Nachbilden abzugeben. Malen – nicht als Beruf – eröffnet seltene Freiräume, seine eigenen herauszufinden und zu nutzen ist Aufgabe des einzelnen.

FARBE

»Farben sind Taten und Leiden des Lichts.«

Ein so schöner Satz kann nur von Goethe sein. Man denkt dabei an den Regenbogen und Herbstfarben, aber für die bunte Milchtüte und den roten Plastikeimer scheint er etwas zu theatralisch. Doch was sich in der Welt farbiger Erscheinungen, mit Regenbogen und Plastikeimer, abspielt, was wir darin sehen und erleben können, ist ein faszinierendes Theater.

Ohne Licht keine Farbe, mit dem Hellerwerden des Lichts tauchen zaghaft die Farben der Gegenstände auf. Das Licht wechselt, die Farben spielen mit. Sie werden wärmer oder kühler, sie leuchten auf, werden lauter und plötzlich wieder leise. Eine Lieblingsfarbe fällt uns auf, sie erscheint in der Ferne blasser als in der Nähe. Einige Farben versuchen uns zu locken, andere können uns warnen.

Farben spielen immer ein gemeinsames Spiel. Sie treten nie allein auf, sie können sich fremd oder ähnlich sein, aufeinander einwirken, sich anfeuern, sich überspielen. Wir erleben frostige und heiße Szenen, schrille und stille Klänge, es gibt heitere, traurige und unwiederbringlich schöne Stellen.

Die Welt ist ein Farbtheater, von Natur und Mensch inszeniert, mit ständigem Szenenwechsel und geänderter Beleuchtung.

Täglich sind wir Zuschauer, aber auch Mitspieler bei diesem Schauspiel. Wir stellen unsere Kleidung nach Farben zusammen, wir reagieren auf rote Ampeln, wählen passende Vorhänge, wir decken den Tisch mit bestimmten Servietten und kaufen einen roten Plastikeimer ...

Doch selten sind wir so mittendrin, selten können wir so mitmischen und unsere eigene Rolle spielen wie beim Malen. Selten können wir so bewußt nachvollziehen, wie bedeutend wohl die erste Entdeckung von Farbsubstanzen für den Menschen war, wenn wir selbst zum erstenmal den Pinsel in ungewohntes Farbmaterial tauchen; sei es, um einen Gegenstand damit zu bemalen, sei es, um ein Bild damit zu malen.

Selbst perfekte technische Produktion ist wirkungslos gegenüber der Lust vieler Menschen, sich durch Färben, Anmalen und Bemalen eine eigene farbige Dingwelt zu schaffen.

Unvergleichlich, unersetzlich, letztendlich unerklärlich aber ist das Erlebnis, mit Malfarben eine eigene Bilderwelt zu inszenieren, das sichtbare Farbtheater nachzubilden, zu interpretieren, sich einzumischen und mitzuspielen.

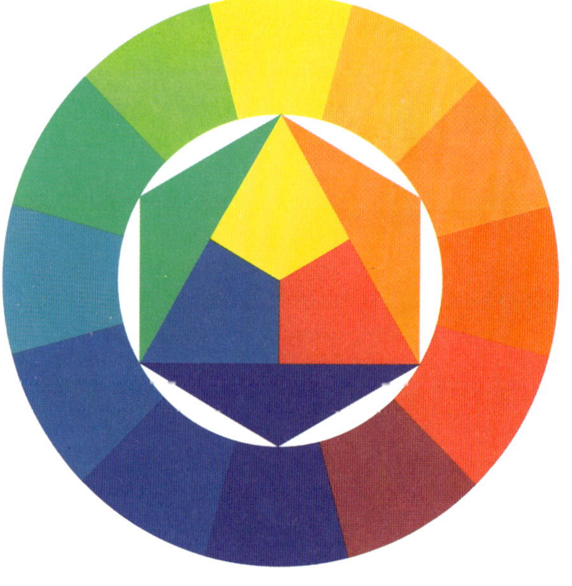

Johannes Itten, Farbkreis

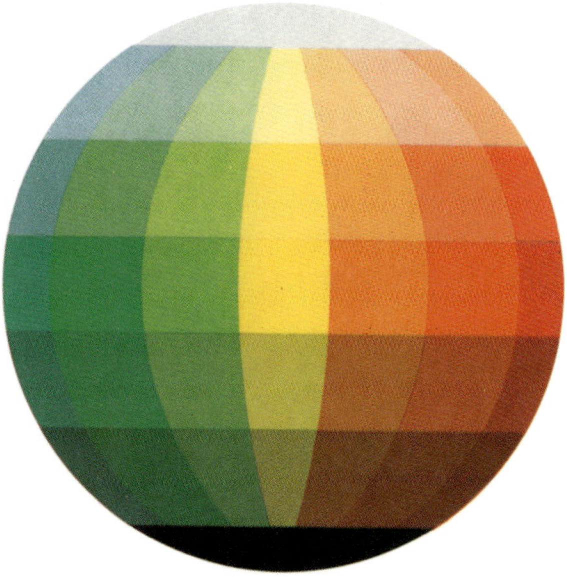

Philipp O. Runge, Farbkugel

ES DREHT SICH UM DEN FARBKREIS

Der Farbkreis, der von *Johannes Itten* (1888–1967) entwickelt wurde, ist eine geometrische Ordnungsfigur, an der die Beziehungen und Eigenschaften der reinbunten Farben veranschaulicht werden können.

Die drei Farben im inneren Kreis, Gelb, Rot und Blau, sind die *Grundfarben* oder Primärfarben. Sie lassen sich nicht aus anderen Farben ermischen, aber aus ihren Mischungen lassen sich alle weiteren Farbtöne erzielen. In den drei Grundfarben sind alle Farbtöne enthalten. Mischt man je zwei Grundfarben miteinander, so erhält man die *Sekundärfarben,* Orange, Grün und Violett. Mischt man alle drei Grundfarben zusammen, erhält man Schwarz, bei Aquarellfarben Mittelgrau. Angeordnet auf dem zwölfteiligen Farbkreis, hat jede Primär- und Sekundärfarbe ihren Platz. Die weiter ausgemischten dazwischenliegenden Farbtöne werden *Tertiärfarben* genannt: Gelborange, Rotorange, Rotviolett, Blauviolett, Blaugrün, Gelbgrün.

Auf dem Farbkreis liegen sich die *Komplementärfarben* genau gegenüber. Komplementärfarben oder Ergänzungsfarben nennt man Farbenpaare, die sich zur Farbgesamtheit ergänzen. In Gelb und Violett zum Beispiel ist die Summe aller Farben enthalten: Gelb, Blau und Rot. Die drei wichtigsten *Komplementärfarbenpaare* sind: Gelb und Violett – Rot und Grün – Blau und Orange.

Komplementärfarben im Bild wirken für den Betrachter angenehm, da das Auge die Gesamtheit aller Farben sucht. Mischungen aus Komplementärfarben ergeben gebrochene Töne, die sich bis zu Grau neutralisieren lassen.

Das Komplementärfarbenpaar Gelb und Violett unterscheidet sich stark durch seinen Hell-Dunkel-Kontrast. Rot und Grün dagegen haben den gleichen Tonwert. Blau und Orange bilden zugleich die beiden Pole Kalt und Warm.

Der Farbkreis zeigt die Farbtöne in ihrer größtmöglichen Reinheit und veranschaulicht damit gleichzeitig die unterschiedliche Eigenhelle und Intensität der Farben. Die Kreishälfte zwischen Gelbgrün und Rot gilt als warm, die andere Hälfte als kalt. Um auch die unbunten Farben Schwarz, Grau und Weiß und ebenso die aufgehellten, gedämpften und abgedunkelten Farbtöne in einer Figur zu ordnen, hat der Maler *Phillip Otto Runge* (1777–1810) alle Farbtöne in einer *Farbkugel* angeordnet. Nach oben werden die Farben heller bis zum weißen Pol, nach unten werden sie dunkler bis zum schwarzen Pol. Den Farbkreis kann man sich als Äquator vorstellen. Auf der Kugelachse verläuft eine Graustufenleiter von Schwarz nach Weiß.

FARBLEHRE SELBSTGEMACHT

EINEN FARBKREIS ERMISCHEN

Sobald Sie versuchen, den Farbkreis nachzumischen, werden Sie entdecken, wie schwierig es ist, die entsprechenden Aquarellfarbenpigmente zu finden, die den Grundfarben entsprechen. Gelb, Rot und Blau sollen reinbunt sein, dürfen also weder getrübt sein noch zu einer Nachbarfarbe hin tendieren. Rot darf keinen Blaustich haben, Gelb keinen Rotstich und Blau weder einen Grün- noch einen Violettstich.

- Suchen Sie die Grundfarben aus Ihrem Aquarellsortiment und mischen Sie damit die Sekundärfarben und die Tertiärfarben. Am besten gehen Sie folgendermaßen vor:

Mischen Sie auf einem großen Aquarellpapierbogen aus jeweils zwei Grundfarben Mischungsreihen, die aus mehreren Stufen bestehen sollten. Malen Sie die Farbtöne in (etwa 5 × 5 cm) großen Flächen auf. Notieren Sie sich die Namen der Grundfarben. Mischen Sie zum Beispiel eine Reihe aus Kadmiumgelb und Karmin, und probieren Sie auch eine Reihe zwischen Echtgelb hell und Permanentrot. Mischen Sie dann eine Skala zwischen Ultramarin und Karmin, auch eine Reihe aus Kobaltblau und Karmin oder, wenn Sie diese Farben besitzen, aus Heliogenblau und Echtrosa. Mischen Sie genauso zwei oder drei Farbleitern aus unterschiedlichen Gelbtönen (Echtgelb, Kadmiumgelb . . .) und Blautönen. Der Pinsel muß dazu immer wieder sauber ausgewaschen werden. Verwenden Sie am besten mehrere Pinsel für diese

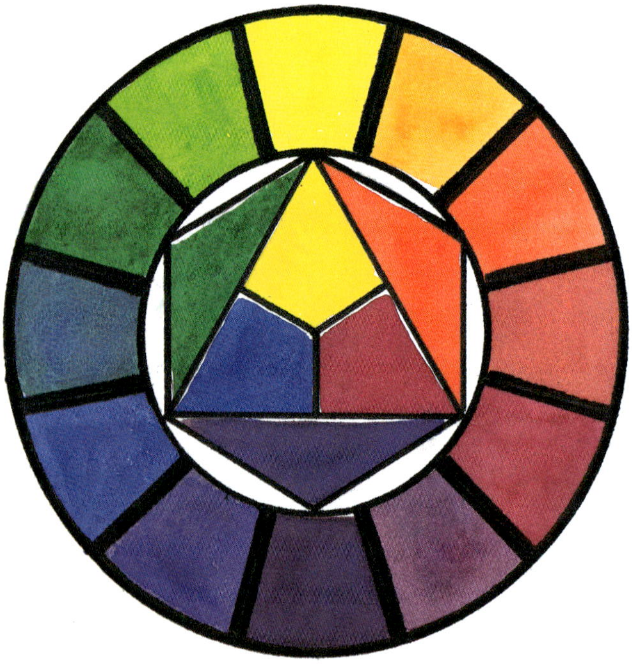

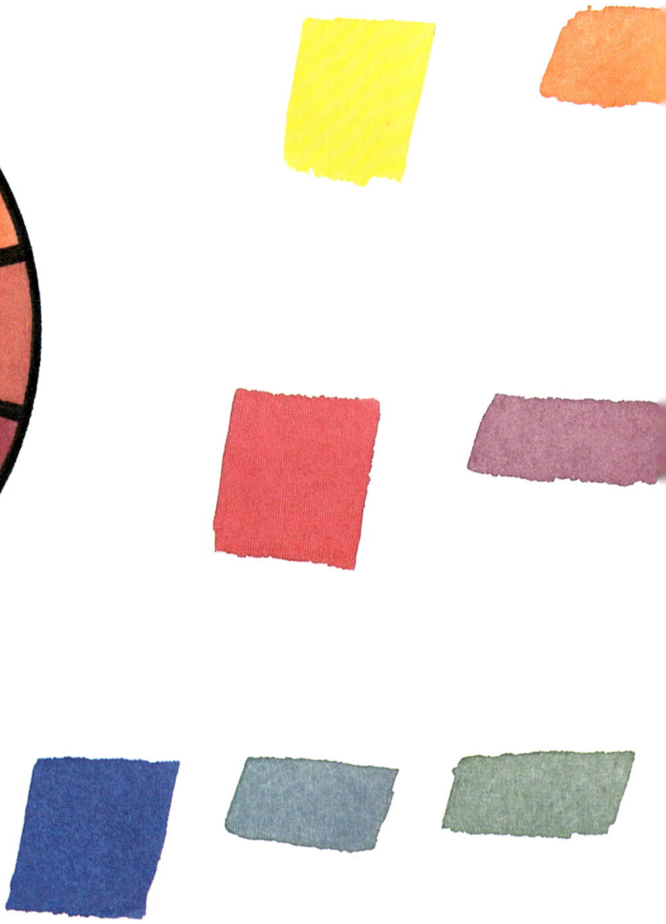

Mischübungen. Achten Sie auf die Farbintensität. Wenn Sie eine Farbe zu stark verdünnt aufgetragen haben, erscheint der Farbton in der Skala zu blaß. Lasieren Sie nochmals eine Schicht darüber. Wählen Sie jetzt aus den Farbreihen diejenigen aus, die am ehesten den Farben des Farbkreises entsprechen. Schneiden Sie die entsprechenden Farbproben aus, und ordnen Sie diese zu einem Farbkreis.

- Wenn Sie diesen gemalten mit dem gedruckten Farbkreis vergleichen, wird Ihnen die relativ starke Trübung Ihrer Mischungsfarben auffallen. Jedes Mischen trübt und verdunkelt die Farbe. Das ist auch der Grund dafür, daß Sie nicht allein mit den Primärfarben beim Malen auskommen.
- Suchen Sie aus dem Sortiment Ihres Farbkastens alle leuchtenden Farben aus. Malen Sie diese verdünnt auf Aquarellpapier. Legen Sie über den getrockneten Farbauftrag nochmals eine Lasurschicht, jeweils mit derselben Farbe. Schneiden Sie dann die Felder aus, und ordnen Sie sie in einem neuen Farbkreis an. Ergänzen Sie noch fehlende Töne durch entsprechende Mischungen. Das grüne Farbkreisfeld wird jetzt aus Chromoxidgrün feurig bestehen, Blaugrün aus Coelinblau, Orange aus Echtorange ... Beschriften Sie die Felder mit ihren jeweiligen Pigmentbezeichnungen.

Dieser Farbkreis wird leuchtkräftiger wirken als der erste, den Sie gemischt haben.

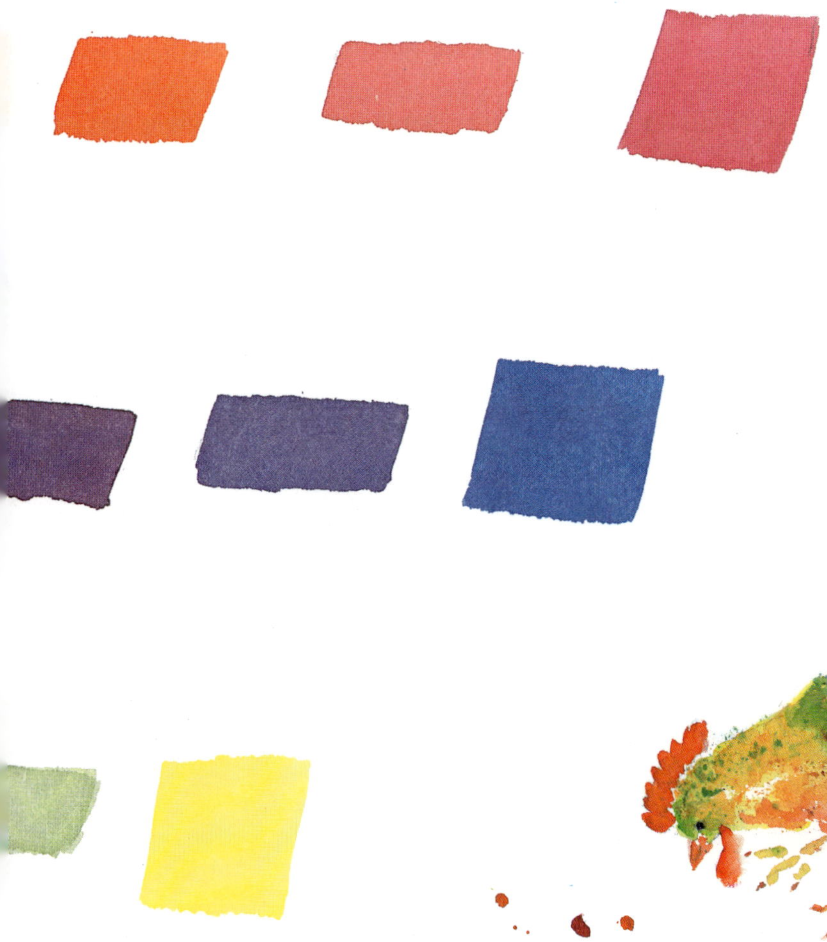

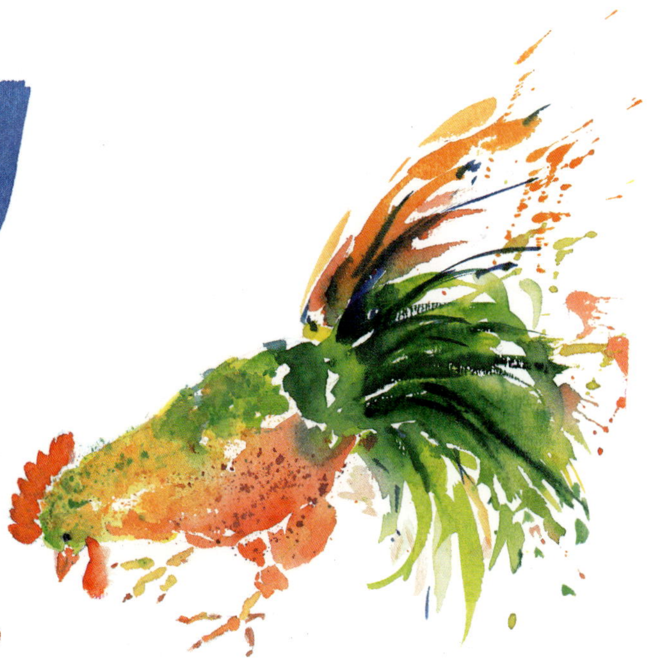

FARBFAMILIEN

Wenn Farben in kontinuierlichen Stufen zu ihren Nebenfarben hin verändert werden, spricht man von *Modulation.* Dadurch entsteht ein Effekt des An- und Abschwellens (Klangenergie). Diese Wirkung wird auch durch kontinuierliches Abdunkeln und Aufhellen einer Farbe erzielt. Wenn man sie zur Darstellung von Plastizität einsetzt, spricht man von *Modellierung.* Aus Rot, das nach Blau und Gelb hin ausgemischt wird, das abgedunkelt und aufgehellt wird, entstehen viele verwandte Töne, eine *Farbfamilie.*

- Versuchen Sie einige Farben Ihres Kastens in kleinen Stufen immer mehr mit Wasser aufzuhellen. Probieren Sie das Aufhellen auch einmal mit Deckweiß oder Chinesischweiß.
- Malen Sie dann Reihen, in denen Sie die Ausgangsfarben stufenweise abdunkeln. Beginnen Sie mit einer mittleren Verdünnung, und tragen Sie die Farbe dann immer satter auf, bis der höchste Sättigungsgrad erreicht ist. Weiter abdunkeln können Sie durch: mehrere Lasurschichten – Schwarzbeimischung – Zumischen einer ähnlichen, dunkleren Farbe – Überlasieren einer dunkleren Farbe. Aber nur bei Lasurabdunklung mit der Ausgangsfarbe behält diese ihre Leuchtkraft und ihren Farbton. Denken Sie daran, Aquarellfarben sind transparente Lasurfarben, sie lassen sich nur bis zu einem gewissen Grad dicht und satt auftragen, ohne diesen Charakter zu verlieren.

Die wichtigsten Farbeigenschaften:
Farbton oder Farbrichtung · Helligkeit oder Tonwert · Intensität oder Leuchtkraft

- Sie haben durch diese Übungen verschiedene Eigenschaften der Aquarellfarben kennengelernt, die das Farbmaterial und die optische Erscheinung betreffen.

Drei wichtige Unterscheidungsmerkmale sollten Sie sich merken, wodurch wir Farben bestimmen können:

- Farbton und Farbrichtung
- Helligkeit oder Tonwert
- Intensität oder Leuchtkraft

Mit Farbton wird die Buntart bezeichnet, also Rot, Orangerot, Blau, Blaugrün . . . (Schwarz, Weiß und Grau sind unbunt).

Helligkeit meint den Hell-Dunkel-Grad einer reinbunten oder gedämpften Farbe. Reinbunte Farben haben eine spezifische Eigenhelle. Gelb ist am hellsten, Violett am dunkelsten.

Die Intensität einer Farbe hängt vom Grad der Pigmentdichte und von der Reinheit der Pigmente ab. Reinbunte Farben haben eine hohe Intensität, sie nimmt durch Mischen und Verdünnen ab.

Manche Farbenhersteller haben Aquarellpigmente entwickelt, die fast reinbunt erscheinen, optisch also dem Farbkreis entsprechen. Sie eignen sich für spezielle Misch- und Farbübungen und, wenn sie lichtecht sind, auch zum Aquarellieren.

Mischübung innerhalb einer Farbfamilie

Komplementärfarbenspiele

• Ermischen Sie aus möglichst vielen Komplementärfarbenpaaren Ihrer beiden Farbkreise wiederum jeweils eine Skala. Mischen Sie zwischen Rot und Grün, die Sie am Bildrand aufmalen können, eine Skala gebrochener Töne bis zum neutralen Grau, das in der Mitte der Stufenleiter liegt. Die Intensität einer Farbe wird bereits durch Spuren ihrer Gegenfarbe gebrochen. Komplementärfarben werden auch Auslöschfarben genannt, weil sie bis zu neutralen Grautönen hin ausgemischt werden können. (Mit Gelb und Violett entstehen allerdings eher Brauntöne!)

• Suchen Sie durch Mischen die komplementären Farbpigmente Ihres Aquarellkastens.

• Lasieren Sie komplementäre Farben übereinander. Zum Beispiel Chromoxidgrün feurig über Karmin oder Kadmiumrot hell über Preußischblau. Vergleichen Sie die Lasurmischungen mit den direkten Mischungen.

• Suchen Sie in der Reihe der Braun- und Olivtöne nach entsprechenden Komplementärfarbenpaaren.

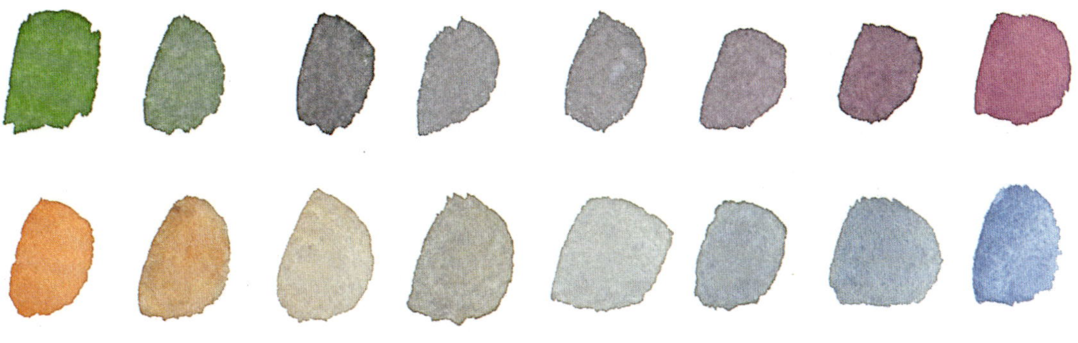

Gebrochene Mischtöne aus Komplementärfarben

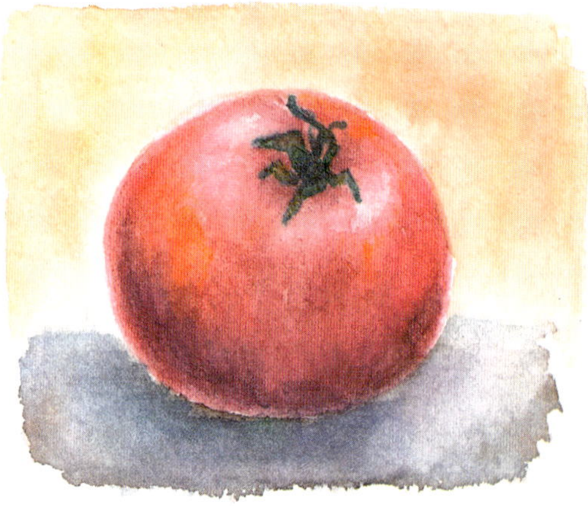

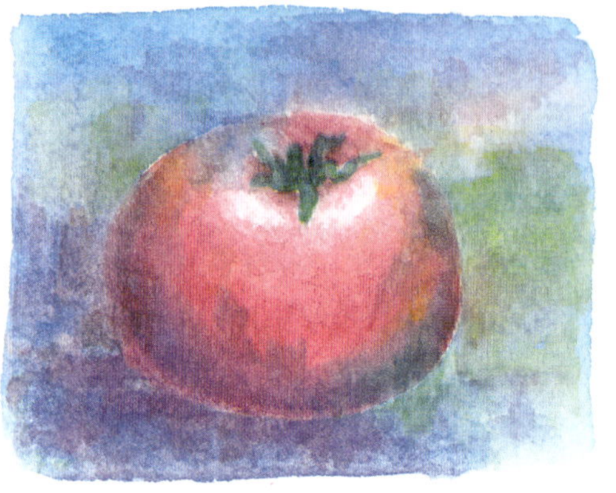

FARBE IM BILD

Mit Malfarben können einmal die realen Farben der sichtbaren Gegenstände wiedergegeben werden.

Als *Lokalfarben* oder Gegenstandsfarben werden die Eigenfarben der Gegenstandsformen bezeichnet. Lokalfarben im Bild verändern, verfremden oder betonen das Gesehene nicht, sondern bleiben innerhalb der Formgrenzen auf die tatsächliche Farbe bezogen.

Man kann eine Tomate mit Rot in allen Schattierungen malen, mit einem Vollton, mit einem warmen Lichtton und mit kühlen Schattentönen. Sie bleibt dabei rot, wie sie ist.

• Probieren Sie es aus! Formen Sie mit Farbe eine Apfelsine, Birne, Melone oder den Faltenwurf eines blauen Tuches. Beobachten Sie an einem Gegenstand die hellen, mittleren, dunklen, leuchtenden, gedämpften, warmen und kühlen Tonnuancen eines Farbtones.

Die *Erscheinungsfarben* zeigen die farbigen Reflexe auf den Dingen; sie zeigen, wie ein bestimmtes Licht die Farben und Formen verändert, wie alles Sichtbare in Licht gehüllt erscheint. Nicht die Form und reale Farbe der Dinge wird gemalt, sondern das farbige Licht, das auf ihnen schillert.

• Wie malt man die Farben des Lichts, den Lichtschleier eines frühen Morgens, das flimmernde Licht am Mittag? Schauen Sie sich Aquarelle von William Turner an. Gehen Sie bei den Impressionisten in die Lehre. Versuchen Sie einmal, solche Kunstbeispiele mit Aquarellfarben nachzumalen.

Die *freie Farbe* tritt als eigenständiges Ausdrucks- oder Kompositionsmittel, unabhängig vom sichtbaren Gegenstand, im Bild auf. Sie kann Gefühle ausdrücken oder als Element freier Farbkomposition verwendet werden, sie kann aber auch als Symbolfarbe bestimmte Bedeutungen unterstreichen. Ausdrucksfarben wollen Stimmungen betonen, Gefühle ausdrücken oder

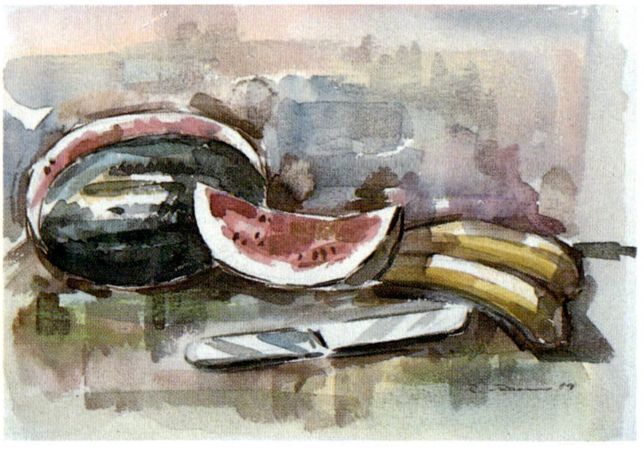

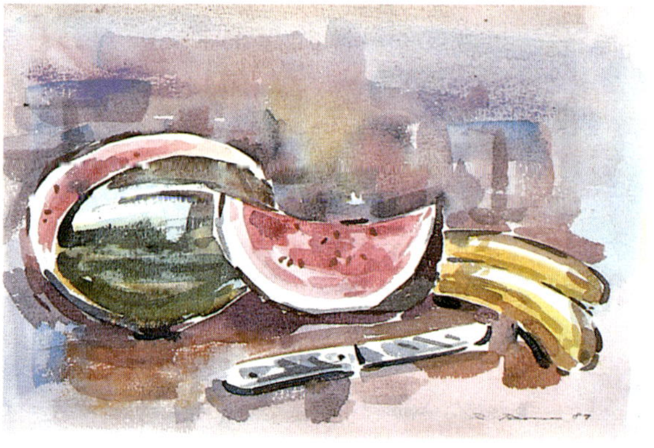

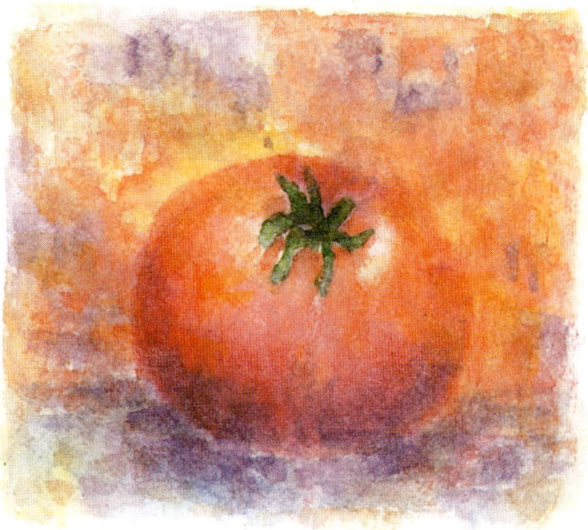

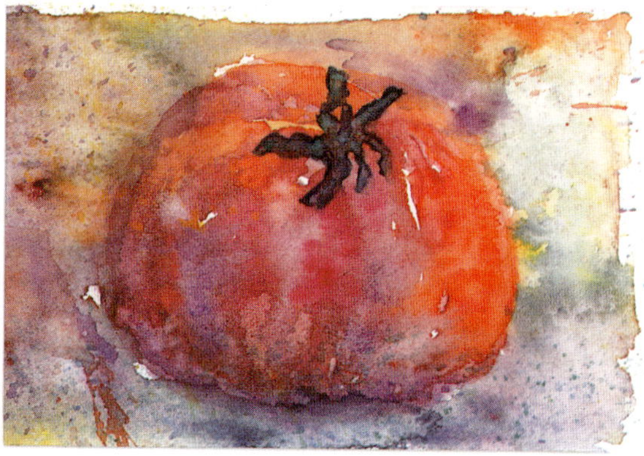

wecken. Alles Sichtbare wird entsprechend farbig gesteigert, abgeschwächt, verfremdet; oder aber die Gefühlswerte von Farben werden völlig gegenstandfrei im Bild eingesetzt.

Solche expressiven Farb- und Formwirkungen werden oft durch extreme Kontraste hervorgerufen.

- Schauen Sie sich Beispiele expressionistischer Kunst an. Versuchen Sie, die Wirkung eines Bildes auf Sie zu erfassen und zu beschreiben. Welche Farben wurden verwendet, wieviel Platz nehmen einzelne Farbtöne im Bildganzen ein, welche Farben stehen in unmittelbarer Nachbarschaft, wie viele sind reinbunt, welche Kontraste können Sie finden ...?
- Legen Sie ein expressionistisches Bild, das Ihnen gefällt, auf einen neutralen, grauen oder schwarzen Untergrund. Betrachten Sie es eine Weile, und malen Sie es dann als farbiges Nachbild aus der Erinnerung.
- Suchen Sie Farbkompositionen für verschiedene Stimmungen oder Gefühle.

Obere Bildreihe: Hier wurde eine Tomate in ihren Lokalfarben, dann mit Betonung unterschiedlichen Lichtes und zuletzt in eher freien Farben gemalt.

Untere Bildreihe: Andere Farben anderes Licht. Aquarellschüler sollten ihre Farbpalette auf vier Farben beschränken, um damit die Farbstimmung einer farbigen Reproduktion zu verwandeln. Folgende Farbsätze wurden verwendet:
Bild 1 – Kadmiumgelb, Karmin, Ultramarin, Coelinblau.
Bild 2 – Lichter Ocker, Karmin, Siena gebrannt, Coelinblau.
Bild 3 – Echtgelb hell, Krapplack dunkel, Siena gebrannt, Phtaloblau.
Bild 4 – Freie Farbkomposition zum Thema Melone. (Vorlage: Didot, Stilleben mit Melone, 1936. Farbiger Hanfstaengl-Druck)

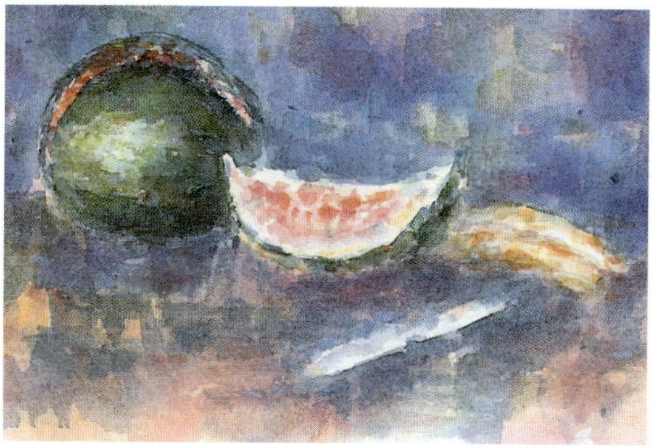

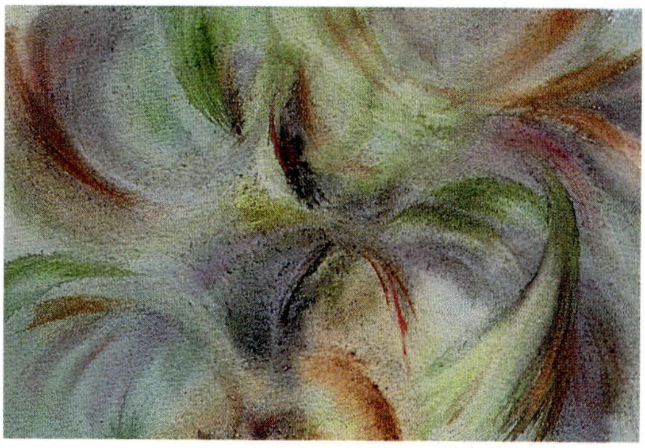

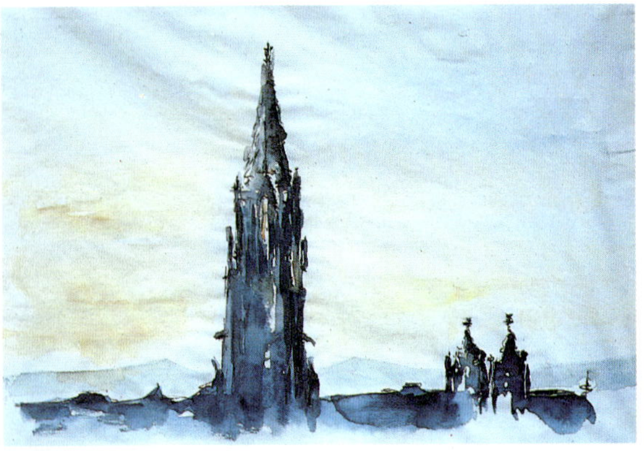

Dieses Aquarell wurde im Farbkopierer verwandelt.

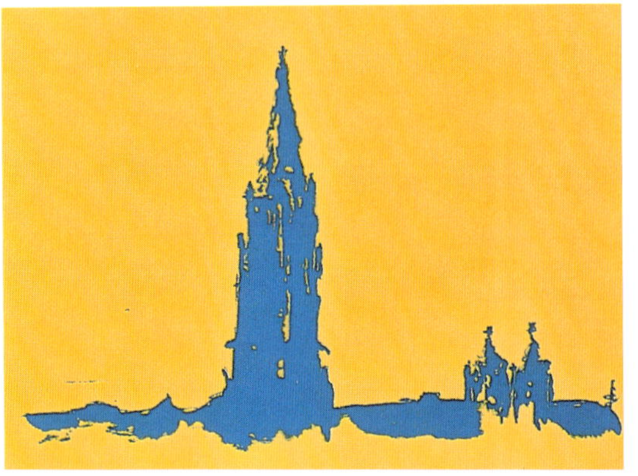

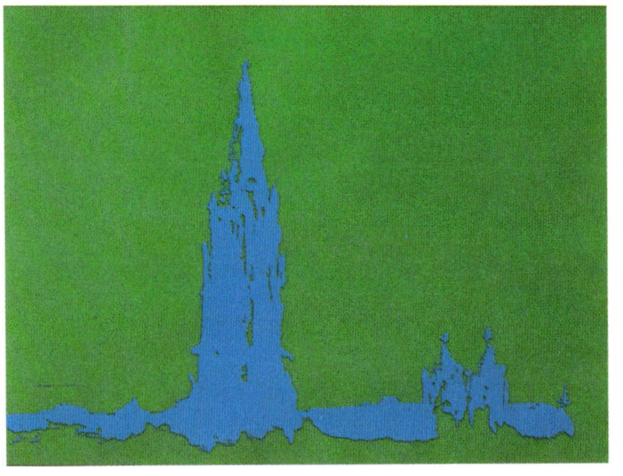

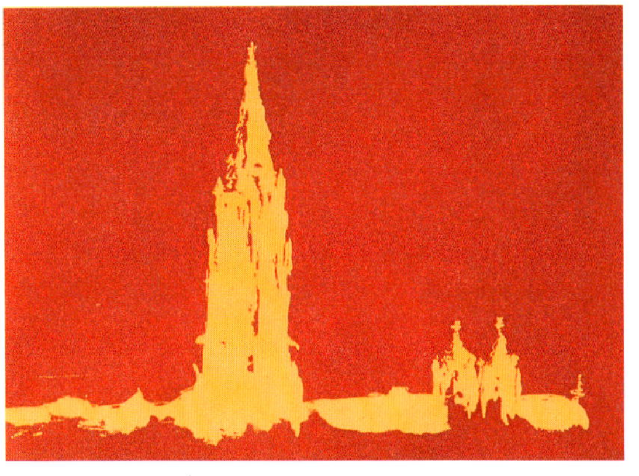

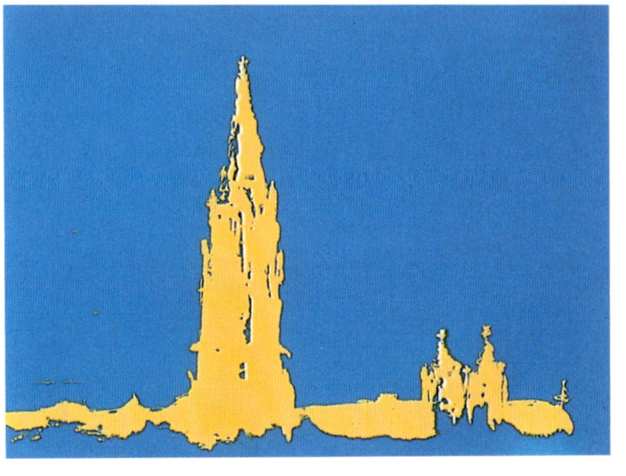

DIE WICHTIGSTEN FARBKONTRASTE

DER FARBE-AN-SICH-KONTRAST

Das ist der elementare Kontrast, der zwischen unterschiedlichen Farben besteht. Jedes farbige Bild zeigt einen Farbe-an-sich-Kontrast. Je leuchtender und reiner die Farben sind, desto stärker ist seine Kontrastwirkung. Am deutlichsten ausgeprägt erscheint er im Grundfarbendreiklang: Gelb, Rot und Blau.

DER KOMPLEMENTÄRKONTRAST

Farbzusammenstellungen mit komplementären Farben wirken stabil, die Farben ergänzen sich gegenseitig zur Farbgesamtheit und steigern sich dadurch in ihrer Eigenwirkung.

DER HELL-DUNKEL-KONTRAST

Das Hell-Dunkel ist ein starkes Ausdrucksmittel. Ein Bild, in Schwarz, Weiß und Graunuancen gemalt, kann erstaunliche Wirkungen erzielen. Der Hell-Dunkel-Gegensatz wird vor allem deutlich in einfarbigen Malereien oder in Bildern mit gedämpfter Farbigkeit. Doch auch die Hell-Dunkel-Unterschiede reinbunter Farben können zu dieser Kontrastwirkung beitragen. Hell und Dunkel beeinflussen sich gegenseitig. Ein mittlerer Ton auf hellem Grund oder in heller Nachbarschaft wirkt dunkler als in einem dunklen Umfeld. Die Hell-Dunkel-Wirkung gedeckter Farbzusammenstellungen wird im Bild oft durch wenige intensive Farben zu großer Lebendigkeit gesteigert.

DER INTENSITÄTSKONTRAST

Er wird auch Qualitätskontrast genannt. Er beruht auf der Wirkung von leuchtenden, reinen, gesättigten Farbtönen zusammen mit gebrochenen, gedämpften, aufgehellten Tönen.

Durch Beimischen von Komplementärfarben werden Farben gebrochen, durch andere mehr oder weniger gedämpft. Auch die Aufhellung mit Wasser, vor allem aber die mit Weiß, mindert die Farbintensität. Da alle Buntfarben heller als Schwarz sind, kann man sie durch ein schwarzes Umfeld zum Leuchten bringen.

In Farbzusammenstellungen aus kontrastreichen Intensitätsgraden wirken meist auch Hell-Dunkel-Gegensätze.

DER KALT-WARM-KONTRAST

Farben werden subjektiv als warm oder kalt empfunden. Zwischen Rotorange und Blaugrün besteht der stärkste Kalt-Warm-Kontrast. Im Bild ist die Wirkung von Warm oder Kalt immer vom Gesamtzusammenhang abhängig. Ein Rotviolett in einem Bild aus Blau- und Grautönen wirkt dort warm, während es in einem rotorangen Farbklang kalt wirkt. Der Kalt-Warm-Kontrast wird im Bild oft eingesetzt, um räumliche Wirkung zu schaffen. Warme Töne scheinen stärker nach vorne zu treten als kalte. Die Raumwirkung im Bild kann also verstärkt werden durch warme Farben im Vordergrund und kühle Töne im Hintergrund.

DER SIMULTANKONTRAST

Als Simultanwirkung oder optische Überflutung wird eine wichtige Farbverschiebung bezeichnet, die in unserem Farbsehen begründet ist. Simultanwirkung meint die gegenseitige Abhängigkeit und Beeinflussung gleichzeitig (simultan) wahrgenommener Farben.

Wenn wir Farben sehen, mischt unser Auge mit! Sehen wir viel Gelb, so sucht das Auge Violett, um die Farbgesamtheit herzustellen. Sehen wir viel Blau, vermißt das Auge Orange, sehen wir viel Grün, will das Auge auch Rot. Wir sehen die Farben stabil, wenn irgendwo die Ergänzungsfarbe mitspielt. Fehlt diese aber, dann bringt das Auge sie selbst ins Spiel. Es verändert die nächstbeste Farbe durch einen Schimmer der fehlenden Komplementärfarbe. Dadurch ändert sich deren Farbton und die Farbwirkung. Grau auf Blau wirkt wärmer als Orange. Warum?

Ein Blau, das auf Gelb violettstichig wird, bekommt auf Violett einen grünen Schimmer. Farbnachbarn, die nicht komplementär zueinander sind, überstrahlen sich gegenseitig mit ihren jeweiligen Komplementärfarben. Die intensivere Farbe beeinflußt die schwächere, die größere verändert die kleinere Farbfläche. Eine kleine Fläche Türkisblau auf größerem Orangefeld wird blau, auf Violett wird es grünlich. Rot wird auf Orange bräunlich wirken, im Zusammenhang mit Violett gelblich.

- Jede Farbe nimmt etwas von der Gegenfarbe ihres Umfeldes an.
- Komplementärfarben ergänzen, steigern und stabilisieren sich gegenseitig.

DER QUALITÄTSKONTRAST

Dieser Mengenkontrast betrifft die Farbbalance des Bildes. Helle, intensive und warme Farben sind dominanter als gedämpfte, dunkle und kühle. Sie scheinen sich im Bild quasi auszubreiten. Im Farbkreis erscheinen die Mengen unausgewogen, weil sich die gleichen Flächenanteile der Farben nicht nach deren optischer Durchsetzungskraft richten.

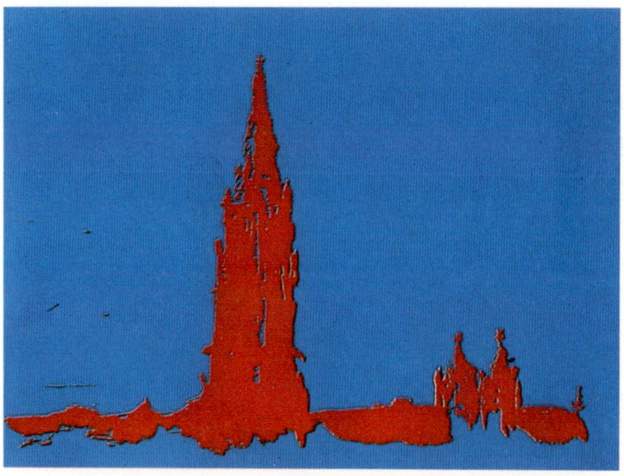

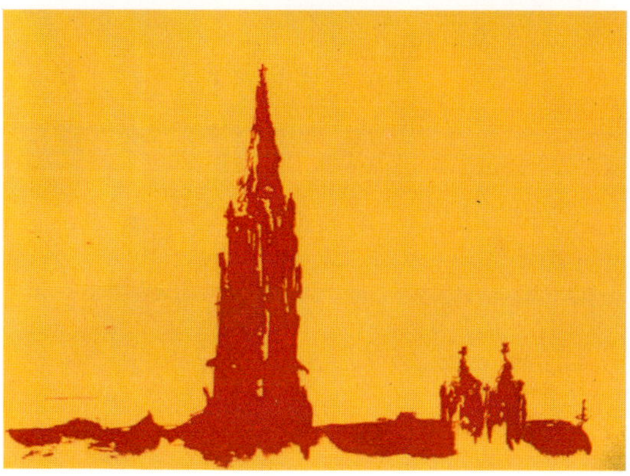

ÜBUNGEN

KONTRASTE SEHEN – KONTRASTE MALEN

- Spielen Sie mit in diesem Farbtheater! Beginnen Sie als Zuschauer. Legen Sie verschiedene Kunstpostkarten zurecht, und nehmen Sie die vorausgegangenen Erklärungen als Aufforderung, genau hinzusehen, Farbkontraste und Farbverwandtschaften aufzuspüren.

Welche Kontraste finden Sie im Bild? Sind sie stark oder schwach ausgeprägt? Bestimmen Gegensätze oder Ähnlichkeiten die Farbwirkung? Wie wirken die Bilder auf Sie: aufregend, warm, klar, heiter, pulsierend, langweilig, ruhig, hart, laut ...?

- Versuchen Sie, die Farben einer Kunstpostkarte oder Reproduktion nachzumischen und die Farbkomposition in einer fleckhaft lockeren Farbskizze ungefähr zu treffen.

Malen Sie ein anderes Motiv, am besten eine Schwarzweiß-Vorlage, mit diesem Farbklang.

- Malen Sie eine rote Blume vor blauem Hintergrund, eine gelbe Kerze vor Violett ..., und gehen Sie damit in ein Fotokopierstudio. Dort können Sie Ihr Bild am Farbkopierer durch bestimmte Farbumkehrungen verwandeln lassen, die Farbwirkung durch einen roten oder blauen Hintergrund verändern. Sie werden sehen, wie sehr die jeweilige Hintergrundfarbe den Farbton und die Helligkeit des Motivs beeinflußt.

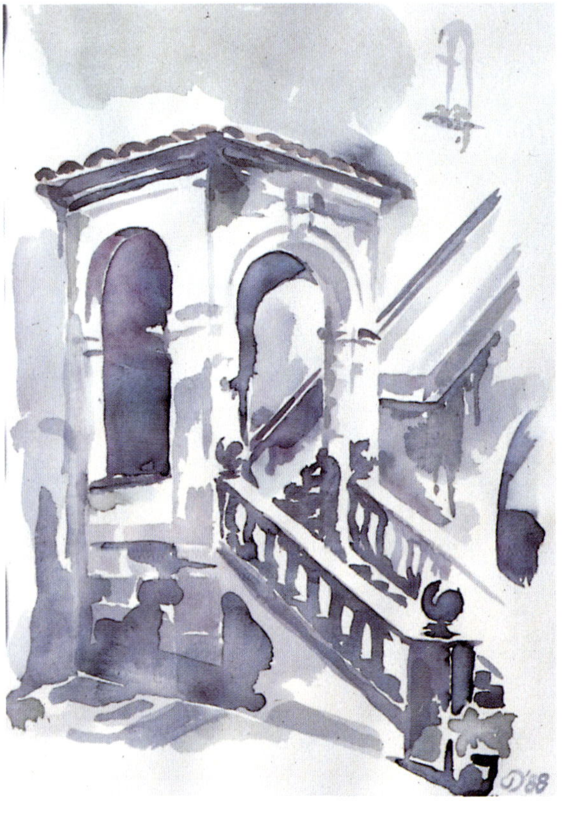

ANREGUNGEN

- Malen Sie ein Aquarell nach einer Schwarzweiß-Abbildung nur mit Rottönen, mit Blautönen, Gelb- oder Grüntönen. Wenn Sie sich für eine Farbfamilie entschieden haben, können Sie mit den Hell-Dunkel-Werten, mit den Intensitäten, mit den Farbmengen und den Kalt-Warm-Nuancen gestalten. Sie können eine düstere, geheimnisvolle, laute oder ruhige Stimmung schaffen. Sie können innerhalb einer Farbfamilie entweder mehr auf Kontrast oder mehr auf Ähnlichkeit achten, und Sie können die Raumwirkung betonen.
- Wenn Sie jetzt beispielsweise ein rotes Bild gemalt haben, dann können Sie ergänzend eine andere Bildwirkung durch folgendes Verfahren ausprobieren:

Lavieren Sie verschiedene Grüntöne als zarte, schimmernde Untermalung über die Bildfläche. Lassen Sie diese gut trocknen. Malen Sie jetzt in dünnen Lasurschichten, flächig oder fleckhaft, Ihr Motiv auf diese Grundierung. (Nur in Rottönen!)

- Aquarell-Salat: Malen Sie einen Kopfsalat oder einen Grünkohl mit all seinen Grünnuancen und Schattierungen.
- Wählen Sie für eine Tasse, eine Kanne, einen Stuhl ... so glühend heiße Farben, daß man sich nicht getraut, das Bild anzufassen! Oder malen Sie ein Motiv so eiskalt, daß Frost und klirrende Kälte spürbar werden.
- Versuchen Sie, eine ganz bestimmte Bildwirkung zu erreichen. Dynamisch, ruhig, sachlich, schillernd, aufgeladen ... Suchen Sie dafür einen Farbklang. Malen Sie nach einer farbneutralen Vorlage oder aus der Vorstellung, gestalten Sie gegenstandsorientiert oder mit freien Farbformen.

Probieren Sie vor dem Malen jeweils mehrere Farbklänge aus.

• Wählen Sie sich ein anregendes Motiv, eine einfarbige Abbildung, irgendwelche Gegenstände oder auch Porträtfotos.

Erkunden Sie damit die Wirkung von bestimmten Farbzusammenstellungen. Schränken Sie Ihre Farbauswahl auf ganz bestimmte Töne ein. Suchen Sie diese frei nach Lust und Laune oder gezielt auf eine bestimmte Wirkung hin aus. Oder probieren Sie einen der folgenden Farbvorschläge aus: Es sollen nur die Grundfarben in Ihrem Bild erscheinen.

Aquarellieren Sie ausschließlich mit den Komplementärfarben. Gemischt und ungemischt.

Verwenden Sie alle reinbunten Farben ungemischt. Ergänzen Sie mit Schwarz. Achten Sie auf Farbmengen.

Wählen Sie sich aus den folgenden sechs begrenzten Paletten eine aus. Mischen und kombinieren Sie damit:

1 Kadmiumgelb, Siena gebr., Preußischblau
2 Ocker, Ultramarin, Siena gebr., Umbra gebr.
3 Kadmiumgelb, Violett, Krapplack, Indigo
4 Coelinblau, Ultramarin, Echtorange, Caput mortuum
5 Karmin, Siena gebr., Coelinblau, Indigo
6 Kadmiumgelb, Chromoxidgrün f., Coelinblau, Indigo

• Die Farbtemperatur und Intensität der Farben kann die räumliche Tiefenwirkung im Bild unterstützen. Warme und leuchtende Farben im Vordergrund holen diesen nach vorn; kühle, abgeschwächte Farben treten im Bild zurück. Man kann das »Verblauen« ferner Hügelketten in weiträumigen Landschaften gut beobachten.

Spielen Sie verkehrte Welt, aquarellieren Sie gegen die Regel! Malen Sie eine einfache Landschaft mit Baum- und Bergkulissen vorn in kühlen Nuancen, steigern Sie allmählich nach hinten die Leuchtkraft und wählen Sie immer wärmere Farben.

Orangerote Berge, gelbe Wolken, violette Bäume, blaue und graue Wiesen – warum nicht?

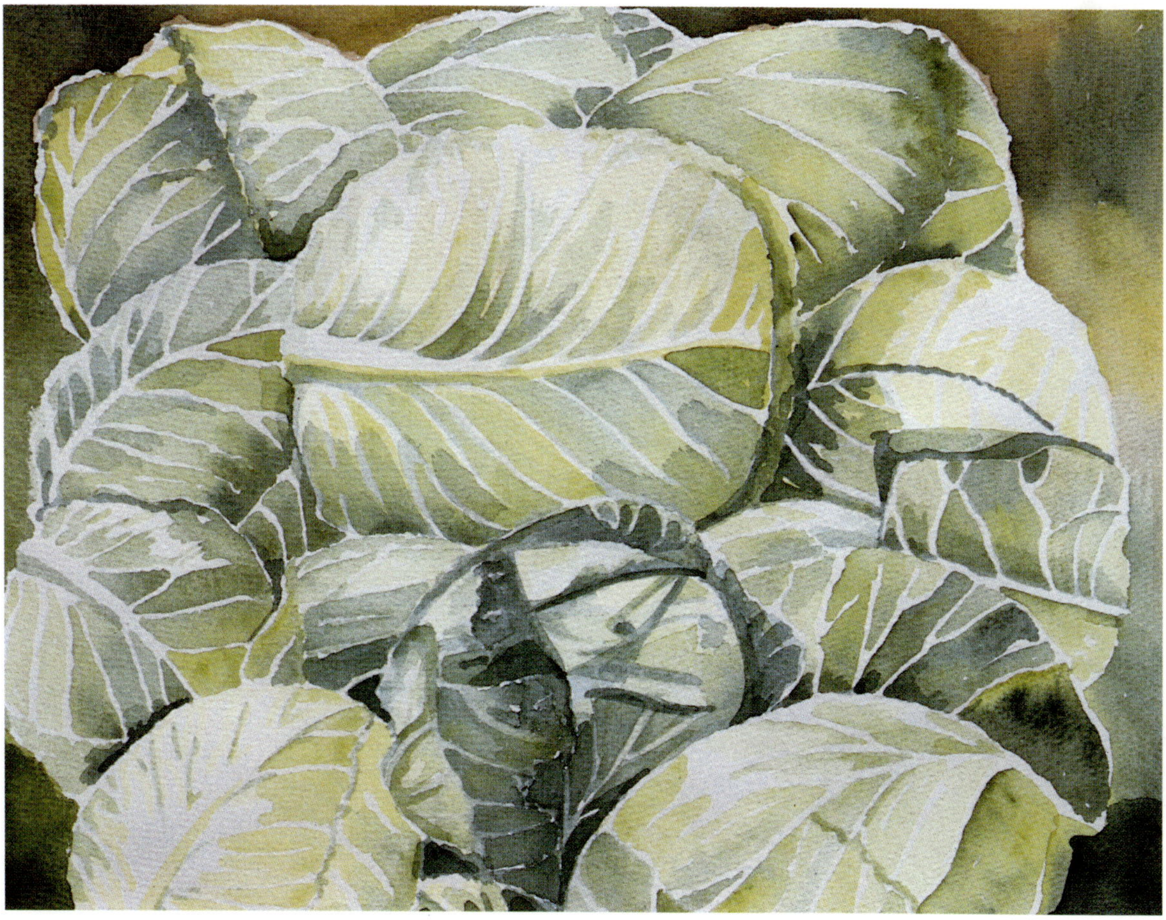

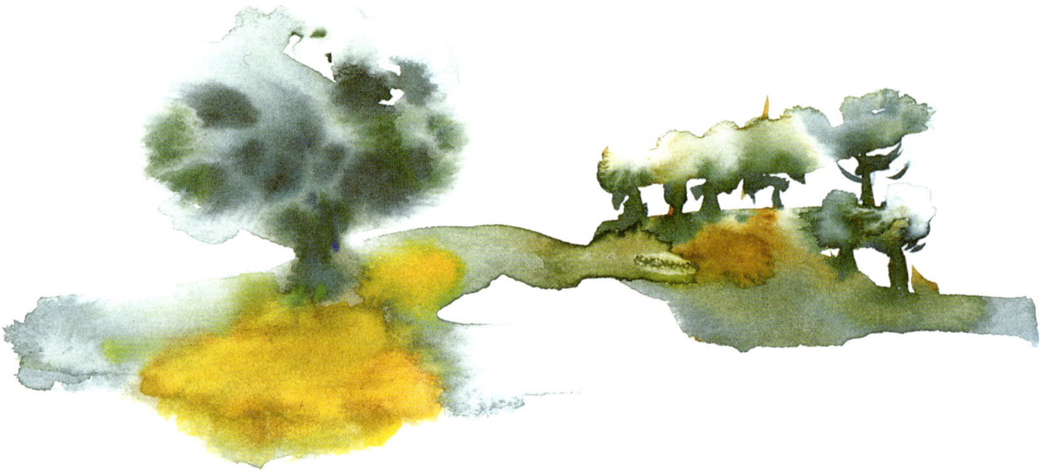

BÄUME UND BLÄTTER

Bäume. Erdverbundene Naturgestalten, regelmäßig gewachsen oder von Wind und Wetter geformt, im Sommer schattenspendend mit dichtem Blattwerk, winterkahl, gespenstisch im Nebel. Manche tragen ihr Laub wie lange Haare, manche als filigrane Krone oder Blätterdach. Ihre Äste können ausgreifen wie Arme und Finger, die Zweige erscheinen oft wie ein Adernnetz. Baumrinde kann, ähnlich wie Haut, glatt, rauh, faltig oder vernarbt sein.

Bäume haben ihre eigenen Gesten, eigene Gerüche und »Stimmen«, ihre eigenen Legenden und Bedeutungen.

In der Geschichte der Menschheit wurde der Baum als wesensverwandt mit dem Menschen, als Sinnbild des Lebens und Sterbens besungen, dargestellt und verehrt.

Trotz technischen Fortschritts und naturwissenschaftlicher Erkenntnis haben Bäume etwas von ihrem Zauber und Geheimnis bewahren können. Die Begegnung mit Bäumen ist ein Urerlebnis der Natur, ein Erlebnis, das uns Menschen heute Einsicht und Umsicht der Natur gegenüber lehren kann. Auch der künstlerische Blick, der die Schönheit und Besonderheit der Bäume betont, kann damit aufmerksam machen für die Gefährdung des Baumes, für den Verschleiß der Natur.

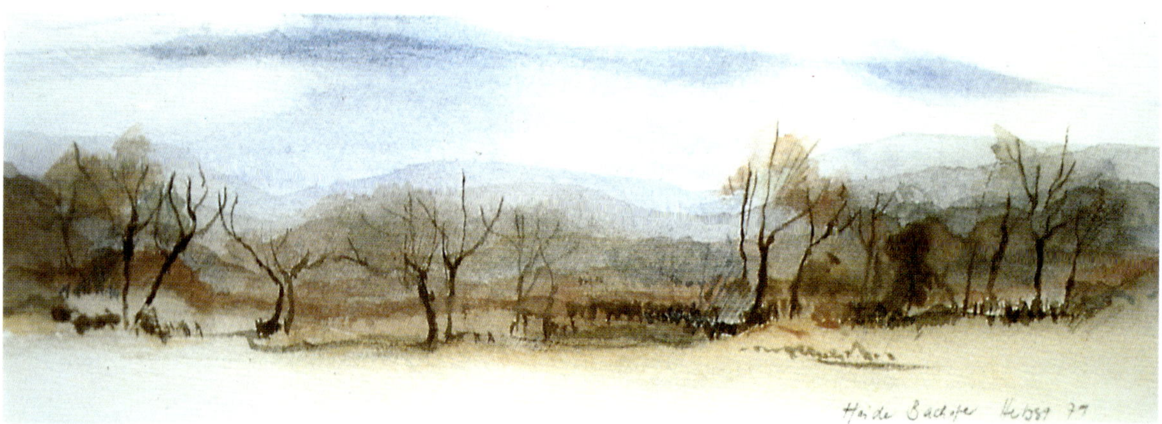

BEOBACHTUNGEN SAMMELN

Schauen, wie ein Baum wächst, wie er in der Erde verwurzelt ist, nach oben ragt, sich gabelt, dann verzweigt, welche Form seine Krone bildet.

Bei gut gewachsenen, dicht belaubten Bäumen bilden Äste und Blätter die Gesamtform der Krone, in der hier und da Teile des Astgerüstes sichtbar werden. Von ferne betrachtet, können Bäume an eiförmige, kugelige, kegelförmige Gebilde erinnern. Manche Bäume stehen bizarr und gebogen in der Landschaft wie bewegte Gestalten und strecken raumgreifend ihre Äste aus. Stämme können kräftig, biegsam, grazil ... erscheinen. Äste tragen ihr Laub herabhängend, emporgerichtet, seitlich ausschwingend, gebogen oder nach oben gestreckt ...

Das Laub oder die Nadeln zeigen unendlich viele Strukturmuster, wie Tupfen, Tropfen oder Striche, wie Häkchen oder Schnörkel, wie lockeres oder festes Gewebe ... Die Farben der Bäume ändern sich mit den Jahreszeiten. Blütenfarben und zarte, lichte Grüntöne des Frühjahrs werden allmählich zum satten, dichten Grün des Sommers, mit dem das Licht spielt. Der Herbst färbt das Laub mit leuchtenden Gelb- und Rottönen, die zum Jahresende verglühen. Im Winter schimmern Nuancen von Grau, Moosgrün, Rotbraun oder von fahlem Gelb auf der Rinde, es liegt schneeweiches Weiß auf den dunklen Zweigen oder ein zarter Rauhreifüberzug auf dem kahlen Astgerüst.

Blätter. Am meisten faszinieren sie uns im Herbst mit ihren leuchtenden Farben und ihren noch festen oder schon morbiden Formen. Der Wind weht uns verschiedene Arten vor die Füße und läßt oft nur noch einzelne als Farbtupfer in den Zweigen hängen. Regen und Nebelnässe geben trockenem Herbstlaub neues Farbleben, die Sonne bringt es zum Glühen. Ein vergängliches Farb- und Formenspiel der Natur, es regt zum Sehen, Sammeln und Gestalten an.

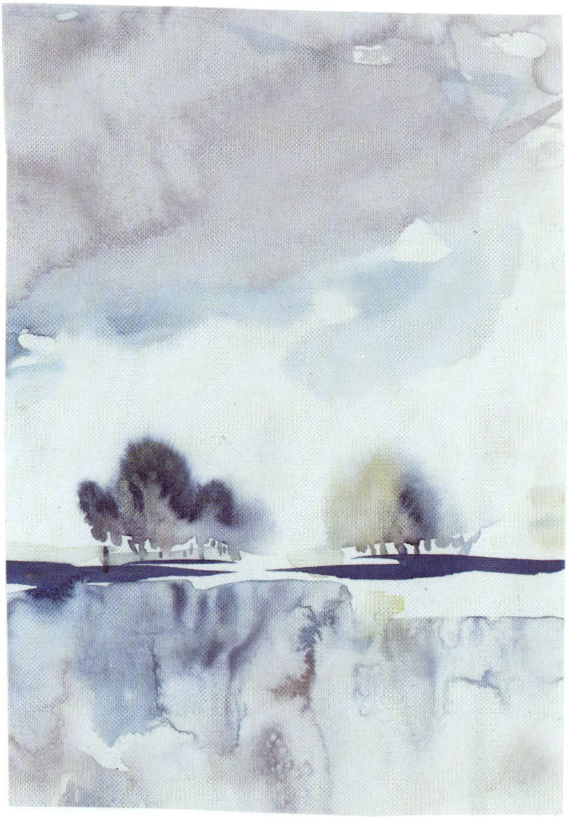

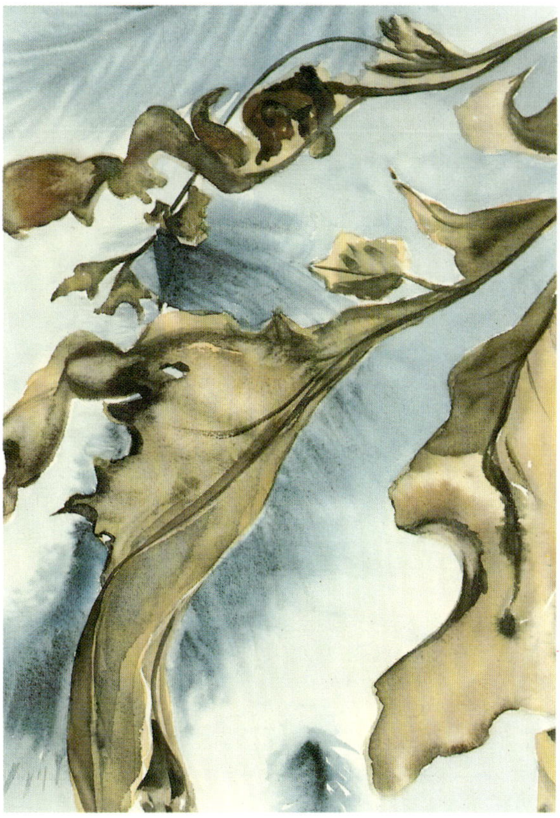

Oben: Solche Bäume im Nebel entstehen, wenn man Farbe in eine nasse Fläche ausblühen läßt.

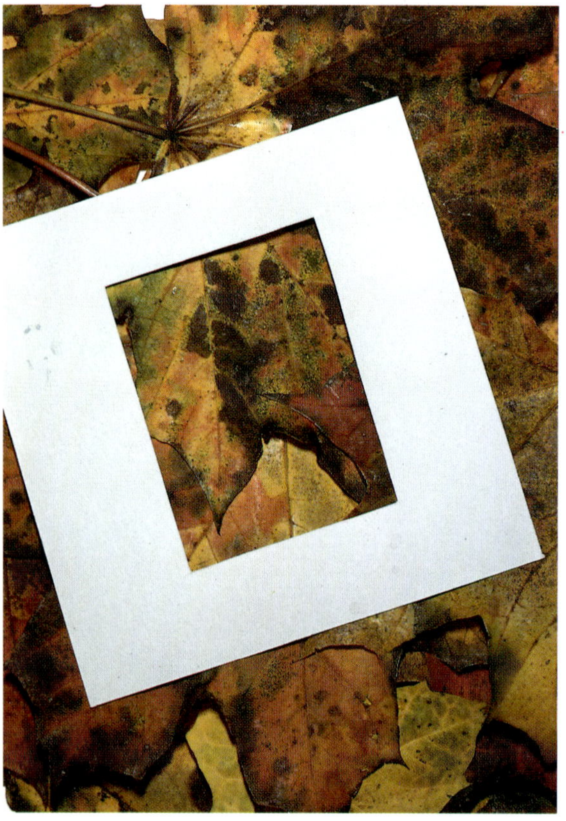

KLEINE ENTDECKUNGEN GANZ GROSS

Leuchtendes Rot geht fließend in stumpfes Braun über, harte schwarze Flecken lösen sich in viele kleine Tupfen und Pünktchen auf, Reste von Grün versinken in hellem Gelb, das begrenzt wird durch eine rote Blattader.

- Suchen Sie sich aus der Fülle der Eindrücke spannende Stellen mit einem Rähmchen aus, und nehmen Sie den Ausschnitt als Anregung für ein reines Farb-Bild.

ERSTE GESTALTUNGSVERSUCHE

- Eine Papierstelle in Blattform anfeuchten, unverdünnte Farbe einmal vom Rand her, dann von der Mitte aus hineinfließen lassen, das Papier kippen, Farbe aufspritzen, ein geknülltes Papiertuch aufdrücken. In eine Partie, die noch feucht ist, einen satten Farbfleck setzen, in eine andere etwas verdünntes Seifenwasser fließen lassen. Mit dem Fingernagel für einige Äderchen Farbe vom Papier wegschieben.

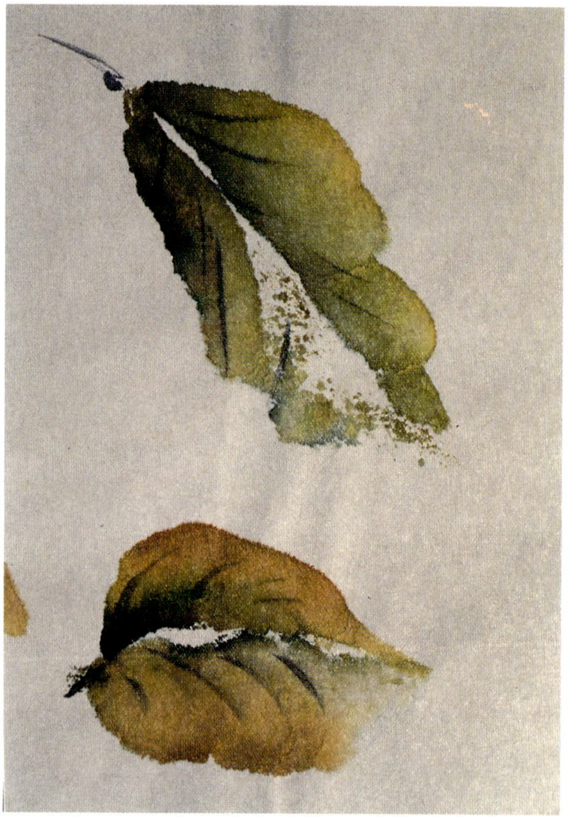

- Diese Herbstblätter sind auf stark saugendem Japanpapier gemalt. Sie sind vereinfacht dargestellt, wirken aber durch ihre Farbnuancen und die dynamischen Pinselspuren lebendig und bewegt.

Der Pinsel wird dazu mit zwei oder drei Farben gefüllt. Dann wird jede Blatthälfte mit einer einzigen schwungvollen Pinselbewegung gemalt. Das Aufsetzen, das Aufdrücken, das Abheben und eine leichte Pinseldrehung beeinflussen das Ergebnis. Einzelne Blattfinger und Blattrippen können durch kurzes Aufsetzen des ganzen Pinselbauches ihre Form erhalten. Zum Schluß werden mit der Pinselspitze die Blattadern eingezeichnet.

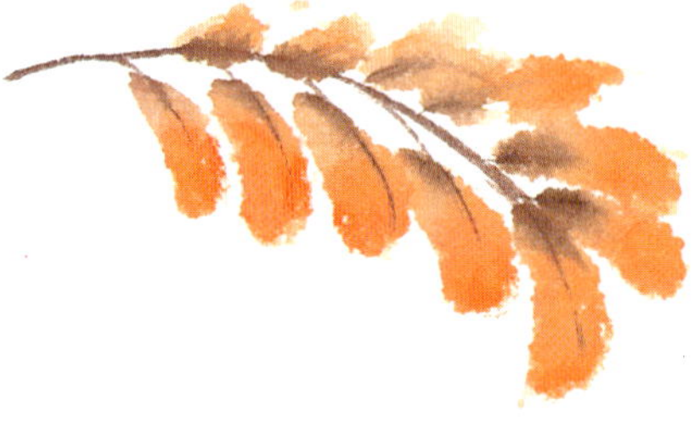

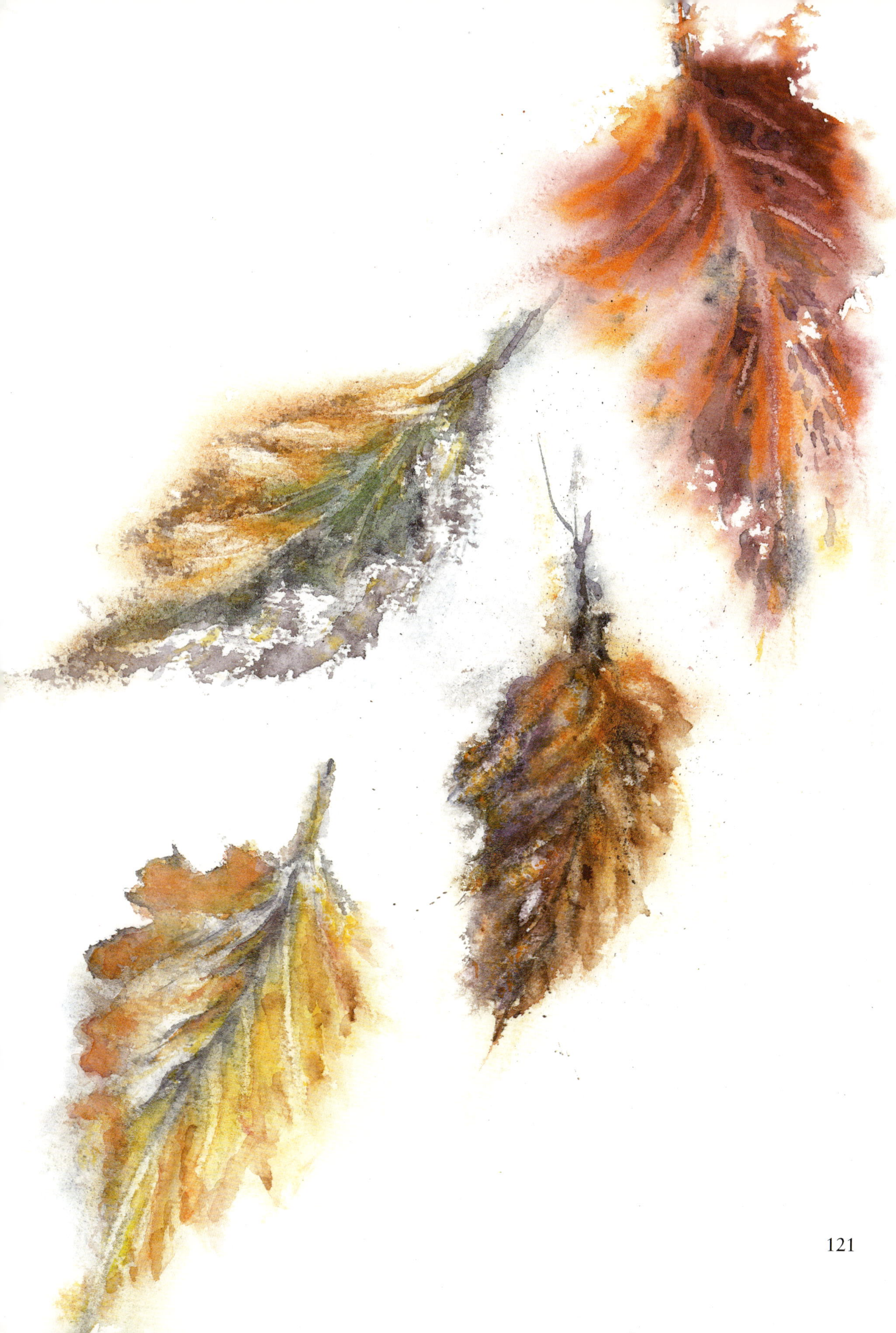

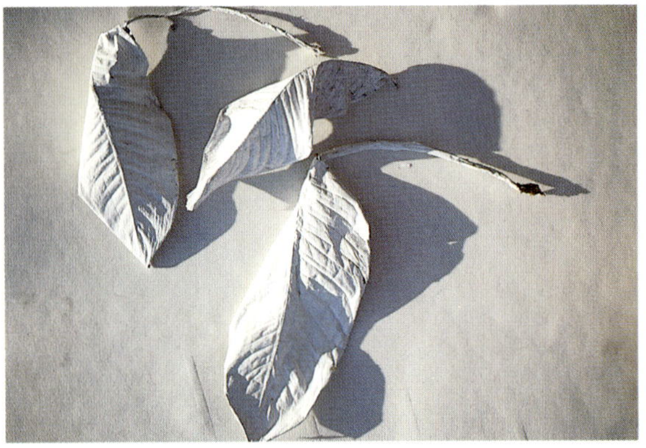

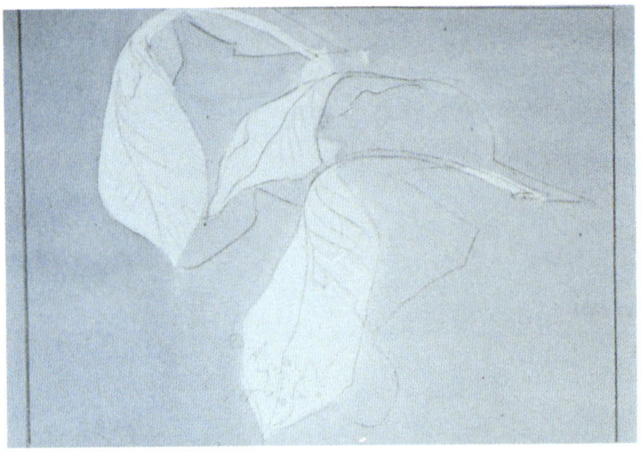

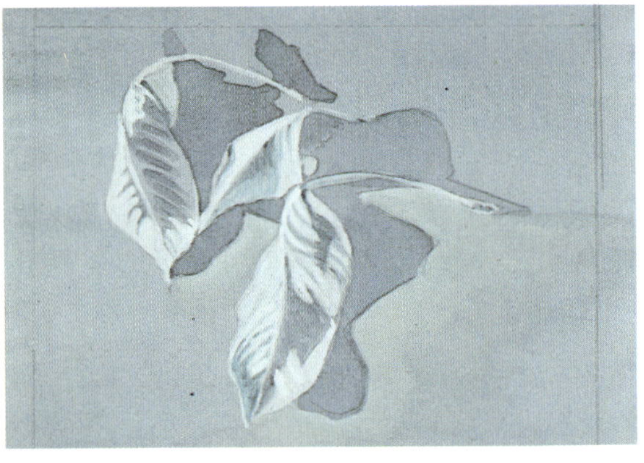

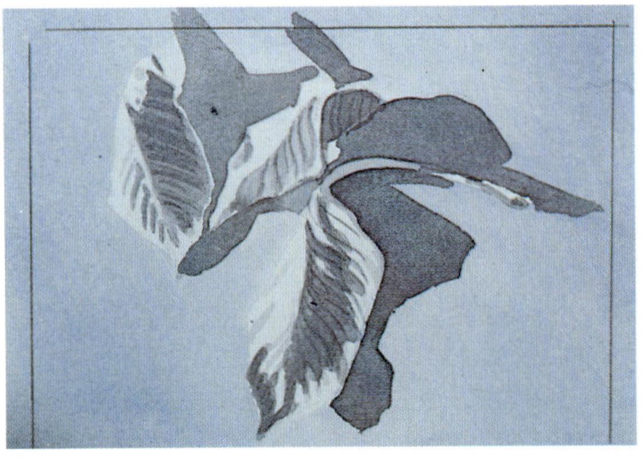

FORM UND PLASTIZITÄT

SICH IN GRAUZONEN WAGEN

In einem fortgeschrittenen Stadium des Verwelkens ändern sich die Formen der Blätter. Sie krümmen und rollen sich, sie werden zu phantastischen räumlichen Gebilden mit Wölbungen, Windungen, Hohlformen, Knicken und Falten. Es macht Spaß, diese Verformungen einmal zu studieren und sich malerisch mit der plastischen Formgestaltung zu beschäftigen, ohne von Farben abgelenkt zu werden.

• Suchen Sie mehrere große verwelkte Blätter. Walnußblätter, Platanenblätter, Ahornblätter … eignen sich sehr gut.

Wenn Sie deren Form mit Aquarellfarben malen wollen, haben Sie mehrere technische Möglichkeiten der Darstellung. Wichtig ist, daß durch den Lichteinfall eindeutige Schattenzonen entstehen, damit Sie die Hell-Dunkel-Werte und Volumina sehen lernen. Legen Sie helle Blätter auf eine dunklere, dunkle Blätter auf eine helle Unterlage.

• Zeichnen Sie Ihr Motiv leicht vor. Sie können dann nasse Farben in die dunklen Partien setzen und zum Hellen hin lavieren.

Sie können aber auch mit einer verdünnten Untermalung beginnen, die Schattenzonen allmählich durch Lasuren abdunkeln und die Höhen durch stärkere Farbintensität betonen.

• Besonders interessante und vielseitige Möglichkeiten ergeben sich, wenn Sie die Blätter mit weißer Dispersionsfarbe anmalen. Zum einen wird deutlicher, wie durch Tonwertveränderungen und Hell-Dunkel-Stufen Plastizität entsteht; zum andern sind die Beobachtungen an den lichtreflektierenden weißen Blättern überraschend und lehrreich, weil plötzlich Farbreflexe und farbige Schatten sichtbar werden, die dem ungeübten Auge bei trüben, welken Blattfarben weniger auffallen.

• Versuchen Sie die Volumina eines Blattes durch weiße, helle, mittlere und dunkle Tonstufen darzustellen. Verwenden Sie dafür eine Graumischung oder verdünntes Elfenbeinschwarz.

Linke Reihe: Lasurverfahren von Hell nach Dunkel
Rechte Reihe: Weißhöhung mit Deckweiß auf getöntem Papier

• Um weiße, reflektierende Stellen im Aquarell hervorzuheben, wird das unbemalte Papierweiß eingesetzt. Man spart die hellsten Partien einer Form aus, indem man sie mit einer mittelhellen Papiertönung umgibt. Dann kann man, Schicht für Schicht, mit zartem Farbauftrag allmählich zu den stärksten Dunkelstufen hin lasieren. Dieses schichtende Lasurverfahren fordert zu ganz genauer Beobachtung der Tonwerte heraus.

Wichtig: Die Tonwertstufen werden nicht mit verdünnter oder unverdünnter Farbe direkt gemalt, sondern durch Lasurstufen erreicht.

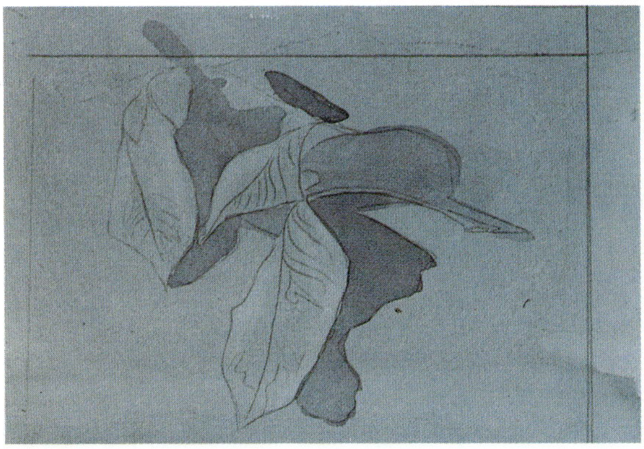

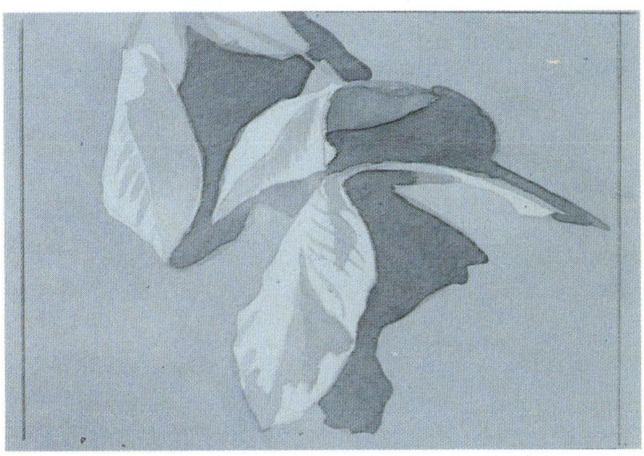

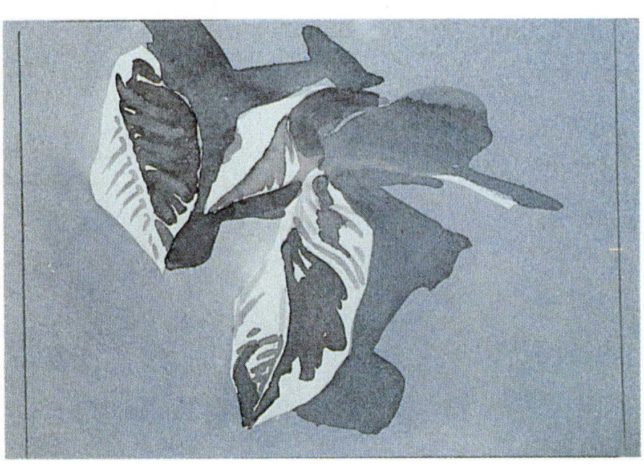

• Um sich dieses Aquarellverfahren, das Hell-nach-Dunkel-Malen, zu verdeutlichen, kann man auch einmal die umgekehrte Möglichkeit ausprobieren.

Bei einer deckenden Malweise wird oft auf getöntem Papier gemalt, die hellsten Stellen, Lichter und Höhen, werden zum Schluß mit Deckweiß aufgesetzt.

• Haben Sie jetzt, nach diesen Tonwert- und Lasurübungen, Lust auf freie Gestaltung? Vielleicht haben die Blattgestalten, Schattenformen oder auch Farbreflexe, die Sie beobachten konnten, neue Bildvorstellungen in Ihnen geweckt. Probieren Sie die Kombination von Aquarellfarbe mit Deckweiß oder Chinesischweiß aus; verwenden Sie Feder und braune Tinte; kombinieren Sie die Blätter mit anderen Gegenständen; brechen Sie Stücke aus dem spröden Blattmaterial heraus ... Malen Sie viele Blätter voll mit Blättern!

• Legen Sie die weißbemalten Blätter auf farbige Untergründe. Malen Sie farbige Schatten und die Töne der Reflexe.

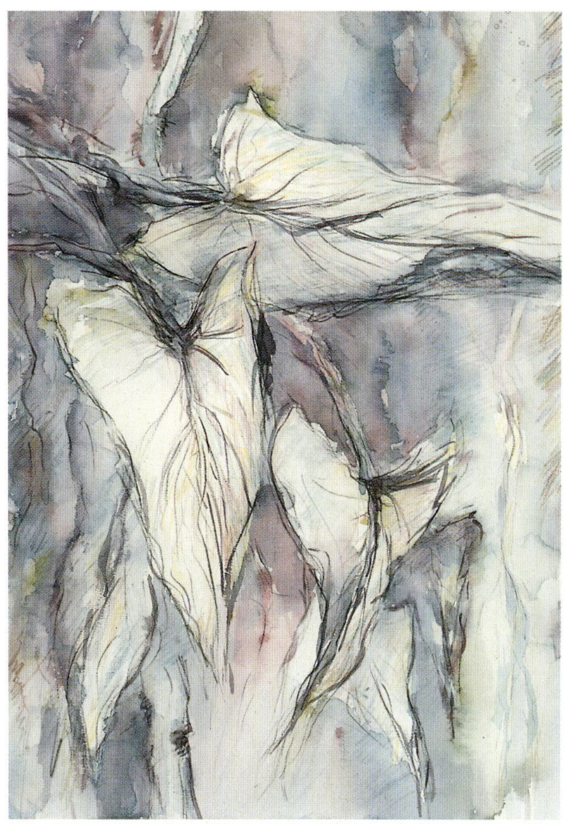

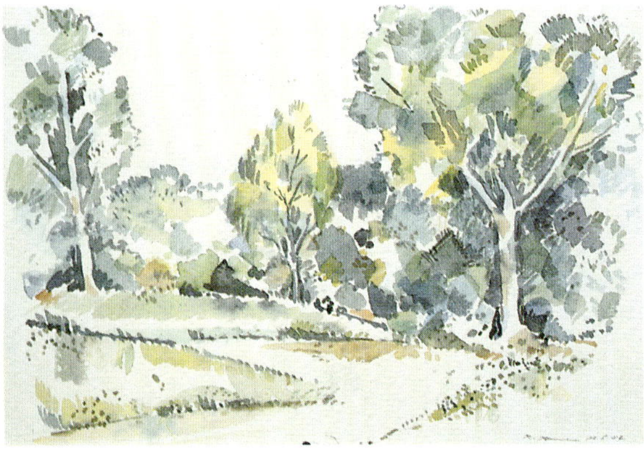

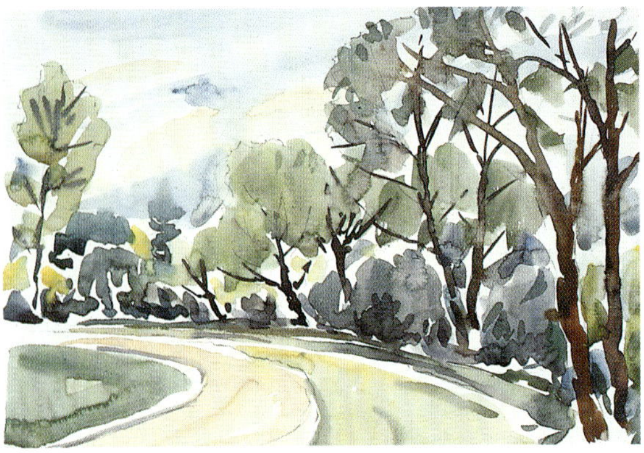

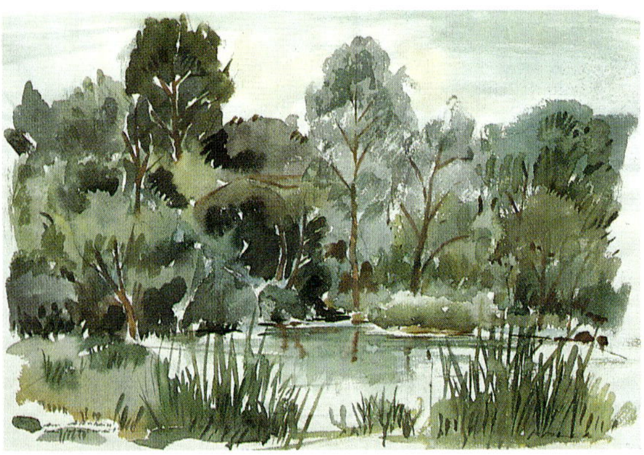

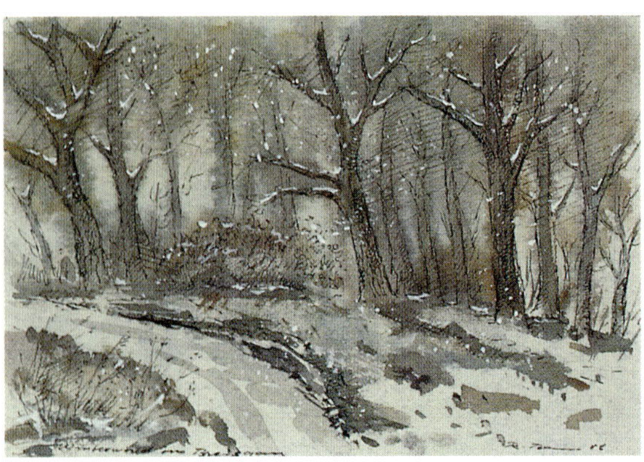

BEISPIELE

BÄUME

Hier entsteht der Eindruck von lichtem Laub, zartem Frühlingsgrün und Sonnenschein einmal durch den lockeren Auftrag zarter Lasurflecken, der viel Papierweiß durchscheinen läßt, aber auch durch die Farbgebung: helles Gelb oder Papierweiß für die sonnenbeschienenen Stellen und kühle Blau- oder Grüntöne in den Schattenpartien. Mit wenigen Strichen und Tupfen sind Laub und Blätter angedeutet.

Die Kronen der Bäume sind in dieser spontanen Farbskizze flächig vereinfacht. Weiche Farbflecken – entschlossen hingesetzt – geben die Form an. Sie vermitteln den Eindruck von dichten Laubmassen. Die Farbauswahl taucht den Ausschnitt in ein warmes Spätsommerlicht. Damit bei der schnellen, nassen Arbeitsweise die Formgrenzen nicht ineinanderfließen, läßt man etwas Abstand zwischen ihnen. Diese »Trennkanten«, die das Papierweiß zwischen den geschlossenen Farbflächen durchblitzen lassen, sind aber auch wichtig für die Lichtwirkung.

Früher Morgen am Teich – eine dichte Baumgruppe in kühlem, diffusem Morgenlicht.

Durch die feine Abstimmung der Grüntöne und der Hell-Dunkel-Werte, durch die unterschiedliche Dichte und Transparenz des Farbauftrages, durch weich verfließende Formgrenzen, durch deutliche Konturen, durch Wasserränder und trockene, rauhe Farbspuren sind die Unterschiede zwischen den Baumarten angedeutet, aber auch das natürlich organische Gesamtgefüge ist erhalten geblieben.

Bei entlaubten Bäumen wird das Astgerüst sichtbar, die Vielfalt und Abwechslung der Formbeziehungen zwischen Stamm, Astgabelungen und Zweigen. Naßkalter Nebel, von den Zweigen fällt Schnee herab, in der Stille hört man das Rascheln trockenen Laubes und dürrer Gräser ... Eine Winterstimmung, eingefangen durch die gelungene Kombination verschiedener Gestaltungsmittel: zarte Farbschleier und filigrane Zeichnung, kühle Graunuancen und warme Brauntöne, leuchtend weiße Schneeflecken und dunstige Naß-in-Naß-Verläufe.

AUFGABEN

Versuchen Sie, unterschiedliche Aufgaben zum Thema Baum zu lösen und entsprechende Malweisen dafür zu finden.

- Bäume als Formelemente in der Landschaft in ihrer Gesamtform erfassen und vereinfacht darstellen.
- Die Farben der Bäume in den Jahreszeiten treffen. Die entsprechenden Stimmungen wiedergeben.
- Blatt- und Laubstrukturen erfinden.
- Ein Baumporträt malen. Die Gestalt eines Baumes in Ausdruck und Bewegung erfassen.

ANREGUNGEN ZUR TECHNIK

- Malen Sie einen Baum aus Lasurflecken. Verwenden Sie dazu unvermischte, aber verdünnte Farbe. Beginnen Sie hell und zart, setzen Sie allmählich kühlere Nuancen für die Schatten ein, und betonen Sie an einigen Stellen das Licht durch leuchtende Farbtöne. Warten Sie ab, bis die Untermalung trocken ist. Sie können die Charakteristika des Laubes durch runde, flache, spitze, gebogene Flecken andeuten.
- Die Gesamtform belaubter Bäume oder dichter Baum- und Buschgruppen können Sie zunächst als wasserhelle Fläche anlegen. Lassen Sie verschiedene Farben ins Feuchte fließen, nehmen Sie stellenweise wieder Farbe weg, ergänzen Sie den lebendigen Eindruck durch leuchtende und dunkle Töne.
- Probieren Sie verschiedene Methoden aus, um die charakteristischen Blattmuster und Oberflächeneindrücke der Bäume wiederzugeben: wäßrige Flächen mit Wasserrändern – helle und dunkle, lichte und dichte Pinseltupfen, Bögen, Häkchen – aufgekleckste, aufgespritzte, gesprenkelte Farbe – Strukturen von Salzkörnern – rauhe, trockene Farbspuren für Nadelbäume oder Rinde – Papiertücher oder Schwamm in Farbe tauchen und aufdrucken – trockene Farbe mit dem Messer wegkratzen – feuchte Farbe ausschaben – mit Kreide leicht über die rauhe Papierstruktur und den trockenen Farbauftrag streichen.

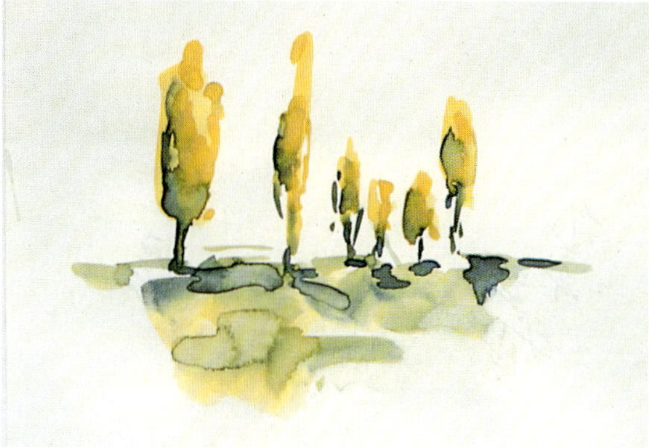

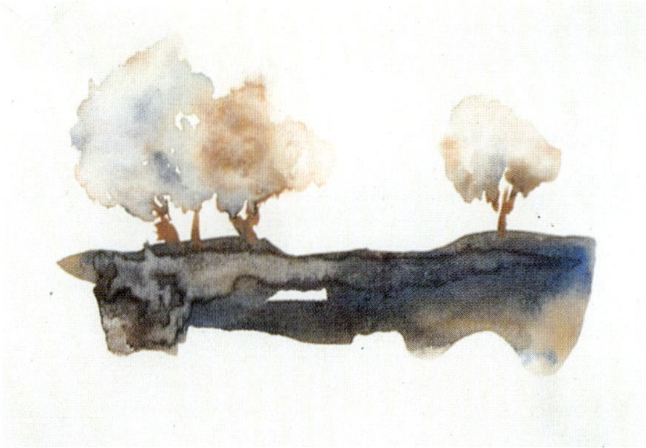

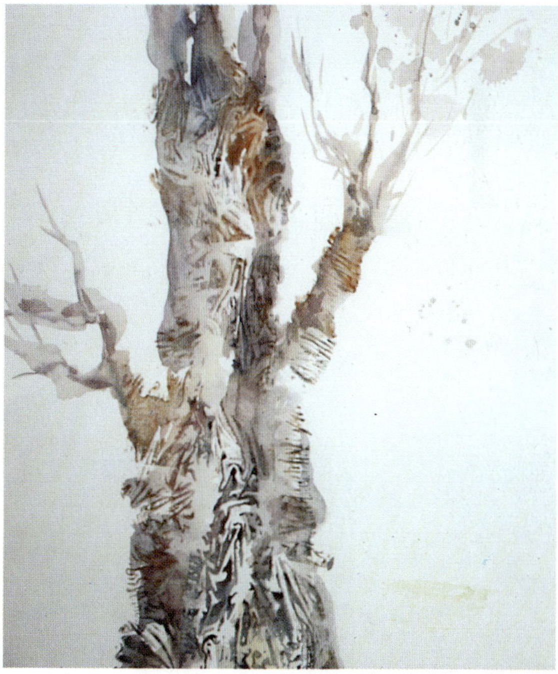

Für diese Rindenstruktur wurde saugfähiges, zerknittertes Papier in Farbe getaucht und abgedruckt.

BLUMEN

Blumen sind eine Aufforderung zum Hinsehen. Blumen aquarellieren wir aus Freude an ihren Farben, Formen und an ihrem Duft, um den Pflanzenorganismus mit seinem natürlichen Wachstum genau zu studieren oder, weil wir das Wesen einer blühenden Pflanze erfassen wollen. Wir malen Blumen, weil wir im Wachsen, Blühen und Verwelken dem Leben begegnen und einen Augenblick davon bewahren wollen.

Blumen und Aquarellfarben haben ihre Gemeinsamkeiten: empfindliche Blüten – empfindliche Farben – man spricht von frischen und duftigen Aquarellen – von ausblühenden, aufblühenden oder welken Farben – der dichte, matte Schimmer – die transparente zarte Leuchtkraft – die Lebendigkeit wäßrig verfließender Farben – die Natürlichkeit des flüssig lockeren Farbauftrags – alle diese Eigenschaften haben die Aquarellfarbe zu einem geeigneten Medium der Blumendarstellung gemacht.

Was auch immer Sie malen von diesem blühenden Stück Natur und welche Malweise Sie anwenden, mit innerer Beteiligung und Einfühlungsvermögen wird Blumenmalen zum Erlebnis. Blumenaquarellieren kann eine fesselnde Farbaufgabe oder lehrreiches Naturstudium sein, es kann intuitives Ausdrucksmalen oder bewußtes Komponieren sein, Blumenaquarelle dürfen erholsame Farbschwelgereien oder freie Blütenträume sein.

In manchen Aquarellen ist der Blütenreichtum und die Farbenpracht des Gartens mit satten Farben und großzügigen Formen gemalt, in manchen die stille Anmut der Blumen in einer Vase mit wenigen, wesentlichen Pinselzügen zum Ausdruck gebracht. Es gibt Blumenaquarel-

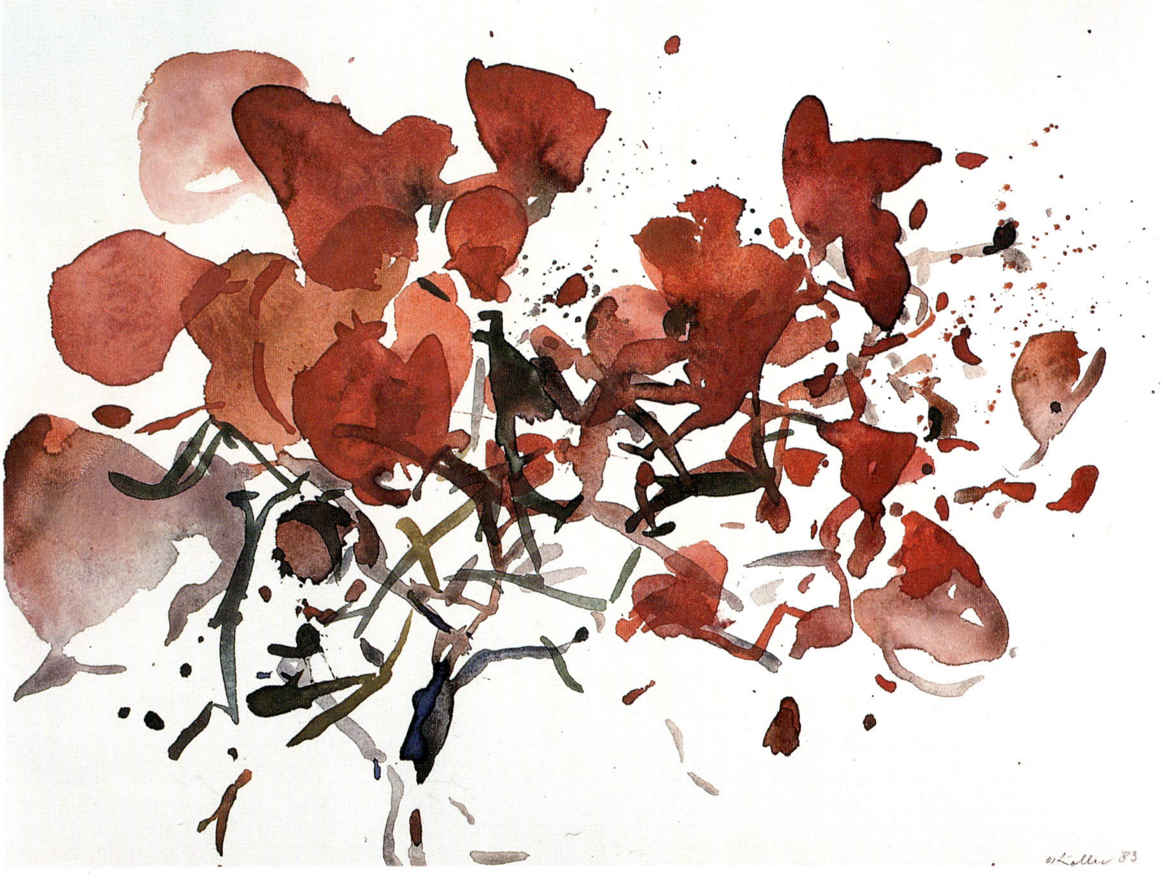

Oskar Koller, Rote Blumen, 1983

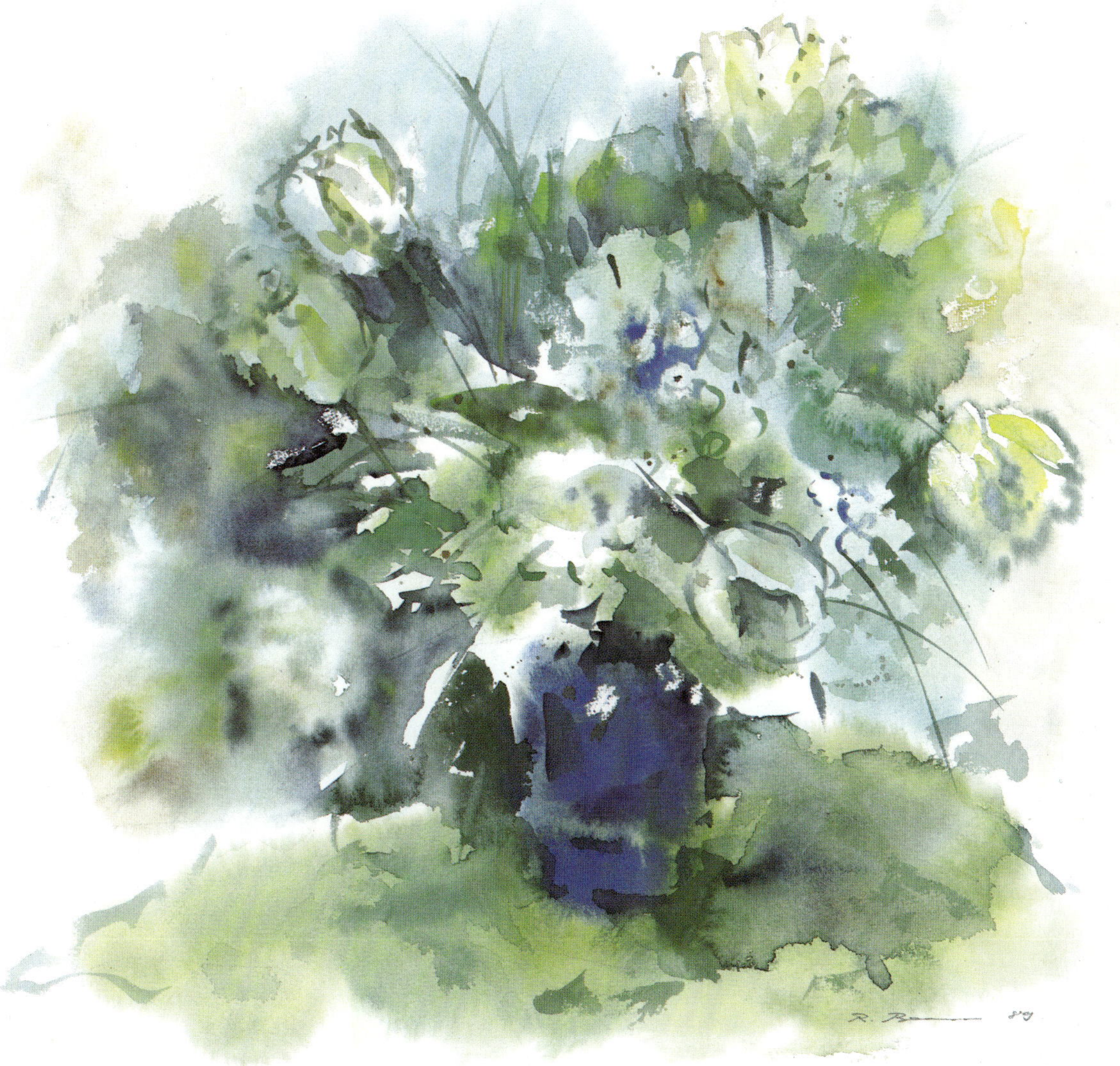

Richard Braun, Weiße Tulpen, 1989

le, die das lebendige Licht-und-Schatten-Spiel eingefangen haben, oder solche, die sich mit genauem Blick und detailreicher Schilderung dem auffallenden Charakter seltener Blüten oder der bescheidenen Schönheit unscheinbarer Pflanzen gewidmet haben.

Blumen sind voller Leben und doch stille Modelle. Sie sind unzählige Male aquarelliert worden und bleiben in ihrer Vielfalt an Gestalt und Ausdruck doch unerschöpflich.

ZUM BEISPIEL ROSEN

Einfühlsamer Blick
Rosen – wir sehen grazile Gestalten in der Vase, wir entdecken versteckte Blüten wilder, duftender Heckenrosen, wir begeistern uns für bestimmte Rosenfarben, Rosendüfte, Rosensorten, wir fühlen samtig-weiche Blütenblätter, Dornen und Gehölz, wir staunen über unzählige Biegungen, Windungen und Falten offener Blüten und über die feste Form geschlossener Knospen, wir sehen viel zu schwere Köpfe im Regen und verwelkte Blütenblätter widerstandslos fallen.

Verbrauchter Blick
Rosen – und immer wieder Rosen, in gemalten Bildern, auf Glückwunschkarten, Rosen für Stoffmuster und Reklame. Kann man Rosen noch malen mit eigenem Blick, ohne all die fremden Rosenbilder zu sehen, ohne Erinnerung an Poesiealbum, an Parfumwerbung oder Schokoladenpapier?

Eigener Blick
Wer Rosen liebt, wird sie immer wieder anders sehen, immer wieder neu entdecken.

Wenn Sie Rosen mögen, dann malen Sie *Ihre* Rosenaquarelle: aufgeblühte Köpfe ganz groß im Bild, Märchenrosen, Regenrosen, die letzte Rauhreifrose im Herbst, Geburtstagsrosen, Wolkenrosen, abgeschnittene Rosen zusammen mit der Gartenschere, eine einzelne Rose in der Vase bei flackerndem Kerzenlicht . . .

ANFÄNGE

Sie können auf unterschiedliche Weise beginnen:
- frei, erfinderisch, spielerisch, ohne sich um exakte Wiedergabe zu kümmern;
- mit suchendem, tastendem Zeichnen, um Ausdruck und Bewegung zu erfassen;
- mit genauen Beobachtungen und entsprechenden Farb- und Formstudien;
- mit dem Sammeln, Betrachten und Nach-Malen vieler verschiedener Vor-Bilder
- oder, indem Sie mehrere Aquarelltechniken ausprobieren.

Ich schlage Ihnen folgenden Weg vor:

- Gehen Sie zunächst vom unmittelbaren, lebendigen Eindruck aus. Orientieren Sie sich nicht an einem Aquarell-Vorbild. Beschränken Sie sich auf eine einzelne Rose.
- Beginnen Sie mit einem weichen Stift. Gehen Sie suchend in ununterbrochenen, leichten Linien der Gestalt, den Bewegungen und den Richtungen nach. Üben Sie das mit unterschiedlich gewachsenen Rosen.
- Nehmen Sie nach dieser Vorübung verdünntes Indigo oder Elfenbeinschwarz an den Pinsel. Setzen Sie mit entschlossenen Zügen, mit jeweils nur einer Pinselbewegung schnell und locker die Flächen, Linien und Häkchen auf das Papier für die Blüten-, Kelch- und Laubblätter, für den Stengel und die Dornen. Malen Sie dann genauso zügig mit etwas dunklerer Farbe überlappende Flecken über einige Blütenpartien. Setzen Sie zum Schluß kräftige, dunkle Akzente ein. Üben Sie diese Pinselführung mehrere Male, bis Sie sich sicherer fühlen. Probieren Sie es, locker und schwungvoll, mit entsprechenden Farben.
- Auch wenn es Ihnen in diesen Übungen schon gelungen sein sollte, wesentliche Merkmale einer Rose vereinfacht zu charakterisieren, sollten Sie sich damit aber nicht zufriedengeben. Versuchen Sie, weitere Aufgaben zu lösen und andere Ansätze auszuprobieren.
- Malen Sie eine Rose in mehreren Aquarelltechniken und mit verschiedenen Materialien.
- Als Aquarellmaler/in sollten Sie sich intensiv mit den Farben einer Rose beschäftigen.

Es ist spannend und lehrreich zugleich, zu einer Rosenblüte noch frische und verwelkende Blütenblätter dieser Sorte zu sammeln und die Farben zu vergleichen. Die Blüte mit ihren Licht- und Schattennuancen und die Töne der Einzelblätter ergeben eine breite Farbskala. Es gibt nicht nur dunkles und helles Rot, es gibt mattes, schimmerndes, dürres Rosenrot, es gibt welke, sonnige, schattige, samtige Töne. Mischen Sie die Farben nach. Probieren Sie Lasurmischungen aus, mischen Sie durch Ineinanderfließenlassen direkt auf dem Papier, vermischen Sie Farben auf der Palette.

- Komponieren Sie nur aus diesen Farben und ohne gegenständliche Formen ein Rosenrotaquarell. Spielen Sie mit dem Spektrum von: transparent und dicht – glatt und strukturiert – hell und dunkel – warm und kühl – leuchtend und getrübt – viel und wenig.

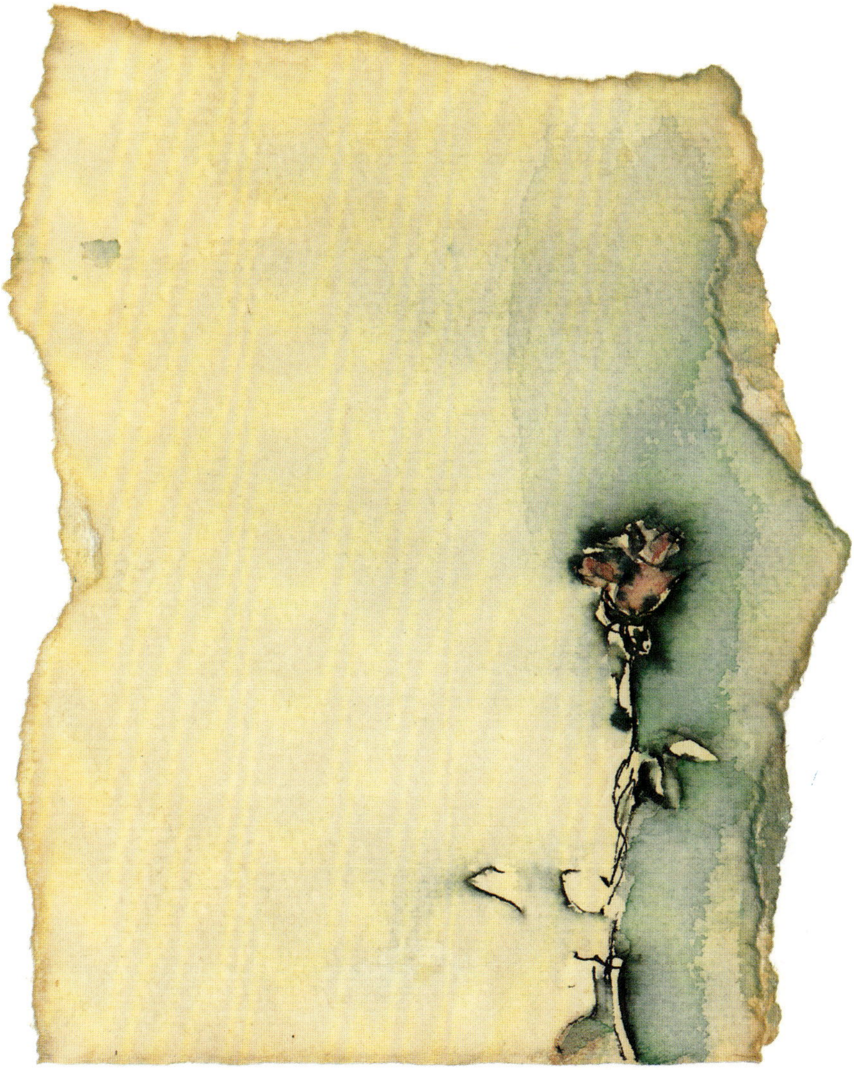

Beate Weber, Novemberrose, lavierte Tintenskizze

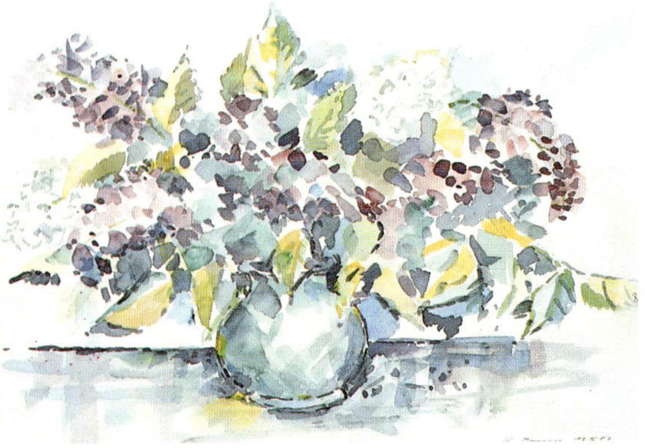

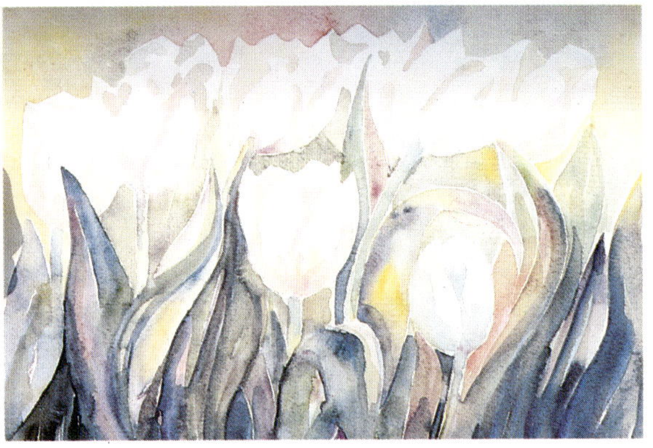

BEISPIELE UND ANREGUNGEN

Lasuren, Transparenz und farbiges Licht

• Malen Sie ein Blumenaquarell in der Lasurtechnik. Blüten, die aus vielen kleinförmigen Blütenblättern bestehen, wie Flieder, wie Geranien oder Hortensien, können gut mit vereinfachten Lasurflecken charakterisiert werden. Blumen, die klare Formen haben und große Flächen zeigen, wie etwa Tulpen oder Lilien kann man eher durch großflächigen Farbauftrag treffend wiedergeben. Lasieren Sie mit unvermischten, aber stark verdünnten Farben. Beginnen Sie mit wasserhellen, leuchtenden Tönen. Setzen Sie dann auf die trockene Untermalung die kühleren Töne und steigern Sie die Lebendigkeit durch ergänzende Farbnuancen. Balancieren Sie zum Schluß das Bild aus, indem Sie gezielt einige Schatten- und Lichtstellen verstärken. Versuchen Sie mit wenigen Farben auszukommen. Achten Sie darauf, daß das Farbgefüge kein buntes Durcheinander, aber auch kein farbloses Einerlei wird.

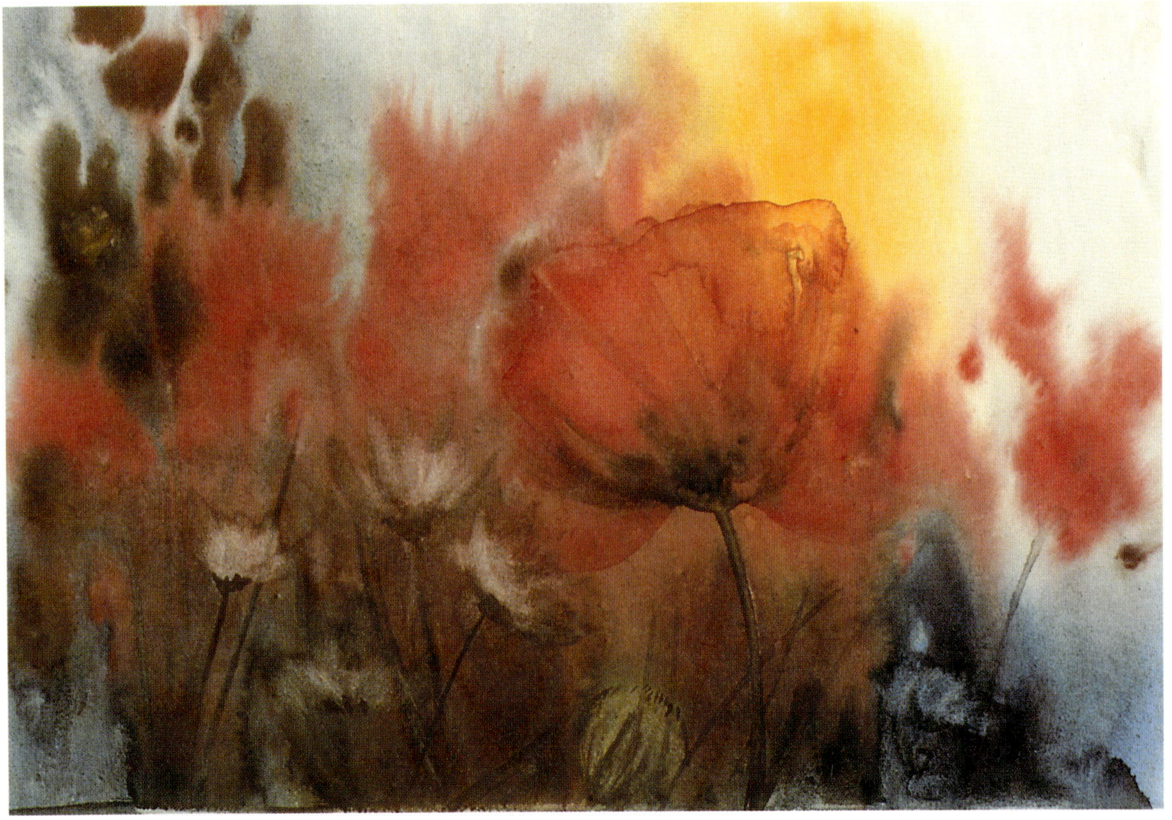

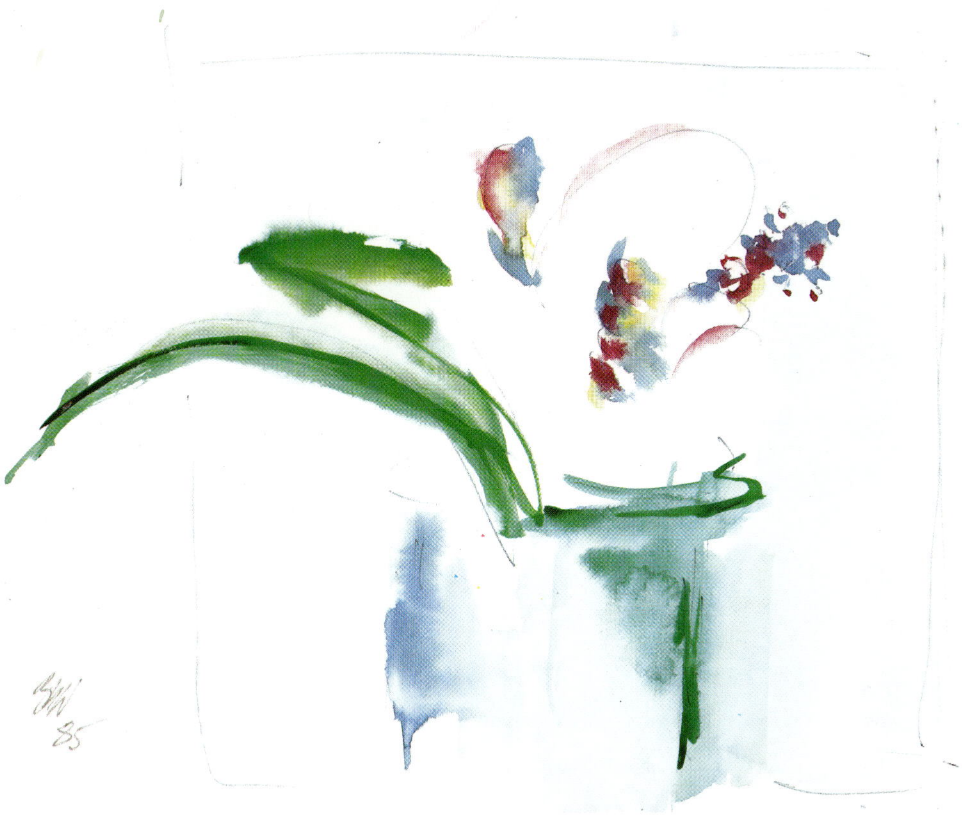

Naß-in-naß gemalt
Ausstrahlung und blühende Farbigkeit.
• Wählen Sie Ihr erstes Motiv noch einmal. Versuchen Sie jetzt, frei, spielerisch und experimentierend die Hauptmerkmale der Blumen mit der Naß-in-Naß-Technik zu erfassen.

Vergleichen Sie Wirkung und Aussage beider Malweisen.

Ausdruck und Geste einer Blumengestalt
Manchmal wecken die Farbabstufungen einer Blüte, manchmal die Farbfülle eines Straußes die Lust auf flüssiges, großzügiges Aquarellieren. Manchmal wollen wir uns in die Beobachtung von Einzelheiten versenken und eine blühende Pflanze möglichst naturgetreu abbilden. Oft ist es aber auch der Ausdruck von Bewegung, von Rhythmik, von lebendiger Gestalt und Geste, der Pflanzen und Blumen charakterisiert. Sie öffnen ihre Blüten im Licht, sie entfalten sich, sie lassen die Köpfe hängen, sie ranken und winden, sie biegen und krümmen sich, zittern, rollen sich ein, greifen aus, sie erscheinen winkend, tänzerisch, ermüdet ... Sie fordern dazu heraus, den Pinsel ebenso bewegt und rhythmisch über das Papier zu führen.

Links oben: Flieder in Lasurtechnik und Tulpen in dekorativem Flächenstil
Rechts oben: Ausdruck und Geste von Blüten in schnellen Pinselzügen erfaßt

Mohn – eine pure Erfindung

Dieses Aquarell ist durch ein Experiment entstanden. Aus roten, hingekleckststen Farbflecken entwickelte sich die Idee zu einem Mohnbild. Auf glattgewalztem Papier blieb die Farbe naß stehen, ließ sich wegwaschen und durch Kippen zum Verfließen bringen. Aufhellungen und naturähnliche Spuren ergaben sich durch Wegschaben der feuchten Farbe, durch aufgetropftes Wasser und durch Aufdrücken eines zerknüllten Papiertuches.

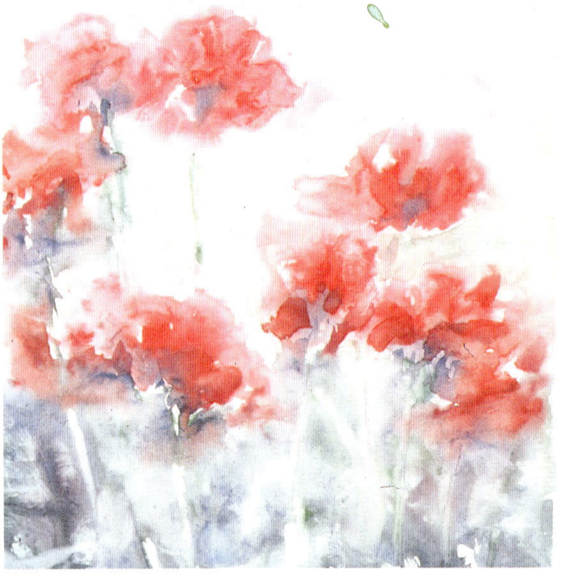

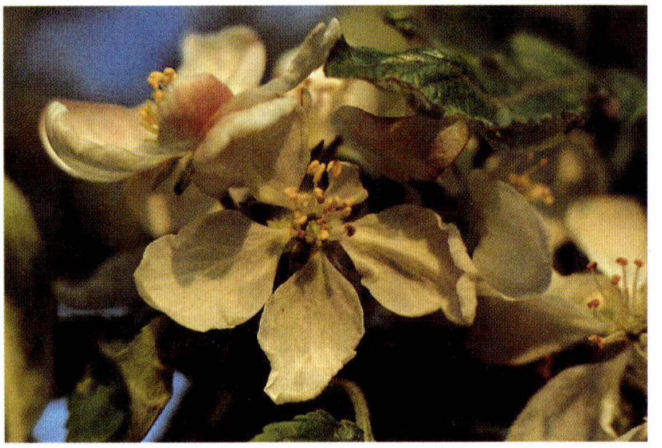

Apfelblüten – Beobachtungen

Das flüchtige Schauspiel von Licht und Schatten zeigt sich auf Blüten besonders lebendig. Weiße Blüten werfen das Sonnenlicht am stärksten zurück, sie erhalten ihre Nuancen durch schimmernde Reflexe der umgebenden Farben. Schattentöne verbinden Blütenteile und Hintergrund miteinander, die Formgrenzen verschmelzen. Harte und weich schimmernde Konturen ergeben räumliche Tiefe. Deutliches tritt nach vorn, Unscharfes nach hinten. Die Helligkeit und Leichtigkeit weißer Blüten darzustellen, erfordert viel Farbgefühl und technisches Können. Zunächst werden die Blüten ausgespart. Dann werden zarte, lichte Reflex- und Schattentöne in die unberührte Fläche gemalt. Diese dürfen den leuchtenden Schimmer nicht verdunkeln und trüben, sie dürfen die zarten Blüten nicht schwer machen. Konturschärfen werden durch überlappende Schattenlasuren oder durch Naßverläufe stellenweise aufgehoben.

TIPS

▷ Blütenblätter sind meist zarte Gebilde, die im Licht sehr farbintensiv, auffallend und leuchtend erscheinen. Mit sattem, dichtem Farbauftrag oder deckfähigem Pigment gemalt, wirken sie im Aquarell zu fest und kompakt. Wenn Sie in dünnen Lasurschichten malen, transparente oder färbende Pigmente wählen, können Sie Blüten leuchtkräftig und trotzdem leicht und empfindlich darstellen.

▷ Die Farben einer Blüte bestehen aus der Eigenfarbe der Blütenblätter, aus warmen Licht- und kühlen Schattentönen und aus Farbreflexen aus dem Umfeld. Licht, Schatten und Reflexe sind immaterielle, flüchtige Erscheinungen, die nicht mit dunklen, dumpfen oder dichten Farben eingefangen werden können. Verwenden Sie ungemischte Farben und transparente, leichte Pigmente. Achten Sie auf sauberes Malwasser und eine reine Oberfläche der Farbnäpfchen. Transparente oder färbende, also leichte Pigmente sind zum Beispiel: Echtgelb hell, Krapplack, Karmin, Echtrosa, Echtviolett, Kobaltblau, Ultramarin, Saftgrün, Chromoxidgrün feurig, Siena gebrannt, Umbra natur, Paynesgrau.

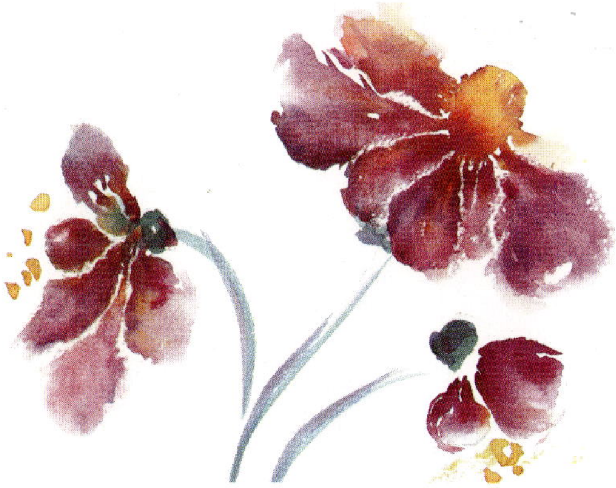

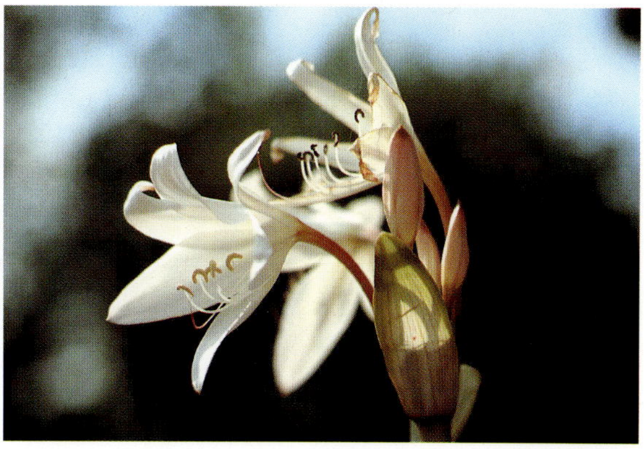

Formbetonter Flächenstil

Blüten und Blätter werden mit ihren Konturüberschneidungen räumlich klar gegliedert. Dazu ist meist eine Vorzeichnung erforderlich. Jedes Formteil wird als separates Element, oft durch eine Trennkante isoliert, in einer entsprechenden Farbnuance gemalt. Entweder werden sie mit einer wäßrigen Farbfläche angelegt oder zunächst mit einer sehr nassen Farblinie angedeutet. Wenn man anschließend unverdünnte Farbtöne in manche Partien fließen läßt, entstehen lebendige, naturnahe Spuren. Die noch feuchten Farblinien kann man zu plastischen Wölbungen lavieren oder in eine entsprechende Formfläche ausblühen lassen. Dadurch wird ein steifer, lebloser Gesamteindruck vermieden, der bei einer formisolierenden Flächenmalweise leicht entstehen kann, wenn sie mit gleichmäßiger, präziser Pinselführung und hart konturierten Farbaufträgen durchgeführt wird. Das Wesen einer Blüte liegt nicht in ihrer Form.

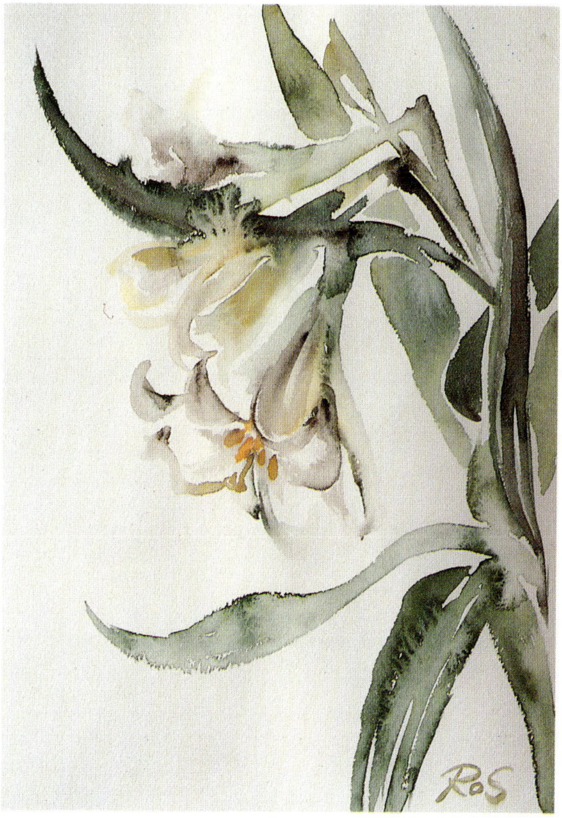

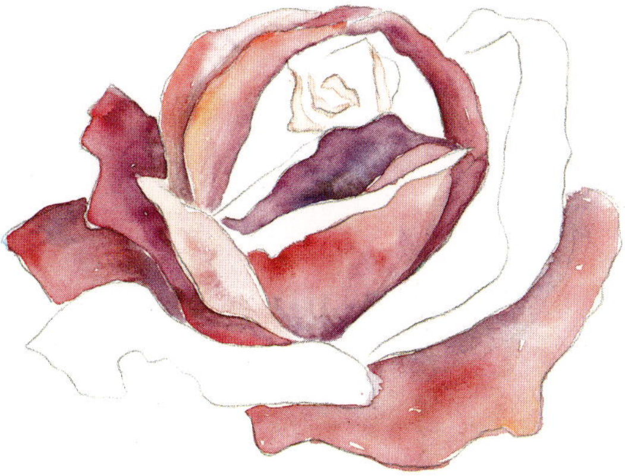

Eine formisolierende Flächenmalweise wirkt oft leblos und steif. Ein natürlicher und lebendiger Eindruck entsteht durch die Kombination mit sehr nassem Farbauftrag und entsprechenden Fließspuren. Dadurch werden auch die schweren, ausschwingenden Blütenkelche, die schwertförmigen Blätter und die raumgreifenden Richtungen und Bewegungen der Lilie im oberen Aquarell betont

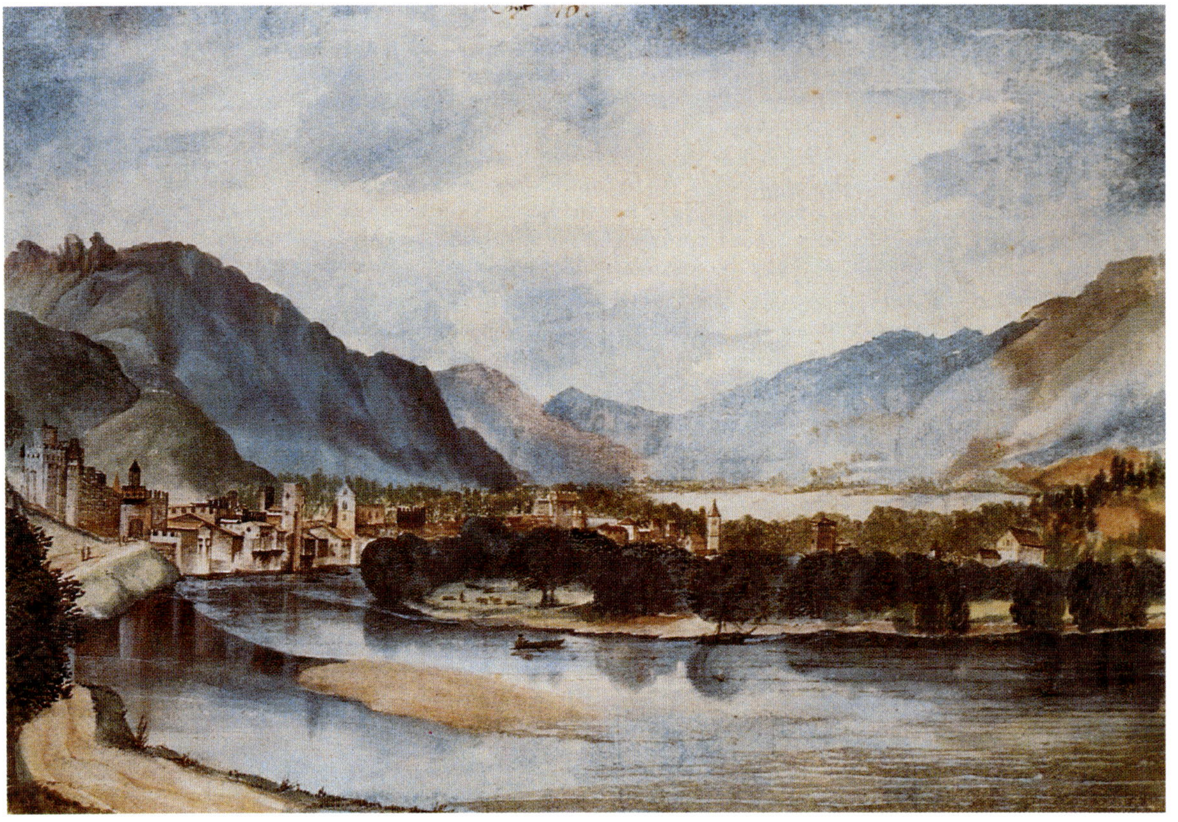

LANDSCHAFT

DÜRER AM ANFANG

Landschaft im Aquarell. Dieses Thema soll mit einem Dürer-Aquarell beginnen. Nicht, um mit seinem Namen einen Hauch von Kunstgeschichte ins Buch zu bringen, sondern weil Dürer als erster Maler der Nachwelt Landschaftsaquarelle hinterlassen hat. Er ging aus dem Atelier hinaus in die freie Natur und wählte, anstatt des gebräuchlichen Zeichenstiftes, transparente Wasserfarben, um die natürliche Schönheit von Luft und Licht, um die Farben der Ferne und Weite, um eine Ahnung von Unendlichkeit ins Bild zu bringen. Er verzichtete auf ein dominantes zeichnerisches Gerüst und topographische Genauigkeit. Er hat so die Landschaft zu einem eigenständigen malerischen Thema gemacht. Das ist deshalb um so erstaunlicher, als er damit gegen die damalige Kunstauffassung und Kunstpraxis handelte.

Allerdings hatte Dürer sicher nicht die künstlerische Absicht, das »moderne« Landschaftsaquarell zu erfinden und es in die Kunstgeschichte zu befördern. Er hat es wohl eher als neue Aufgabe entdeckt und zu seiner Freude – aber nur für seine persönlichen Skizzenbücher – vor Ort in seiner Aussagekraft erprobt.

Mit seinem feinen Gespür für die farbige Durchsichtigkeit der Wasserfarben und seiner Empfindungsfähigkeit für die Natur ist es ihm gelungen, in der schwebenden Atmosphäre der Landschaft seine eigene Ergriffenheit vor der Schöpfung auszudrücken.

So hat vor ihm noch keiner und nach ihm lange kein Künstler mehr eine Landschaft gesehen und wiedergegeben.

Oben: Albrecht Dürer,
Trient von Norden gesehen, 1495, Bremer Kunsthalle
Rechts: Ruth Stahl, Hamburg-Binnenalster, 1985

GEDANKEN VORWEG

Landschaft. Wir denken an Wälder, Wiesen, Wasser, Wind, an den Geruch von Meer, Gras und Herbst, an Wege, die man irgendwohin gehen möchte und an Vogelstimmen. Wir meinen Licht, Luft, Weite und freie Natur. Naturlandschaft – sie ist mit ihrem ganzen Reichtum Raum für sinnliches Erleben, Raum für subjektive Stimmung, für Unbewußtes, für Vorstellungen und Sehnsüchte.

Was aber machen wir mit Fabrikschloten, mit Leitungen, Silos, Autobahnen, den eintönigen Vorstadtlandschaften oder mit der Endlosigkeit öder Monokulturen?

Landschaft – sie ist vor allem genutzter Lebensraum und nur noch selten grüne Idylle. In ihr treffen Natur und Technik, Naturfläche und Nutzfläche, Wachstum und Zerstörung, Anbau und Abbau zusammen.

Mit der Ausnutzung und Erforschung der Natur hat sich der Mensch aus seiner Abhängigkeit von ihr zu befreien versucht. Er hat die Landschaft als Lebensganzheit zerstört, hat seine eigene Natur preisgegeben und seine Freiheit mit dem folgenschweren Verlust des Naturgleichgewichts bezahlt. Geblieben ist die Erkenntnis der letztendlichen Naturabhängigkeit. Landschaft – Anziehung und Abschreckung, Naturkräfte, Naturphänomene, Verbindung von Natur und Architektur, aber auch Zeichen des Verbrauchs und der Zerstörung.

Landschaften im Aquarell – das sind Versuche der sinnlichen Annäherung, das ist selten kritische Auseinandersetzung; sie tragen zumeist stimmungshafte Züge; sie zeigen im Wechsel von Farbe und Licht Verwandlungen, sie verweisen mit fließend leichtem Farbauftrag auf die nur scheinbare Dauer der Erscheinungen; sie sind oft Ausdruck subjektiver Empfindungen, die Natureindrücke in uns auslösen können. Landschaften im Aquarell zeigen selten mit direktem, kritischem Blick die Zerstörungen an der Natur.

Vielleicht, weil leichte Farben und schwere Gedanken sich nicht vertragen?

Vielleicht, weil wir gerade beim Landschaftsaquarellieren ein verlorenes sinnliches Naturerlebnis wiederfinden und dabei ausdrücken können, was wir endgültig zu verlieren fürchten.

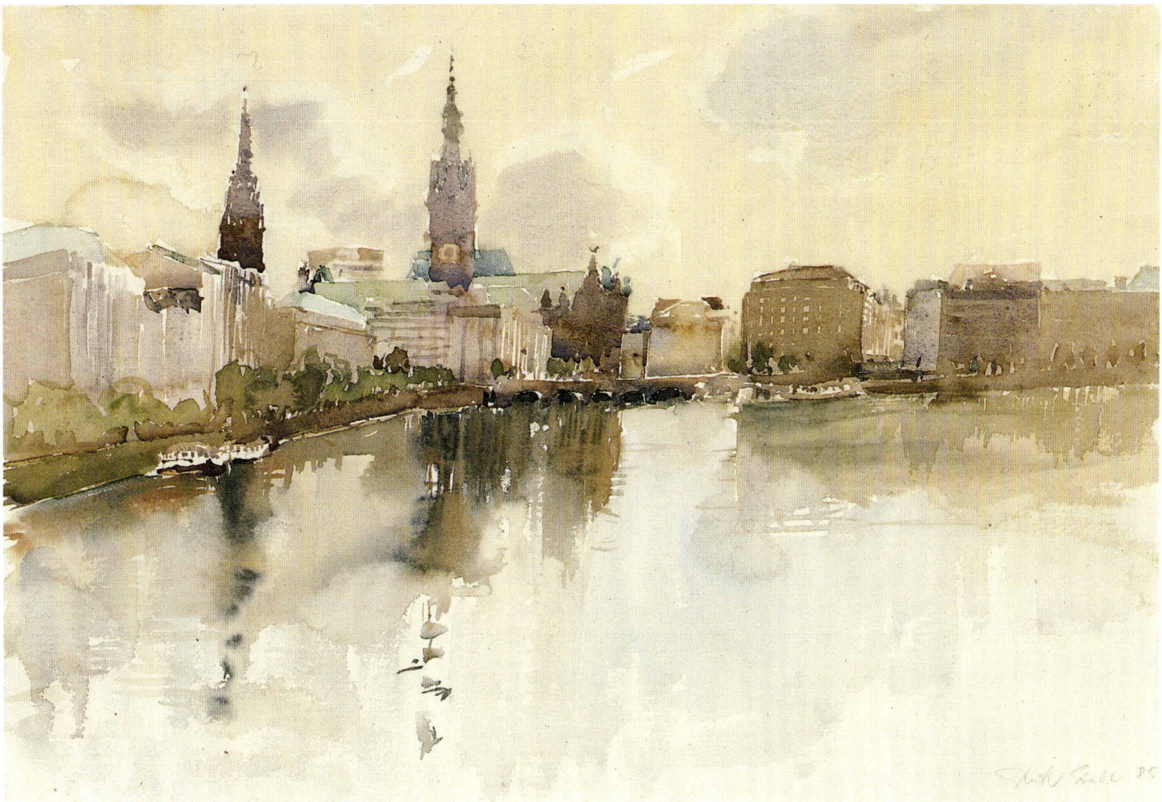

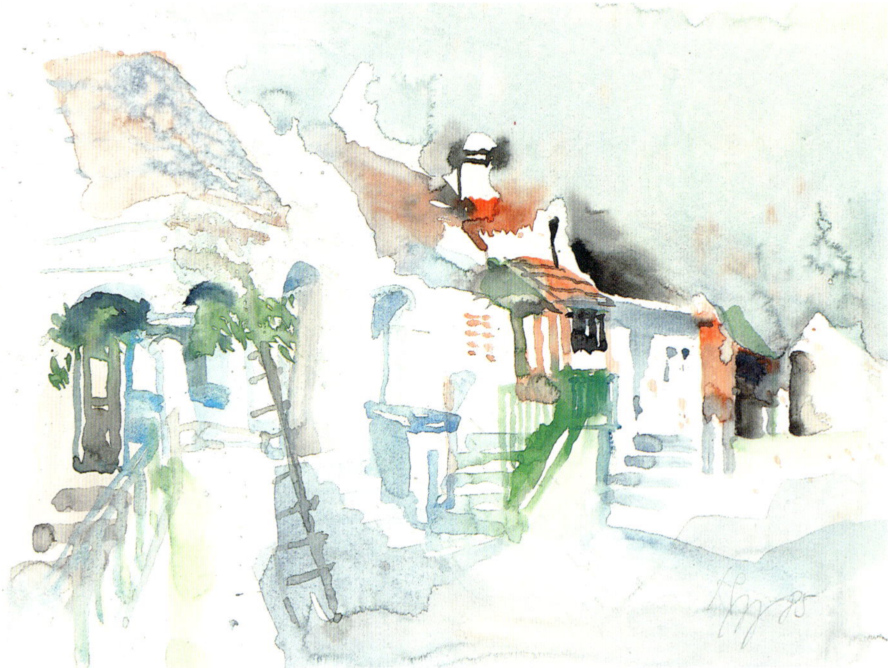

Kurt Panzenberger, Mörbisch, Neusiedler See, 1985

BEISPIELE UND ANREGUNGEN

Wenn wir in einer Landschaft stehen, nehmen wir unzählige Eindrücke wahr. Wir sehen, hören, riechen, fühlen ... Aus den vielen sichtbaren Dingen, die unser Malerauge fesseln, müssen wir auswählen, um sie im Bild zu einer Gesamtkomposition zusammenfügen zu können. Zunächst ist es wichtig, Farb- und Formzusammenhänge zu sehen, Ähnlichkeiten oder Kontraste, Richtungen und Bewegungen in ihren Beziehungen wahrzunehmen.

Ähnlich sind in der Landschaft zum Beispiel oft die Grüntöne der Büsche, Bäume und Wiesen, die Blautöne des Himmels und die Schattentöne oder die warmen Erdfarben und die Dächer der Häuser ... Ähnlich können die weichen Schwünge von Hügeln, Wegen, Waldkonturen oder Buschgruppen sein ...

Kontrastreich sind manchmal die roten Dächer inmitten von Grün, die hellen, warmen Farben in Sonne und Licht zu den kälteren, dunklen im Schatten oder einige große Formen in unserer Nähe zu den vielen kleinen in der Ferne, die wärmeren, leuchtenden Farben vorn zu den transparenten, kühlen, weit entfernten Tönen. Warum erscheint ein Hausdach inmitten von Grün besonders rot? (Simultanwirkung!) Kontraste bilden können auch geometrische Gebäudeformen und Feldeinteilungen zu weichen Wolken- und Waldformen. Aber auch aufsteigende Flächen wie Berge, Bäume, Türme sind Gegensätze zu horizontalen Wasser- oder Landschaftsflächen. In bestimmte Richtungen weisen Flüsse, Wege, Ackergrenzen, Weidezäune, ein in der Ferne verschwindender Bogen des Strandes.

Wenn Sie solche Beziehungen aufgespürt haben, dann geht es darum, den Ausschnitt zu wählen, das Format zu bestimmen, sich das Verhältnis von Himmel und Land zu überlegen und eine Farbauswahl zu treffen.

Die Farbsetzung und Formgebung wird sich, entsprechend Ihrer vorherigen Beobachtung, nach den Farb-Form-Zusammenhängen richten oder von Ihrem Landschaftserlebnis geprägt sein. Sie werden vielleicht intuitiv oder bewußt, je nach Situation und Malanlaß, eine bestimmte Darstellungsweise wählen.

Es gibt Malerinnen und Maler, die ein wirk-

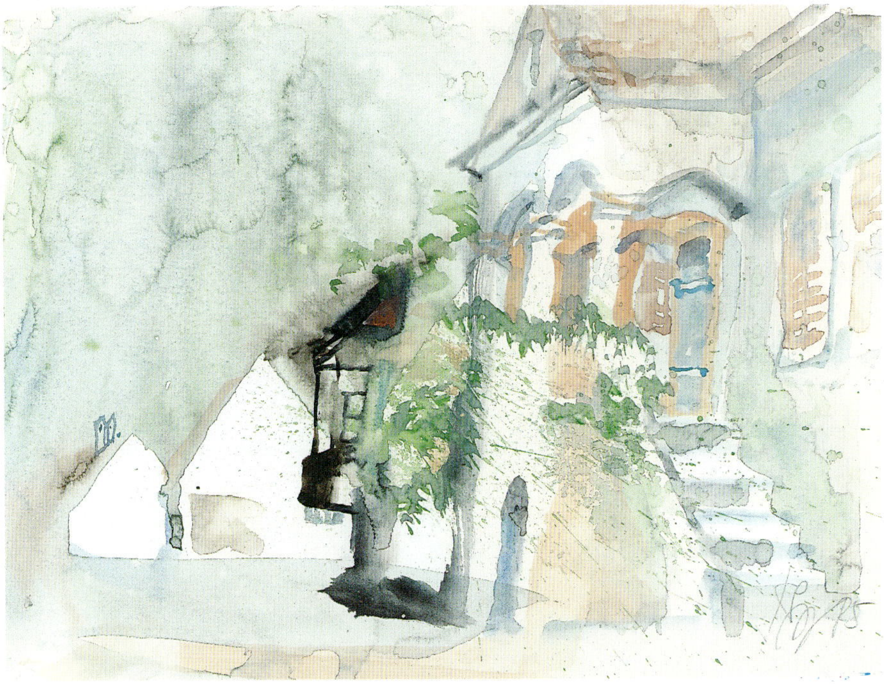

Kurt Panzenberger, Mörbisch, Neusiedler See, 1985

lichkeitsnahes Abbild geben wollen. Andere wollen ihre eigene seelische Stimmung ausdrükken oder nur die Licht- und Farbeindrücke ohne Formgenauigkeit wiedergeben. Manche wollen mit neuer Farb- und Formgestaltung die Situation interpretieren, das Heitere oder Bedrohliche betonen, flüchtige Eindrücke fließend spontan hinschreiben, laute oder leise Klänge, Kälte oder Wärme, Windstille oder Sturm ins Bild bringen. Wieder andere werden durch die natürlichen Farb- und Formbeziehungen zu einer bestimmten Bildstruktur angeregt, die sich sehr weit von den sichtbaren Dingen entfernen kann.

- Wenn Sie nur wenig oder keine Erfahrung im Landschaftsaquarellieren haben, dann sollten Sie sich mit möglichst vielen verschiedenen Sichtweisen und Darstellungsmöglichkeiten beschäftigen, dazu Beispiele anschauen und jeweils ähnliche eigene Aquarellversuche machen.
- Aquarellieren Sie, wann immer möglich, direkt im Freien. Malen Sie ein Landschaftsmotiv sowohl in der Naß-in-Naß-Technik als auch im Lasurverfahren. Oder lavieren Sie eine Tintenskizze von dieser Ansicht.

TIPS

▷ **Versuchen Sie zunächst, mit nur wenigen Farben einen passenden Farbklang zu finden. Nehmen Sie sich für diese vorbereitende Farbabstimmung viel Zeit. Probieren Sie einige Farbkombinationen mit ihren Intensitätsabstufungen, Mischungen, Verdünnungen und Mengenanteilen auf einem separaten Blatt aus.**

Für diese Farbklangversuche sollten Sie sich die unbemalten Rückseiten mißlungener Aquarellversuche aufbewahren.

▷ **Für Ungeübte ist es meist hilfreich, sich vor dem Aquarellieren mehrere schnelle, großzügige Skizzen von dem entsprechenden Landschaftsmotiv anzufertigen. Man kann dabei bereits die Bildaufteilung, Formplazierung, Proportionen, Hell-Dunkel-Verteilung . . . erproben und überprüfen.**

Es ist allerdings nicht so wesentlich, sich beim anschließenden Aquarellieren genau an solche Entwürfe zu halten; es ist sinnvoller diese Skizzen als vorbereitende Sehübung und Einstimmung zu betrachten.

▷ **Schatten, das sind oft vernachlässigte Stellen im Bild. Bei naturnaher Gestaltung sollten Sie bei Sonnenlicht auf den Lichteinfall, auf die prägnanten Schatten an Gebäuden und auf die lebhaften Schatten der Naturformen achten. Bei freier Bildgestaltung können durch entsprechende starke oder schwache Kontraste Lichtwirkungen betont oder verändert werden.**

Denken Sie an die Möglichkeit von hell und dunkel, warm und kühl, leuchtend und gedämpft, weich und hart und vor allem an den Komplementärkontrast!

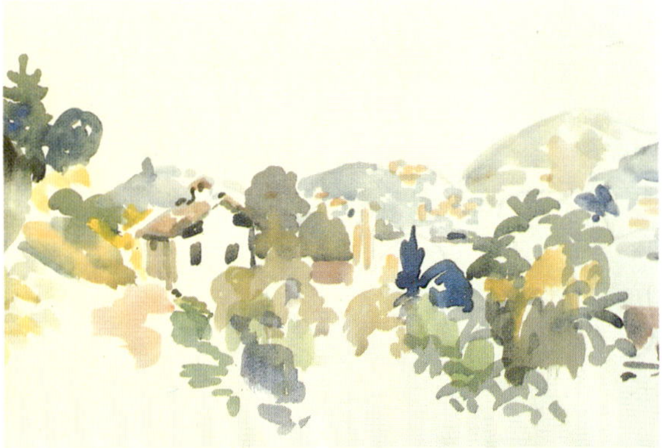

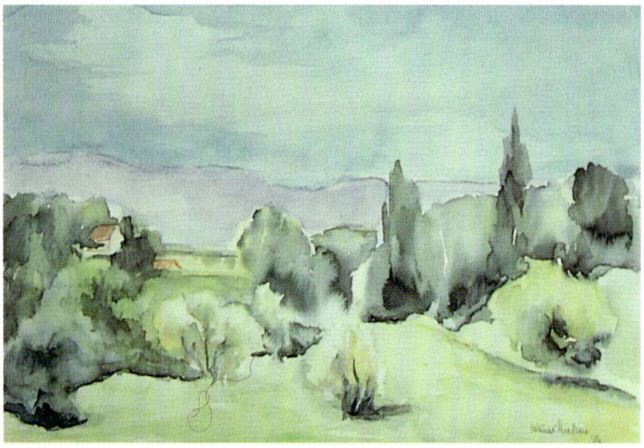

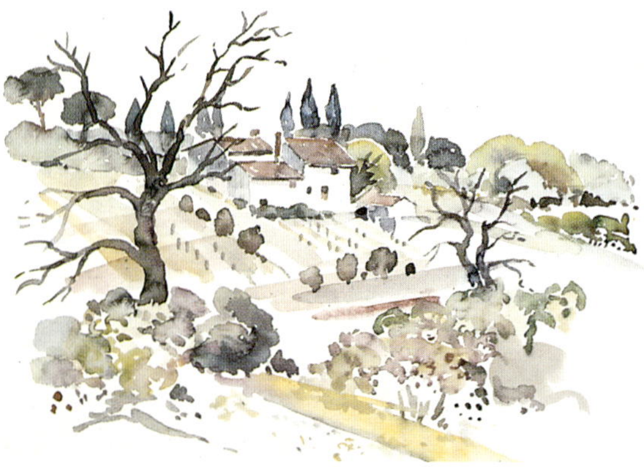

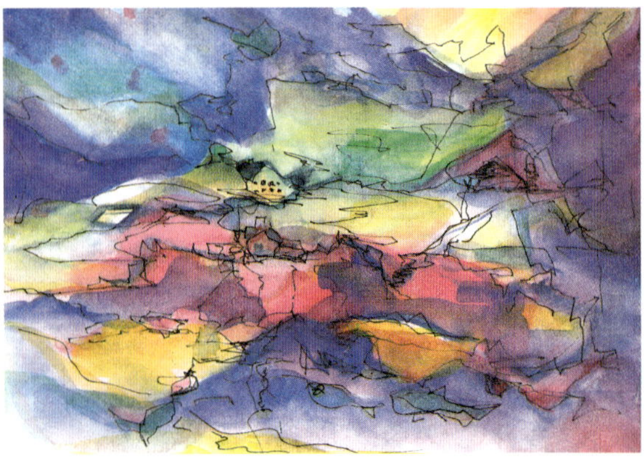

BEISPIELE

Ein ganz gewöhnlicher Landschaftsausblick: ein Gehöft, Felder, Wiesen, Bäume, Büsche, ein Stück Weg, in der Ferne Bergketten ... nichts Besonderes also.

Verschiedene Maleraugen, jeweils andere Malweisen, Standorte, Blickwinkel, Tageszeiten und unterschiedliche Realitätsnähe machen aus dieser Landschaft in jedem Aquarell etwas Besonderes.

- Versuchen Sie einmal zu diesen Beispielen eine Art Bilderrätsel zu lösen.

Eine der folgenden Stichwortreihen bezieht sich auf jeweils eines der fünf abgebildeten Aquarelle. Welche Beschreibung gehört zu welchem Aquarell?

- Weiche Formen, fließende Farben. Wachstum und Vegetation. Struktur und Bewegung durch Naß-in-Naß-Verläufe innerhalb von Formbereichen – fließende Mischungen auf dem Papier. Hell-Dunkel-Kontrast. Betonung der Grünnuancen. Geschlossene Farbflächen. Kühles Morgenlicht.
- Freie, expressiv gesteigerte Farben. Verzicht auf Einzelformen. Licht- und Schattenspiel. Rhythmische Beziehung der Farbformen. Mit Tusche und Feder überzeichnet. Farblandschaft. Abendlicht.
- Heitere Landschaft, warmes Licht. Mit spontaner, lockerer Pinselführung gemalt. Direkt aquarelliert. Vereinfachte Formen. Licht durch Papierweiß. Vordergrund kontrastreich, Hintergrund in zarten, kühlen Nuancen.
- Übereinandergeschichtete Farblasuren. Eigenständiges Bildgefüge. Geometrisch stilisierte Grundformen. Gliederndes Bauprinzip. Hervorhebung der Senkrechten. Intensives Licht. Kontrast von Warm und Kalt, von Hell und Dunkel, Dicht und Transparent, Groß und Klein.
- Formvielfalt. Blick aus der Nähe. Wiederholung von Bildelementen: weiche, wäßrige Flekken; entschlossene, gerade Pinselzüge; Pinseltupfen als Strukturandeutung. Führung ins Bild durch diagonale Farbbahnen. Helles südliches Sonnenlicht. Reflektierendes Papierweiß.

Auflösung: Von oben nach unten: Heitere Landschaft ... Weiche Formen ... Formvielfalt ... Freie Farben ... rechts: Farblasuren

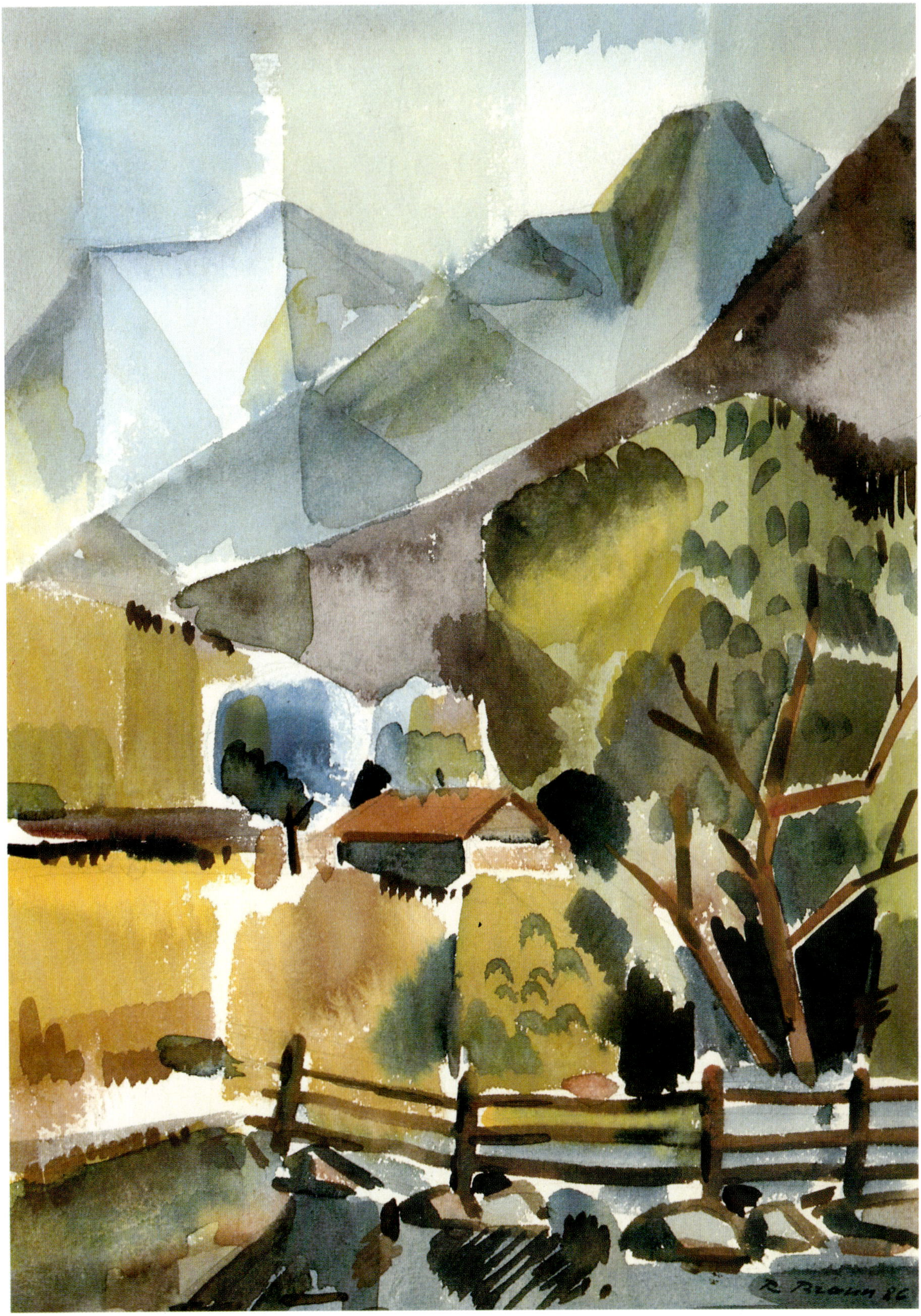
R. Braun 86

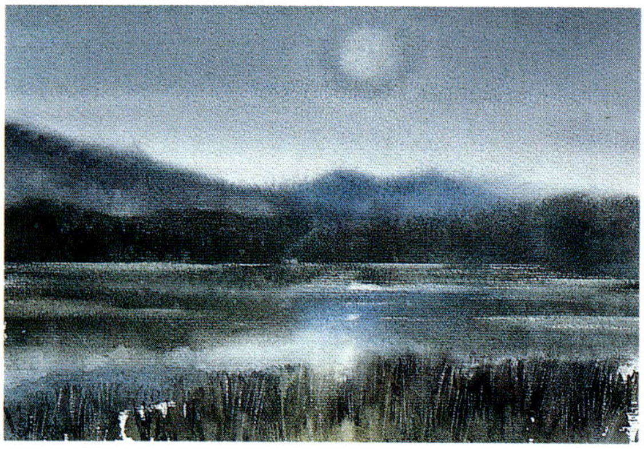

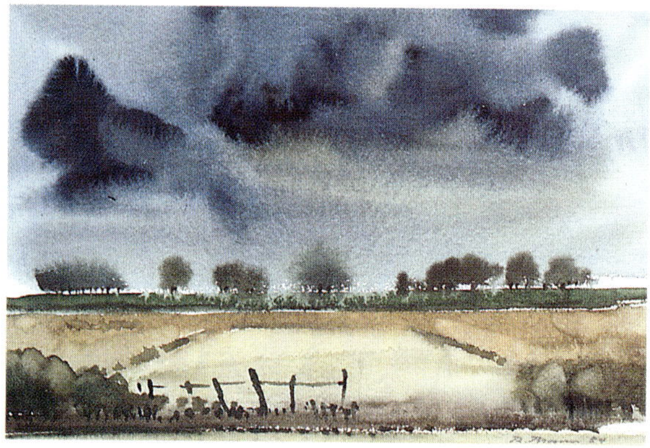

ANREGUNGEN

Unsere Landschaftserfahrungen sind unterschiedlich. Die Fülle der lebendigen Naturerscheinungen werden ganz verschieden wahrgenommen und wiedergegeben: mit nüchternsachlichem Blick, mit dem Blick für die sinnlichen Erscheinungen, mit einfühlsamem Blick für die Stimmungen . . . Zu den eindrucksvollen Landschaftserlebnissen gehört die Weiträumigkeit, Ausdehnung und Tiefe der Landschaft, aber auch das Atmosphärische von Licht und Wetter und das Stimmungsvolle, das diese Eindrücke vermitteln können. Aquarellfarben eignen sich durch ihre einfache Vermalbarkeit sehr gut, um den Lichteinfall eines bestimmten Zeitpunktes rasch festzuhalten oder um Naturstimmungen spontan wiederzugeben.

- Um Veränderungen der Farben und Tonwerte einer Landschaft im Wechsel des Lichts zu erkennen, sollten Sie ein Landschaftsmotiv bei unterschiedlicher Beleuchtung und Witterung beobachten, malen und zum Vergleich auch fotografieren.
- Um Naturstimmungen und subjektive Empfindungen zu betonen, sollten Sie verschiedene Farbwirkungen ausprobieren, aber auch die Fließeigenschaften, die unterschiedliche Transparenz und die variablen maltechnischen Möglichkeiten der Aquarellfarbe einsetzen.
- Probieren Sie zur Einstimmung zunächst einmal verschiedene Techniken und Farbzusammenstellungen an einem Landschaftsmotiv aus. Aquarellieren Sie einmal nicht nach den sichtbaren Farben und Formen, sondern verändern, steigern, verfremden Sie diese.

STIMMUNGEN

Mondlicht. Dieses Aquarell ist in der Naß-in-Naß-Technik gemalt. Dadurch werden die Formgrenzen undeutlich, wie im diffusen Dämmerlicht. Die Balance der kühlen Farbnuancen und der Hell-Dunkel-Werte ergibt eine wirkungsvolle Farb- und Lichtstimmung. Für das fahle Mondlicht und die glitzernde Wasseroberfläche sind Stellen des rauhen Papiers unberührt geblieben, ist feuchte Farbe weggeschoben oder mit einem Tuch ausgewischt worden.

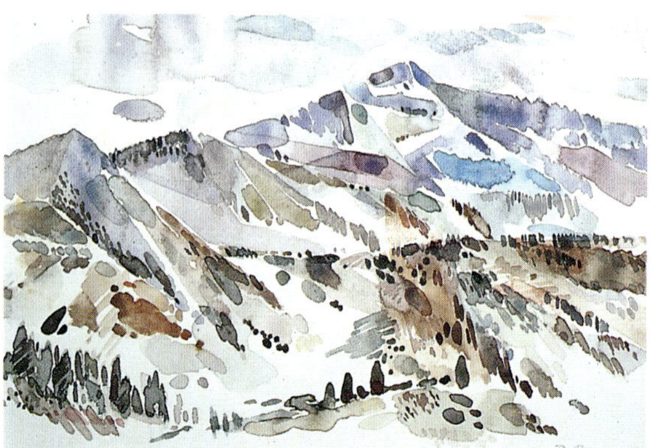

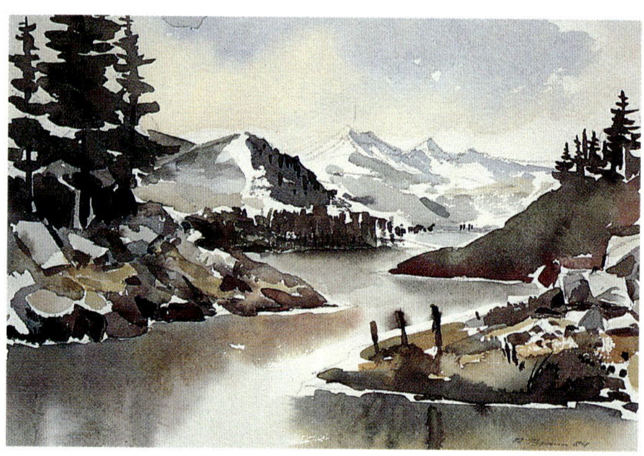

Regenwolken über flachem Land. Eine bewegte, bedrohliche Lichtstimmung durch die dunklen, vom Wind zerzausten Wolken und das gelbe Licht der Felder, das noch irgendwo durch eine Wolkenlücke fällt. In der Ferne könnte es bereits regnen. Die Bäume, deren Farbe in die nasse Himmelsfläche hineingeflossen ist, scheinen schon im Regen zu stehen.

Gebirgslandschaften. In diesen beiden Beispielen sind Berge in unterschiedlicher Realitätsnähe wiedergegeben. Beide zeigen Stein, Fels, schroffe, steile Hänge, karges Wachstum, glasklares Licht.

Das wirklichkeitsähnliche Aquarell wirkt durch seine Kontraste: warme und kühle Farben, weiche Verläufe für Wasserspiegelungen und organische Strukturen, harte, kantige Formen für die Steinkonturen und für Felsiges, helle und dunkle, dichte und transparente Stellen. Durch den Flußverlauf und die kühle Farbaufhellung des Hintergrundes entsteht eine starke Tiefenwirkung.

Die andere Darstellungsweise verzichtet völlig auf Abbildtreue zugunsten eines freien Farbaufbaus aus fleckhaften, geschichteten, gestreuten und verdichteten Formelementen. Das Gefüge aus vereinfachten Farbformen, aus warmen und kühlen, aus hellen und dunklen, leuchtenden und gedämpften Flecken auf dem Papierweiß betont die Farb-Form-Beziehungen in dieser Landschaft, vor allem aber das Licht.

Die Brücke. In dieser Aquarellreihe lösen sich die Einzelformen von Bild zu Bild allmählich auf bis zu einer warmen Lichtlandschaft.

- Die fleckhafte Lasurtechnik und die Blaugrünnuancen geben ein kühles, klares Licht wieder.
- Durch die Naß-in-Naß-Technik wird eine feucht-dunstige Atmosphäre geschaffen, die eine gewisse Ruhe und Wärme vermittelt.
- Durch Abwaschen des ersten Farbauftrages und erneutes Übermalen erscheint die Szene in einer geheimnisvoll flimmernden Tiefe, wie durch einen Schleier verhüllt.
- Feine Farbnuancen und -verläufe in abgestimmten Hell-Dunkel-Kontrasten ergeben eine reine Lichtlandschaft, in der ausschließlich ein dramatisches Schauspiel des Lichts dargestellt wird.

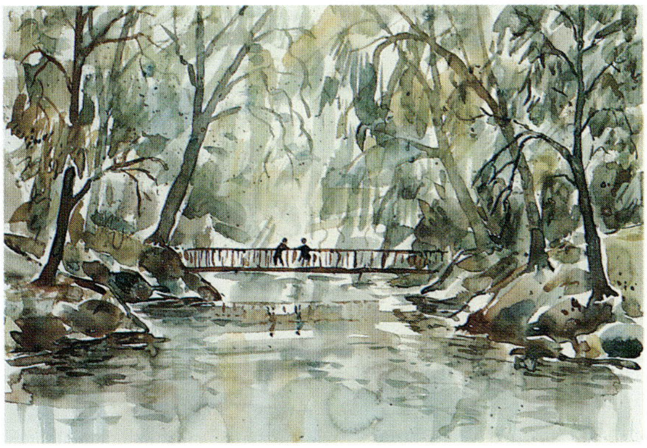

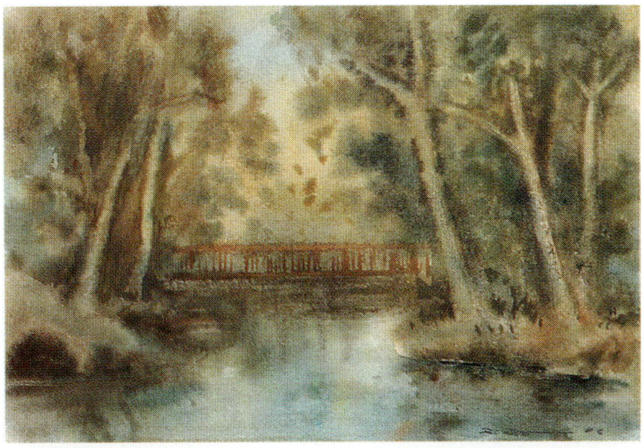

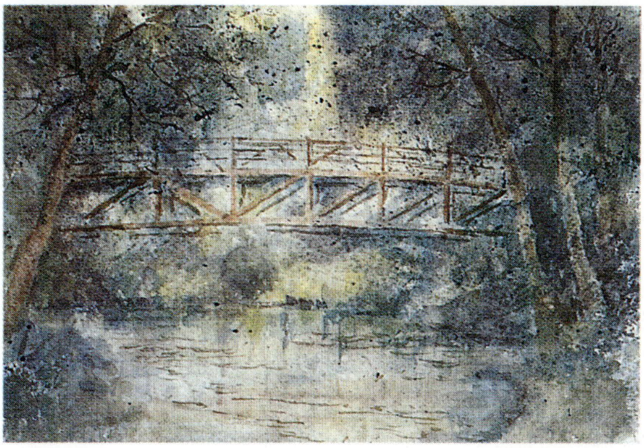

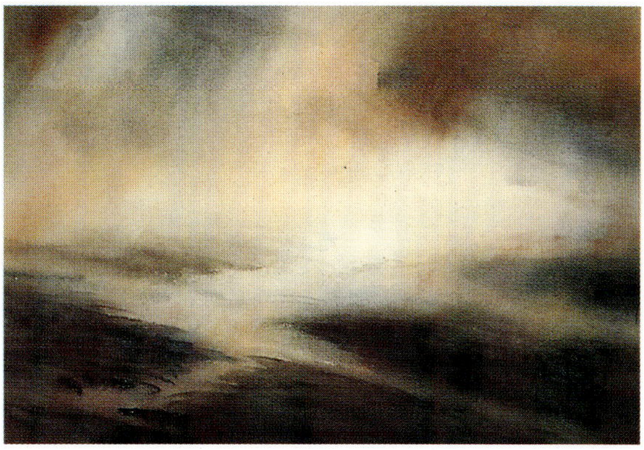

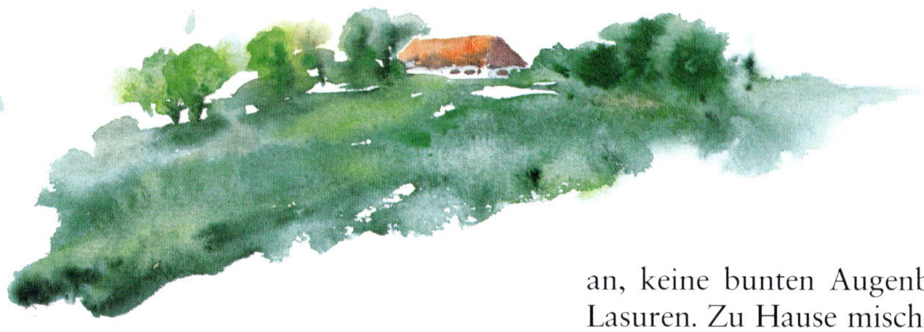

ANDERE LÄNDER – ANDERE SICHT

AQUARELLIEREN AUF REISEN

Reisen. Die Begegnung mit fremden Landschaften, Menschen, Sitten – das Erlebnis anderer Gerüche, Klänge, Speisen, Temperaturen – die Eindrücke neuer Farben und Formen – die Zeit für Streifzüge und lange Blicke – die Freiheit von Alltag und Gewohnheit. Erfahrungen, die nicht abhängig sind von großen Entfernungen oder exotischen Reisezielen, die um so intensiver sind, je weniger sie sich an festen Vorstellungen orientieren. Neue schöpferische Impulse gibt nur der wirklich offene Blick auf das Unbekannte, der alle Eindrücke sammelt und nicht nur die reizvolle Postkartenansicht sucht.

MIT ERWARTUNGSVOLLEM BLICK

Tiefblaues Meer, weiße Schiffe, rote Leuchttürme. Gelb und weit die Sandstrände, ziegelrot und behäbig die Häuser, die Weiden in sattem Grün, das alles in intensivem Licht unter dramatischem Himmel. Mit solchen bunten Bildern im Kopf habe ich Farben und Pinsel in den Koffer gepackt für einen Ostfriesland-Urlaub.

Schon bei der Ankunft verhangener Himmel, milchiges Licht. In der Ferne zigarrenfarbene Dächer, fahlgelbe Felder bis zum Horizont. Zum Frühstück Tee mit Milch, am Hafen Reste von Farbe, matt vom Salz, dunkle Schiffe, viel Rost und eine trübe Haut auf dem Wasser. Es riecht nach Fisch, Teer und Tabakrauch. Zwei Fischer mit wettergegerbten Gesichtern verladen Kartons. Lustlos mache ich einige Skizzen, kein Ort für Aquarellfarben. Am Strand graubrauner Sand, Treibholzstücke, trockene Gräser in dürrem Gelb und seit Tagen dieses strohige, blasse Licht. Meine Eindrücke bleiben erdig braun, rauh und herb. Wind und Regen geben den Ton an, keine bunten Augenblicke, kein Wetter für Lasuren. Zu Hause mische ich Brauntöne aus allen Farben: für Wetterhaut, für Holz, für Wasser, für Rost und für fahles Licht. Ich trage sie transparent oder dicht auf, streiche mit dem trockenen Pinsel darüber und frage mich nachher, warum ich draußen heitere Farben vermißte. Durch die Suche nach den »typischen Ansichten« und »schönen« Aussichten wäre mir beinahe mein eigenes friesisches Erlebnis abhanden gekommen.

MIT OFFENEM BLICK

Ich richte mich wetterfest ein: in der einen Tasche kleine, handliche Papierstücke, einige braungefärbt – selbstverständlich mit Ostfriesentee. Ich wähle rauhes, starkes Papier und reiße es in unterschiedliche Formen und Formate. In der anderen Tasche drei Farbnäpfchen, ein Füller, ein Pinsel. Jetzt erst entdecke ich dieses Land, seine Menschen, seine Lebensbedingungen wirklich. Frisch gestrichene Boote, bunte Strandkörbe, rotgestreifte Leuchttürme lasse ich links liegen. Meine Taschen füllen sich mit windzerzausten, verregneten kleinen Erinnerungsstücken.

TIPS

▷ **Andere Länder, anderes Licht! Achten Sie auf die Intensität der Sonneneinstrahlung und die Beeinflussung der Farben im Licht und im Schatten. Gleißendes südliches Sonnenlicht zum Beispiel kann die Eigenfarben überstrahlen. Schattentöne bei klarem, blauem Himmel sind kühl. Schattenflächen sind farbige Dunkelheiten, die durch indirektes Licht und Farbreflexionen entstehen. Vermeiden Sie trübe, schmutzige Schattentöne!**

▷ **Setzen Sie das Weiß des Papiers für sonnenbestrahlte Flächen ein. Planen Sie diese Stellen sorgfältig. Je dunkler die benachbarten Farbflächen sind, desto leuchtender erscheint das Weiß. Achten Sie auf eine dynamische Balance zwischen weißen, hellen, mittleren und dunklen Tönen im Bild.**

▷ **Wir nehmen meist aus Fotobildbänden oder Prospekten die Erwartung auf ganz bestimmte Erlebnisse mit ans Reiseziel. Sie kann den Blick auf die ganz andere Wirklichkeit vor Ort verstellen. Bewahren Sie Ihre persönliche Sicht und einen kreativen Blick.**

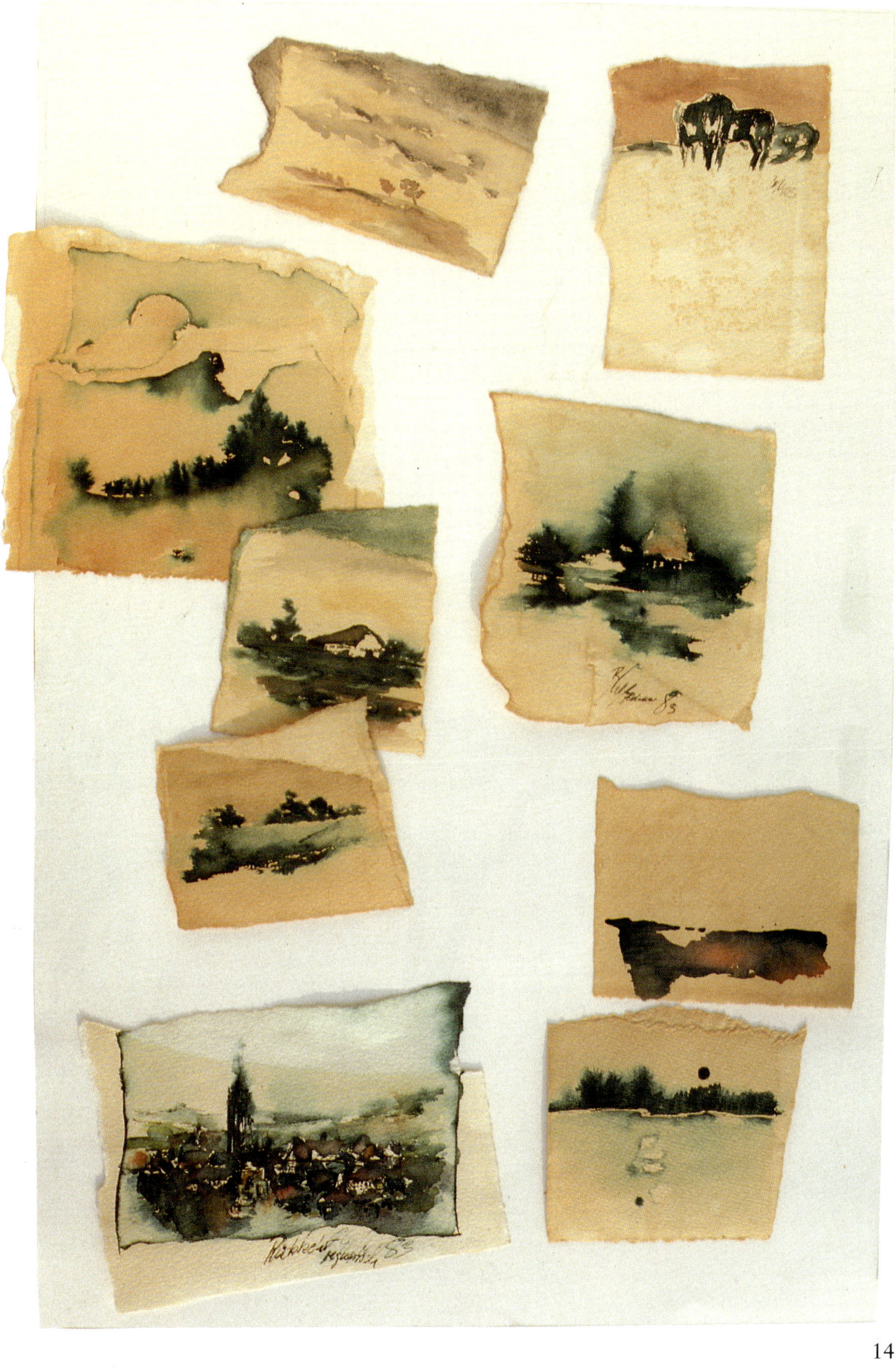

MENSCHEN

Die menschliche Figur mit Aquarellfarben malen, mit flüssig, fließenden Pinsellinien ihre Haltungen und Gebärden erfassen, mit prägnanten Farbformen ihre Gestalt und Bewegung wiedergeben, mit durchsichtigen Farbflächen die Haut, die Haare, die Kleidung andeuten, das Licht auf bestimmten Körperpartien erfassen, die Persönlichkeit eines Menschen ausdrücken ... Menschenbilder malen, das ist eine fesselnde und herausfordernde künstlerische Aufgabe. Wagen Sie die malerische Beschäftigung mit diesem Thema, auch wenn Sie nur wenig oder keine zeichnerische Erfahrung damit haben.

Das herkömmliche Aktstudium oder Porträtzeichnen ist nur eine Möglichkeit der gestalterischen Annäherung. Sie verwendet die zeichnerische Linie und konzentriert sich eher auf die äußere Erscheinung der menschlichen Figur. Sie können aber auch allein aus der Vorliebe für Aquarellfarbe und Interesse am Menschen Körperbilder malen. Gehen Sie, ohne Absicherung bei gewohnten Zeichenverfahren, unbefangen mit Farbe und Pinsel auf Entdeckung.

Verlassen Sie sich auf Ihr Gefühl für Proportionen, für die Dynamik einer Geste, für die Ausstrahlung einer Person oder für die Bedeutung einer Szene.

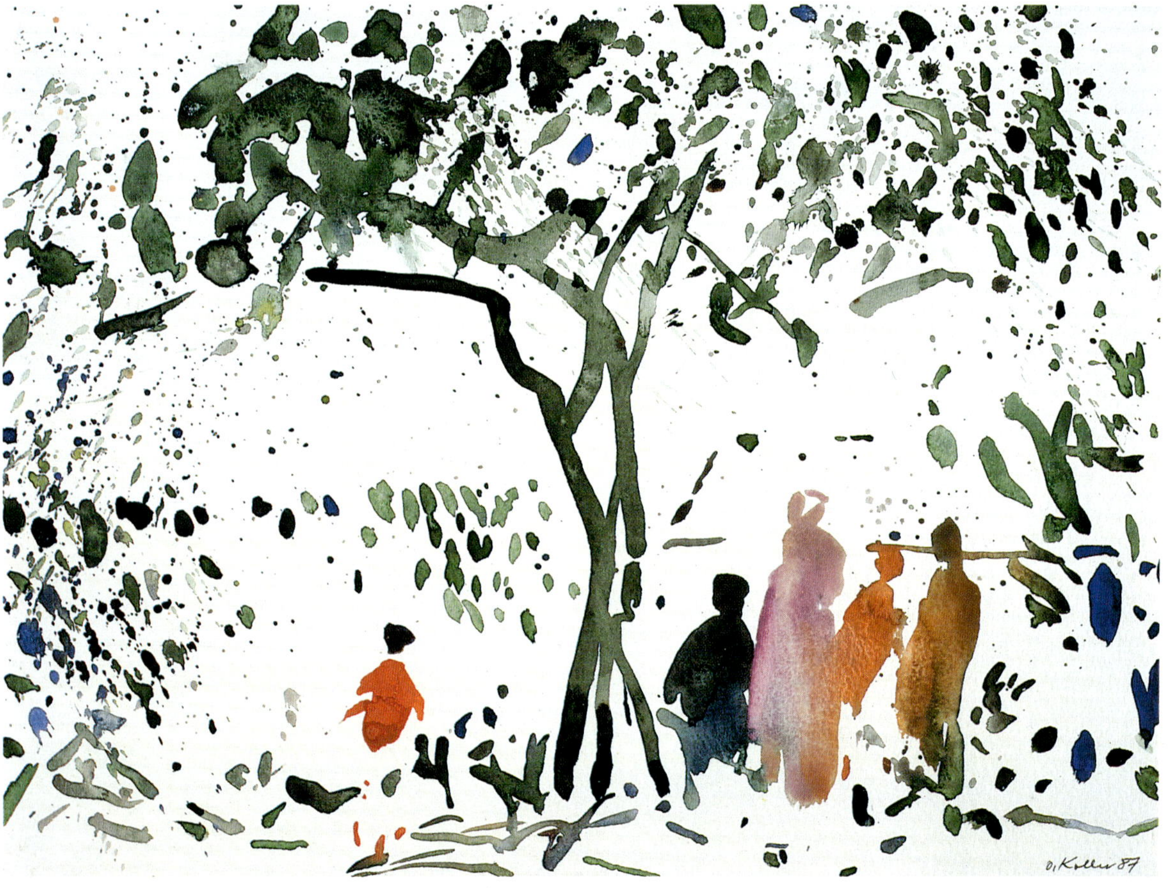

Oskar Koller, Menschen im Grünen, 1987

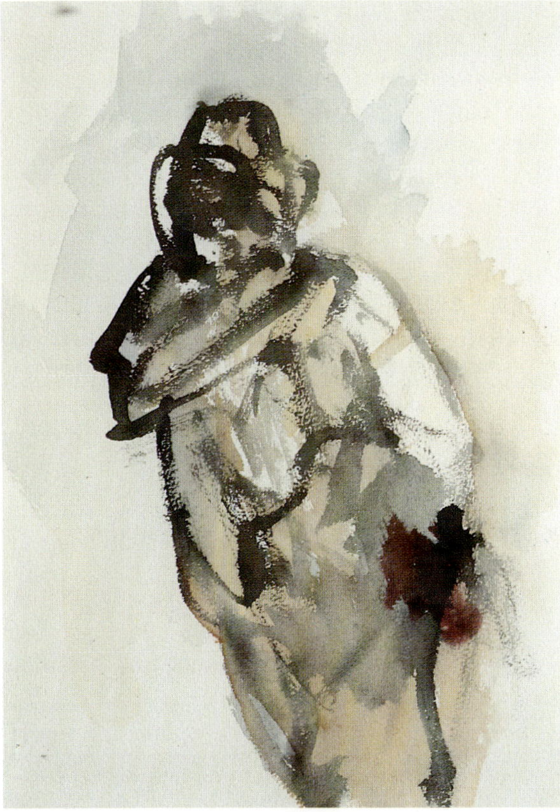

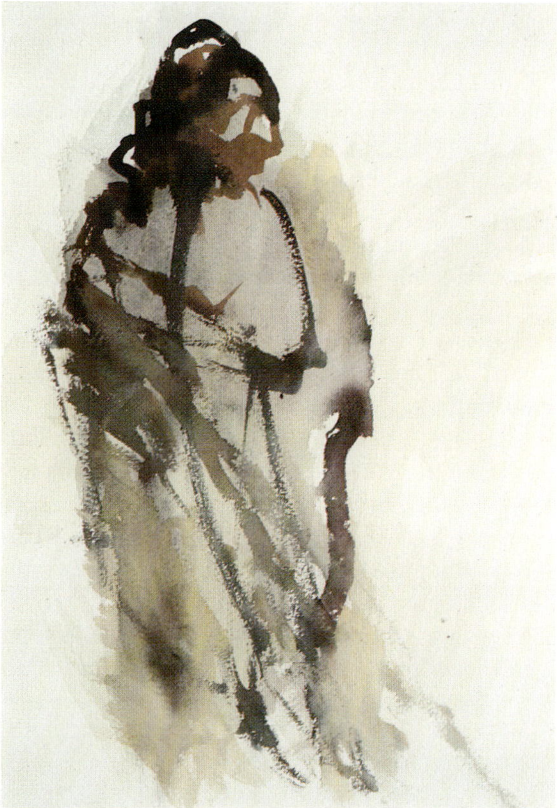

Wolfgang Müller, Körperbilder

BEWEGTE KÖRPERBILDER

Zu Beginn werden Ihnen die Malversuche leichterfallen, wenn Sie in einer eher »geschützten« Situation agieren können: Fremde Menschen, Freunde oder Familienmitglieder, in Bewegung, bei der Arbeit, beim Sport, beim Spiel, beim Musizieren lassen sich unauffällig vom eigenen Fenster, vom Balkon oder Arbeitsplatz aus beobachten.

- Konzentrieren Sie sich zunächst auf die Gesten und Körperhaltungen bei unterschiedlichen Tätigkeiten, ohne zu malen.
- Versuchen Sie dann, die Bewegungsabläufe, ohne auf anatomische Richtigkeit zu achten, mit rhythmischer, ununterbrochener Pinsellinie lokker und flüssig, wiederholt auf einem Blatt Papier nachzuvollziehen. Dabei konzentriert sich das Auge mehr auf den bewegten Menschen als auf das Blatt. Der Arm, die Pinselhand bewegen sich schnell und spontan. Die innere Dynamik der freien Malgesten kann Menschen in Ruhe und Aktion darstellen.
- Wichtig ist das Zusammenspiel von Auge und Hand. Diese Koordination erfordert Übung. Wenn Sie Ihnen schwerfällt, dann benutzen Sie zunächst farbige Aquarellstifte. Legen Sie drei Farben zurecht, und wechseln Sie bei Änderung der Körperhaltung rasch die Farbe. Anschließend können Sie die wichtigste Position mit Wasser lavieren.
- Bei sich wiederholenden Bewegungsabläufen können Sie auch jeweils nur eine Phase bearbeiten. Probieren Sie einmal folgendes Verfahren: Tauchen Sie einen Finger in flüssige Farbe. Damit können Sie in großzügigen, flächig weichen Spuren schnell einige Haltungen einfangen. Sobald die einzelnen Körperpositionen wiederkehren, ergänzen und verdeutlichen Sie mit einem Stift die wesentlichen Bewegungslinien.

Üben Sie einmal auf extrem großen Formaten, dann auf sehr kleinem Papier.

- Wählen Sie freie Ausdrucksfarben, die die Situation, Stimmung und Eindrücke betonen.

FARBE UND FORM

Das freie intuitive Figurenmalen mit spontanen Pinselbewegungen kann ein erster Zugang zum Thema Menschendarstellung sein. Wenn Sie Ihre Erfahrungen erweitern und vertiefen wollen, dann sollten Sie sich beim Aktzeichnen mit dem genauen Studium des menschlichen Körpers beschäftigen. Aktzeichnen ist exakte Augenarbeit. Es geht vor allem um die Körperform, um die Anatomie, um Proportionen, um Maßnehmen, Figuraufbau, Flächeneinteilung ... Genaue Beobachtung, innere Beteiligung und eine lebendige Spannung zwischen Maler/in und Aktmodell leisten dabei oftmals einen produktiveren Beitrag als herkömmliche Körperschemata. Diese meist analytisch linearen Hilfestellungen sind als Ergänzung zum eigenen Blick sicher sinnvoll, dürfen aber nicht die verwirrend vielfältigen Eindrücke und Empfindungen vor dem nackten, lebendigen Menschen auslöschen.

Sobald Sie Lust auf Farbe haben – selbst wenn der Figuraufbau noch nicht so klappt –, wenn Ihnen die reine Zeichnung für die Wiedergabe eines Modells zu kühl und sachlich erscheint, dann greifen Sie zum Pinsel und suchen Sie die passenden Farben.

Mit Farbe können Sie innere Beteiligung und Gefühle zum Ausdruck bringen, die Persönlichkeit des Modells unterstreichen, den sinnlichen Hauteindruck wiedergeben, durch Licht- und Schattenpartien die Rundungen und Tiefen des Körpers modellieren ...

- Ergänzen Sie eine lineare Bleistiftzeichnung durch sparsame Farbakzente.

- Lavieren Sie eine einfache Tintenskizze.

- Setzen Sie einmal dramatische Dunkelheit oder grelle Farbe ein, arbeiten Sie dann auch mit gedämpften, zarten Tönen und geringen Kontrasten.

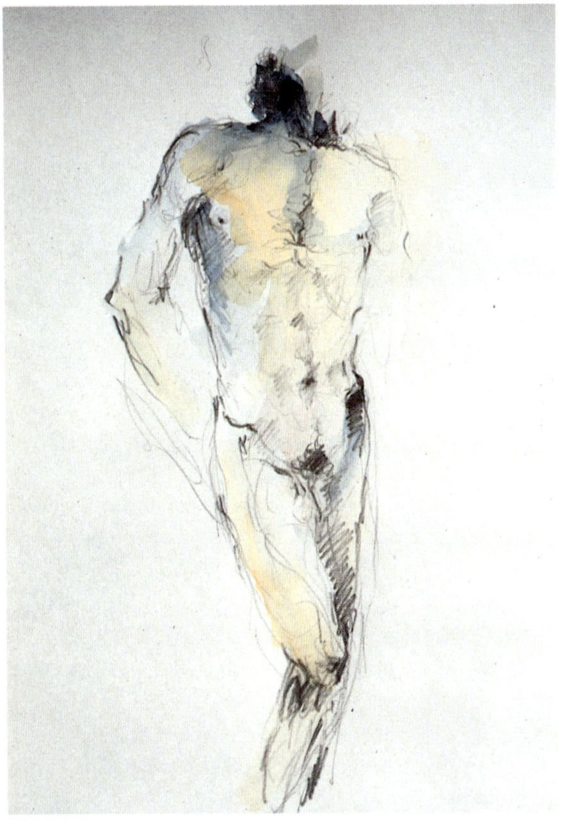

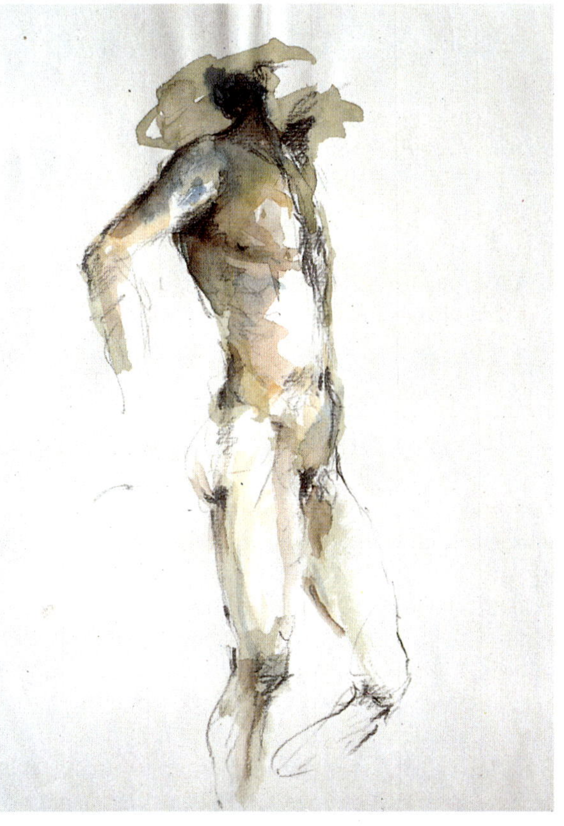

Wolfgang Müller, Männlicher Akt I und II, Aquarell über Bleistift

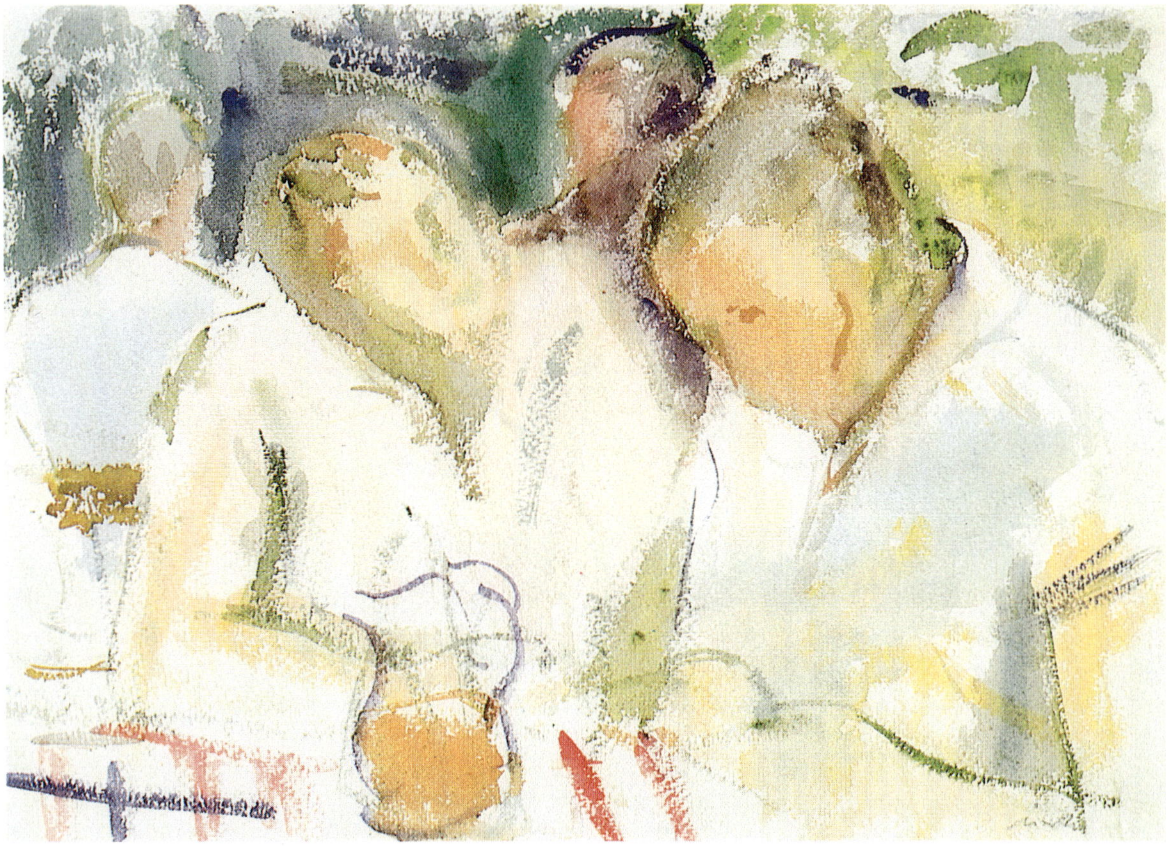

Rudolf Riester, Nachmittag auf St. Valentin

• Versuchen Sie die Volumina der Körperpartien durch kühles Abschattieren der Eigenfarbe der Haut zu modellieren.

• Beschäftigen Sie sich ausgiebig mit der Aufgabe, die Farben und Eigenschaften der Haut ins Bild zu bringen. Suchen und erproben Sie verschiedene Farbzusammenstellungen und Farbmischungen. Experimentieren Sie mit dem Farbauftrag. Durch Lasieren, Lavieren, Naß-in-Naß-Malen oder durch trockene Pinselspuren kann glatte oder faltige, glänzende, schimmernde, rauhe, samtige ... Hautbeschaffenheit wiedergegeben werden. Vergleichen Sie dazu Handinnen- und Handaußenflächen, Hauttöne verschiedener Körperpartien, Ihre Hautfärbung mit der anderer Menschen.

• Farbvorschläge zur Anregung:
Lichter Ocker, Siena gebrannt, Kobaltblau, Umbra gebrannt
Kadmiumgelb mittel, Kadmiumrot hell, Violett, Umbra gebrannt
Lichter Ocker, Kadmiumgelb mittel, Kadmiumrot hell, Coelinblau
Karmin, Siena gebrannt, Ultramarin, Sepia
Indischgelb, Siena gebrannt, Caput mortuum, Umbra gebrannt
Krapplack dunkel, Lichter Ocker, Caput mortuum, Indigo.

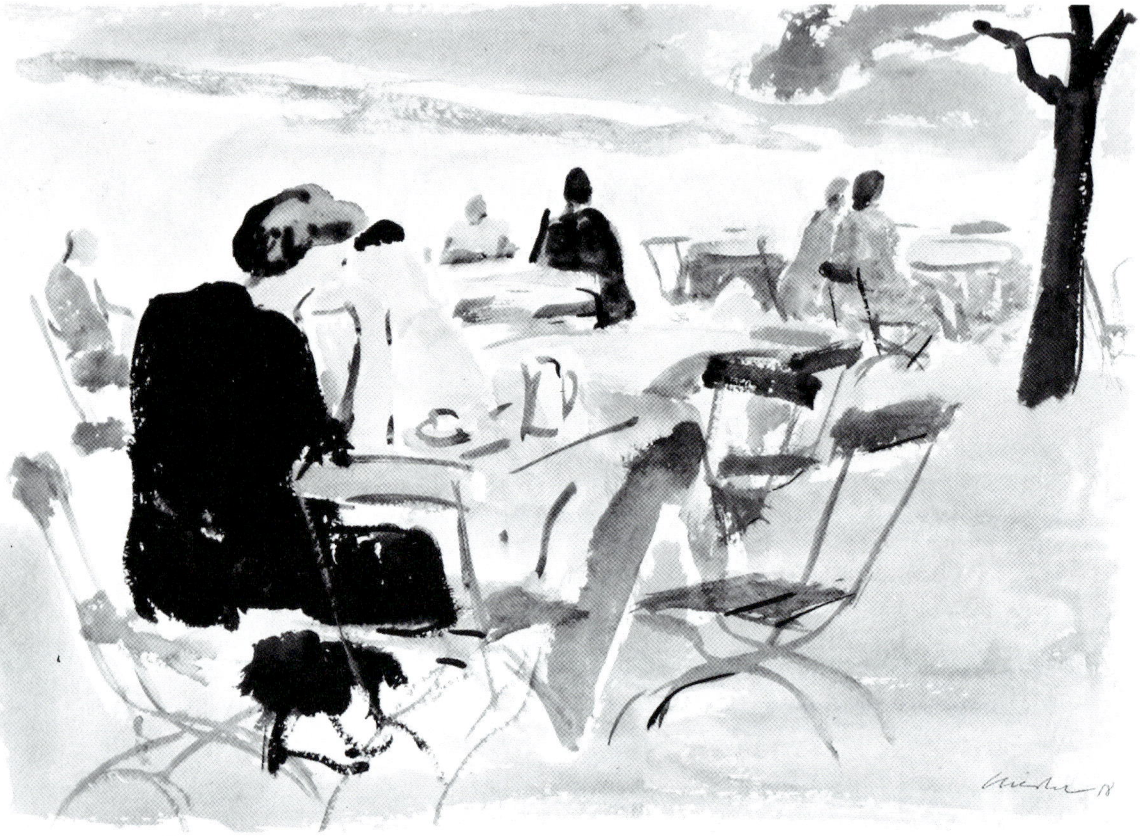

Rudolf Riester, Schwarzgekleidete am blauen Tisch, 1958

MENSCHEN IM ALLTAG

Nach vorbereitenden Grundlagenstudien anhand guter Fachbücher und nach einigen Vorübungen, bei denen Sie Ihr eigenes Spiegelbild, Freunde, Sportakteure im Fernsehen oder fotografische Abbildungen als Modell einsetzen können, sollten Sie dann schnelle Figurenskizzen vor Ort probieren.

- Gehen Sie mit sparsamer Ausrüstung auf Exkursion. Setzen Sie sich in einen Park, auf einen Sportplatz, an den Strand, in ein Café, auf einen Marktplatz. Neue, anregende Erfahrungen für Menschenbilder können Sie auf Baustellen, in Bahnhöfen, Werkstätten oder Betriebshallen sammeln. Diese Malorte sind zwar nicht so idyllisch wie ein Ballettsaal oder die Uferpromenade, sie konfrontieren aber mit spannungsvollen Eindrücken und interessanten Aufgaben.

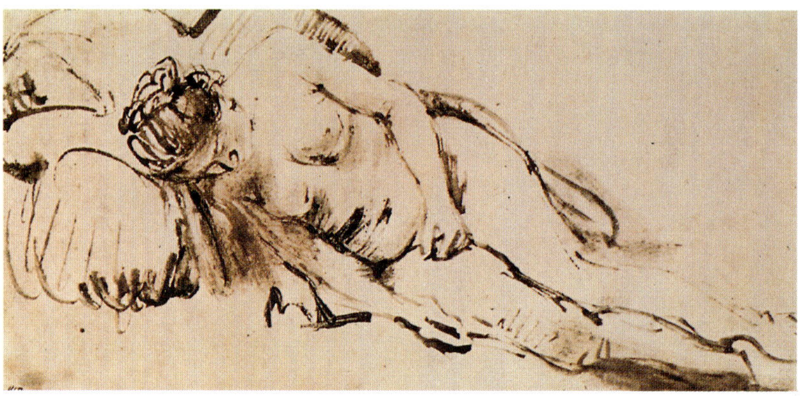

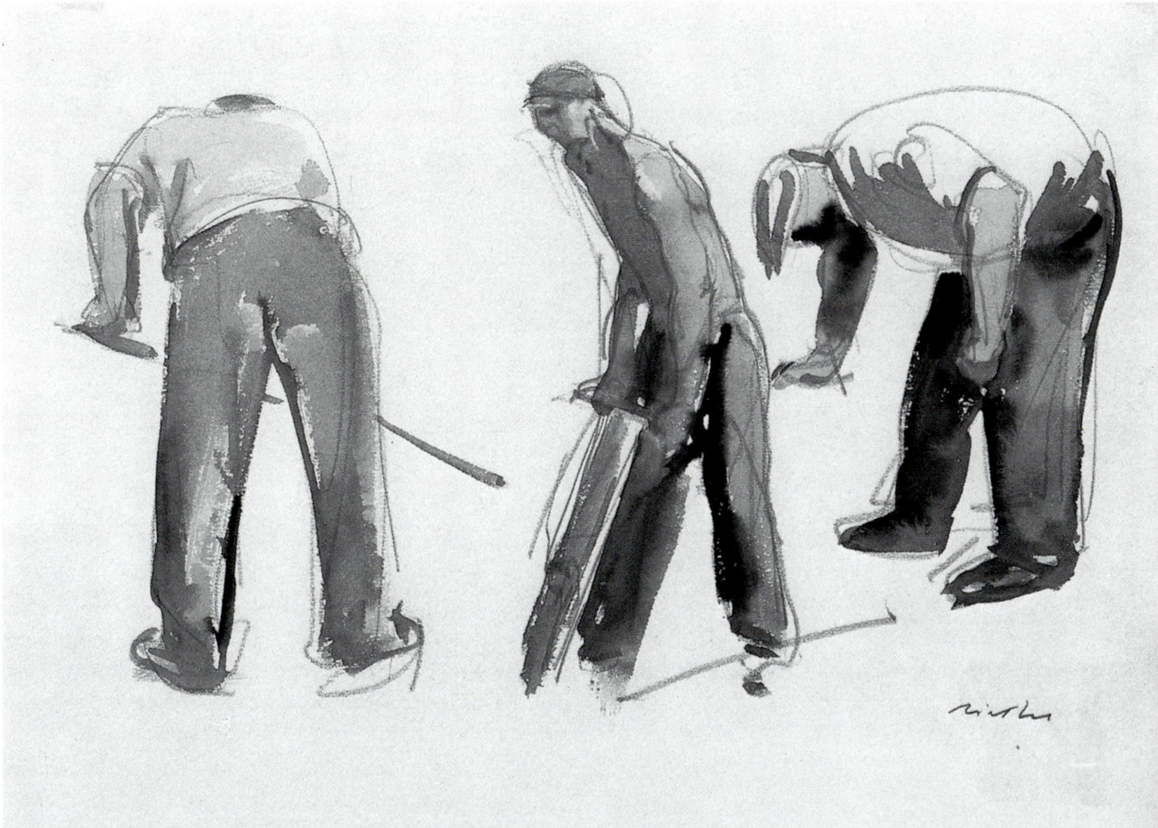

Rudolf Riester, Straßenbauarbeiter III

• Wählen Sie je nach Empfindung und Gestaltungsabsicht freie Farben für eine Person, eine Szene, eine Menschengruppe.
• Deuten Sie mit flüssigen Farbflächen die Körperformen an. Oder versuchen Sie, Figuren, Haltungen und Bewegungen mit gestischen Pinsellinien zu erfassen.

TIPS

▷ **Achten Sie bei Ihren ersten Menschenbildern auf den Kopf. Er wird als der wichtigste Körperteil oft zu groß ins Bild gesetzt. Hände und Füße werden dagegen eher zu klein dargestellt.**
▷ **Studieren Sie als Ergänzung zu Ihren praktischen Übungen möglichst viele Figurenbilder aus der Kunst. Wertvolle Beispiele sind vor allem Rembrandts Figurstudien und seine figürlichen Feder- und Pinselzeichnungen.**

Rembrandt, Schlafender weiblicher Akt, 1657–58, Feder mit Bister tuschiert. Rijksmuseum, Amsterdam.

Rembrandt, Jupiter, Philemon und Baucis, um 1655, Rohrfeder und Bister. Kupferstichkabinett, Berlin

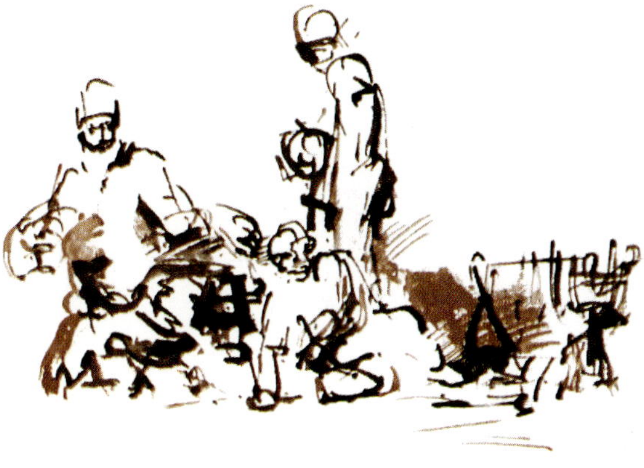

DIE WELT DER STILLEN DINGE

In der Welt der stillen Dinge haben die Dinge Zeit für uns, haben wir Zeit für die Dinge. Manchmal können irgendwelche unbewegten Gegenstände für uns Maler wie kleine einsame Inseln sein. Überschaubar und ruhig, die Zeit scheint zum Stillstand gekommen. Allein mit den Dingen, können wir sie umkreisen mit Blikken, Gedanken und Vorstellungen. Wir können sie anfassen und anordnen, ins rechte Licht oder in den Schatten stellen, sie in Szene setzen und zum Leben erwecken. Bevor wir Farben suchen, können wir fühlen, wie schwer, rauh, weich sie sind, können wir hören, wie sie klingen, probieren, wie sie schmecken, schauen, wie sie innen aussehen.

Und wollen wir sie dann malen, können wir vor den Dingen, über dem weißen Papier wieder das Staunen lernen über Milchkrug, Strohhut, Apfel.

ANREGUNGEN

Alte Bekannte. Malen Sie einmal Dinge, die Ihnen gut vertraut sind, die zu Ihrem Leben gehören. Ihre alte Ledertasche, den Schal, die Schreibmaschine, vielleicht den Telefontisch mit Adreßbuch und Lampe oder die Marmeladegläser und Teedosen im Vorratsregal.

Lust auf Ver-rücktheiten. Wenn Sie kein Interesse an Früchten oder Gefäßen haben, dann versuchen Sie es mit außergewöhnlichen Zusammenstellungen. Arrangieren Sie ein bedeutungsvolles, rätselhaftes, ein witziges, ein unheimliches oder märchenhaftes Stilleben. Lassen Sie eine Schnekke über einen Luftballon kriechen; malen Sie ein Buch auf einem Teller, mit Besteck und Senfglas; eine Vogelfeder mit Würfelzucker und Stromkabel oder einen Handschuh mit Camembert ... Spielen Sie ver-rückt!

Spaß an formalen Experimenten. Wenn Sie in Ruhe Farb- und Formzusammenhänge studieren wollen, dann eignen sich dazu am besten schlichte Gefäße. Stellen Sie sich eine größere Anzahl bereit, aus der Sie auswählen können. Versuchen Sie mit immer wieder anderen Anordnungen, neue Bildwirkungen zu erzielen.

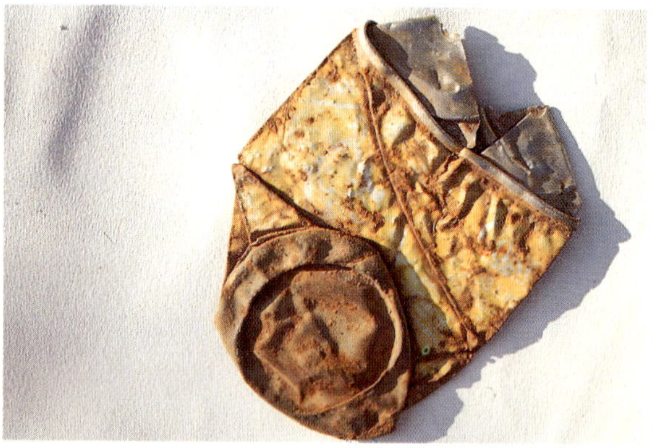

Alltagsfunde. Ist Ihnen schon aufgefallen, daß Sie alles anders sehen, seit Sie malen? Wie oft wird beim Malen schon bei den ersten Pinselstrichen die Oberflächlichkeit des schnellen Hinsehens bewußt. Vielleicht entdecken Sie jetzt auch Dinge, die Sie früher übersehen haben: die Faltenlandschaft einer abgelegten Jacke, die Gießkanne mit ihrem Schatten, die Farbnuancen eines Perlmuttknopfes... Alltagsfunde, Gebrauchsgegenstände, Weggeworfenes, Liegengebliebenes, Verwittertes – solche banalen Dinge fallen kaum auf, sind weder wertvoll noch dekorativ, aber sie können ihre eigenen Geschichten erzählen und Rätsel aufgeben, sie verweisen oft auf Lebenszusammenhänge und Alltagsgewohnheiten. Beim Malen können wir ihre Bedeutung und ihre verborgene Schönheit für uns neu entdecken. Sie sind uns noch nicht so häufig wie Zinnkrug, Glasvase und Obstschale in fremden Bildern begegnet. Wir können uns unser eigenes Bild davon machen.

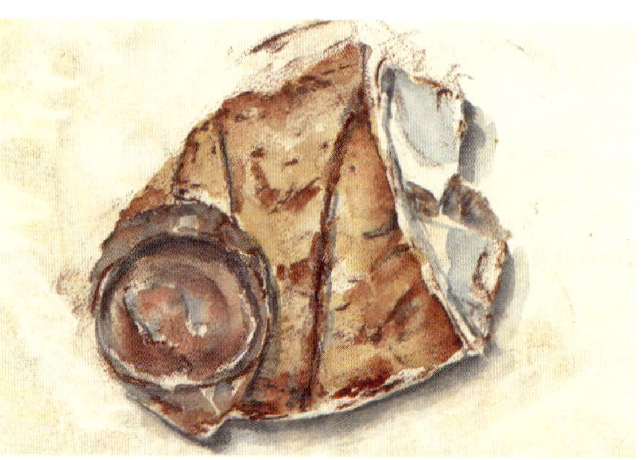

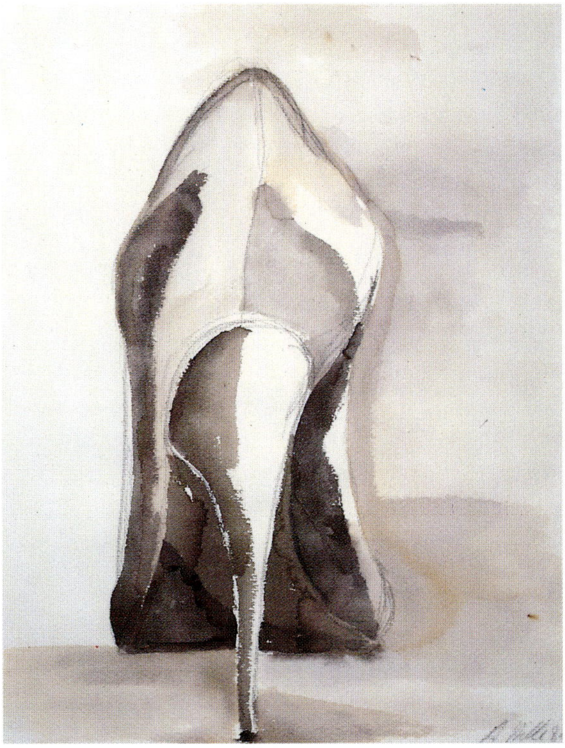

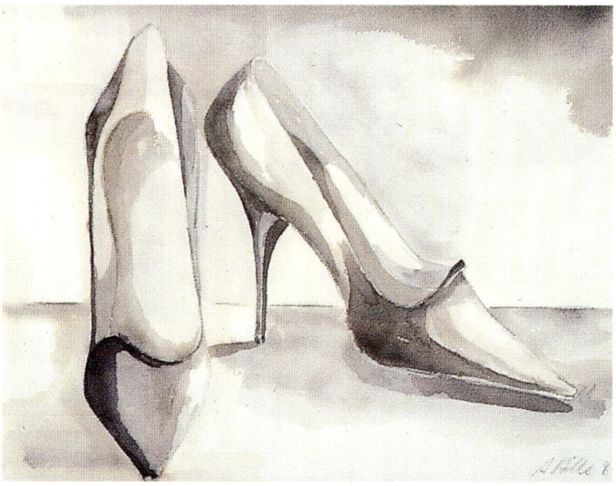

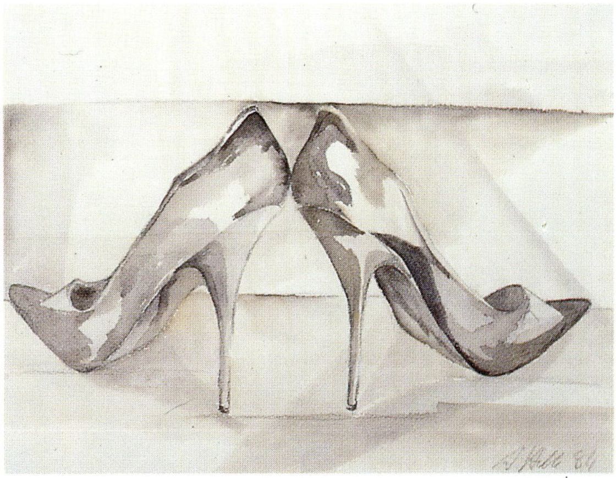

AUFGABEN

- Malen Sie eine Zusammenstellung aus unterschiedlichen Blickwinkeln; von vorne, von der Seite, ganz von oben, von nah und von fern. Wählen Sie verschiedene Formate.
- Ordnen und malen Sie die Gegenstände einmal so, daß durch Farb- und Formähnlichkeiten ein ruhiger Eindruck entsteht, und dann so, daß durch Kontraste eine lebendige, bewegte Wirkung ins Bild kommt.
- Stellen Sie die Dinge auf einen stark farbigen Untergrund. Studieren Sie die entsprechenden Farbreflexe auf den Gegenständen.
- Beobachten Sie die gegenseitige Beeinflussung der Farben, wenn verschiedenfarbige Gegenstände beieinanderstehen.
- Beleuchten Sie eine Anordnung mit einer Lampe unterschiedlich. Machen Sie die Schattenfarben und -formen zu einem Kompositionselement.
- Kleben Sie Farbfolien vor die Lampe. Malen Sie Ihr Stilleben in verschieden farbigem Licht.
- Versuchen Sie, verschiedene Materialien miteinander zu kombinieren und darzustellen.

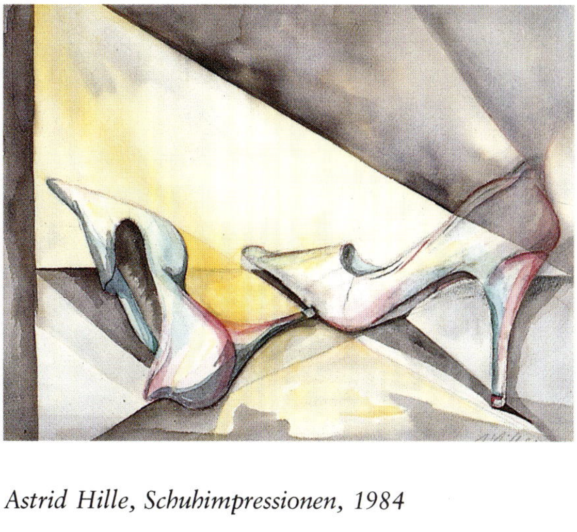

Astrid Hille, Schuhimpressionen, 1984

IM SCHATTENKABINETT

Experimentieren Sie mit Form und Licht in Ihrem eigenen Versuchslabor.

Licht zaubert Schattenformen: harte, weiche, langgezogene, schräge ... Licht modelliert die Formen, es verbindet sie miteinander, trennt sie voneinander und schafft Stimmungen. Wo Licht ist, ist auch Schatten. Schatten sind wesentliche Elemente der Komposition.

- Malen Sie einige einfache Dinge mit weißer Dispersionsfarbe an, und probieren Sie damit verschiedene Anordnungen, Szenen und Stimmungen aus.
- Richten Sie eine Lichtquelle immer wieder anders auf die Formen. Beobachten Sie, wie Licht und Schatten die Wirkung der Szene beeinflussen.
- Machen Sie mit Graphitstift oder Kohle schnelle Skizzen zum Kompositionsaufbau und flächige Tonwertstudien zur Hell-Dunkel-Verteilung. Beachten Sie Ähnlichkeiten und Gegensätze sowohl bei den Formen der Gegenstände und Schattenwürfe als auch in deren Hell-Dunkel-Werten.
- Zeichnen Sie eine Komposition zunächst nur mit Formumrissen, dann mit den formschaffenden Schattenflächen, dann mit dem umgebenden Raum.
- Versuchen Sie auch einmal, nur die negative Fläche zu sehen und zu zeichnen; also nicht die positiven Gegenstandsformen, sondern nur die Form des Hintergrundes zu umreißen. Diese

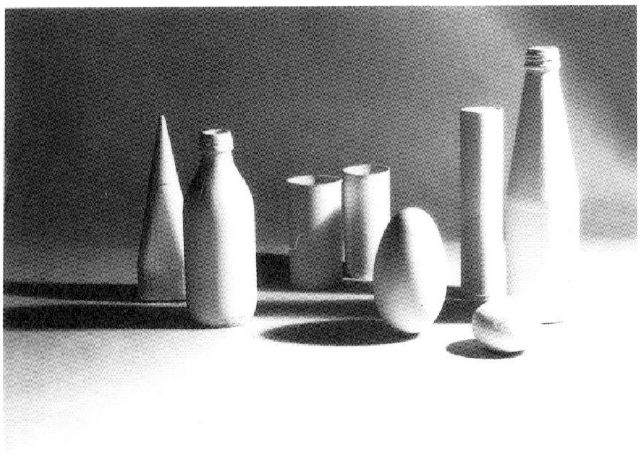

Lichteinfall von rechts oben

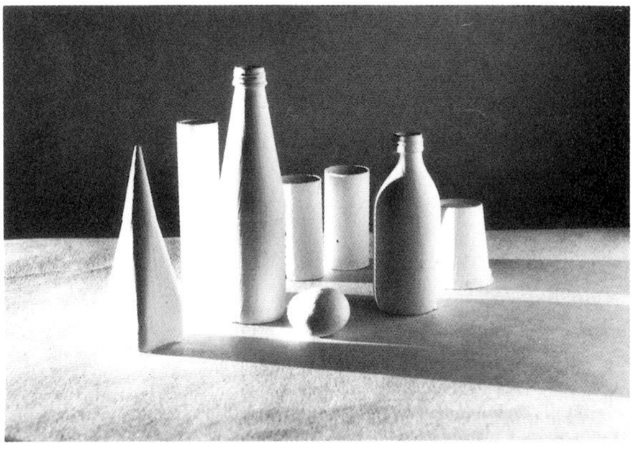

Trennung von Hintergrund und Standfläche

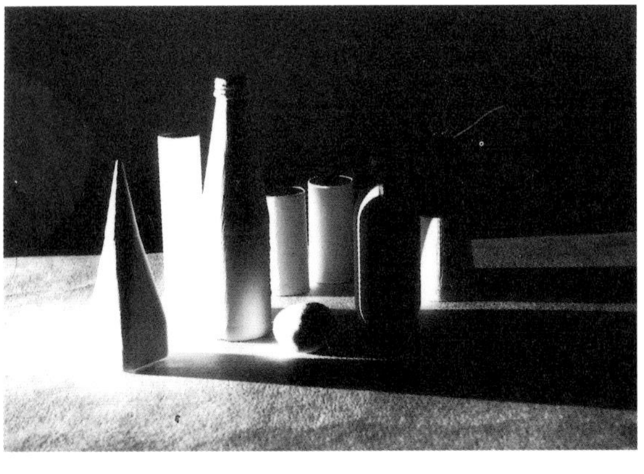

Extreme Lichtformen

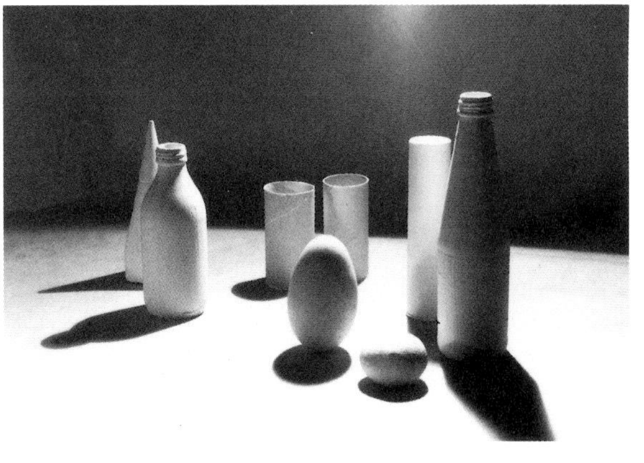

Dominante Schlagschattenformen und -richtungen

Flächenformen beeinflussen die Bildwirkung entscheidend.

• Bringen Sie Farbe ins Spiel. Stellen Sie die Gegenstände an einem sonnigen Vormittag auf einem weißen Tisch ins Freie. Welche Farben sehen Sie in den Schatten? Welche Farben sehen Sie bei Abendlicht?

• Bauen Sie einen Farbraum um die Gegenstände aus mehreren farbigen Tüchern oder Kartons. Die Standfläche, die Seiten und der Hintergrund sollten jeweils eine andere Farbe haben. Malen Sie Farbreflexe! Schauen Sie sich dazu Bilder von impressionistischen Malern an.

• Malen Sie einmal nur Schatten. Gehen Sie nicht, wie gewohnt, vom Formumriß aus, sondern setzen Sie dort, wo Sie Körperschatten und Schlagschatten sehen, großzügige Farbformen hin. Lassen Sie das unbemalte Papier als Form stehen. Achten Sie darauf, ob sich die Schattenformen scharf oder undeutlich abzeichnen, ob die Schattentöne einen hellen, mittleren oder dunklen Tonwert besitzen.

• Experimentieren Sie mit verschiedenen Standflächen und Hintergründen, mit Tüchern, Netzen, Spiegeln ... Veranstalten Sie Lichtspiele mit einer gefalteten Klarsichtfolie oder mit Farbfolien vor der Glühbirne. Vergleichen Sie die Gegenstände bei Tageslicht und in flackerndem Kerzenlicht. Nehmen Sie auch glänzende Gegenstände aus Glas und Metall hinzu.

Probieren, studieren, malen und fotografieren Sie.

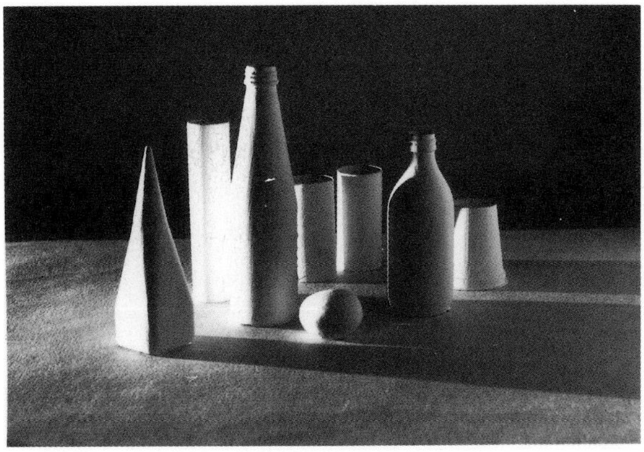

Licht und Schatten trennen und verbinden

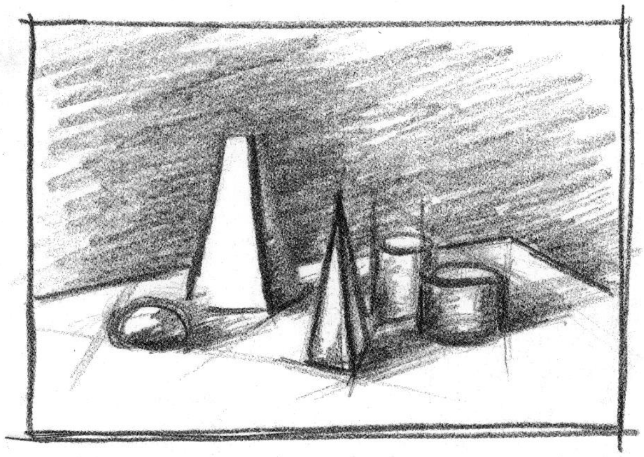

Machen Sie mehrere Kompositionsskizzen

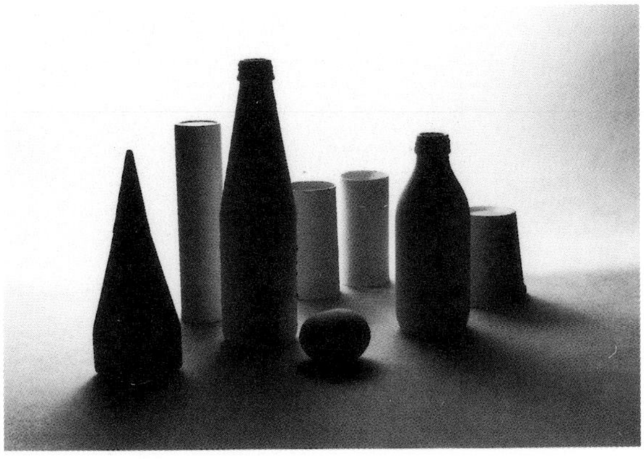

Weiche Hell-Dunkel-Übergänge, harte Silhouetten

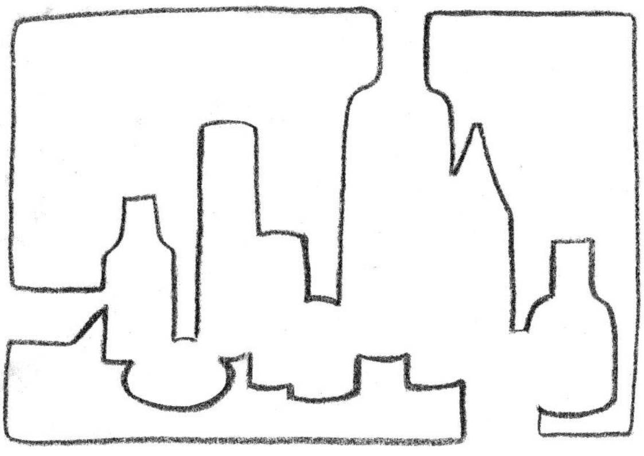

Zeichnen Sie die Flächen des Negativ-Raumes

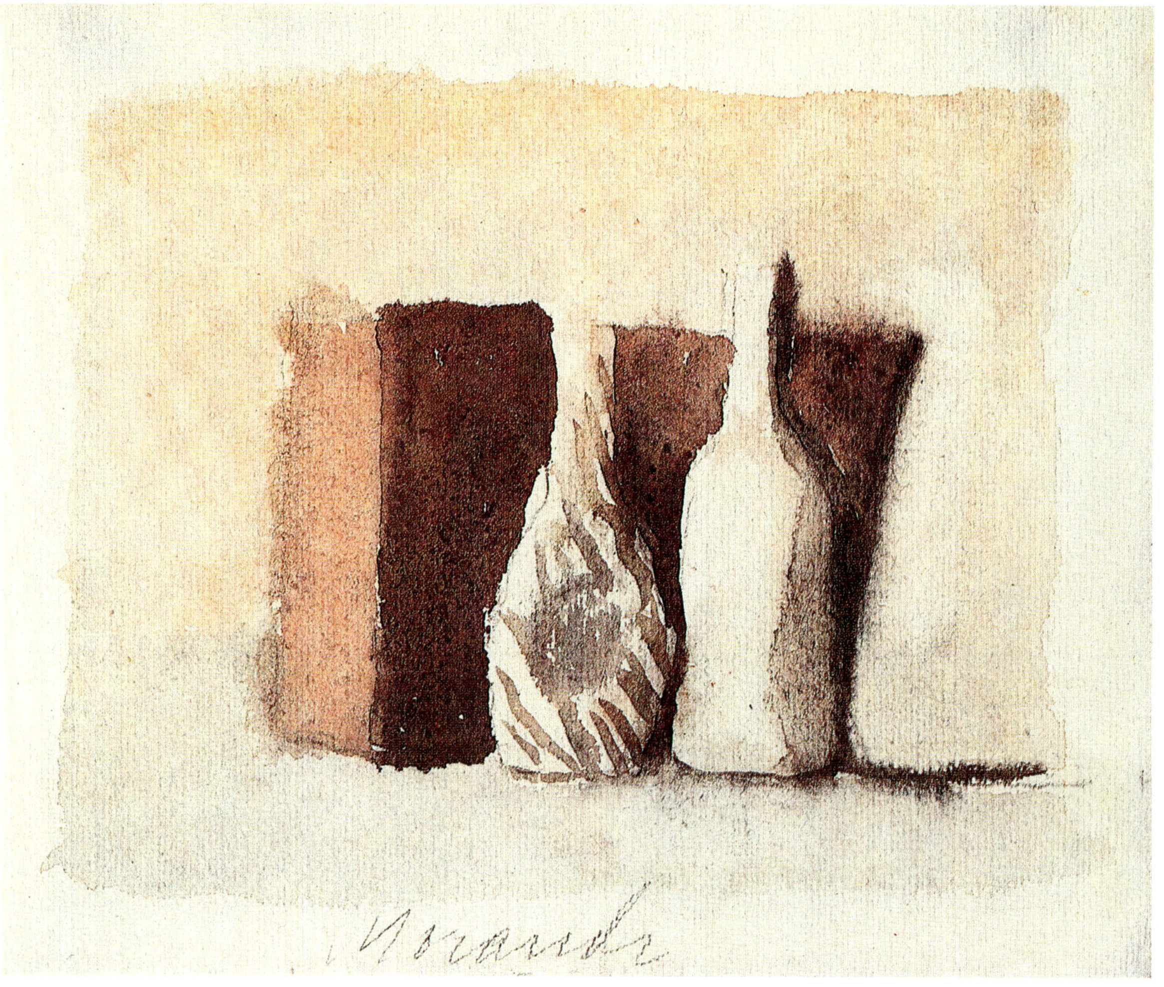

Giorgio Morandi, 1959

Giorgio Morandi (1890–1964) hat ein Leben lang einfache Gegenstände gemalt. Ein paar unwichtige Dinge in seinem Atelier genügten ihm als Aufgabe für sein künstlerisches Leben. Er hat durch sie die Welt der Farben und Formen, des Raumes und des Lichts erforscht und erfahren. Er hat Darstellungsweisen entwickelt und erprobt, um uns mit seinen stillen Dingen in andere Räume, in Zwischenräume, in Schattentäler zu führen, um uns eine Form- und Farbwelt zu zeigen, die über die sichtbaren Dinge hinausweist.

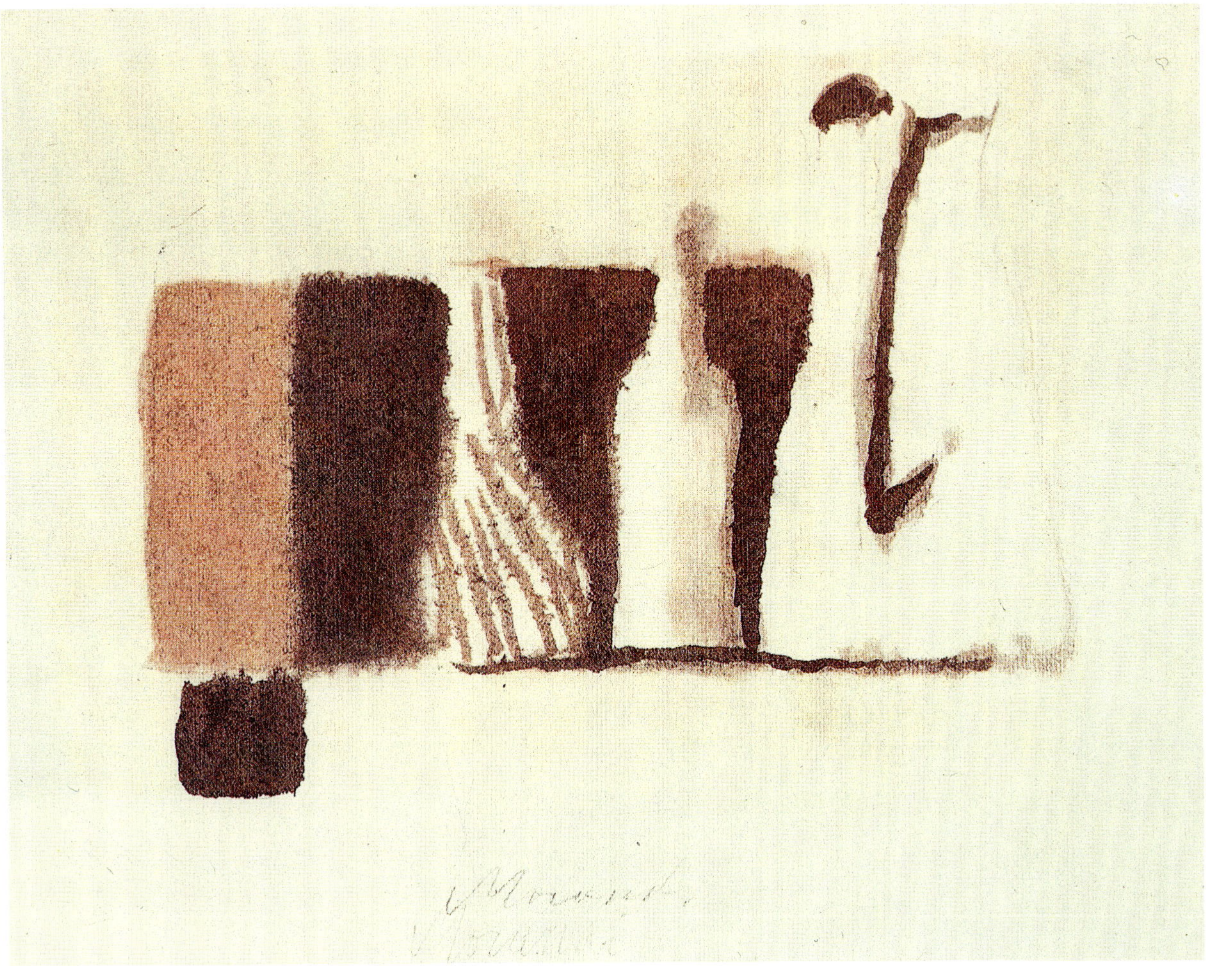

Giorgio Morandi, 1959

TAGEBUCHMALEN

In einem Tagebuch werden Erinnerungen, Gedanken, Eindrücke und Erlebnisse hauptsächlich aufgeschrieben, in einem Bildertagebuch werden sie gemalt oder gezeichnet und nur noch durch Worte ergänzt.

Tagebuch-Schreiben ist meist eine retrospektive Auseinandersetzung mit den Erfahrungen des Tages. Dadurch können Erlebnisse noch einmal vergegenwärtigt, oft vertieft, manchmal verarbeitet werden.

Tagebuch-Malen wird oft mehr als rasches Skizzieren von Eindrücken in einem besonderen Buch praktiziert, aber leider recht selten als ganz persönliche bildhafte Äußerungsmöglichkeit von Erlebtem und Bewegendem verstanden. Die Anregung zum Malen und Zeichnen kommt zunächst vor allem durch die unmittelbare Anschauung, durch ein visuelles Ereignis. Sich solche Gelegenheiten auch im Alltagsablauf nicht entgehen zu lassen, sich die Freude zu erlauben, subjektiv Bedeutsames sofort in Farbe festzuhalten, das ist Lebenskunst. Aber selbst bei aller Bereitschaft und Flexibilität bleiben solche Tagebuchbilder häufig in der Realität eines Arbeitstages ungemalt. Das mag der Grund dafür sein, daß Tagebilderbücher meistens auf Reisen entstehen. Da hindern uns keine Terminpläne und Pflichten, die zu Hause den Blick für die kleinen Sensationen verstellen. Da verbietet uns kein Uhrzeiger, zu Farbe und Pinsel zu greifen. Da sind alle Sinne zur Aufnahme neuer Eindrücke bereit, und wir können uns die Zeit nehmen, sie zu genießen und zu sammeln.

TIPS

▷ Es gibt Skizzenbücher mit wunderschönen Einbänden zu kaufen, die geeigneteres Papier zum Malen haben als Tagebücher. Achten Sie auf Fadenheftung und wählen Sie ein großes Format.

▷ Oft ist es praktischer, Tagesbilder auf Einzelbögen zu gestalten und sie in einer Mappe zu sammeln. Es kann sich am Ende des Jahres lohnen, daraus ein Tagebilderbuch binden zu lassen.

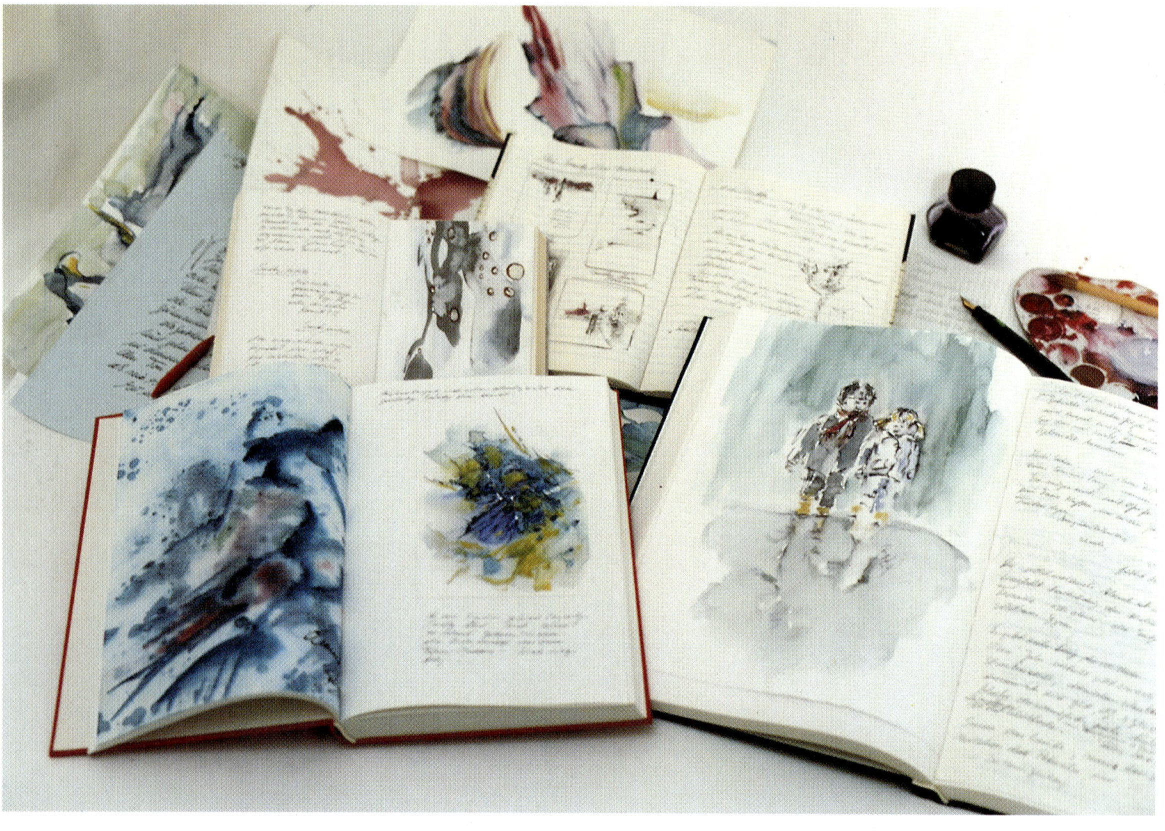

ALLTAGSNOTIZEN

Malen und Zeichnen sollte nicht nur der Ferien- und Sonntagsstimmung vorbehalten sein. Malen und Zeichnen zwischendurch im gewohnten Alltagsrhythmus kann die Monotonie auflockern und der hektischen Oberflächlichkeit begegnen. Schnelle Notizen mit Stift, Pinsel und Farbe zwingen zu kleinen Pausen, zum Innehalten, zum Hinsehen und Zusichkommen. Plötzlich werden Winzigkeiten wichtig, Profanes wird außergewöhnlich, graues Einerlei erscheint bunt und farbig.

Deshalb möchte ich Sie anregen, es einmal mit persönlichen, unmittelbaren Schilderungen ganz »normaler« Alltagseindrücke zu versuchen. Zunächst wird Ihr Blick etwas hilflos umherirren, vielleicht anstelle der offenen Zahnpastatube doch lieber den Blumenstrauß auf dem Tisch suchen, nicht das einkaufsbeladene Fahrrad, sondern das bunte Obst auswählen. Bald aber werden für Sie die hingeworfenen Kleider und Taschen, der Spatz vor dem Fenster, der volle Papierkorb, der offene Handwerkskasten zu Malanlässen, bald werden Sie Bilder finden für schöne Ereignisse, aber auch für Ärgernisse.

- Malen Sie mit freien Farben und Pinselzügen spontan und ohne den Anspruch von »Schönheit« oder »Richtigkeit«.
- Sammeln Sie für Ihr Bildertagebuch auch andere Alltagsstücke: ein Briefkuvert, eine Telefonkritzelei, ein Etikett, ein verwelktes Blatt, eine Nikolausgestalt auf dem Backpapier ...
- Machen Sie Ihre Aquarellausrüstung zu einem einsatzbereiten Instrument für schnelle Alltagsnotizen. Zu Hause läßt sich das eher verwirklichen als unterwegs. Mit einem Füllfederhalter, mit einem kleinen Notizblock und mit ein paar Aquarellstiften in der Tasche sind Sie aber auch draußen für fast alle Fälle gerüstet.

So ein Tag in unserem Leben ist eigentlich nichts Halbes, aber auch nichts Ganzes. Er hat seine Höhen und Tiefen, seine langen und kurzen Stunden, seine Szenen und Bilder, Geräusche, Gerüche und Farben, er besteht aus Geschichten, Pflichten, Gefühlen, Handlungen, Gedanken ...

- Wenn Sie Ihre spontanen Skizzen und Farbeindrücke, die gesammelten Fundstücke, ergänzt durch aufgeschriebene Gedanken, unter einem Datum anordnen und aufkleben, dann kann eine solche Seite ein ausdrucksstarkes persönliches Tagesprofil wiedergeben.

INNERE BILDER

ANSTIFTUNG ZU FARBIGEN WUTAUSBRÜCHEN

Einen Tag durch subjektive Wiedergabe von Ereignissen oder sichtbaren Dingen aufzuzeichnen, ist nur eine Möglichkeit gestalterischer Tagebuchführung.

Eine andere Bedeutung erhält das Tagebuch-Malen, wenn am Ende des Tages innere Bilder aus der Erinnerung, aus der Vorstellung oder einem Gefühl heraus gemalt werden. Um solche assoziativen oder völlig freien Malaktionen als unmittelbare Ausdrucksmittel für sich zu entdecken, bedarf es einer Phase des Hineinfindens und Sichöffnens. Erinnerungsbilder wecken die Konzentration und das Vorstellungsvermögen.

Erlebnisbilder oder freie Innenbilder verweisen auf die autonome Ausdruckskraft von Pinselrhythmus und Farbwahl, von Malgesten, Formen und Zeichen. Durch sie wird Erlebtes neu wahrnehmbar; sie sind Mittel, um sich mehr oder weniger verborgener Gefühle, Haltungen und Handlungen bewußt zu werden.

- Verwandeln Sie einmal nach einem Konzert Ihre musikalischen Eindrücke in Farben, oder besänftigen Sie Ihre enttäuschte Erwartung durch ein gemaltes Wunschbild; versuchen Sie, einen Traum zu malen; zeigen Sie Ihre Freude in Pinselsprüngen oder stampfen Sie vor Wut, sozusagen farbig, mit dem Fuß auf.
- Nehmen Sie einen weichen, wasservermalbaren Stift locker in die Hand. Schließen Sie die Augen und beginnen Sie mit freien Linienbewegungen auf einem festgehefteten Papierbogen. Allmählich wiederholen sich bestimmte Abläufe und Rhythmen, verdichten sich Spuren, entstehen Formen und Gebilde. Andere Bewegungen, neue Einfälle kommen hinzu, Sie greifen nach neuen Materialien oder Farben, bestimmte Gesten werden betont ...

Um zu entspannen und loszulassen, bedarf es einer gewissen Anlaufzeit. Wenn Sie ungestört üben können, werden Sie bald zu ausdrucksstarken Innenbildern finden.

EIN BLICK ZUM ABSCHLUSS

Sie haben inzwischen viele Wasserfarbenbilder gemalt, Sie haben mit Aquarellfarben experimentiert, geübt, gestaltet. Sie sind ein Stück weitergekommen und können durch die gewonnene malerische Erfahrung jetzt unterschiedliche Malanlässe freier, eigenständiger und ausdrucksstärker bewältigen. Dazu gehört das Betrachten der entstandenen Bilder, die vertiefende Beschäftigung mit guten und schlechten Ergebnissen. Nehmen Sie sich Zeit, und gehen Sie zu Ihrer eigenen Ausstellung!

EIGENE BILDER BETRACHTEN

• Heften Sie Ihre Versuchsblätter – sinnvoll gruppiert – an eine möglichst neutrale Fläche. Spielen Sie Ausstellungsbesucher und Kunstkritiker. Vor den eigenen Werken gelingt das am besten, wenn ein gewisser Zeitabstand zwischen Bildentstehung und Bildbetrachtung liegt.

Welche Ihrer Aquarelle oder welche Bildstellen finden Sie ausdrucksstark und treffend, welche lebendig, überraschend, klar, einmalig ...? Welche sind langweilig, verwirrend, störend, nichtssagend ...? Erkennen Sie Gründe dafür? Überprüfen Sie das gewählte Format und das Arrangement von Formen, Farben, hellen und dunklen, leuchtenden und gedämpften Flächen.

Wie haben Sie die Formen angeordnet? Neben-, hinter-, übereinander? Gibt es Verbindungen, Gruppierungen oder Gewichtungen? Haben Sie die Bildsymmetrie, die Diagonalen, haben Sie die Senkrechten oder Waagrechten betont?

Schauen Sie sich die Farbkontraste an, die Formgrenzen, die Hell-Dunkel-Werte, die Form-Farb-Beziehungen, die Schilderung von Einzelheiten und Materialien ...

Muß oder soll alles so ins Bild? Was könnte weggelassen oder vereinfacht, was sollte betont werden?

• Nehmen Sie Passepartouts in unterschiedlichen Größen zu Hilfe. Denn bei manchen Aquarellen wird die gesamte Bildwirkung durch störende Randzonen beeinträchtigt. Abgedeckte Bildränder lassen ein Aquarell oft einheitlicher und geschlossener erscheinen.

Die graue Maus und der bunte Hund

Meist richtet sich die Ablehnung der eigenen Gestaltungsversuche nicht gegen deren fehlende Wirklichkeitstreue oder technische Mängel, sondern vielmehr dagegen, daß sie ausdruckslos und fade oder viel zu kunterbunt erscheinen. Oft ist es das langweilige Einerlei oder beziehungslose Durcheinander, das uns mißfällt. Mit der Palette von Warm bis Kalt, Hell bis Dunkel, Leuchtend bis Trüb, mit der Skala von Stark bis Schwach, Hart bis Weich, Dicht bis Transparent, mit dem Spiel von Leer und Voll, Ganz und Halb, Viel und Wenig ... kombinieren die Farb- und Formkomponisten ein Bild. Sie wählen aus. Sie balancieren in großen Sprüngen, in kleinen Schritten oder in gleitenden Übergängen die Gegensätze aus. Diese Gestaltungsmöglichkeiten gehören – treffend gewählt, wohldosiert im Kontrast oder in der Abstimmung – zum offenen Geheimnis eines guten Bildes. Dessen tatsächliches Geheimnis läßt sich damit aber nicht erklären.

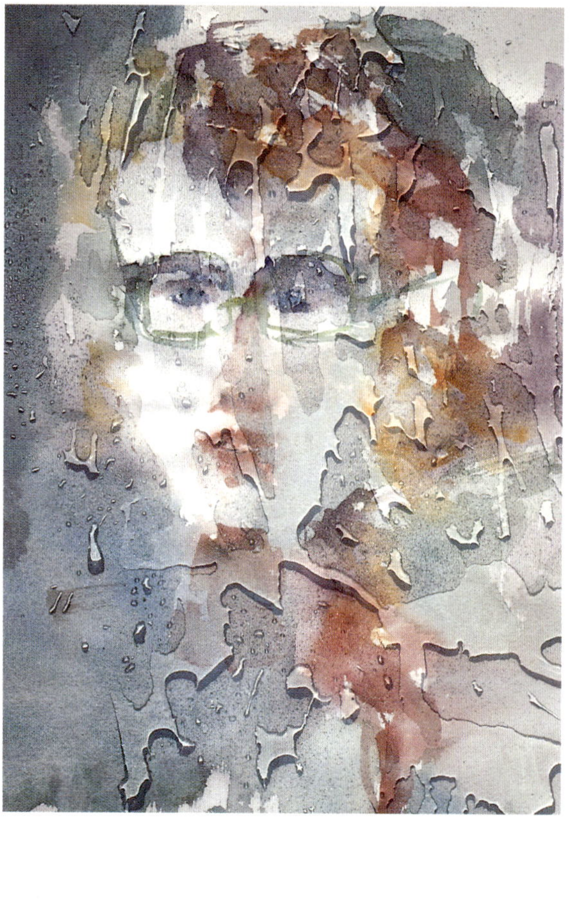

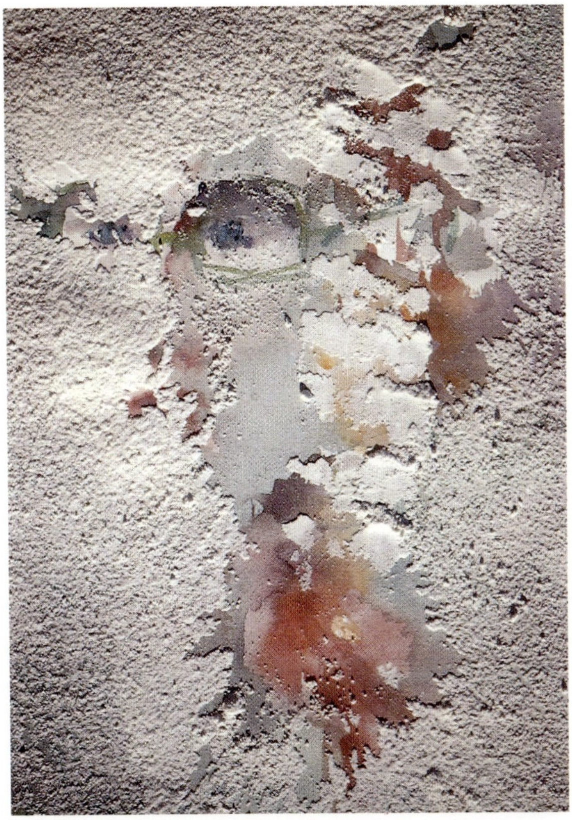

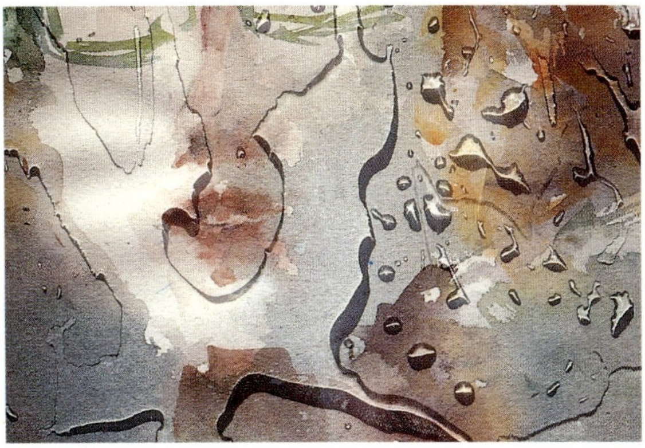

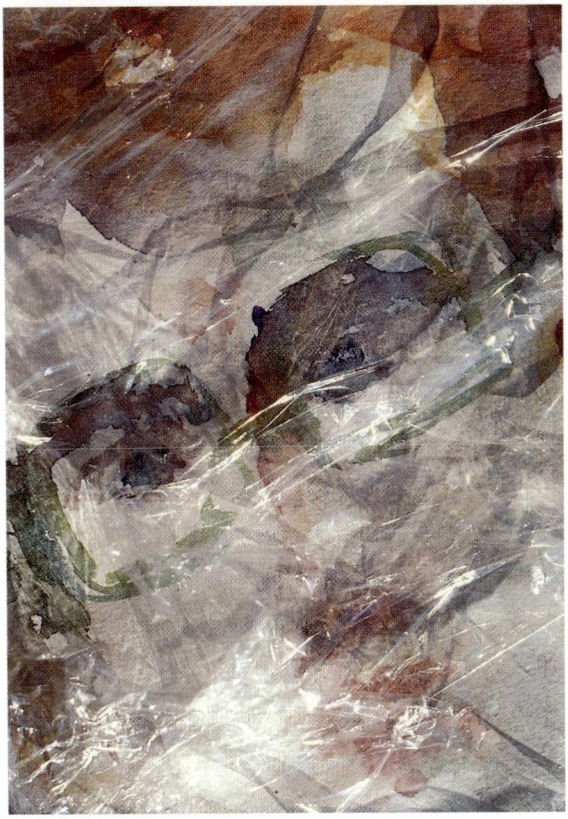

BILDER, DIE AUS DEM RAHMEN FALLEN

Mißglückte Aquarelle können im Papierkorb verschwinden oder aber den Impuls zu neuen Ideen und schöpferischen Gestaltungen geben.

• Legen Sie eines Ihrer »häßlichen Entlein« in die Badewanne und waschen Sie die Farben mit dem Schwamm ab. Spannen Sie den nassen Bogen auf eine Unterlage auf. Lassen Sie sich von den Farb- und Formresten zu einem neuen Bild anregen.

Der Maler *Christian Rohlfs* (1849–1938) hat mit diesem Verfahren viele seiner Bilder gemalt und geheimnisvolle Wirkungen damit erzielt.

• Reißen Sie mehrere Aquarelle in Streifen, Stücke, Schnipsel ... Gestalten Sie daraus eine farbige Papierarbeit.

• Verwischen und verwaschen Sie einen mißglückten Farbauftrag stellenweise. Malen Sie mit anderen Farbmitteln, mit Tinte, Tusche, Kreide oder deckenden Wasserfarben ein Bild ins Bild oder ein Bild über das Bild.

• Machen Sie etwas ganz Neues aus einem papierkorbreifen Aquarell. Bekleben Sie den Berg mit Briefmarken, lochen Sie mit der Lochzange Muster in die Baumkrone ...

• Spielen Sie Verwandlungskünstler!
Verändern Sie mit verschiedenen Mitteln die Bildwirkung. Legen Sie ein Landschaftsaquarell unter Wasser, stellen Sie vor ein Stilleben passende oder unpassende Dinge, probieren, experimentieren und fotografieren Sie. Sicher entstehen dabei viele neue Bildideen.

Experimentelle Verwandlungen eines mißglückten, aquarellierten Porträts.

ANHANG

ABBILDUNGSNACHWEIS

Die Nummern hinter den Künstlernamen beziehen sich auf die jeweiligen Seitenzahlen.

Bachofer, Heide: 74, 82, 83, 118 u., 141 u.
Braun, Richard: 22, 63, 71, 86, 87, 112, 124, 127, 130 o. l., 130 u., 138 a u. c, 139, 140, 141
Cézanne, Paul: 62
Dürer, Albrecht: 134
v. Frisching, Ada: 103
Hammer-Fleck, Annemarie: 84, 85
Heuwinkel, Wolfgang: 11, 19, 44
Hille, Astrid: 63, 151
v. d. Horst, Daniela: 116, 117, 130 o. r.
Koller, Oskar: 12, 13, 14, 15, 84, 126, 144
Li Fangyin: 93
Lindner, Mini: 138 b
Morandi, Giorgio: 154, 155
Müller, Wolfgang: 145, 146
Nolde, Emil: 55
Panzenberger, Kurt: 16, 17, 77, 136, 137
Rembrandt, Harmensz van Rijn: 148 u., 149 u.
Riester, Rudolf: 23, 147, 148, 149
Schinzler, Rosemarie: 119 u., 133 r. u.
Stahl, Ruth: 18, 79, 135
Turner, William: 80, 81
Unkoku Tohun: 89
Vogel, Bernhard: 20, 21, 47
Weber, Beate: 7, 41, 50, 51, 54, 58, 70, 71, 86, 95, 101, 103, 104, 105, 112 o., 113 o., 114, 118 o., 119 o., 123, 125, 129, 131, 132, 138 d, 142, 143, 150, 158, 159
Yao Shou: 90
Zhao Zhigian: 91

FOTONACHWEIS

Friedrich, Karl-Georg: 7, 8, 9, 24, 25, 26, 27, 37, 38, 39, 40, 41, 50, 51, 54, 57, 58, 59, 63, 64, 66, 75, 81, 86, 87, 94, 100, 101, 103, 104, 105, 118, 119, 121, 122, 123, 124, 125, 129, 130, 131, 133, 138, 139, 140, 141, 142, 143, 146, 150, 156, 158, 159
Kurlbaum, Jürgen: 138
v. Witzleben, Hartmann: 55, 62, 71, 80, 95, 96, 112, 113, 114, 115, 116, 117, 120, 127, 132, 134, 138, 141, 148, 149, 150, 152, 153

LITERATUREMPFEHLUNGEN

Zur Geschichte des Aquarells

WALTER KOSCHATZKY: *Die Kunst des Aquarells,* Technik, Geschichte, Meisterwerke. Residenz Verlag, Salzburg und Wien, 1982.

Zum Malmaterial

MAX DOERNER: *Malmaterial und seine Verwendung im Bilde.* Stuttgart 1965.
KURT WEHLTE: *Werkstoffe und Techniken der Malerei.* Otto Maier Verlag, Ravensburg, 1967.

Zur Farbe

JOHANNES ITTEN: *Kunst der Farbe.* Otto Maier Verlag, Ravensburg, 1961/1973.
WALTER HESS: *Das Problem der Farbe in den Selbstzeugnissen der Maler von Cezanne bis Mondrian.* Mäander Kunstverlag, Mittenwald, 1981
JOSEF ALBERS: *Interaction of Color.* Grundlegung einer Didaktik des Sehens. Du Mont Schauberg, Köln, 1970.
JOHANNES PAWLIK: *Praxis der Farbe.* Bildnerische Gestaltung Du Mont, Köln, 1981.

Zur chinesisch-japanischen Malerei

HANS DAUCHER, Hrsg.: *Der Senfkorngarten.* Lehrbuch der chinesischen Malerei Bd. I und II. Übers. u. Bearb. Angelika Obletter. Otto Maier Verlag, Ravensburg, 1987.
SAMADI YAMADA: *Wie lerne ich japanische Tuschmalerei.* Technik und Anleitung des Sumi-e. Studio Du Mont, Köln, 1983.

Zur zeitgenössischen Aquarellkunst

GOTTFRIED LAYR und KURT PANZENBERGER, Hrsg.: *Österreichische Aquarellisten der Gegenwart.* Wilhelm Maudrich, Wien, 1984.
Ausstellungskataloge von Museen und Galerien

Zu Turner

ANDREW WILTON: *William Turner-Reisebilder.* Prestel-Verlag, München, 1982.
LINDSAY STAINTON: *William Turner in Venedig.* Prestel Verlag, München, 1985

Zu Cézanne:

GÖTZ ADRIANI: *Paul Cézanne – Aquarelle.* Du Mont Buchverlag, Köln, 1982.

Zur figürlichen Darstellung

GOTTFRIED BAMMES: *Die Gestalt des Menschen.* Otto Maier Verlag, Ravensburg, 1974